Rauf Ceylan

Ethnische Kolonien

Für Hülya

Dank

Für die Unterstützung, die Sie mir haben zuteil werden lassen, und für die wertvollen Hinweise, möchte ich allen Beteiligten meinen Dank aussprechen:

Prof. Dr. Volker Eichener
Prof. Dr. Rolf G. Heinze
Prof. Karin Holm
Prof. Dr. Herbert Hübner
Ministerium für Wissenschaft und Forschung NRW
und meinen Freunden
Dipl.-Kfm. Ömer Alan
MA Abdulkadir Topal

Rauf Ceylan

Ethnische Kolonien

Entstehung, Funktion und Wandel
am Beispiel türkischer Moscheen
und Cafés

Bibliografische Information Der Deutschen Nationalbibliothek
Die Deutsche Nationalbibliothek verzeichnet diese Publikation in der
Deutschen Nationalbibliografie; detaillierte bibliografische Daten sind im Internet über
<http://dnb.d-nb.de> abrufbar.

Zugl. Diss. Ruhr-Universität Bochum 2006

1. Auflage November 2006

Alle Rechte vorbehalten
© VS Verlag für Sozialwissenschaften | GWV Fachverlage GmbH, Wiesbaden 2006

Lektorat: Frank Engelhardt

Der VS Verlag für Sozialwissenschaften ist ein Unternehmen von Springer Science+Business Media.
www.vs-verlag.de

Das Werk einschließlich aller seiner Teile ist urheberrechtlich geschützt. Jede
Verwertung außerhalb der engen Grenzen des Urheberrechtsgesetzes ist ohne
Zustimmung des Verlags unzulässig und strafbar. Das gilt insbesondere für
Vervielfältigungen, Übersetzungen, Mikroverfilmungen und die Einspeicherung
und Verarbeitung in elektronischen Systemen.

Die Wiedergabe von Gebrauchsnamen, Handelsnamen, Warenbezeichnungen usw. in diesem Werk
berechtigt auch ohne besondere Kennzeichnung nicht zu der Annahme, dass solche Namen im
Sinne der Warenzeichen- und Markenschutz-Gesetzgebung als frei zu betrachten wären und daher
von jedermann benutzt werden dürften.

Umschlaggestaltung: KünkelLopka Medienentwicklung, Heidelberg
Umschlagbild: Abdulkadir Topal
Druck und buchbinderische Verarbeitung: Krips b.v., Meppel
Gedruckt auf säurefreiem und chlorfrei gebleichtem Papier
Printed in the Netherlands

ISBN-10 3-531-15258-0
ISBN-13 978-3-531-15258-5

Vorwort: Ethnische Kolonien als Brücken zur Integration

Türkische Kolonien mit einer reichhaltigen Ausstattung an Imbissstuben, Läden, Cafés, Migrantenvereinen und Moscheen gehören mittlerweile zum Weichbild deutscher Städte. Die Wurzeln für die sozialräumliche Konzentration der Migranten gehen zurück bis in die 70er Jahre.

Entgegen landläufigen Vorurteilen war die Segregation meist nicht freiwillig gewählt. Mehrere Studien haben seinerzeit übereinstimmend festgestellt, dass die weit überwiegende Mehrheit der Migranten und insbesondere der türkischen Migranten in gemischten Wohnquartieren zusammen mit Deutschen wohnen wollten. Diskriminierung am Wohnungsmarkt, aber auch selbstverstärkende Sukzessionsprozesse (bei Überschreiten eines bestimmten Migrantenanteils im Haus sind freiwerdende Wohnungen nur noch an Migranten zu vermieten) haben aber für viele Migrantenhaushalte die Wohnstandortwahl auf die typischen Migrantenquartiere beschränkt – innerstädtische Altbauquartiere, Arbeitersiedlungen, Schlichtsiedlungen aus den 50er Jahren und seit den 80er Jahren auch Hochhaussiedlungen. Die Belegungspraxis der Wohnungsämter hat die Segregation zusätzlich verstärkt.

Erreichte die sozialräumliche Konzentration eine gewisse Dichte – die Schwelle lag bei 800 bis 1.000 Haushalte in 500m Umkreis – so entwickelte sich in den Quartieren eine ausländerspezifische Infrastruktur: Der Lebensmittelladen, das Café, das Reisebüro, die Büros der verschiedenen politischen Gruppierungen, die Koranschule und schließlich die Moschee.

Wie solche ethnischen Kolonien politisch zu bewerten sind, war jahrzehntelang heftig umstritten, nicht nur in der integrationspolitischen Diskussion, sondern auch in der Wohnungspolitik, der Stadtentwicklungspolitik, der Schulpolitik und neuerdings auch in der Arbeitsmarkt- und Beschäftigungspolitik. Bis hin zur Codifizierung des Antidiskriminierungsgesetzes im Jahr 2006 zog sich die Debatte, ob man sozialräumliche Segregationen hinnehmen, fördern oder vermeiden solle.

Welche Position man zur sozialräumlichen Segregation einnahm, hing von der integrationspolitischen Grundhaltung ab, die sich im Laufe der Zeitströme veränderte.

In den 60er Jahren dominierte die Vorstellung einer Gastarbeiterrotation, der eine bewusste räumliche Separierung der ausländischen Bevölkerung entsprach, um Konflikte zu vermeiden. Typisch für diese Phase war die Unterbringung der Gastarbeiter in Lagern und Sammelunterkünften.

In den 70er Jahren kam die Vorstellung einer „automatischen" Assimilation auf, d.h. man erwartete, dass die Migranten sich im Laufe der Zeit an die Verhaltensweisen der Aufnahmegesellschaft anpassen würden. Dem entsprach, dass insbesondere ein großer Teil der gemeinnützigen Wohnungsunternehmen versuchten, ausländische Haushalte auf gemischte Wohnquartiere zu verteilen – was der Grund dafür ist, dass heute nur ein gutes Drittel der türkischstämmigen Migranten in ethnischen Kolonien wohnt, während mehr als die Hälfte in gemischten Wohnquartieren lebt.

In den 80er Jahren gesellte sich ein weiteres integrationspolitisches Konzept hinzu, das insbesondere in den 90er Jahren politikbestimmend wurde, weil es eine moralische Überlegenheit beanspruchte: Das Konzept der multikulturellen Gesellschaft, d.h. die Vorstellung, dass in einer Gesellschaft unterschiedliche Kulturen gleichberechtigt nebeneinander existieren können. Die Vertreter dieser Vorstellung begrüßten die Segregation als sozialräumliche Grundlage für die kulturelle Eigenständigkeit der verschiedenen Bevölkerungsgruppen, die vor einem Anpassungsdruck geschützt werden sollten.

So gegensätzlich diese integrationspolitischen Konzepte auch sein mochten, so wiesen sie doch mehrere Gemeinsamkeiten auf: Erstens eine erschreckende Gleichgültigkeit gegenüber den Lebenslagen und den strukturellen Integrationsproblemen der Migranten und zweitens die Vorstellung, dass die Zuwanderung ohne jegliche Anpassungsleistung seitens der Aufnahmegesellschaft bewerkstelligt werden könnte.

Erst seit wenigen Jahren ist in der deutschen politischen Öffentlichkeit ein Bewusstseinswandel festzustellen. Die von der PISA-Studie dokumentierten Bildungsdefizite von Migrantenjugendlichen, überproportionale Arbeitslosenraten, marodierende Streetgangs, Ehrenmorde, fundamentalistische Radikalisierung und radikal-islamische Terrorzellen in deutschen Städten haben die Öffentlichkeit wachgerüttelt und dafür gesorgt, dass die gesellschaftliche Integration der Migranten auf die oberen Ränge der politischen Tagesordnung gehört. Symbolischer Ausdruck für die neue Prioritätensetzung ist die Ernennung des ersten deutschen Integrationsministers Armin Laschet durch die im Jahr 2005 gewählte nordrhein-westfälische Landesregierung.

Was die Integrationspolitik jetzt benötigt, sind nicht nur politischer Willen und Entschlossenheit, sondern auch wissenschaftliche Erkenntnisse über die integrationsfördernden und -hemmenden Faktoren. Ganz entscheidend sind dabei Erkenntnisse über die Struktur und Dynamik ethnischer Kolonien, die – ob wir es uns so gewünscht haben oder nicht – auf absehbare Zeit zur Realität unserer Städte gehören werden.

Während in Nordamerika bereits vor einem Dreivierteljahrhundert die „street corner society" beschrieben worden war, hatte die deutsche Stadtforschung bemerkenswert wenig zum Innenleben türkischer Kolonien in deutschen Städten zusammengetragen – vielleicht, weil den deutschen Forschern der Zugang fehlte. Diese Lücke schließt Rauf Ceylan mit der vorliegenden Arbeit.

83 narrative Interviews, 31 teilnehmende Beobachtungen, 18 Sitzungen mit lokalen Experten und 6 Begehungen liefern einen Einblick in die Innenwelt einer türkischen Kolonie, wie es ihn bisher nicht gegeben hat. Das gilt zum einen für das Differenzierungsniveau der Analyse. Nachdem man gelesen hat, wie beispielsweise Einrichtungen für west-thrakische Zuwanderer ein „Ghetto in einem Ghetto" bilden oder wie die Kolonie von politischen, konfessionellen und regionalen Konfliktlinien durchzogen ist, wird man erkennen, dass „Türke" nicht „Türke" ist. Und wenn man Ceylans akribische Analyse der fünf konkurrierenden Moscheen (in *einem* Stadtteil!) zur Kenntnis genommen hat, wird man auch nicht mehr pauschal von „dem" Islam oder „den" Muslimen sprechen.

Zu den spannendsten Kapiteln gehören Ceylans Beobachtungen im subkulturellen Caféhausmilieu, zumal wenn es in die Illegalität des Glücksspiels, des Drogenhandels, der Prostitution und des Finanzbetrugs abgleitet. Nirgendwo werden die Risiken der sozialräumlichen Konzentration ethnischer Kolonien deutlicher als hier.

Faszinierend wird die Untersuchung durch die Vielzahl der Facetten, die Rauf Ceylan in der türkischen Kolonie identifiziert. Manche migrantenspezifische Einrichtungen tragen zur sozialen Ausgrenzung, mitunter auch zur Selbstausgrenzung der Migranten aus der deutschen Gesellschaft bei, andere helfen einfach, das Alltagsleben in der Fremde zu bewältigen, wieder andere unterstützen sogar den Integrationsprozess.

Aus dieser Ambivalenz der ethnischen Kolonie leitet Rauf Ceylan zum Ende seiner Arbeit zwei mögliche Szenarien für die zukünftige Entwicklung der Kolonien ab: Ein status-quo-Szenario, das er „Ausgrenzung, Stagnation und Regression" nennt. Dieses Szenario ist wahrscheinlich, wenn wir die Entwicklung der ethnischen Kolonien weiter so laufen lassen wie bisher. Dann entwickeln sie sich zu „Ghettos der Ausgeschlossenen", in denen es einerseits zu Abwärtsspiralen aus Ausgrenzung, Armut und Marginalisierung kommt und die andererseits den Nährboden für fundamentalistische und extremistische Radikalisierung bilden.

Das zweite Szenario heißt „Anerkennung, Stärkung und Anbindung der ethnischen Kolonien". Es erfordert, dass die deutsche Gesellschaft die Existenz ethnischer Kolonien akzeptiert, die migrantenspezifischen Einrichtungen unterstützt und mit einer Brückenfunktion betraut. An deutschen Hochschulen ausgebildete Imame können Integrationsprozesse fördern, Moscheen können sich zusammen mit den anerkannten Trägern der sozialen Arbeit zu Sozialzentren entwickeln, Migrantenvereine können mit Polizeibehörden auf dem Gebiet der Kriminalprävention kooperieren, Straßensozialarbeiter können Jugendlichen Alternativen zum „verlockenden Fundamentalismus" (Heitmeyer) bieten.

Damit macht die vorliegende Untersuchung eines deutlich: Wir können es uns nicht länger leisten, die innere Struktur der ethnischen Kolonien einfach zu ignorieren, sondern wir müssen die Potentiale, die diese Kolonien bieten, nutzen, um die interkulturellen Beziehungen und die gesellschaftliche Integration voranzutreiben. Das dazu erforderliche Wissen ist mit dieser Untersuchung bereitgestellt.

Prof. Dr. habil. Volker Eichener, Fachhochschule Düsseldorf

Inhalt

Vorwort: Ethnische Kolonien als Brücken zur Integration		5
Einleitung		13

1 Ethnische Segregation in deutschen Städten: Eine Annäherung an eine
   kommunalpolitische Frage   19
  1.1 Globalisierung und „Glokalität": Migration als konstitutives Merkmal der
       Stadtentwicklung   19
  1.2 Migrationprozesse in Europa   21
      1.2.1 Arbeits- und Elitemigranten: ökonomischer und kultureller Gewinn
             für die Aufnahmeländer   21
      1.2.2 Die Aussiedler und die Fluchtmigranten   23
      1.2.3 Der Systemcharakter der Migration: Keine Masseneinwanderung trotz
             des Migrationsdrucks auf Europa   25
  1.3 Bundesrepublik Deutschland. Das europäische Einwanderungsland   26
      1.3.1 Die erste Migrationswelle nach 1945   27
      1.3.2 Die Arbeitsmigration ab 1955   28
      1.3.3 Von Gastarbeitern zu Einwanderern: Konzeptionslosigkeit und
             Paradoxie in der deutschen Ausländerpolitik   29
  1.4 Migration und Stadt: Verfallssemantik in der Stadtforschung   36
      1.4.1 Von der Agrar- zur Industriegesellschaft: Binnenmigration,
             Urbanisierung und städtische Armut im 19. Jahrhundert   37
      1.4.2 Die fragmentierte Stadtgesellschaft: Die sozialräumlichen Strukturen
             im 21. Jahrhundert   38
      1.4.3 Mehrdimensionalität der urbanen Lebens: Urbane Kompetenzen trotz
             städtischer Desintegrationsprozesse   42

2 Soziokulturelle Eigensysteme in segregierten Stadtteilen: Zum Konzept der
   ethnischen Kolonie   45
  2.1 Klärung der Begriffe: Segregation, Ghetto, ethnische Kolonie   46
      2.1.1 Strukturelle und funktionale Segregation   46
      2.1.2 Das Ghetto: Räumliche und soziale Ausgrenzung   48
      2.1.3 Ethnische Kolonie: Freiwillige räumliche und soziale Organisation   50
  2.2 Entstehung und Struktur ethnischer Kolonien   52
      2.2.1 Verwandtschaftssystem und Kettenmigration   53
      2.2.2 Migrantenvereine   54
      2.2.3 Ethnische Ökonomie   58
      2.2.4 Homogenität und Heterogenität   60

3 Ethnische Kolonie im Disput: Zur Ambivalenz der ethnischen Segregation   69
  3.1 Funktionaler Zusammenhang: Segregation und Gemeinschaftsbildung   69
    3.1.1 Binnenintegrierte Gemeinschaften: Vorrausetzung für soziale Integration   70
    3.1.2 Ethnische Ökonomie: Baustein des gesamtgesellschaftlichen Wirtschaftsgefüges   76
    3.1.3 Migrantenorganisationen: kulturelles Refugium und politische „pressure-group"   78
  3.2 Integration durch Desegregation: Die Nachteile der ethnischen Segregation   81
    3.2.1 Ausbeutung und Diskriminierung: Die Ethnische Ökonomie als Mobilitätsfalle   84
    3.2.2 Ethnisch-kulturelle Konflikte und Desintegrationsdynamik   86
    3.2.3 Pressure group: Re-Ethnisierungs- und (Selbst-)Ausgrenzungsprozesse   91

4 Zwischenfazit   93

5 Ziele, Vorgehensweisen und Methodik der Untersuchung   97
  5.1 Zentrale Forschungsfragen   98
  5.2 Die Begründung der Erhebungsmethoden   99
  5.3 Die Beschreibung der Erhebungstechniken   100
  5.4 Der Zugang zum Untersuchungsfeld   102
  5.5 Auswahl und Beschreibung der Interviewpartner   103
  5.6 Die Beschreibung der untersuchten Moscheen   104
  5.7 Die Beschreibung der untersuchten Cafés   105

6 Duisburg – Daten und Fakten   109
  6.1 Die größte „Ausländergruppe" Duisburgs: Die türkischstämmigen Migranten   109
  6.2 Industrialisierung und Migrationsprozesse in Duisburg. Ein kurzer historischer Rückblick   110
  6.3 Deindustrialisierung und Arbeitslosigkeit: Duisburg wird zur Arbeitslosenstadt   112
  6.4 Der multikulturelle Stadtteil Hochfeld   113
  6.5 Die Wanheimer Straße. Die Entwicklung zu einer türkischen Einkaufsstraße   115

7 Moscheen im sozialräumlichen Kontext   123
  7.1 Moscheen in Deutschland   123
    7.1.1 Ein historischer Überblick   123
    7.1.2 Expansion durch Migration   124
    7.1.3 Moscheen in Duisburg   126
  7.2 Das erste muslimische Gotteshaus im Quartier: Der Beginn des soziokulturellen Gemeinschaftslebens in Hochfeld   127
    7.2.1 Unsichere politische Situation im Herkunfts- und Aufnahmeland   128
    7.2.2 Provisorische Gebetsräume infolge temporärer Aufenthaltsabsichten   130
    7.2.3 Entwurzelung und religiöse Praxis   131

7.2.4   „Osmanli Camii". Institutionalisierung der Normen und Werte aus der Herkunftsgesellschaft ... 133
7.2.5   Politisierung und Segmentation. Von der Einheitsgemeinde zu rivalisierenden Organisationen ... 139
7.2.6   Kontinuität und Entfaltung der Religiosität. Die Moschee als Sozialisationsort ... 140
7.2.7   Kulturelles Kapital aus der Herkunftsgesellschaft zur Unterstützung der Pioniere ... 142
7.3   Zwischen Idealismus und lokalem Zwang: Moscheen als multifunktionale Zentren im Wohngebiet ... 145
7.3.1   Das „Seniorenzentrum". Förderung der Lebensqualität und Stadtteilidentifikation ... 149
7.3.2   Sozial- und Bildungsstätten. Kompensationsversuche sozialräumlicher Deprivation ... 153
7.3.3   Soziale und politische Partizipation. Überwindung kommunikativer Isolation ... 159
7.3.4   Die Rolle des Imam im Stadtteil: Psychosoziale Betreuung und Mediation ... 166
7.4   Die Entwicklung von türkischen zu deutschen Organisationen? Eine Zukunftsperspektive für ethnische Kolonien ... 167
7.4.1   Imam Yusuf U. Der deutschsprachige Sozialarbeiter ... 168
7.4.2   Ent-Ethnisierung der Kolonie durch konvertierte Deutsche ... 170
7.4.3   Symbolische Präsentation: Materieller Ausdruck der Einwanderung ... 174

8   Das Café-Milieu. Zwischen Tradition und Wandel ... 181
8.1   Die Entstehung der Cafés im Osmanischen Reich ... 181
8.2   Der Orient im Okzident. Die Kaffeehauskultur in Europa ... 182
8.3   Tradition in der Migration. Die türkischen Cafés in Duisburg ... 183
8.4   Vom „Verein für LKW-Fahrer" zu den ersten Cafés in der ethnischen Kolonie ... 184
8.4.1   Adems Café. Das erste Café als Kompensation für die fehlende ethnische Infrastruktur im Stadtteil ... 185
8.4.2   (Schein-)Harmonie und politikfreie Geselligkeit ... 188
8.4.3   Die ersten Glücksspiele im Café ... 191
8.5   Separation im Café-Milieu: Reproduktion regionaler, konfessioneller und ethnischer Strukturen aus dem Herkunftskontext ... 192
8.5.1   Das Café Stadyum. Türkische Nation und Kultur als Bindungsglied ... 196
8.5.2   Das Café West-Thrakien. Die „etwas anderen" Türken in der Kolonie ... 199
8.5.3   Café Konya. Treffpunkt der Religiösen ... 206
8.6   Riskante Problemlösungen: Das Café als Mobilitätsfalle ... 207
8.7   Die Organisation des Glücksspiels ... 221
8.8   Die „Bedienung" in den Cafés: Das Rotlicht-Milieu der Habe-Nichtse ... 233

9   Zusammenfassung und Schlussfolgerungen ... 245

Literaturauswahl ... 269

Einleitung

Seit dem Westfälischen Frieden im 17. Jahrhundert hat sich im westlichen Europa die Fiktion etabliert, dass sich Gesellschaft, Territorium und Staatsgewalt in Nationalstaaten harmonisch und homogen bilden. Obwohl die europäischen Völker damals sehr vielgliedrig und disparat waren und es heute immer noch sind, wurde durch die Idee der nationalen Einheit diese Heterogenität verschleiert. Besonders in Deutschland war der Wunsch nach nationaler Einheit groß. Es musste erst einen langen Weg bestreiten, bis sich auch diese „verspätete Nation" seinen Nationalstaat mit entsprechenden Mythen über ihre Homogenität in den eigenen Staatsgrenzen konstruierte. Diese Illusion prägt das Selbstbild der Deutschen und der Westeuropäer noch heute. Doch diese Scheinwahrheit scheint mit den Entwicklungen seit den 1970er Jahren in den europäischen Nationalstaaten allmählich ein Ende zu finden. Eine zunehmende soziale und kulturelle Heterogenität ist festzustellen, deren Dynamik in transnationalen Migrationsprozessen ihre Ursache hat.[1] Die gegenwärtigen globalen Entwicklungen sprechen dafür, dass die Migrationsbewegungen und die damit verbundenen Folgeprobleme kontinuierlich zunehmen werden.[2]

In der BRD hat diese soziale und kulturelle Heterogenität insbesondere nach dem zweiten Weltkrieg infolge der Arbeitsmigration stetig zugenommen. Diese Einwanderungsrealität ist heute in den großen Ballungsräumen wie Offenbach am Main (31,4% Migrantenanteil), Frankfurt am Main (25,9% Migrantenanteil) oder München (23% Migrantenanteil) besonders sichtbar.[3] In den Städten wird dieses Phänomen vor allem durch die vielen von den Migranten bewohnten Stadtteilen ins Bewusstsein der Majorität gerufen. Ihr Anteil in den sozial und räumlich benachteiligten Wohngebieten beträgt gegenwärtig 25 bis 40%, wobei die Zahlen bei Kindern und Jugendlichen sowie auf kleinräumiger Ebene nicht nur deutlich höher liegen, sondern in ihrer Tendenz auch steigend sind.[4] Aufgrund der unterdurchschnittlichen Wohnqualität in diesen Wohnbereichen fallen die Wohnbedingungen dieser Menschen im Vergleich zur Majorität in ökonomischer, kultureller und sozialer Hinsicht schlechter aus.[5] Die räumliche Segregation wird durch den Wegzug einkommensstarker Haushalte in bessere Wohngegenden und durch den Zuzug ökonomisch Benachteiligter zusätzlich verschärft. Das Wohnen in diesen schlecht ausgestatteten Wohnvierteln wirkt

---

1 Vgl. Emanuel Richter, Die Einbürgerung des Islams, in: Bundeszentrale für politische Bildung (Hrsg.), Muslime in Europa, Aus Politik und Zeitgeschichte, 20/2005, 17. Mai 2005, S. 3
2 Vgl. Petrus Han, Soziologie der Migration. Erklärungsmodelle, Fakten, Politische Konsequenzen, Perspektiven, Stuttgart 2000, S. 63ff
3 Vgl. Beauftragte der Bundesregierung für Migration, Flüchtlinge und Integration (Hrsg.), Daten – Fakten – Trends. Strukturdaten der ausländischen Bevölkerung, Stand: 2004, Berlin 2005, S. 11
4 Vgl. Michael Krummacher/Viktoria Waltz, Polarisierung der Stadt: Folgen und Perspektiven für Migration und Interkulturalität, in: ILS 2000, Stadt macht Zukunft. Neue Impulse für eine nachhaltige Infrastrukturpolitik, Dortmund 2001, S. 5
5 Viktoria Waltz, Migration und Urbanität, in: Beauftragte der Bundesregierung für Ausländerfragen (Hrsg.), Integration in Städten und Gemeinden, Berlin und Bonn 2000, S. 6

sich insgesamt negativ auf das Sozialprestige der Bewohner aus und erschwert die Akkumulation von ökonomischem, kulturellem, sozialem sowie symbolischem Kapital.[6]

Die ökonomischen und sozialen Entwicklungen in Deutschland lassen zudem die Schlussfolgerung zu, dass die Unterschichtung der Migranten in die für die systemische Integration charakteristischen Bereiche Arbeitsmarktintegration, Ausbildung und Einkommen sich verstärken werden.[7] Da innerhalb der Migrantengruppe rechtliche und sozioökonomische Unterschiede zu verzeichnen sind, wirken sich die ökonomischen und sozialen Entwicklungen auch unterschiedlich auf diese Bevölkerungsgruppe aus. Michael Krummacher fasst die wesentlichen Binnendifferenzen wie folgt zusammen:

- „in eine Mehrheit mit langer Aufenthaltsdauer und Bleibeabsichten (Einwanderer) und wachsende Minderheiten mit begrenzter Verweildauer (Flüchtlinge, Pendelmigranten, Handelstouristen und Illegale) in prekären Lebenslagen;
- in eine Mehrheit mit sozialen und ökonomischen Unterschichtsmerkmalen und eher schlechter werdenden Bedingungen (Migrationsverlierer) und eine relevante Minderheit mit sozialer Aufwärtsmobilität (Migrationsgewinner);
- in eine Mehrheit mit geringen oder fehlenden politischen Partizipationsmöglichkeiten (u.a. Nicht-Unionsbürger) und eine wachsende Minderheit mit vollen Bürgerrechten (Eingebürgte);
- in große Teile (Mehrheit?) mit großen Integrationsfortschritten in Bezug auf Sprache, Bildung und kulturelle Handlungsmuster, in Teile, die in dieser Hinsicht in einer ungeklärten Zwischenposition leben und in eine relevanter werdende Minderheit, mit eher starker Betonung des Rückzugs in die eigene ethnische Gruppe."[8]

Die Migranten verhalten sich den sozioökonomischen Entwicklungen gegenüber jedoch nicht passiv, sondern sie versuchen in den benachteiligten Wohngebieten durch Selbstorganisation sich aktiv mit den Folgeproblemen auseinanderzusetzen. Die gegründete Infrastruktur übernimmt diesbezüglich vielfältige Funktionen in ihrem lokalen Alltag. Die räumliche und soziale Organisation der Migranten ist jedoch umstritten. Je nach Standpunkt werden im wissenschaftlichen, politischen und medialen Disput diesen Wohngebieten positive oder negative Funktionen attestiert. Entweder werden sie als integrationshemmende „Ghettos" oder bestenfalls als Interimsräume im Integrationsprozess betrachtet. Insgesamt zeichnet sich diese Kontroverse eher durch eine Verfallssemantik aus. Vor dem Hintergrund der gesellschaftlichen Desintegrationsprozesse (sozio-ökonomische Polarisierungen, sozio-demographische Entdifferenzierungen, sozio-kulturelle Heterogenisierungen, sozialräumliche Polarisierungen) und der „Krise der sozialen Stadt" werden sogar Entsolidarisierungstendenzen und in deren Folgen zunehmende ethnisch-kulturelle Konfliktkonstellationen prognostiziert.[9] Für eine Aktualisierung der Segregationsdebatte in Europa sorgten die jüngsten Ausschreitungen in den französischen banlieux, wo vor allem Migrantenjugendliche ihren Frust über ihre gesellschaftliche Exklusion in Form von Gewalt Ausdruck verlie-

---

6 Vgl. Pierre Bourdieu, Ortseffekte, in: ders. (u.a.), Das Elend der Welt. Zeugnisse und Diagnosen alltäglichen Leidens an der Gesellschaft, 2. Auflage Konstanz 1998, S. 159ff.
7 Vgl. Michael Krummacher, Zuwanderung, Migration, in: Hartmut Häußermann (Hrsg.), Großstadt. Soziologische Stichworte, 2. Auflage Opladen 2000, S. 325
8 Michael Krummacher, Zuwanderung, Migration, a.a.O., S. 325
9 Vgl. Wilhelm Heitmeyer/Reimund Anhut (Hrsg.), Bedrohte Stadtgesellschaft. Soziale Desintegrationsprozess und ethnisch-kulturelle Konfliktkonstellationen, Weinheim/München 2000

hen. Scheinbar bestätigten diese Vorfälle die These von ethnisch-kulturellen Konflikten im urbanen Zusammenleben und das Scheitern der multikulturellen Gesellschaft.

Doch trotz all dieser, immer wiederkehrenden Debatten fehlen in der Forschung weitgehend systematische und empirische Erkenntnisse über das alltagsnahe Binnenleben in den ethnischen Wohngebieten. Insbesondere fehlen empirische Daten, die aus der Binnenperspektive, aus der Lebenswelt der Migranten heraus ermittelt wurden. Meist sind es Experten und Außenstehende, die aus einer „Vogelperspektive" heraus versuchen, diese Wohngebiete zu beschreiben und für bzw. gegen diese Wohngebiete zu sprechen. Die vorliegende Untersuchung verfolgt daher das Ziel, aus einer Binnenperspektive heraus das Innenleben der betroffenen Wohngebiete zu beleuchten. Die lebenspraktische Funktion der ethnischen Institutionen soll dargestellt werden, in dem der Verfasser selbst am lokalen Leben teilnimmt und die Migranten zu Wort kommen lässt. Die Untersuchung konzentriert sich dabei auf die türkischstämmigen Migranten. Sie bilden mit 1,88 Millionen Menschen, die größte Ausländergruppe unter den insgesamt 7,335 Millionen Menschen mit einer ausländischen Staatsangehörigkeit in der Bundesrepublik Deutschland. Das entspricht einem Anteil von 25,6% aller Ausländer.[10]

Die Auswahl dieser Zielgruppe erfolgte nicht nur wegen ihrer Größe, sondern ebenso aufgrund ihrer jungen Altersstruktur. Wie die gesamte Ausländerbevölkerung auch, zeichnen sich die türkischstämmigen Migranten im Vergleich zur deutschen Mehrheitsgesellschaft durch eine jüngere Altersstruktur aus. Mit 38,3% ist der Anteil der unter 25-Jährigen überdurchschnittlich hoch. Die erfolgreiche ökonomische, soziale und kulturelle Eingliederung dieser jungen Altersgruppe wird weiterhin eine gesellschaftliche Herausforderung darstellen. Dagegen liegt die Zahl der über 60 Jährigen türkischen Migranten bei nur 10,2%[11]. Doch auch ihre Zahl wird in den nächsten Jahren kontinuierlich steigen, so dass konkrete Maßnahmen und Konzeptionen in der Altenhilfe nötig werden.[12]

Die Ausländerzahlen müssen aber ergänzt werden, da nicht alle Menschen mit einem Migrationshintergrund in der Statistik erfasst werden. Vor allem seit dem Inkrafttreten des neuen Staatsangehörigkeitsrechts am 1. Januar 2000, wird die Gesamtzahl der Menschen mit einem Migrationshintergrund unterschätzt. So erhielten vor diesem Hintergrund im Jahr 2002 37.568 und im Jahr 2003 36.819 Kinder ausländischer Eltern die deutsche Staatsbürgerschaft. Zum Ende des Jahres 2003 waren von den 7,335 Millionen Ausländern ca. 1,5 Millionen in Deutschland geboren. Unter den Ausländern wiesen die Migranten aus den ehemaligen Anwerbeländern den größten Anteil an den in Deutschland Geborenen auf, wobei wiederum die Türken mit 34, 9% die größte Zahl aufwiesen.[13] Von den insgesamt 1,88 Millionen Türken sind 654.853 in Deutschland geboren.[14] Die Geburtenzahlen spiegeln sich auch in der Einbürgerungsstatistik wider. So waren von den im Jahre 2003 einge-

---

10 Vgl. Beauftragte der Bundesregierung für Migration, Flüchtlinge und Integration (Hrsg.), Daten – Fakten – Trends, a.a.O., S. 3f.
11 Vgl. ebd., S. 6
12 Vgl. Bericht der Beauftragten der Bundesregierung für Migration, Flüchtlinge und Integration über die Lage der Ausländerinnen und Ausländer in Deutschland, Berlin 2005, S. 150ff.
13 Vgl. Beauftragte der Bundesregierung für Migration, Flüchtlinge und Integration (Hrsg.), Daten – Fakten – Trends, a.a.O., S. 7
14 Vgl. Bericht der Beauftragten der Bundesregierung für Migration, Flüchtlinge und Integration über die Lage der Ausländerinnen und Ausländer in Deutschland, a.a.O., S. 566

bürgerten 140.731 Personen 39% türkischer Herkunft.[15] Bezüglich der Aufenthaltsdauer und des Aufenthaltsstatus ist zudem hervorzuheben, dass über die Hälfte (61%) aller Ausländer eine Aufenthaltsdauer von mehr als 10 Jahren aufweist. 19% der Ausländer leben sogar seit bzw. über 30 Jahren in der Bundesrepublik, wobei Staatsangehörige aus den ehemaligen Anwerbeländern einen langjährigen Aufenthalt aufweisen. Der Anteil der Türken, die seit mindestens 10 Jahre in Deutschland lebt, liegt bei 73,6%.[16] Insgesamt lässt sich aus den Statistiken ableiten, dass die türkischstämmigen Migranten ein fester Bestandteil der deutschen Gesellschaft geworden sind. Doch nicht nur die Größe, die junge Altersstruktur und die Aufenthaltdauer spricht für die Auswahl der türkischstämmigen Migranten, sondern ebenso ihre gesellschaftliche Positionierung.

Einer aktuellen Studie zufolge ist eine Zunahme der feindlich gesinnten Einstellungen gegenüber den Muslimen und dem Islam in der deutschen Bevölkerung festzustellen. Da insbesondere die türkischstämmigen Migranten mit ihren zahlreichen islamischen Organisationen die größte Muslim-Community in Deutschland bilden, ist davon auszugehen, dass vor allem sie von dieser „Gruppenbezogenen Feindlichkeit"[17] betroffen sind. Dies umso mehr, wenn die religiöse Orientierung nach außen sichtbar wird, z.B. in Form von Kleidung, aber auch in Form symbolischer Bauten in ethnischen Wohngebieten.[18] Das friedliche Zusammenleben in Deutschland wird durch diese gesellschaftliche Entwicklung erschwert.

Die gesellschaftliche Benachteiligung der türkischstämmigen Migranten spiegelt sich insbesondere in ihrem sozioökonomischen Status wieder. Laut einer Studie des Zentrums für Türkeistudien, leben rund 30% der türkischen Staatsbürger in Deutschland unterhalb der Armutsgrenze. Etwa 35% leben knapp über der Armutsgrenze, so dass das Armutsrisiko für diese Menschen besonders hoch ist.[19] Ein Grund stellt nach Meinung der Forscher der ökonomische Strukturwandel dar, der vielen türkischstämmigen Migranten ihre Existenzgrundlage entzogen hat. Durch den Arbeitsplatzabbau in der Industrie seien insbesondere türkischstämmige Migranten betroffen. Aufgrund ihres geringen Bildungs- und Ausbildungsniveaus haben sie größere Probleme in anderen Wirtschaftszweigen eine Anstellung zu finden.[20] Die wirtschaftliche Situation wird sich zudem weiter verschärfen, weil viele Gastarbeiter der ersten Generation, die in naher Zukunft in Rente gehen werden, durchschnittlich kürzere Beitragszeiten und niedrigere Beitragszahlungen aufweisen. Während Deutsche heute im Schnitt eine monatliche Rente von 698 Euro erhielten, kämen türkische Rentner auf nur 526 Euro.[21]

Die schlechte materielle Situation in den türkischen Familien wiederum trägt wesentlich dazu bei, dass langfristig die persönliche Entwicklung der Kinder und ihre Lebenschancen in der Gesellschaft eingeschränkt werden. Am deutlichsten wird diese Einschränkung in den armutsbedingt reduzierten Bildungsaspirationen der betroffen Familien. Für den Bildungserwerb und die -chancen der Kinder hat dies dauerhafte negative Konsequen-

---

15 Vgl. Beauftragte der Bundesregierung für Migration, Flüchtlinge und Integration (Hrsg.), Daten – Fakten – Trends, a.a.O., S. 15
16 Vgl. ebd., S. 12
17 Vgl. hierzu Wilhelm Heitmeyer (Hrsg.), Deutsche Zustände. Folge 4, Frankfurt am Main 2006
18 Vgl. hierzu Thomas Schmitt, Moscheen in Deutschland. Konflikte um ihre Errichtung und Nutzung. Flensburg 2003
19 Vgl. Zentrum für Türkeistudien, Armut und subjektive wirtschaftliche Perspektiven bei türkischstämmigen Migranten, Zft Nr. 108, Essen 2005, S. 6ff.
20 Vgl. ebd., S. 3
21 Vgl. ebd., S. 8

zen.²² Das Bildungsniveau der Kinder der Einwanderergeneration ist zwar höher als das ihrer Eltern, dennoch besuchten im Schuljahr 2002/2003 nur 10,8% der türkischen Schüler das Gymnasium. Dagegen besuchten 45,7% die Hauptschule.²³

Durch die Selektionsmöglichkeit im mehrgliedrigen deutschen Bildungssystem, werden die Bildungschancen von Schülerinnen und Schülern mit Migrationshintergrund eingeschränkt. Denn wie auch die Pisa- und die Iglu-Studie nachgewiesen haben, hängt der Schulerfolg maßgeblich von der sozialen Schichtzugehörigkeit ab.²⁴ „Konsequenz sind später schlechte Chancen auf dem Arbeitsmarkt, eine wesentlich höhere Arbeitslosigkeit und Abhängigkeit von Transferleistungen. Alle verfügbaren Daten belegen, dass Migrationshintergründe in vielfacher Weise mit sozialer Ausgrenzung verknüpft sind. Schon heute wächst ein erheblicher Teil der Kinder und Jugendlichen in Deutschland in Migrantenfamilien auf. Fast jedes vierte in Deutschland Neugeborene hat mindestens ein ausländisches Elternteil."²⁵ Vor dem Hintergrund, dass Armut in Deutschland nicht nur wächst, sondern auch jünger wird („Infantilisierung der Armut"), erhöht sich das Risiko, dass immer mehr Migrantenkinder in Armut aufwachsen und sie an zukünftige Generationen weiter vererben werden.²⁶

In diesem Kontext ist für den Integrationsprozess der Migranten das alltägliche Wohn- und Lebensumfeld umso wichtiger, insbesondere für Kinder und Jugendliche und für nicht erwerbstätige Erwachsene. Da sie einen Großteil ihrer Zeit im Sozialraum verbringen, stellt dieser für sie Lebensmittelpunkt, Lernraum und wichtiges Kontaktfeld dar. Im Vergleich zu den Einheimischen verfügen sie aber trotz größerer Haushalte durchschnittlich über weniger Wohnfläche, zahlen trotz schlechterer Wohnversorgung höhere Mieten, werden auf dem Wohnungsmarkt diskriminiert und konzentrieren sich in den unattraktivsten Stadtteilen mit besonderer Problemkumulation.²⁷

Doch Migranten hauchen diesen Stadtteilen ein neues Leben ein, in dem sie ökonomische, soziale und kulturelle Ressourcen freisetzen und eine ethnische Infrastruktur aufbauen. Insofern können Migranten sich nur in bereits belasteten Stadtteilen räumlich und sozial organisieren. Wie oben bereits gesagt, werden die Auswirkungen des Wohngebietes auf den Integrationsprozess der Migranten kontrovers diskutiert. Meist werden diese Wohngebiete von der Majorität problematisiert und skandalisiert, wenn von Ghettos die Rede ist. Da aber das Wohnumfeld eine wichtige Rolle im Integrationsprozess spielt, reichen Diskussionen nicht aus, die über den Köpfen der Bewohner dieser Wohnorte hinweg geführt werden. Um ein realistisches und differenziertes Bild vom Alltag in diesen Wohngebieten zu zeichnen, müssen die Bewohner selbst zu Wort kommen und die Forscher müssen am Innenleben partizipieren. Die vorliegende Untersuchung versucht in diesem Sinne, einen Beitrag zum Verständnis des Binnenlebens in den ethnischen Wohngebieten zu leisten. Der Fokus rich-

---

22 Vgl. Wolfgang Lauterbach/Andreas Lange/Rolf Becker, Armut und Bildungschancen. Auswirkungen von Niedrigeinkommen auf den Schulerfolg am Beispiel des Überganges von der Grundschule auf weiterführende Schulstufen, in: Christoph Butterwegge/Michael Klundt (Hrsg.), Kinderarmut und Generationengerechtigkeit. Familien- und Sozialpolitik im demographischen Wandel, Opladen 2002, S. 153ff.
23 Vgl. Bericht der Beauftragten der Bundesregierung für Migration, Flüchtlinge und Integration über die Lage der Ausländerinnen und Ausländer in Deutschland, a.a.O., S. 572
24 Vgl. ebd., S. 37
25 Ebd.
26 Vgl. hierzu Christoph Butterwegge u.a., Armut und Kindheit. Ein regionaler, nationaler und internationaler Vergleich, Opladen 2003
27 Vgl. Bericht der Beauftragten der Bundesregierung für Migration, Flüchtlinge und Integration über die Lage der Ausländerinnen und Ausländer in Deutschland, a.a.O., S. 113ff.

tet sich auf die lebenspraktische Bedeutung der ethnischen Selbstorganisation im lokalen Alltag.

Der inhaltliche Aufbau der Arbeit folgt dabei einer Konzeption, in der versucht wird, zunächst die globalen und nationalen Ursachen und die Kontinuität von Migrationsprozessen, die Historie und den politischen Umgang mit Migration in Deutschland sowie die Folgen für die Stadtentwicklung und ihre wissenschaftliche Bewertung zu thematisieren. Von den transnationalen und nationalen Rahmenbedingungen der Migrationsprozesse wird in der Empirie der Fokus auf die lokale Ebene gerichtet und die Auswirkungen der Migration auf die Stadtentwicklung exemplifiziert. Schließlich wird aus den empirischen Erkenntnissen Schlussfolgerungen sowie Perspektiven abgeleitet. Unter Berücksichtigung dieser Vorgehensweise gliedert sich die Untersuchung folgendermaßen:

Der theoretische Teil der Forschungsarbeit, bestehend aus dem 1., 2. und dem 3. Kapitel, zeichnet anhand der wissenschaftlichen Literatur zunächst die globalen und nationalen Rahmenbedingungen der Migrationsprozesse nach. Dieser Überblick soll dazu dienen, die enge Verflechtung globaler und lokaler Prozesse und mithin die Ursachen und die Kontinuität der Migrationsströme darzustellen. Insbesondere wird aufgezeigt, dass die Migration ein konstitutives Merkmal der Stadtentwicklung darstellt und die ethnisch-kulturelle Heterogenität in deutschen Städten zum Normalfall geworden ist. Die Thematisierung der historischen und gegenwärtigen sozialräumlichen Strukturen in der Stadtentwicklung sowie der Verfallsdiskurse in der Stadtforschung im Kontext ethnischer Segregation stellen den Übergang zum Konzept der ethnischen Kolonie dar. Das Konzept wird an den Merkmalen Kettenmigration, Migrantenvereine, lokale Ökonomie sowie Homogenität und Heterogenität diskutiert. Der theoretische Teil schließt mit der Debatte über die Folgen ethnischer Koloniengründung ab, in dem die Vor- und Nachteile der Wohngebiete für die Migranten und für die Gesamtgesellschaft gegenüber gestellt werden.

Nach einem Zwischenfazit in Kapitel 4 und der Darstellung der Methodik und Vorgehensweise der Untersuchung in Kapitel 5 sowie Informationen zum untersuchten Stadtteil in Kapitel 6, wird auf das Kernstück der Arbeit eingegangen, die das 7. und das 8. Kapitel bilden. Der auf der Grundlage der empirischen Forschung erarbeitete Hauptteil verfolgt das Ziel, die lebenspraktische Bedeutung der beiden Kristallisationspunkte – der türkischen Moscheen und Cafés – in dem Duisburger Stadtteil Hochfeld zu ermitteln. Ihre Entstehung, ihre Funktion und ihre Transformation im Laufe der Quartiersgeschichte werden dargelegt. Mit den ermittelten Auskünften soll ein wichtiger Beitrag zum Verständnis des Binnenlebens geleistet werden, damit die Entwicklungen in diesem Teilsystem der Gesellschaft differenzierter wahrgenommen werden können. Den demographischen Prognosen ist zu entnehmen, dass in vielen Großstädten Deutschlands der Anteil der Migranten erheblich steigen wird.[28] In diesem Kontext ist die Arbeit deshalb interessant, weil der untersuchte Sozialraum Duisburg-Hochfeld bereits heute einen hohen Anteil an Migranten und eine entsprechende Infrastruktur aufweist. Die Erkenntnisse aus dem Binnenleben in den betroffen Stadtteilen könnten für Städte, die in Zukunft mit diesem Phänomen konfrontiert sein werden, wegweisend sein.

Im 9. Kapitel werden schließlich die Forschungsergebnisse in Form eines Phasenmodells zusammengefasst sowie integrationspolitische Schlussfolgerungen abgeleitet.

---

28 Vgl. hierzu Herwig Birg, Die demographische Zeitenwende. Der Bevölkerungsrückgang in Deutschland und Europa, 4. Auflage München 2005

1 Ethnische Segregation in deutschen Städten: Eine Annäherung an eine kommunalpolitische Frage

Eine Auseinandersetzung mit der ethnischen Segregation bedarf einer übergreifenden Sichtweise. Denn die sozialräumliche Segregation der türkischstämmigen Migranten in Deutschland steht in engem Zusammenhang mit den Entwicklungen auf globaler sowie nationaler Ebene. Diese Prozesse auf der makrostrukturellen Ebene haben Einfluss auf das lokale Leben und somit für ihre weitere Entwicklung. Das Ziel dieses Kapitels ist es daher, den Migrationsprozess und ihre Auswirkung auf die Stadtentwicklung in seiner makrostrukturellen Verursachung und Einbettung transparent zu machen.

1.1 Globalisierung und „Glokalität": Migration als konstitutives Merkmal der Stadtentwicklung

Globalisierung ist ein Begriff, der sich seit dem Ende des West-Ost-Konfliktes und der weltwirtschaftlichen und weltpolitischen Entwicklungen der letzten Jahre in den wissenschaftlichen Debatten nicht nur durch seinen inflationären Gebrauch, sondern auch durch seine verschiedenen, zum Teil gegensätzlichen Definitionen auszeichnet. Sehen die einen in der Globalisierung das Ende der staatlichen bzw. nationalen Steuerungs- und Legitimationschancen, schreiben dagegen andere dem Nationalstaat nach wie vor eine zentrale Rolle zu. Obwohl keine einheitliche Erklärung für dieses Phänomen existiert, betonen alle Definitionsversuche, dass gegenwärtig nicht mehr in geschlossenen und abgrenzbaren Räumen von Nationalstaaten gelebt wird. Durch eine quantitative Zunahme, qualitative Intensivierung sowie räumliche Ausdehnung der Verbindungen zwischen Gesellschaften und Problembereichen wirken sich bestimmte Entwicklungen auf einem Teil des Globus auch auf andere Teile des Globus aus.[29] Hierzu gehören beispielsweise Problembereiche wie Kriminalität, Drogenhandel, Arbeitslosigkeit sowie die Zunahme von grenzüberschreitenden Problemen wie Kriege oder Umweltkatastrophen, die globale Bumerangseffekte haben.[30]

Durch diese Verbindungen besteht ebenso ein enger Zusammenhang zwischen globalen und lokalen Prozessen, welcher auch mit dem Begriff „Glokalisierung" beschrieben wird. Im Kontext der kulturellen Vielfalt in den Städten bedeutet diese Interdependenz, „dass Globalisierung die Pluralisierungstendenzen auf lokaler Ebene zunehmend verstärkt. Das bedeutet, dass fast alle lokalen Gegebenheiten mit globalen Prozessen verzahnt sind. Die Städte oder Stadtteile bilden dabei die konkreten Orte, an denen sich die kulturelle,

---

29 Vgl. Johannes Varwick, Globalisierung, in: Wichard Woyke (Hrsg.), Handwörterbuch Internationale Politik, 8. Auflage Opladen 2000, S. 136f.
30 Vgl. Dirk Messner/Franz Nuscheler, Globale Trends, Globalisierung und Global Governance, in: Ingomar Hauchler/dies. (Hrsg.), Globale Trends 1998. Fakten, Analysen, Prognosen, Stiftung Entwicklung und Frieden, Frankfurt am Main 1997, S. 28

ökonomische und politische Dynamik lokaler und globaler Prozesse immer wieder aufs Neue in Übergangs- und Zwischenräumen auf lokaler Ebene vermischen."[31]

Die Internationalisierung bringt eine Vermehrung und Verdichtung grenzüberschreitender Interaktionen mit sich, die fast alle Gesellschaften, Staaten, Organisationen, Akteurgruppen und Individuen in ein komplexes System wechselseitiger Abhängigkeiten einbindet. Die Globalisierung der Ökonomie, Technologie und Kommunikation erzwingt, dass Menschen unterschiedlicher Kulturen einander begegnen und miteinander leben müssen.[32] Ein wesentliches Merkmal dieser globalen Entwicklungstendenzen sind Migrationsprozesse, durch welche die Stadtteile bzw. Städte im Immigrationsland geprägt werden.[33] Denn mit wachsenden Informations-, Kommunikations- und Transportmöglichkeiten erhalten Menschen Informationen über die besseren Lebensbedingungen in anderen Regionen der Welt, können sich über bereits vorher emigrierte Bekannte oder Verwandte über die Lebensverhältnisse erkundigen und schließlich größere räumliche Entfernungen einfacher bewältigen als in den vergangenen Zeiten.[34]

Das Global-City-Konzept geht davon aus, dass insbesondere Metropole mit ihrer entsprechenden Infrastruktur beliebte Zielorte von internationalen Migrationsströmen sind. Diese Städte zeichnen sich durch einen Übergang von einer Industrie- zu einer hochspezialisierten Dienstleistungsökonomie aus. Zugleich ist dieser Prozess von sozialen Polarisierungstendenzen begleitet, da dies neben den hochbezahlten Berufen für hochqualifizierte Personen auch immer gering entlohnte und sozial nicht abgesicherte Arbeitsplätze wie im Baugewerbe oder in Restaurants zur Folge hat. Dieses abgespaltene Segment des Arbeitsmarktes wird insbesondere von Migranten in Anspruch genommen.[35] Parallel tritt durch die Entstehung von Luxusquartieren und armen Wohngebieten eine sozialräumliche Segregation in der Stadt ein. Mit dem Bedeutungsverlust städtischer Produktionsaktivitäten und ihrer Verdrängung bzw. Abwanderung werden zudem für die Expansion von Büro- und Geschäftszentren sowie hochwertigen Wohnungsbau freie Flächen zur Verfügung gestellt, so dass die räumliche Polarisierung fortschreitet („dual city"). Je nach Art und Weise der Integration in das weltwirtschaftliche System entwickeln sich somit die Wirtschaft, die Gesellschaft und der Raum einer Stadt.[36]

Diesbezüglich weisen jedoch Hartmut Häußermann und Frank Roost darauf hin, dass diese Entwicklung nicht nur in „Global Cities" zu verzeichnen ist. Die Tertiärisierung und Zuwanderung ist – unabhängig ihrer Rolle im Globalisierungsprozeß – ein typisches Merkmal aller großen Städte des 20. Jahrhunderts.[37] In allen Großstädten sind neben hochbezahlten Einheimischen und „Green-Card-Migranten" auch immer gering entlohnte und

---

31 Wolf-Dietrich-Bukow u.a., Die multikulturelle Stadt – Von der Selbstverständlichkeit im städtischen Alltag, Opladen 2001, S. 40
32 Vgl. Ingomar Hauchler, Trends und Interdependenzen globaler Entwicklung: Trends in der Weltgesellschaft, in der Weltwirtschaft, in der Weltökologie, zu Krieg und Frieden und Trends in der Weltkultur, in: Ingomar Hauchler/Dirk Messner/Franz Nuscheler (Hrsg.), Globale Trends 1998. Fakten, Analysen, Prognosen, Stiftung Entwicklung und Frieden, Frankfurt am Main 1997, S.11
33 Vgl. Barbara John, Fremde – Baumeister des neuen Berlins, in: Klaus M. Schmals (Hrsg.), Migration und Stadt. Entwicklungen, Defizite, Potentiale, Opladen 2000, S. 261
34 Vgl. Petrus Han, Soziologie der Migration, a.a.O., S. 3
35 Vgl. Hartmut Häußermann/Frank Roost, Globalisierung, global City, in: Hartmut Häußermann (Hrsg.), Großstadt. Soziologische Stichworte, Opladen 2000, S. 85ff.
36 Vgl. Dieter Läpple, Ökonomie der Stadt, in: Harmut Häußermann (Hrsg.), Großstadt. Soziologische Stichworte, Opladen 2000, S. 202
37 Siehe Hartmut Häußermann/Frank Roost, Globalisierung, global City, a.a.O., S. 88

unter schlechteren Arbeitsbedingungen beschäftigte Einheimische und vor allem Migranten zu registrieren. Aufgrund der bestehenden Kontraste zwischen den Ein- und Ausreiseländern hinsichtlich ihres wirtschaftlichen Wohlstandes, ihres Bevölkerungswachstums sowie ihrer Menschenrechtsstandards ist davon auszugehen, dass der Migrationsdruck auf beliebte Zielländer auch in Zukunft nicht abnehmen wird.[38] Denn die Zuwanderung ist ein konstitutiver Bestandteil der Stadtentwicklung.[39] Sie ist „eine Quelle ökonomischer, sozialer und kultureller Innovationen und stellt damit gerade diejenige Qualität dar, die eine Großstadt zu einer Metropole macht."[40]

1.2 Migrationprozesse in Europa

Seit den „Römischen Verträgen", die Belgien, Deutschland, Frankreich, Italien, Luxemburg und die Niederlande 1957 unterzeichneten, ist Europa wirtschaftlich, sozial, kulturell sowie rechtlich immer enger zusammengewachsen und hat sich zur jetzigen Europäischen Union entwickelt.[41] Kennzeichnend für dieses Zusammenwachsen ist die Konzeption einer gemeinsamen Innen- und Sicherheitspolitik der EU, die vor allem nach dem 11. September 2001 eine besondere Bedeutung erfahren hat. Verstärkt wurde diese Diskussion bereits nach dem Fall des Eisernen Vorhangs geführt, als sich die westeuropäischen Staaten mit einer Massenmigration aus Ostmittel- und Osteuropa, dem Balkan sowie dem südlichen Mittelmeerraum konfrontiert sahen. Damit war auch schnell die euphorische Stimmung über das Ende des Kalten Krieges vorbei und Stimmen über eine Schließung der Grenzen bzw. stärkerer Kontrollen wurden immer lauter.[42] In diesem Zusammenhang sind die Bemühungen der Europäischen Union um eine Vereinheitlichung der Asyl- und Einwanderungspolitik zu verstehen, die sich an dem seit 1999 in Kraft getretenen Amsterdamer Vertrag orientieren, in dem diese Harmonisierung niedergelegt ist.[43]

1.2.1 Arbeits- und Elitemigranten: ökonomischer und kultureller Gewinn für die Aufnahmeländer

Historisch betrachtet reicht die Arbeitsmigration in Europa bis in die Anfänge der Industrialisierung und somit bis zu den Anfängen der kapitalistischen Produktionsweise in Europa zurück. Die Industrialisierung hat das System der freien Lohnarbeit zur Voraussetzung und ist daher an die kapitalistische Produktionsweise gebunden. Die freie Lohnarbeit basiert im

---

38 Vgl. Johan Galtung, Globale Migration, in: Christoph Butterwegge/Gudrun Hentges (Hrsg.), Zuwanderung im Zeichen der Globalisierung. Migrations-, Integrations- und Minderheitenpolitik, 2. Auflage Opladen 2003, S. 11ff.
39 Vgl. Hartmut Häußermann/Ingrid Oswald, Einleitung: Zuwanderung und Stadtentwicklung, in: dies. (Hrsg.), Zuwanderung und Stadtentwicklung. Leviathan, Sonderheft 17/1997, Opladen/Wiesbaden 1997, S. 9
40 Siehe Hartmut Häußermann/Ingrid Oswald, Einleitung: Zuwanderung und Stadtentwicklung, a.a.O., S. 25
41 Vgl. Elke Thiel, Die Europäische Union, 3. Auflage München 1999, S. 13ff.
42 Vgl. Rainer Münz, Phasen und Formen der europäischen Migration, in: Steffen Angenendt (Hrsg.), Migration und Flucht, Aufgaben und Strategien für Deutschland Europa und internationale Gemeinschaft, Bonn 1997, S. 34ff.
43 Vgl. Mark Holzberger, Die Harmonisierung der europäischen Flüchtlingspolitik, in: Christoph Butterwegge/ Gudrun Hentges (Hrsg.), Zuwanderung im Zeichen der Globalisierung. Migrations-, Integrations- und Minderheitenpolitik, 2. Auflage Opladen 2003, S. 111ff.

Prinzip auf der Arbeitskraft von erwerbsfähigen Personen, die nicht über Produktionsmittel verfügen und lediglich ihre Arbeitskraft auf dem Arbeitsmarkt den Eigentümern der Produktionsmittel anbieten und sie einem Unternehmen auf der Basis arbeitsvertraglicher Regelungen zur Verfügung stellen.[44]

Begonnen hat der Migrationsprozess im 20. Jahrhundert insbesondere mit der Anwerbung von Arbeitsmigranten aus schwach strukturierten, industriell unterentwickelten Ländern. Die Migration gewann nach dem zweiten Weltkrieg für alle westeuropäischen Länder eine erhebliche wirtschaftliche Bedeutung, da der Wiederaufbau der Städte, der eingeleitete Modernisierungsprozess und die Ausdehnung des Weltmarktes infolge der Handelsbeziehungen mit den sich entwickelnden Ländern der Dritten Welt zu einer rasanten wirtschaftlichen Expansion führte. Die Anwerbung von Arbeitskräften aus dem Ausland war notwendig, da die Ausweitung der Produktion anfangs noch mit alten technischen Mitteln bewerkstelligt wurde.[45]

Hinsichtlich der Arbeitsmigration ist zudem festzustellen, dass in dieser Kategorie zunehmend Frauen vertreten sind.[46] Denn im Zuge der Globalisierung entstehen insbesondere im Dienstleistungsbereich neue Beschäftigungsmöglichkeiten für Frauen. Insgesamt betrachtet wirken sich die globalen ökonomischen Trends jedoch eher nachteilig aus, da sich ihre Erwerbschancen nach wie vor stärker auf sozial ungeschützte Beschäftigungsverhältnisse konzentrieren.[47]

Die Gruppe der weiblichen Migranten zeichnet sich durch ihre Heterogenität aus, dementsprechend variieren sowohl ihr Aufenthaltsstatus als auch ihre Qualifikationen. Zudem bewirken die ungleichen Fortschritte in den unterschiedlichen Weltregionen und gesellschaftlichen Gruppen hinsichtlich der Gleichstellung der Frau, dass ihre Einkommens- und Aufstiegschancen erheblich differieren. Dies bedeutet für die vom Armutsrisiko betroffenen Frauen in den ärmeren Regionen der Welt, eine größere Bereitschaft arbeitsintensivere und zugleich geringer entlohnte Berufe nachzugehen.[48] Hinsichtlich ihrer Qualifikation kann zudem konstatiert werden, dass sie in den Aufnahmeländern eher geringer entlohnt werden und eher unter schlechteren Bedingungen arbeiten müssen als gleichqualifizierte einheimische Frauen.[49] Insgesamt betrachtet ähneln sich zwar die Wanderungsmotive der Frauen denen der Männer, dennoch sind geschlechtsspezifische Motive wie Mittellosigkeit, strukturelle Diskriminierung und besondere Verfolgungssituation für die weiblichen Migranten festzustellen.[50]

---

44 Vgl. Georg Auernheimer, Einführung in die Interkulturelle Pädagogik, 4. Auflage Darmstadt 2005, S. 16ff.
45 Vgl. ebd.
46 Vgl. Petrus Han, Frauen und Migration. Strukturelle Bedingungen, Fakten und soziale Folgen der Frauenmigration, Stuttgart 2003, S. 9ff.
47 Vgl. Gudrun Lachenmann/Tanja Brühl, Frauen und Gleichberechtigung, in: Ingomar Hauchler/Dirk Messner/Franz Nuscheler (Hrsg), Globale Trends 1998. Fakten, Analysen, Prognosen, Frankfurt am Main 1997, S. 81ff.
48 Vgl. Uta Rupert, Geschlechterverhältnisse und Frauenpolitik, in: Ingomar Hauchler/Dirk Messner/Franz Nuscheler (Hrsg), Globale Trends 2004/2005. Fakten, Analysen, Prognosen, Frankfurt am Main 2003, S. 99ff.
49 Vgl. Annette Treibel, Migration als Form der Emanzipation? Motive und Muster der Wanderung von Frauen, in: Christoph Butterwegge/Gudrun Hentges (Hrsg.), Zuwanderung im Zeichen der Globalisierung. Migrations-, Integrations- und Minderheitenpolitik, 2. Auflage Opladen 2003, S. 93ff.
50 Vgl. ebd., S. 95f.

1.2 Migrationprozesse in Europa

Eine Anwerbung von Arbeitsmigranten anderer Art ist die Rekrutierung hochqualifizierter Wissenschaftler, die insbesondere zugunsten transnationaler Konzerne seitens der einzelnen Nationalstaaten gefördert wird.[51] Während diese selektive Migration ganz im wirtschaftlichen, kulturellen und öffentlichen Interesse der Aufnahmeländer steht, bedeutet sie für die Ausreiseländer meist einen Verlust von Humankapital. Denn die Kosten für die schulische und berufliche Ausbildung dieser Eliten werden von den Herkunftsländern aufgebracht, von den dadurch aufgebauten Ressourcen können diese später jedoch nicht profitieren.[52] Zwar wird der Elitenmigration auch eine Ventilfunktion („overflow") zugesprochen, da sie infolge der hohen Arbeitslosigkeit in den Ausreiseländern eine Entlastung darstellt. Aber in der Realität wandern diese Eliten nicht wegen Arbeitslosigkeit aus, „sondern weil sie nach besseren Arbeits- und Lebensbedingungen suchen. (...) Es ist allzu normal, daß Wissenschaftler sich zum Zentrum von Wissenschaft und Forschung hingezogen fühlen, um dort mit Fachkollegen von Rang und Namen zusammenarbeiten."[53] Während dieser „Brain Drain" für die Entsendeländer einen großen Verlust darstellt, profitieren die Aufnahmeländer von diesem Prozess. Dies wird z.B. an den vielen Nobelpreisträgern mit Migrationshintergrund in den USA deutlich. Da Bildung bzw. Wissenschaft zu den wichtigsten Ressourcen einer Gesellschaft zählen, ist davon auszugehen, dass diese Einwanderung den Empfängerländern mehr als nur einen ökonomischen Gewinn einbringt.[54]

1.2.2 Die Aussiedler und die Fluchtmigranten

Eine weitere Gruppe der Migranten bilden die Aussiedler, deren Zahl insbesondere in Deutschland seit dem Ende des 2. Weltkrieges stetig zugenommen hat. Die Bundesrepublik fühlte sich gegenüber dieser Migrantengruppe besonders verantwortlich, weil sie das Schicksal der Millionen Deutschen (Umsiedlungen, Unterdrückung usw.) in den ost- und südosteuropäischen Aussiedlungsgebieten als Kriegsfolge sah. Aufgrund ihrer deutschen Volkszugehörigkeit bildet diese Personengruppe daher die privilegierteste Zuwandergruppe in der BRD. Mit der Gleichstellung mit deutschen Staatsbürgern genießen sie ganz im Gegensatz zu den Arbeitsmigranten und den Flüchtlingen eine größere Rechtssicherheit, die eine längerfristige Lebensplanung im Aufnahmeland sicherstellt. Die Hilfen zur sozialen und wirtschaftlichen Integration für die Aussiedler wurden bis 1990 durch das Bundesvertriebenengesetz geregelt. Ab dem 01.01.1993 wurden diese Eingliederungsregelungen durch das Kriegsfolgenbereinigungsgesetz abgelöst. Der § 27 BVFG sieht seit 1993 eine jährlich kontigentierte Aufnahmezahl von 226.280 Personen vor, da die Aussiedlung der noch etwa 3 bis 3,5 Millionen in Ost- und Südosteuropa lebenden deutschen Volkszugehörigen anhält.[55] Allein in den Jahren 1990 und 1991 sind jeweils 1 Million Menschen aus der Sowjetunion und Rumänien ausgereist. Für Bulgarien beliefen sich die Emigrationszahlen

---

51 Vgl. Christoph Butterwegge, Globalisierung, Zuwanderung und Ethnisierung der sozialen Beziehungen, in: Markus Ottersbach/Erol Yildiz (Hrsg.), Migration in der metropolitanen Gesellschaft. Zwischen Ethnisierung und globaler Neurorientierung, Münster 2004, S. 72f.
52 Vgl. Petrus Han, Soziologie der Migration, a.a.O., S. 28ff.
53 Ebd., S. 33, 37
54 Vgl. ebd., S. 36f.
55 Vgl. ebd., S. 89f.

auf 400 000 Personen.[56] Laut einer EU-Umfrage im Jahre 1992 wünschten sich etwa 20 Millionen Osteuropäer eine Migration nach Westeuropa.[57]

Der europäische Kontinent ist zudem mit einer anderen Zuwanderung konfrontiert, die bis heute anhält und die nicht wirksam unterbunden werden konnte, selbst durch politische Interventionen nicht: mit der Fluchtmigration. Denn Migrationswillige suchen trotz verschärfter Grenzkontrollen oder Zulassungsbeschränkungen nach immer neuen Wegen und Strategien, um in das gewünschte Zielland einzureisen.[58] Anders als bei der Migration von Eliten wird dieser Form der Zuwanderung mit Kontroll- und Abschottungsmaßnahmen begegnet. Folge ist, dass die Zuwanderungspolitik eine Ausdifferenzierung erfährt. Wird die Armutsmigration aus wirtschaftlicher Sicht vom Zielland als Existenzbedrohung wahrgenommen, gilt die Elite- bzw. Expertenmigration dagegen als erwünscht.[59]

Bedingt durch Kriege, soziale Konflikte sowie politische Verfolgungen, migrierten in den vergangenen Jahren weltweit über 50 Millionen Menschen in sichere Nachbarländer oder in andere Kontinente.[60] Da sich die zentralen Wanderungsursachen kurz- bis mittelfristig in den ärmeren Regionen der Welt nicht verändern werden, ist in Zukunft weiterhin mit der Fluchtmigration zu rechnen. Alternativen zur Verhinderung dieser Auswanderungsprozesse stellen zwar sogenannte Entwicklungsprojekte mit dem Ziel der Befriedigung der Grundbedürfnisse und der Steigerung der Lebensstandards vor Ort dar. Doch werden weder das moderate Grundbedürfnis- noch das Angleichungsprojekt weltweit ausreichend umgesetzt.[61]

In diesem Zusammenhang muss zudem berücksichtigt werden, dass die Transnationalisierung der Wirtschaft, Politik und Kultur die Einwanderungs- und Flüchtlingspolitik der Nationalstaaten immer mehr in ein übergeordnetes System einbindet. Zwar wird mit diesem Prozess die Souveränität der einzelnen Staaten nicht ausgehöhlt, aber doch zunehmend eingeschränkt. Neben der Abschottungstendenz der EU gegenüber der unerwünschten bzw. illegalen Migration wird die Einwanderungspolitik der EU-Staaten zugleich durch (internationale) Abkommen, durch Gerichtsbeschlüsse sowie durch das politische Handeln der Migranten selbst eingegrenzt.[62] Allerdings wird dieser Prozess der europäischen Harmonisierung der Asyl- und Einwanderungspolitik – wie am Beispiel Deutschlands deutlich wird – durch Re-Nationalisierungsbestrebungen sowie eine Blockadepolitik verzögert.[63]

Charakteristisch für die nationalistische Politik in Deutschland sind die Debatten über den „Missbrauch" des Asylrechts und in deren Folge die Erweiterung des Grundgesetzes durch den Artikel 16a, wonach Asylsuchende aus als sicher definierten Drittstaaten abge-

---

56 Vgl. Bernd Knabe, Migration in und aus Osteuropa, in: Steffen Angenendt (Hrsg.), Migration und Flucht. Aufgaben und Strategien für Deutschland, Europa und die internationale Gemeinschaft, Bundeszentrale für politische Bildung, Bonn 1997, S. 54
57 Vgl. ebd., S. 56
58 Vgl. Gerda Heck, Illegalisierte Migranten in Deutschland: Zwischen Opfermythos und organisierter Kriminalität. Plädoyer für einen Perspektivenwechsel, in: Markus Ottersbach/Erol Yildiz (Hrsg.), Migration in der metropolitanen Gesellschaft. Zwischen Ethnisierung und globaler Neuorientierung, Münster 2004, S. 129ff.
59 Vgl. Christoph Butterwegge, Globalisierung, Zuwanderung und Ethnisierung der sozialen Beziehungen, a.a.O., S. 72
60 Vgl. Ingomar Hauchler/Dirk Messner/Franz Nuscheler, Migration und Flucht, in: dies. (Hrsg.), Globale Trends 1998. Fakten, Analysen, Prognosen, Stiftung Entwicklung und Frieden, Frankfurt am Main 1997, S. 97ff.
61 Vgl. Johan Galtung, Globale Migration, a.a.O., S. 12
62 Vgl. Saskia Sassen, Migranten, Siedler, Flüchtlinge. Von der Massenauswanderung zur Festung Europa, 3. Auflage Frankfurt am Main 2000, S. 168ff.
63 Vgl. Mark Holzberger, Die Harmonisierung der europäischen Flüchtlingspolitik, a.a.O., S. 121

schoben werden dürfen. Mit der Einschränkung des Asylrechts und der Verschiebung des Problems auf die Nachbarländer wird jedoch lediglich der illegalen Einwanderung Vorschub geleistet, die wiederum seitens der Politik jederzeit instrumentalisiert werden kann.[64] Einerseits wird also die Bedeutung der Nationalstaaten durch die Globalisierung eingeschränkt, andererseits sind mit den Bemühungen zur Einschränkung von Migrationsbewegungen politische Bestrebungen zur Einschränkung der Globalisierungsfolgen zu erkennen.[65] „In diesem Spannungsfeld befinden sich die Migrant(inn)en. Sie sind auf der einen Seite konfrontiert mit ökonomisch bedingten „pull-and-push-Faktoren", die gleichzeitig auf der anderen Seite sowohl durch nationale als auch durch internationale politische Maßnahmen abgebremst und abgemildert werden."[66]

1.2.3 Der Systemcharakter der Migration: Keine Masseneinwanderung trotz des Migrationsdrucks auf Europa

Obwohl die Migration einen integralen Bestandteil der europäischen Geschichte bildet, ist damit noch nicht gesagt, dass Europa eine Masseneinwanderung befürchten muss, welches seitens populistischer Politiker oder der Medien suggeriert wird. Dieser Darstellung widerspricht die „Einbettung der Arbeitsmigration in größere gesellschaftliche, wirtschaftliche und politische Strukturen und ihre dadurch bedingte räumliche, zeitliche und zahlenmäßige Begrenzung. Es gibt eine Geopolitik der Migration, und Migrationen stehen definitiv im Rahmen von Systemen."[67] Ein Blick auf die europäische Migrationserfahrung der letzten 200 Jahre belegt diesen Systemcharakter der Migration, da immer nur eine Minderheit auswanderte, auch in jenen Zeiten, in denen weder Grenzkontrollen noch technische und administrative Mittel bestanden, um die Einwanderung zu kontrollieren bzw. einzugrenzen. Ähnlich verhält es sich mit der Binnenmigration im heutigen Europa, wo trotz erleichterter Einreise- und Aufenthaltsmöglichkeiten immer nur eine sehr kleine Minderheit von diesen Rechten Gebrauch macht.[68]

Überdies muss der Tatsache Rechnung getragen werden, dass Migration ein hochdifferenzierter Prozess ist. Es ist zwischen den beiden wichtigen Mustern, der zirkulären und der permanenten Migration zu unterscheiden. Was die zirkuläre Migration betrifft, so zeigt die historische und die gegenwärtige Erfahrung, dass ein Teil der Einwanderer sich nur solange im Aufnahmeland aufhält, bis sie ihr Sparziel erreicht. Sogar unter den Umständen einer Legalisierung des Aufenthaltes von illegalen Einwanderern wird häufig der Wohnsitz wieder in die Herkunftsgesellschaft zurückverlegt und die Arbeit im Aufnahmeland jeweils auf wenige Monate im Jahr begrenzt. Diese Fluktuation belegen sowohl die Zuwanderungen in der Phase der Urbanisierung im letzten Drittel des 19. Jahrhunderts als auch die Arbeits-

---

64 Vgl. Bernhard Santel, Einwanderungs- und Integrationspolitik in Deutschland und den USA, in: Christoph Butterwegge/Gudrun Hentges (Hrsg.), Zuwanderung im Zeichen der Globalisierung. Migrations-, Integrations- und Minderheitenpolitik, 2. Auflage Opladen 2003, S. 181f.
65 Vgl. Markus Ottersbach, Plädoyer für einen anderen Umgang mit ethnischen Minderheiten in postnationalen Zivilgesellschaften, in: Wolf-Dietrich Bukow/Markus Ottersbach (Hrsg.), Der Fundamentalismusverdacht. Plädoyer für eine Neuorientierung der Forschung im Umgang mit allochthonen Jugendlichen, Opladen 1999, S. 331
66 Ebd, S. 331f.
67 Siehe Saskia Sassen, Migranten, Siedler, Flüchtlinge, a.a.O., S. 174
68 Vgl. ebd., S. 158

migration in den 1960er Jahren, da die Zahl der Menschen, die zu- und abgewandert sind, immer höher war als die Zahl der Menschen, die sich dauerhaft niederließen.[69] Für diese Pendelmigration müssen die gesetzlichen Einreisebedingungen gewährleistet werden, andernfalls wird eine permanente Migration begünstigt. In Deutschland wurde die permanente Migration 1973 mit dem Anwerbestopp begünstigt, weil die Arbeitsmigranten im Falle einer Rückkehr in ihre Herkunftsländer für sich keine Einreisemöglichkeit mehr in die BRD sahen. Im darauf folgenden Jahr wurde der Niederlassungsprozess durch die Familienzusammenführung verstärkt, so dass die Zahl der Migranten permanent anstieg. Aus den ehemaligen Gastarbeitern wurden Einwanderer.

1.3 Bundesrepublik Deutschland. Das europäische Einwanderungsland

Die Bundesrepublik zählt neben den Vereinigten Staaten zu den bedeutendsten Einwanderungsländern der Welt. Im Vergleich zu den USA ist die Migration für Deutschland infolge der demographischen Entwicklungen sogar viel wichtiger, da der Bevölkerungsanstieg der letzten Jahre nur aufgrund eines positiven Migrationssaldos erreicht werden konnte. Während die US-Bevölkerung auch ohne Einwanderung wegen ihrer positiven Geburtenbilanz kurz- bis mittelfristig weiter wachsen wird, würde eine Nullwanderung in der Bundesrepublik zu einem Bevölkerungsrückgang führen. Bezüglich der Einwanderung sind trotz der demographischen Unterschiede beider Staaten Gemeinsamkeiten festzustellen. So erlebten beide Länder in den 1990er Jahren ihre höchsten Einwanderungsquoten. In den USA wurde der bisherige Höchststand der Einwanderung zwischen 1901 und 1910 mit 8,8 Millionen Menschen weit überschritten. Nach offiziellen Angaben wurden allein in den Jahren 1994 und 1995 mehr als 1,5 Millionen Menschen in das Land aufgenommen.[70] In der Bundesrepublik ist ebenfalls in dieser Dekade mit 3,5 Millionen Menschen ein Wanderungsüberschuss zu verzeichnen gewesen. Setzt man diese Zahl in Relation zur Bevölkerungsgröße Deutschlands, so ergibt sich sogar eine Zuwanderungsquote, die über dem Wert der USA liegt.[71]

Darüber hinaus betreibt der deutsche Staat auch eine Einwanderungspolitik mit denselben Regelungen und Instrumenten der klassischen Immigrationsländer, nur mit dem Unterschied, dass diese anders definiert werden. Während beispielsweise die Familienzusammenführung in den USA als Einwanderungspolitik begriffen wird, werden zuziehende Ehepartner/innen und Kinder in Deutschland trotz rechtlicher Grundlagen und bürokratischer Umsetzung nicht als Einwanderer betrachtet.[72] Diese Haltung führte dazu, dass die in Deutschland legal lebenden, nicht-deutschstämmigen Migranten trotz jahrelangen Aufenthalts keine klare Einwanderungsperspektive entwickeln konnten.[73]

Der Migrationsgewinn und Geburtenüberschuss haben dazu geführt, dass die Zahl der in Deutschland lebenden Ausländer seit dem Anwerbestopp bis zum Jahre 2001 auf knapp 7,4 Millionen angestiegen ist. Nach den Angaben der offiziellen Wanderungsstatistik

---

69 Vgl. Hartmut Häußermann/Ingrid Oswald, Einleitung: Zuwanderung und Stadtentwicklung, a.a.O., S. 25
70 Vgl. Bernhard Santel, Einwanderungs- und Integrationspolitik in Deutschland und den USA, a.a.O., S. 180
71 Vgl. ebd., 180f.
72 Vgl. ebd., S. 193
73 Vgl. Jürgen Habermas: Anerkennungskämpfe im demokratischen Rechtsstaat, in: Charles Taylor (Hrsg.), Multikulturalismus und die Politik der Anerkennung, Frankfurt am Main 1997, S. 188ff.

1.3 Bundesrepublik Deutschland. Das europäische Einwanderungsland

migrierten im Zeitraum von 1954 bis 2000 etwa 26 Millionen Menschen in die BRD, während 19 Millionen Menschen wieder emigrierten, so dass ein Wanderungsgewinn von 7 Millionen Migranten entstand. Ähnlich wie in den USA ist in Deutschland zudem die ethnische Pluralisierung der Zuwanderung seit den 1950er/60er Jahren festzustellen.[74] Mit der Anwerbung der Arbeitsmigranten nach dem zweiten Weltkrieg hat sich in Deutschland eine größere Anzahl von Nicht-EU Bürgern endgültig in Deutschland niedergelassen. Mit zunehmendem Reichtum und Wirtschaftswachstum hat die Bundesrepublik im Laufe der 1950er und 1960er Jahre ihre Anwerbungs- und Einflusszonen auf verschiedene arbeitskräfteexportierende Länder ausgedehnt und damit eine Vielzahl von dynamischen Aus- und Einwanderungsprozessen in Gang gesetzt. Ähnlich wie in Frankreich und Großbritannien die kolonialen Bindungen der Vergangenheit für moderne Migrationsprozesse bedeutsam waren, spielten für die Migrationsströme in Deutschland zunächst die historischen Bindungen zu den deutsch besiedelten Ostgebieten eine wichtige Rolle, in dessen Folge etwa 8 Millionen vertriebene Deutsche aus dem Osten kamen.[75]

1.3.1 Die erste Migrationswelle nach 1945

Obwohl die Zuwanderer auch Deutsche waren, führte die Ankunft der Vertriebenen aus Ostpreußen zunächst zu Spannungen innerhalb der deutschen Bevölkerung. Da die Flüchtlinge aus dem Osten in manchen Regionen in den Barackenlagern eine Unterkunft fanden, die zuvor von polnischen Zwangsarbeitern bewohnt waren, ist nach Ulrich Herbert anzunehmen, dass trotz der unterschiedlichen rechtlichen und sozialen Merkmale dieser Gruppe die Einheimischen diese Diskrepanz nicht wahrnahmen. Die Heterogenisierung der deutschen Bevölkerung, die Konkurrenzsituation als auch die Überlegenheitsgefühle der autochthonen Gesellschaft, die man zuvor gegen die ausländischen Zwangsarbeiter hegte, führten zunächst zu Abwehrreaktionen. Trotz dieser anfänglichen Schwierigkeiten schafften es die deutschen Vertriebenen dennoch, sich aufgrund der wirtschaftlichen Prosperität und dem erhöhten Arbeitskräftebedarf in der Nachkriegszeit relativ schnell zu integrieren. Im Vergleich zu den späteren Arbeitsmigranten waren sie zudem nicht mit ausländerrechtlichen und sprachlichen Problemen sowie ähnlichen rassistischen Diskriminierungen konfrontiert. Außerdem zeichneten sich die Vertriebenen aus dem Osten durch ihre soziale Heterogenität aus, so dass der Anschluss an gesellschaftlich höhere Klassen schneller erfolgte und somit auch die Bildung von einflussreichen Interessengruppen. Darüber hinaus machte ihr Wahlrecht sie zu potentiellen Wählern der deutschen Parteien, die auf ihre Interessen Rücksicht nehmen mussten.[76] All diese Punkte waren wichtige Integrationsfaktoren, über welche die später eingereisten Arbeitsmigranten nicht verfügen sollten.

---

74 Vgl. Bernhard Santel, Einwanderungs- und Integrationspolitik in Deutschland und den USA, a.a.O., S. 181
75 Vgl. Saskia Sassen, Migranten, Siedler, Flüchtlinge, a.a.O., S. 154ff.
76 Vgl. Ulrich Herbert, Geschichte der Ausländerpolitik in Deutschland. Saisonarbeiter, Zwangsarbeiter, Gastarbeiter, Flüchtlinge, München 2001, S. 196ff.

1.3.2 Die Arbeitsmigration ab 1955

Als der Arbeitskräftebedarf infolge des so genannten Wirtschaftswunders in den 1950er Jahren anstieg und durch die deutschen Immigranten nicht kompensiert werden konnte, wurden ausländische Arbeitskräfte angeworben. Doch bereits zu diesem Zeitpunkt „lag die Auseinandersetzung mit den Problemen der Vertriebengeneration zwischen der Erfahrung mit dem nationalsozialistischen „Fremdarbeiter"-Einsatz und der Wiederaufnahme der massenhaften Ausländerbeschäftigung in der Bundesrepublik, so daß schon die rein zeitliche Unterbrechung dazu Anlass gab, das eine mit dem anderen nicht in direkte Verbindung zu bringen."[77] Da in der Nachkriegszeit der Zwangsarbeitereinsatz sozusagen als ein Ausnahmezustand im Krieg begriffen wurde, fand keine angemessene Aufarbeitung dieser dunklen Episode der deutschen Geschichte statt, welche wiederum für die Behandlung und Unterbringung der Gastarbeiter Konsequenzen haben sollte.[78] „So konnte fünfzehn Jahre nach Kriegsende die massenhafte Beschäftigung von Ausländern unter der Fiktion der Voraussetzungslosigkeit wieder aufgenommen werden, ohne daß die Einstellungen und Haltungen gegenüber den ausländischen Zwangsarbeitern während des Krieges in den 50er Jahren eine öffentliche, kritische Bearbeitung erfahren hätten."[79]

Während die „Deutschstämmigen" nur zu Beginn ihrer Migration mit Aversionen rechnen mussten, sollten diese Einstellungen gegenüber den Arbeitsmigranten eine hohe Persistenz aufweisen. Die Aussiedler wurden ganz im Sinne des Abstammungsprinzips (ius sanguinis) von der Politik bevorzugt behandelt, so dass sie über alle politischen (aktives/passives Wahlrecht), zivilen (Meinungsfreiheit usw.) und sozialen (Anspruch auf wohlfahrtstaatliche Sicherungssysteme) Rechte verfügten. Dagegen kann die staatliche Politik gegenüber den „Gastarbeitern" nur als Teilinklusion bezeichnet werden, da sie zwar im Falle eines gefestigten Aufenthaltsstatus arbeits- und sozialrechtliche Garantien, aber aufgrund des Abstammungsprinzips nicht das allgemeine Staatsangehörigkeitsrecht genossen.[80] Diese Doppelmoral trat am deutlichsten in den späteren Debatten zur doppelten Staatsbürgerschaft hervor. Denn offenbar wurde unter der Regierung Kohl Hunderttausenden Menschen aus Polen und aus den Nachfolgestaaten der ehemaligen Sowjetunion die deutsche Staatsbürgerschaft verliehen, ohne dass sie ihre bisherige Staatbürgerschaft aufgeben mussten. Dagegen wurde die Doppelstaatsangehörigkeit der „Nicht-Deutschstämmigen" mit einer Unterschriftenaktion verhindert. „Mit anderen Worten: Dieselbe CDU, die die Doppelstaatsangehörigkeit z.B. von türkischen Staatsbürgern ablehnte, hat diese bei so genannten ‚Deutschstämmigen' aus Osteuropa gefördert."[81]

Bereits das Grundgesetz differenziert zwischen Deutschen und Nicht-Deutschen, wenn es um die Gewährung wesentlicher Grundrechte geht, die nur den Deutschen vorbehalten sind. Damit ist die Sonderbehandlung der „Ausländer" in Deutschland konstitutiv verankert, wie der nachfolgenden Tabelle entnommen werden kann.

---

[77] Ebd., S. 200
[78] Vgl. ebd., S. 200f.
[79] Ebd., S. 201
[80] Vgl. Bernhard Santel, Einwanderungs- und Integrationspolitik in Deutschland und den USA, a.a.O., S. 188f.
[81] Vgl. Georg Hansen, Die Deutschmachung. Ethnizität und Ethnisierung im Prozess von Ein- und Ausgrenzungen, Münster 2001, S.112

1.3 Bundesrepublik Deutschland. Das europäische Einwanderungsland 29

Tabelle 1: Eingeschränkte Grundrechte für „Nichtdeutsche"

	Kurzbezeichnung	Geltung	Anmerkung
Art. 1	Würde des Menschen	universell	
Art. 2	Freie Entfaltung der Persönlichkeit	universell	
Art. 3	Gleichheit vor dem Gesetz	universell	
Art. 5	Meinungsfreiheit	universell	Weimarer Verf.: nur Deutsche
Art. 8	Versammlungsfreiheit	alle Deutschen	Ausländer nur nach § 1 Versammlungsgesetz (vgl. Münch 1992, S. 416)
Art. 9	Vereinigungs-/Koalitionsfreiheit	alle Deutschen	Ausländer nur nach § 1 I Vereinsgesetz (Münch 1992, S. 440)
Art. 11	Freizügigkeit	alle Deutschen	„Ausländer genießen den Schutz des Art. 11 I nicht" (Kunig 1992, S. 678)
Art. 12	Berufsfreiheit	alle Deutschen	„Ausländische Staatsangehörige fallen nicht unter den Schutz des Art. 12 I (Gubelt 1992, S. 705)
Art. 13	Unverletzbarkeit der Wohnung	universell	

Quelle: Georg Hansen, Die Deutschmachung, a.a.O., S. 103

1.3.3 Von Gastarbeitern zu Einwanderern: Konzeptionslosigkeit und Paradoxie in der deutschen Ausländerpolitik

Die meisten Arbeitsmigranten sind infolge staatlicher Anwerbungsprozesse als Gastarbeiter eingereist und wurden viele Jahre von staatlicher Seite entsprechend behandelt. Durch diese Behandlung hat auch die Gesellschaft sie nur als „Gäste" wahrgenommen. Dabei intendierte der Staat in den Anfangsjahren das Rotationsprinzip, damit die ausländischen Arbeitskräfte nach einer bestimmten Aufenthaltsdauer in ihre Heimatländer zurückkehren sollten. Dieses Prinzip erwies sich aber in der Realität als nicht praktikabel.[82]

Mit der organisierten Anwerbung bildeten sich relativ autonome Migrationsströme, so dass die Migration unabhängig von staatlicher Einflussnahme bis heute angehalten hat. Begünstigt wurde dieser Prozess vor allem durch das andauernde Wohlstandgefälle zwischen den Ausreiseländern und der Bundesrepublik. Aufgrund der Familienzusammenführung ab 1974 und den Niederlassungsabsichten der Migranten konnte das deutsche Konzept des „Gastarbeiters" den neuen Integrationsherausforderungen nicht gerecht werden.[83]

Die Ausländerpolitik ab 1973, die unbeabsichtigt die Niederlassung der Migranten bewirkte,[84] zeichnet sich einerseits durch eine Begrenzungspolitik, andererseits durch Anpassungsmaßnahmen aus. Mit dieser paradoxen Politik sollte zum einen die Rückkehr der Migranten in ihre Herkunftsländer und zum anderen die soziale Integration der Bleibewilligen gefördert werden. Die letztere Maßnahme wurde deshalb erforderlich, da sich die Migrationsströme nicht mehr nach dem Arbeitsmarkt orientierten, sondern infolge der Fa-

---

82 Vgl. Ellen Schulte-Bunert, Ausländer in der Bundesrepublik, Frankfurt am Main 1993, S.9
83 Vgl. Saskia Sassen, Migranten, Siedler, Flüchtlinge, a.a.O., S. 154ff.
84 Vgl. Annette Treibel, Migration in modernen Gesellschaften. Soziale Folgen von Einwanderung, Gastarbeit und Flucht, 3. Auflage Weinheim/München 2003, S. 60

milienzusammenführung stetig zunahmen. Ein Schritt in Richtung Integrationspolitik schien durch die Ernennung des ersten Ausländerbeauftragten Karl-Heinz Kühn getan worden zu sein, der im Jahre 1979 sein Memorandum „Stand und Weiterentwicklung der Integration ausländischer Arbeitnehmer und ihrer Familien" veröffentlichte, in der er sich vom Gastarbeiterbegriff distanzierte und die nicht mehr rückgängig zu machende Einwanderung anerkannte.[85] Nach dem Bericht wurden zwar Ende der 1970er bis in die Mitte der 1980er Jahre zahlreiche Studien zur Lebenslage der Migranten angeregt, doch die Integrationskonzepte sowie Reformvorschläge wiesen erhebliche Defizite auf. Zum einen zielten die Integrationskonzepte der Experten auf die Assimilation der Migranten ab, und zum anderen konzentrierten sich die Reformvorschläge meist nur auf die Migrantenkinder, so dass die so genannte erste Generation ausgeblendet wurde. Ein wesentlicher Grund für das Scheitern der meisten Konzepte lag darin, dass die Experten diese Konzepte erstellten, ohne in einen öffentlichen Diskurs einzutreten und ohne die Migrantenorganisationen sowie lokale Akteure einzubeziehen.[86]

Mit der Zunahme der Arbeitslosigkeit zu Beginn der 1980er Jahre wurde diese Diskussion durch eine restriktive Ausländerpolitik überschattet, die stärker die Begrenzung des Familiennachzugs sowie die Rückkehrförderung zum Ziel hatte. Diese Instrumentalisierung der Ausländerdebatte in Zeiten konjunktureller Einbrüche ist charakteristisch für die Ausländerpolitik, da sie die tatsächlichen Hintergründe, wie z.B. die ungerechte gesellschaftliche Verteilung von Ressourcen und Reichtum, verschleiert. Stattdessen konstruiert die Politik einen Überbevölkerungs-Mythos und lenkt somit die öffentliche Aufmerksamkeit auf die Migrationsproblematik.[87]

In den 1980er Jahren fand zudem eine Kompetenzverlagerung der Ausländerpolitik vom Bundesarbeitsministerium zum Bundesinnenministerium statt. Hinsichtlich der sozialen Integration dagegen sind kaum Anstrengungen unternommen worden, es herrschte vielmehr eine Konzeptionslosigkeit.[88] Immer wieder wurde seitens der Politik betont, dass Deutschland kein Einwanderungsland sei. Diese Ansicht erhielt sogar Rückendeckung von der Wissenschaft, als 1982 eine Gruppe von Professoren ganz im Sinne eines statischen Kulturverständnisses in dem so genannten „Heidelberger Manifest" Argumente gegen eine multikulturelle Gesellschaft formulierte. Die deutsche Bevölkerung laufe Gefahr, durch eine permanente Migration unterwandert zu werden, so dass die deutsche Sprache, die Kultur und das Volk gefährdet seien.[89] Mit dieser Publikation wurde die Verbindung des demographischen Diskurses mit Ethnizität und Kultur bzw. Religion hergestellt, die auch für die spätere „Fundamentalismus-Debatte" und die Legitimation einer Exklusionspolitik instrumentalisiert werden sollte. Da der deutschen Nation und Kultur im Falle einer permanenten Einwanderung ihr „Aussterben" prognostiziert wird, tritt man trotz des künftig zu erwartenden Bevölkerungsrückganges in Deutschland nicht für einen Ausgleich dieses Defizits durch Migration ein, sondern für eine Geburtenzunahme in der deutschen Bevölke-

---

85 Vgl. Michael Krummacher/Viktoria Waltz, Einwanderer in der Kommune. Analysen, Aufgaben und Modelle für eine multikulturelle Stadtpolitik, Essen 1996, S. 88f.
86 Vgl. Michael Krummacher, Zuwanderung, Migration, a.a.O., S. 327
87 Vgl. Markus Ottersbach, Plädoyer für einen anderen Umgang mit ethnischen Minderheiten in postnationalen Zivilgesellschaften, a.a.O., S. 331f.
88 Vgl. Michael Krummacher/Viktoria Waltz, Einwanderer in der Kommune, a.a.O., S. 90f.
89 Vgl. Axel Schulte, Multikulturell. Klärung eines mißverständlichen Begriffes, in: Schriftenreihe der Bundeszentrale für politische Bildung (Hrsg.), Das Ende der Gemütlichkeit. Theoretische und praktische Ansätze zum Umgang mit Fremdheit, Vorurteilen und Feindbildern, Bonn 1993, S.19

rung. Nicht weniger problematisch an dieser nationalistisch orientierten These ist, dass Kulturen willkürlich differenziert und unterschiedlich bewertet werden, so dass die kulturelle Vielfalt innerhalb eines Landes missachtet wird.[90] „Es ergibt sich dann eine Immigrationspolitik, die nationalistisch orientiert ist und diesen Nationalismus in zweifacher Hinsicht durchsetzt. Sie fördert bzw. erzwingt einerseits die Rückkehr nicht-deutscher Migrant(inne)en, andererseits wird eine Immigration derselben Gruppe verhindert bzw. erschwert."[91]

Der Begriff der multikulturellen Gesellschaft hatte sich in den Debatten zu einem emotional hoch aufgeladenen politischen Kampfbegriff entwickelt.[92] Zum einen ist er ein beschreibender, analytischer Begriff, der lediglich den Sachverhalt wiedergibt, dass in Deutschland – neben den einheimischen Kulturen – auch verschiedene Migrantenkulturen existieren. Zum anderen wird er als politisches Ziel definiert, der infolge der Arbeitswanderung, der europäischen Einigung sowie postmoderner Bereicherungserwartungen als eine notwendige Orientierung postuliert wird.[93] Mit dem zunehmenden Einfluss eines liberalen und toleranten Multikulturalismus zu Beginn der 1990er Jahre und der Akzentuierung der Kultur in den Überlegungen über das Verhältnis zu den Migranten wurde die politische und ökonomische Integration in den Hintergrund gedrängt. Zwar geht mit diesem Konzept das Postulat der Anerkennung der Differenzen einher, doch diese waren nur auf solche beschränkt, die zur Bereicherung der eigenen Kultur beitrugen.[94] „Alle anderen kulturellen Unterschiede – besonders jene, die im weiteren Umfeld der islamischen Religion auftauchten – galten als Ausdruck einer engstirnigen, potenziell gewalttätigen ‚vormodernen' Tradition, die sich an der normativen Westlichkeit abschleifen müsse, um schließlich zu einem rein privaten kulturellen Lebensstil zu werden."[95]

Zusammenfassend wurde die Idee einer multikulturellen Gesellschaft kritisiert, weil „der Multikulturalismus

- die Analyse der Migration durch moralisches Engagement und sozialromantisches Folklorismus ersetze, u.a. zur Pflege der Psychohygiene der Befürworter;
- die Ungleichheit zwischen Eingewanderten und Mehrheitsgesellschaft verdecke, zementiere und das reale Machtgefälle zwischen Mehrheit und Minderheit idyllisiere;
- die Ethnisierung sozialer Konflikte fördere, fundamentalistische Rückzüge rechtfertige und zusätzliche Stigmatisierungen auslöse;
- bestenfalls – wie das ‚Amt für multikulturelle Angelegenheiten' – herkömmliche Integrationspolitik unter anderem Etikett betreibe."[96]

---

90 Vgl. Markus Ottersbach, Plädoyer für einen anderen Umgang mit ethnischen Minderheiten in postnationalen Zivilgesellschaften, a.a.O., S. 332
91 Ebd., S. 333
92 Vgl. Waltraud Kämper, Lebensräume – interkulturelle Pädagogik und (offene) Jugendarbeit, Frankfurt am Main 1992, S.13
93 Vgl. Wolfgang Nieke, Interkulturelle Arbeit mit Kindern und Jugendlichen ausländischer Herkunft, Osnabrück 1993, S. 37ff.
94 Vgl. Mark Terkessidis, Wir selbst sind die Anderen. Globalisierung, multikulturelle Gesellschaft und Neorassismus, in: Christoph Butterwegge/Gudrun Hentges (Hrsg.), Zuwanderung im Zeichen der Globalisierung. Migrations-, Integrations-, und Minderheitenpolitik, 2. Auflage Opladen 2003, S. 242f.
95 Ebd., S. 243
96 Siehe Michael Krummacher, Migration, Zuwanderung, a.a.O., S. 329

Insbesondere, die im zweiten und dritten Kritikpunkt thematisierte Machtbeziehung, Ethnisierung sozialer Konflikte sowie Selbstethnisierung, wird in der Migrationsforschung im Hinblick auf die Beziehungen zwischen den Einheimischen und den Zugewanderten eine besondere Bedeutung beigemessen. Das Verhältnis zwischen den beiden Bevölkerungsgruppen wird strukturell mit dem Modell der Figuration von Etablierten und Außenseitern charakterisiert. Eine Etablierte-Außenseiter-Figuration zeichnet sich dadurch aus, dass eine etablierte Gruppe aufgrund ihres Machtüberschusses sich einen privilegierten Zugang zu sozialen Ressourcen sichert, in dem sie eine andere Gruppe als Außenseiter stigmatisiert und diskriminiert. Die Abgrenzung der Etablierten von den Außenseitern geschieht nicht durch ihren sozioökonomischen Status, sondern vielmehr durch ihre Macht, soziale Normen als Mittel zu definieren. Übertragen auf die Beziehungen zwischen Einheimischen und Migranten würde diese Figuration bedeuten, dass Spannungsverhältnisse nicht kulturell bedingt sind, sondern auf Zuschreibungsprozesse der mächtigeren Etablierten basieren, um ihre gesellschaftliche Position abzusichern.[97] Mit ihrem sozialen, kulturellen und symbolischen Kapital können die Einheimischen ihre soziale Schließung[98] erreichen und somit zum einen die soziale Grenze zu den Migranten festigen und ihre Diskriminierung sichern. Zum anderen kann die soziale Schließung zur sozialen Kohäsion und Identitätsfindung der Einheimischen beitragen. Der wahrgenommene Macht- und Verhaltensunterschied zwischen Einheimischen und Migranten würde ausreichen, eine Etablierte-Außenseiter-Figuration auf gesamtgesellschaftlicher Ebene zu erzeugen, in dem Unterschiede zwischen den beiden Bevölkerungsgruppen akzentuiert werden, um die Gemeinsamkeit aller Einheimischen zu generalisieren und somit die nationale Identität zu aktualisieren und zu festigen.[99]

Die positive Definition der eigenen Gruppe steht im Zusammenhang mit der negativen Definition der Außenseiter. Die zugeschriebenen Merkmale sind somit soziale Konstrukte, die die Ausgrenzung der Migranten legitimieren und soziale Konflikte ethnisieren. Erst die Zuschreibungsprozesse der Etablierten produzieren also so genannte kulturelle Unterschiede und fördern wiederum eine ethnische Re-Definition. Dieser Ethnisierungs-Mechanismus führt zur Re-Ethnisierung bzw. Selbstethnisierung, nicht etwa wegen der „kulturellen Unterschiede", sondern zur Stärkung und Sicherung der Identität der Migranten.[100] Obwohl die ethnische Identität der Einwanderergruppen, insbesondere für die Folgengenerationen, rein symbolisch ist, können in einer fremden, soziokulturellen Umgebung kulturelle bzw. religiöse Merkmale aus dem Herkunftsland eine neue Bedeutung gewinnen.[101] Die soziale Barriere zwischen den Einheimischen und den Migranten wird durch diesen interaktiven Prozess aufrechterhalten und verstärkt.

Dem kontroversen Multikulturalismus-Konzept wurde als Gegenstück der „Ethnopluralismus" entgegengehalten. Doch auch dieses Konzept betonte ebenfalls diejenigen Differenzen, durch welche man das Bild vom Eigenen bestätigt sah. Anders als bei den Multikulturalisten wurde aber akzentuiert, dass die kulturellen Differenzen nur in den jeweiligen

---

97 Vgl. Volker Eichener, Ausländer im Wohnbereich. Theoretische Modelle, empirische Analysen und politisch-praktische Maßnahmenvorschläge zur Eingliederung einer gesellschaftlichen Außenseitergruppe, Regensburg 1988, S. 122ff.
98 Vgl. hierzu Pierre Bourdieu, Die feinen Unterschiede. Kritik der gesellschaftlichen Urteilskraft, Frankfurt 1987
99 Vgl. Volker Eichener, Ausländer im Wohnbereich, a.a.O., S. 125
100 Vgl. zur Ethnisierungsthese Wolf-Dietrich Bukow/R. Llaryora, Mitbürger aus der Fremde. Soziogenese ethnischer Minderheiten, Opladen 1988
101 Vgl. Annette Treibel, Migration in modernen Gesellschaften, a.a.O., S. 219f.

Herkunftsgesellschaften zu genießen seien.[102] In der Vermischung der Kulturen wurde eine Gefahr für die eigene Kultur gesehen, so dass die kulturellen Differenzen jeweils nur in den eigenen Nationen oder zumindest im eigenen „Ghetto" aufzutreten hätten. Ebenfalls orientierten sich die Vertreter dieses Konzeptes an der behaupteten Traditionalität der Migranten, doch im Vergleich zu den Multikulturalisten war diese autoritäre Traditionalität für das „eigene" Land erwünscht.[103]

Auch wenn beide Positionen auf den ersten Blick sehr gegensätzlich erscheinen mögen, so bestehen Gemeinsamkeiten: „Multikulturalismus nannte die Aufnahmebedingungen für Einwanderer, während ‚Ethnopluralismus' Grundlagen für die Verteidigung nach außen formulierte. Dabei bezogen beide Diskurse ihre Kontur über jene Identifikation mit den Anderen bzw. mit ihrer eigenen Vorstellung vom Anderen. (...) Da in beiden Diskursen die Artikulationen der Anderen in eine Repräsentation des Eigenen übergingen, konnten die jeweiligen Vertreter von Multikulturalismus und Neuer Rechter suggerieren, ihnen gehe es hauptsächlich um das Wohlergehen der Anderen."[104] Ihre „Sorgen" um die Anderen werden deutlich, wenn sie ihre Anpassung fordern, um den durch die Verschiedenheit hervorgerufenen Rassismus seitens der Majorität zu verhindern.[105] Dies solle geschehen, „indem sie entweder ihre Differenz privatisieren und so ‚genussfähig' gestalten oder mitsamt ihren vormodernen Bräuchen einfach fernblieben."[106] Dieses dichotomische Denken hat letztlich dazu geführt, dass der gut gemeinte, aber eigentlich an ein herkömmliches Fremdheitskonzept orientierte Multikulturalismus zur stärkeren Betonung von Gruppendifferenzen und zu ihrer politischen Instrumentalisierung geführt hat und dies allzu oft in einer verzerrten polemischen und ideologischen Weise Verwendung fand.[107]

Der Rückgriff auf politische Konzepte der klassischen Einwanderungsländer beruht nicht nur auf den längeren Migrationserfahrungen dieser Länder, sondern auch auf dem Glauben, dass die Integration oder Assimilation der Einwanderer in diesen Ländern sich viel unkomplizierter gestalte. Ein Blick in beliebte Einwanderungsländer wie die USA widerlegt diese These jedoch. So ist beispielsweise das „melting-pot" Konzept nach wie vor ein Klischee über die US-amerikanische Gesellschaft. Die Idee hinter diesem Konzept geht von der Annahme aus, dass die Ursprungskulturen aller Einwanderer sich auflösen und zu einer gemeinsamen Nationalkultur verschmelzen. Die Kontinuität ethnischer Muster in der amerikanischen Gesellschaft belegt jedoch, dass diese Annahme nicht weiter als eine Fiktion ist, die sich in der Realität nicht bewährt hat. Daneben sind noch das Konzept der anglo-conformity und der cultural-pluralism für die politischen Diskussionen kennzeichnend. Die so genannte Anglo-Konformität, eine rassistisch orientierte Einwanderungspolitik, geht von dem Postulat der vollständigen Anpassung an die dominante Kultur mit der gleichzeitigen Aufgabe der Herkunftskultur der Einwanderer aus. Auch wenn diese Debatte gegenwärtig keine Rolle mehr spielen mag, so wird die Kultur, Politik und Ideologie nach wie vor seitens der so genannten WASPMs (White-Anglo-Saxon-Protestant-Male-Group) dominiert. Infolge der Kritik an den beiden Konzepten wurde eine dritte Linie, die Idee des kulturellen Pluralismus vertreten, die insbesondere gegen Ende der 1960er Jahre eine be-

---

102 Vgl. Mark Terkessidis, Wir selbst sind die Anderen, a.a.O., S. 243
103 Vgl. ebd.
104 Ebd.
105 Vgl. ebd., S. 244
106 Ebd.
107 Vgl. ebd.

sondere Bedeutung gewann. Zwar haben auch die Diskussionen um dieses Konzept gegenwärtig abgenommen, doch die Akzentuierung der eigenen ethnischen Zugehörigkeit und die weitgehende Akzeptanz dieser hat sich im Alltag der Amerikaner etabliert. Dies kommt jedoch nicht einer Chancengleichheit für alle ethnischen Gruppen gleich.[108]

Dass das Zusammenleben zwischen Einwanderern und der autochthonen Gesellschaft selbst in den klassischen Einwanderungsländern nicht reibungslos verläuft, muss jedoch kein Beleg für das Scheitern einer pluralen Gesellschaft sein. Es ist vielmehr ein Indiz dafür, dass Zuwanderung und das multikulturelle, urbane Zusammenleben insgesamt nicht konfliktfrei verlaufen. „Oft geht es weniger um kulturelle Probleme im engeren Sinne als um wirtschaftliche, gesellschaftliche und machtpolitische Interessen, die sich religiöser, kultureller und ethnischer Argumente oder Ressentiments für ihre Zwecke bedienen und auf diese Weise eine Dynamik entfesseln, die sich rationaler Konfliktbewältigung entzieht."[109] Aufgrund dieser gesellschaftlichen Herausforderung bedarf es gerade in Einwanderungsländern an Orientierungshilfen und Steuerungsmitteln in Form einer transparenten Einwanderungsgesetzgebung und flexiblen Eingliederungspolitik bei gleichzeitigem Minderheitenschutz.[110] Um die Integration der Migranten zu erreichen und damit Konflikte zu verhindern, vertritt John Rex in diesem Kontext die Hypothese eines auf Freiwilligkeit beruhenden und über mehrere Generationen andauernden Assimilations- und Akkulturationsprozesses. Auch räumt er den Minderheiten das Recht ein, nach wie vor ihre symbolische Ethnizität fortzuführen.[111] Blickt man jedoch auf die Entwicklung der Migrationsdebatte in der Bundesrepublik, so erkennt man, dass dieser bisher eher ideologisiert geführt und die reale gesellschaftliche Entwicklung verkannt wurde, so dass keine adäquate politische Gestaltung dieser neuen Situation stattfinden konnte.[112] Während in den diversen Gesellschaftskonzepten trotz unterschiedlicher Auffassungen von der Gesellschaft (kulturelle Ausdifferenzierung, Pluralisierungsformen usw.) die Differenzierungsprozesse anerkannt werden, ändert sich der Tenor, sobald es um die Definition einer multikulturellen Gesellschaft und mithin um Migranten geht. Dann nämlich fallen die gesellschaftlichen Rahmenbedingungen weg und alle bestehenden gesellschaftlichen Differenzen werden vereinheitlicht.[113] „Dann geht es plötzlich nicht um die Vielfalt im weitesten Sinne, sondern um die Kultur der Einheimischen, also die Kultur der deutschen Nation, und die Kultur der eingewanderten Minderheiten."[114] Der Vergleich der Kulturen dient dann zu Bewertungen und Asymmetrisierungen, um die überragende Selbstbeschreibung des eigenen Gemeinwesens zu untermauern und

---

108 Vgl. Annette Treibel, Migration in modernen Gesellschaften, a.a.O., S. 48
109 Vgl. Klaus J. Bade, Einleitung: Grenzerfahrungen – die multikulturelle Herausforderung, in: ders. (Hrsg.), Die multikulturelle Herausforderung. Menschen über Grenzen – Grenzen über Menschen, München 1996, S. 10
110 Vgl. ebd., S. 13f.
111 Vgl. John Rex, Multikulturalität als Normalität moderner Stadtgesellschaften. Betrachtungen zur sozialen und politischen Integration ethnischer Minderheiten, in: Wilhelm Heitmeyer/Rainer Dollase/Otto Backes (Hrsg.), Die Krise der Städte. Analysen zu den Folgen desintegrativer Stadtentwicklung für das ethnisch-kulturelle Zusammenleben, Frankfurt am Main 1998, S 140f.
112 Vgl. Carolin Reißlandt, Ein neuer Anlauf nach dem Scheitern? Die wechselhafte Geschichte des Zuwanderungsgesetzes, in: Christoph Butterwegge/Gudrun Hentges (Hrsg.), Zuwanderung im Zeichen der Globalisierung. Migrations-, Integrations- und Minderheitenpolitik, 2. Auflage Opladen 2003, S. 123ff.
113 Vgl. Claudia Nikodem/Erika Schulze/Erol Yildiz, Städtischer Multikulturalismus – Eine neue Leseart, in: Wolf-Dietrich Bukow/Markus Ottersbach (Hrsg.), Der Fundamentalismusverdacht. Plädoyer für eine Neuorientierung der Forschung im Umgang mit allochthonen Jugendlichen, Opladen 1999, S. 301
114 Ebd.

die Vielfältigkeit durch erzwungene (Schein-)Homogenität und nationalkulturelle Selbstbeschreibungen aufzuheben.[115]

Diese Kulturalisierungen dienten bereits im 19. Jahrhundert zur Zeit der Konsolidierungen der europäischen Nationalstaaten zur Abgrenzung des eigenen Herrschaftsbereichs bzw. zur inneren (künstlichen) Kohäsion und unterwarfen diverse Funktionsbereiche der Gesellschaft (Wirtschaft, Recht, Wissenschaft usw.) den kulturellen Selbstbeschreibungen des Nationalkulturellen. Ähnlich geschieht das auch heute, durch den staatlich-politischen Nationalismus.[116] Als Resultat dieser Konstruktion einer homogenen Kultur der deutschen Nation bzw. eines nationalkulturellen Selbstkonzeptes ist heute eine ambivalente Haltung zur Einwanderungsfrage zu erkennen. Zum einen wird regelmäßig die ökonomische Notwendigkeit der Zuwanderung akzentuiert, zum anderen sind permanent Skandalisierungsversuche zu verzeichnen, die sich an einem völkisch-nationalen Politikverständnis orientieren.[117] Denn bei der Frage, wer Deutscher ist, wurde bis zum neuen Staatsbürgerschaftsrecht die Debatte von einem völkischen Staatsverständnis und Grundkonsens dominiert, der auch nicht durch die Arbeitsmigration und Bildung der Europäischen Union eine Änderung erfuhr.[118] Während sich beispielsweise in Frankreich das Nationalbewusstsein im Kontext eines Territorialstaates entfaltete, erfolgte diese Entwicklung in Deutschland zunächst auf der Basis einer romantisch beseelten und bildungsbürgerlichen Idee der „Kulturnation". Eine imaginäre Einheit bezüglich der Sprache, der Tradition und der Abstammung wurde konstruiert, um über die Realität der bestehenden deutschen Kleinstaaten hinauszugreifen. Ein weiterer wichtiger Kontrast zu Frankreich liegt zudem darin, dass der deutsche Nationalismus erst durch den Widerstand gegen den äußeren Feind Napoleon entstand.[119] „Aus einem solchen ‚Befreiungskrieg' hervorgegangen, konnte sich das Nationalbewusstsein in Deutschland mit dem Pathos der Eigenart von Kultur und Abstammung verbinden – ein Partikularismus, der das Selbstverständnis der Deutschen nachhaltig geprägt hat."[120] Zwar haben sich die Deutschen wegen der besonderen Lage nach 1945 von diesem Bewusstsein distanziert, doch mit dem Zerfall der Sowjetunion, der staatlich durchgesetzten deutschen Wiedervereinigung und dem erstarkenden Rechtsradikalismus, der insbesondere durch eine populistische Politik wie über die Asyldebatte begünstigt wurde, liegt die Frage nahe, in wieweit dieses „Sonderbewusstsein" wieder an Oberhand gewinnt.[121]

Der Vergleich mit Frankreich zeigt auch, dass dort ein anderes Verständnis von Nation herrscht, was jedoch nicht automatisch mit der Lösung der „Ausländerfrage" gleichkommt. Am Beispiel der rassistischen Diskurse in Großbritannien, Frankreich und Deutschland werden zwar die Differenzen in Bezug auf das Schüren von Ängsten in der Bevölkerung durch die Politik der Neuen Rechten deutlich, dennoch steht immer das Konstrukt des „Fremden" im Mittelpunkt der Parteiprogramme. Ganz gleich, ob sich die Parteien um die

---

115 Vgl. Armin Nassehi, Die Praxis der Kulturalisierung, in: Markus Ottersbach/Erol Yildiz (Hrsg.), Migration in der metropolitanen Gesellschaft. Zwischen Ethnisierung und globaler Neuorientierung, Münster 2004, S. 54f.
116 Vgl. ebd.
117 Vgl. Claudia Nikodem/Erika Schulze/Erol Yildiz, Städtischer Multikulturalismus – Eine neue Leseart, a.a.O., S. 288
118 Vgl. Georg Hansen, Die Deutschmachung. Ethnizität und Ethnisierung im Prozess von Ein- und Ausgrenzungen, a.a.O., S.104ff.
119 Vgl. Jürgen Habermas, Anerkennungskämpfe im demokratischen Rechtsstaat, a.a.O., S. 191
120 Ebd.
121 Vgl. ebd., S 192

Reinheit der Rasse, um die Größe der Nation oder um die Geschlossenheit des Volkes „sorgen", immer sind es die „Fremden", von denen eine Gefahr ausgeht.[122]

Tabelle 2: Überblick über die Aussagen der rechten Parteien in Bezug auf Fremde

	National Front	Front National	Republikaner
Leitbegriff	Race „White Great Britian"	Nation	Volk
Angesprochene Klientel	Arbeiterklasse	Untere Mittelschicht	Untere Mittelschicht
Befürchtungen	Unfairer Wettbewerb „Chaos and Muddle"	Gemeindebildung	Überforderung des Sozialstaats
Bilder	Wettbewerb mit „Kulis"	Fruchtbarkeit islamischer Frauen	Asylbetrug
Ängste	Kollaps Lähmung	Überschwemmung Ertrinken	Überfüllung Explosion

Quelle: Werner Schiffauer, Fremde in der Stadt, a.a.O., S. 72

1.4 Migration und Stadt: Verfallssemantik in der Stadtforschung

Die Entstehung von Befremdungsgefühlen der Einheimischen gegenüber den Migranten wird in der Politik, aber auch in den Sozialwissenschaften im urbanen Zusammenleben gesehen. Als Konstrukt des „Fremden" dienen hierbei die so genannten „Ausländerstadtteile". Wo Migranten in größerer Zahl leben, handelt es sich in den Verfallsdiskursen daher um „Problemquartiere", die mit den Begriffen Ghettos oder Parallelgesellschaften beschrieben werden.[123] Denn die Wahrnehmung, dass auf der Seite der Migranten eine Tendenz zur Kollektivierung von Kultur stattfindet, könnte dazu führen, dass trotz der Pluralisierungs- und Individualisierungstendenzen und trotz eines Mangels an einer gemeinsamen inhaltlichen Dimension ebenfalls die eigene Kollektivität der Majorität zunehmend artikuliert wird.[124] Insofern findet in den aktuellen Segregationsdiskussionen wieder eine Anknüpfung an die alte Stadtkritik statt, weil die städtische Fremdheit und die Auflösung alter traditioneller Werte und mithin der Glaube an eine in der Vergangenheit existierende homogene Stadtgesellschaft akzentuiert wird, die durch die Migration gefährdet ist.[125] „Bildete das Dorf den ehemaligen Bezugshorizont, so firmiert hier die Vorstellung einer ehemals kulturell homogenen Stadtgesellschaft als das Maß, an dem der Verfall gemessen wird."[126] Vor dem Hintergrund der Krise der sozialen Stadt, werden in diesen Wohngebieten eine Zunahme des Konfliktpotentials und die Intensivierung der Desintegrationsprozesse prog-

---

122 Vgl. Werner Schiffauer, Fremde in der Stadt. Zehn Essays über Kultur und Differenz, Frankfurt am Main 1997, S. 71ff.
123 Vgl. Erika Schulze, „Denn die großen Städte sind verlorene und aufgelöste ...". Verfallsszenarien des Städtischen unter historischer und aktueller Perspektive, in: Markus Ottersbach/Erol Yildiz (Hrsg.), Migration in der metropolitanen Gesellschaft. Zwischen Ethnisierung und globaler Neuorientierung, Münster 2004, S 122f.
124 Vgl. Mark Terkessidis, Wir selbst sind die Anderen., a.a.O., S. 241
125 Vgl. Erika Schulze, „Denn die großen Städte sind verlorene und aufgelöste ...", a.a.O., S. 124
126 Ebd., S. 126

1.4 Migration und Stadt: Verfallssemantik in der Stadtforschung   37

nostiziert. Denn scheinbar sind die Städte ähnlich wie im 19. Jahrhundert im Begriff, ihren sozialen Charakter und damit ihre Integrationskraft einzubüßen.

1.4.1 Von der Agrar- zur Industriegesellschaft: Binnenmigration, Urbanisierung und städtische Armut im 19. Jahrhundert

Hartmut Häußermann vertritt die These, dass die gegenwärtige Entwicklung der sozialräumlichen Strukturen an die Stadtentwicklung des 19. Jahrhunderts erinnert, also jenem Jahrhundert, in der sich die Großstädte durch den Übergang von der Agrar- zur Industriegesellschaft gebildet haben.[127] Allen voran war es England, in dem schon seit dem 18. Jahrhundert die Industrialisierung rasch voranschritt, das Großbürgertum sich entwickelte, eine neue Finanz- und Handelspolitik sowie der Wohlstand als Resultat der Ausbeutung der rohstoffreichen Kolonien sich bildete. Es gab zahlreiche technische Erfindungen, so dass die Produktionsformen sich veränderten und die Umwandlung Englands von einem Agrarstaat zu einem industrialisierten Land rasch fortschritt. Höhere Arbeitsleistungen und Rationalität waren von nun an Ausdruck der zunehmenden Marktkonkurrenz, deren große Verlierer die Arbeiterschaft war. Die Ausbeutung der menschlichen Arbeitskraft, die Vernichtung vieler Handwerkszweige, die soziale Schutzlosigkeit, die Urbanisierung, die Verelendung der Massen und die Vermehrung der englischen Population waren die negativen Folgen der Industrialisierung.[128] Diese Entwicklung führte zu einer sozialräumlichen Segregation der „Ärmsten der Armen", deren Konzentration in den schlechtesten Wohnvierteln stattfand und sich durch ihre unzumutbaren Lebensbedingungen auszeichnete.[129]

Nachdem sich England als führende Industrienation durchgesetzt hatte, folgte ihm Frankreich, wo der Weg für die Industrialisierung durch die Revolution von 1789 eingeleitet worden war. Dadurch waren diese Länder in der industriellen Entwicklung Deutschland weit voraus, da hier für die bahnberechenden Entwicklungen die gesellschaftlichen und politischen Bedingungen fehlten. So zeichnete sich das Deutschland des 18. Jahrhunderts noch durch die Aufteilung in Territorialstaaten aus, deren Struktur die ständische Ordnung und die Agrarwirtschaft bildete.[130] „Majestät, wir müssen dasselbe von oben her machen, was die Franzosen von unten her gemacht haben"[131], forderte der leitende Minister Preußens, Karl August von Hardenberg, von seinem König Friedrich Wilhelm III., und fasste praktisch mit diesem Postulat den Entwicklungsweg der Deutschen in einem Satz zusammen, der ihnen noch bevorstand.

Nach der Niederlage in den napoleonischen Kriegen wurden in Preußen und den anderen deutschen Kleinstaaten staatliche Impulse für die Entwicklung der Industrie geschaffen. Mit der Abschaffung der Herrschafts- und Abhängigkeitsverhältnisse ab 1807 änderte sich der Status der Bauern, die sich nun andere Wege des Lebensunterhalts suchen mussten, wobei für die Grundbesitzer die Basis für marktorientierte Großbetriebe geschaffen wurden. Auf diese Entwicklung folgte der allmähliche Abbau der ständischen, der staatlichen und

---

127 Vgl. Hartmut Häußermann/Ingrid Oswald, Zuwanderung und Stadtentwicklung, a.a.O., S. 9
128 Vgl. Kurt Kluxen u.a. (Hrsg), Politik, Gesellschaft, Wirtschaft von 1776 bis 1918, Band 3, Paderborn 1980, S. 22ff
129 Vgl. Friedrich Engels, Die Lage der Arbeitenden Klasse in England, Berlin 1979, S. 89ff.
130 Vgl. Gerard Du Ry van Beest Holle, Der europäische Kolonialismus 1714-1850. Teil: Das Zeitalter der Aufklärung, Band 7, Baden-Baden 1976, S. 5826f.
131 Ebd., S. 6337

kommunalen Vorbildungshemmnisse und die Beseitigung der innerdeutschen Zollschranken, die Freiheit der Berufswahl sowie der Ausbau des Verkehrssystems, die alle zusammen wichtige Schritte auf dem Wege zur Industrialisierung bildeten. Die wichtigen Antriebe zur Industrialisierung wurden somit nicht durch ein aufsteigendes Bürgertum, sondern durch den Staat gegeben.[132]

In den 1840er Jahren setzte sich der Prozess der Industrialisierung immer schneller fort, so dass die Nachfrage nach neuen Energiequellen zunahm. Der Übergang von der Ausbeutung natürlicher zu der mineralischer Energiequellen stellte eine wichtige Phase in der zweiten Hälfte des 19. Jahrhunderts dar, der Deutschland seinen erfolgreichen Aufstieg zur Industrienation zu verdanken hat. So wurde durch die Steinkohleförderung nicht nur der Mangel an lokaler Primärenergie kompensiert, sondern es wurden auch neue Absatzmärkte geschaffen.[133] Neben der Ausweitung der Steinkohleförderung waren die zunehmende Stahlproduktion und die sich entwickelnde Differenzierung der Materialqualitäten wichtige Schritte für die allmähliche Unabhängigkeit von Importen englischer Maschinen. Dies ist auch das Ergebnis wissenschaftlicher Ausbildung, da ab der Mitte des 19. Jahrhunderts viele Ingenieure in der Industrie wirkten.[134]

Wie auch in England sollte dieser Prozess nicht ohne Konsequenzen vorangehen, denn auch hier entstand revolutionäres Potential, das nicht nur im Vormärz, sondern auch in der Folgezeit eine wichtige politische Rolle spielen sollte: das ländliche Proletariat und die verarmten Handwerker. Durch die Grundlagen, die in der ersten Hälfte des 19. Jahrhunderts geschaffen wurden, setzte nach der Phase der Expansion bis 1873 die Phase der Hochindustrialisierung ein, die Deutschland zu einem der führenden Wirtschaftsmächte machte. Diese Entwicklung brachte einschneidende Veränderungen in der deutschen Gesellschaftsstruktur mit sich, da das bis dahin existierende einheitliche Bürgertum sich auflöste und das sogenannte Großbürgertum entstand. Dieses setzte sich aus Fabrikbesitzern, Unternehmern, leitenden Angestellten der Großbetriebe und Großbanken zusammen. Daneben entstand das Kleinbürgertum, bestehend aus unteren Beamten, Angestellten und Handwerkern.[135]

1.4.2 Die fragmentierte Stadtgesellschaft: Die sozialräumlichen Strukturen im 21. Jahrhundert

Die hochindustrielle Phase setzte somit erst in den 1870er Jahre ein, so dass die von Friedrich Engels beschriebene Urbanisierung und der massenhafte Anstieg der Fabrikarbeiter erst viel später einsetzten als in England. Die schlechte wirtschaftliche und soziale Lage der Arbeiter in England bildete die Grundlage der Forschungsarbeiten von Karl Marx und Friedrich Engels, da die frühkapitalistische Stadtentwicklung in Deutschland nicht in dem Ausmaße bekannt war. Erst in den 1870er Jahren sollte sich dasselbe Schicksal der englischen Arbeiterklasse in Deutschland zeigen.

---

132 Gisela Wallgärtner, Der soziologische Diskurs im Kaiserreich: Auswertung sozialwissenschaftlicher Zeitschriften, Münster/Hamburg 1991, S. 8ff.
133 Jürgen Bergmann/Jürgen Brockestedt/Rainer Fremdling, Regionen im historischen Vergleich. Studien zu Deutschland im 19. und 20. Jahrhundert, Opladen 1989, S. 9f.
134 Vgl. Rudolf Rübberdt, Geschichte der Industrialisierung. Wirtschaft und Gesellschaft auf dem Weg in unsere Zeit, München 1972, S. 89ff.
135 Vgl. Gertraude Mikl-Horke, Soziologie. Historischer Kontext und soziologische Theorie-Entwürfe, 3. Auflage München/Wien 1993, S. 83f.

1.4 Migration und Stadt: Verfallssemantik in der Stadtforschung

Die alles niederwälzende Entwicklung schuf auch in deutschen Städten Armut und Not und eine neue Sozial- und Raumstruktur, die sich ungeplant und ungesteuert entwickelte. Daher nahmen im letzten Drittel des 19. Jahrhunderts die Bemühungen zur Ordnung dieser Verhältnisse nach einem sozialpolitischen Konzept zu, die aber erst mit der Wende zum 20. Jahrhundert zunehmend an Boden gewann.[136] Mit dieser Wende entwickelte sich nach Häußermann nicht nur die deutsche, sondern die europäische Stadt insgesamt im 20. Jahrhundert zu einer sozialen Stadt, die durch staatliche Reglementierungen mögliche Benachteiligungen auf dem Wohnungsmarkt verhinderte. Aufgrund der demographischen Veränderungen und der Entwicklungen am Arbeitsmarkt sowie in der kommunalen Wohnungspolitik sei die soziale Stadt wieder im Begriff zu verschwinden, so dass als Konsequenz die Fragmentierung der Gesellschaft zu erwarten sei.[137]

Auf der räumlichen Ebene zeige sich diese Fragmentierung einerseits in der Konzentration der Bevölkerung anhand von Kriterien wie Einkommen und Lebensstile, die zwar einerseits zu homogeneren und „funktionierenden" Wohngebieten geführt, aber andererseits auch die fremden Bewohner und die sozialen Probleme in weniger stark kontrollierte Gebiete abgeschoben habe, was wiederum die Überforderung und den Verfall dieser Bezirke bedeute.[138] „So paradox es erscheint: durch die Modernisierung haben die Großstädte an Integrationskraft verloren. Der soziale Wert des modernen Stadtbürgers hängt ab von seiner erfolgreichen Integration in Arbeits- und Wohnungsmarkt, in Bildungs- und Sozialversicherungssystem."[139]

Im Vergleich zu den traditionellen Armutsformen bewirke dieser Desintegrationsprozess eine Exklusion der Betroffenen von den durchschnittlichen gesellschaftlichen Standards der Lebensführung. Dazu zählt er die ökonomische Ausgrenzung, die durch fehlende Zugangsmöglichkeiten zum Arbeitsmarkt gekennzeichnet sei und die institutionelle Ausgrenzung in Form fehlender Zugangsmöglichkeiten zu politischen bzw. sozialstaatlichen Institutionen. Des Weiteren finde eine Ausgrenzung in kultureller Beziehung statt, wenn die Betroffenen infolge von Stigmatisierungen und Diskriminierungen ihr Selbstwertgefühl und ihre moralischen Qualifikationen verlieren. Schließlich ergeben sich eine soziale Exklusion, sobald die Betroffenen durch ihre soziale Isolation und ihr Verbleiben in geschlossenen Milieus keinen Zugang mehr zur „normalen" Gesellschaft haben.[140] Der Höhepunkt des Ausgrenzungsprozesses sei dann erreicht, wenn die Betroffenen in allen vier Dimensionen exkludiert sind, „und wenn dies mit einer „inneren Kündigung" gegenüber der Gesellschaft zusammentrifft, die sich in Resignation, Apathie und Rückzug äußert."[141]

Reimund Anhut und Wilhelm Heitmeyer stellen ebenso infolge der aktuellen tiefgreifenden Veränderungen in der Bundesrepublik die Integrationskraft der Städte in Frage.[142] In Anlehnung an Jens Dangschat fassen die Autoren folgende ökonomischen und gesellschaftlichen Prozesse zusammen, die im Wesentlichen für die Desintegrationserfahrungen und

---

136 Vgl. Hartmut Häußermann/Ingrid Oswald, Zuwanderung und Stadtentwicklung, a.a.O., S. 10ff.
137 Vgl. Hartmut Häußermann, Zuwanderung und die Zukunft der Stadt, a.a.O., S. 161ff.
138 Vgl. Hartmut Häußermann/Ingrid Oswald, Zuwanderung und Stadtentwicklung, a.a.O., S. 18f.
139 Ebd., S. 19
140 Vgl. Hartmut Häußermann, Die Krise der „sozialen Stadt". Aus Politik und Zeitgeschichte, B 10-11/2000, S. 13
141 Siehe ebd., S. 13
142 Vgl. Reimund Anhut/Wilhelm Heitmeyer, Desintegration, Konflikt und Ethnisierung. Eine Problemanalyse und theoretische Rahmenkonzeption, in: dies. (Hrsg.), Bedrohte Stadtgesellschaft. Soziale Desintegrationsprozesse und ethnisch-kulturelle Konfliktkonstellationen, Weinheim/München 2000, S. 25f.

letztlich für die Entstehung von Konfliktkonstellationen – vor allem zu interethnischen Konfliktpotentialen – verantwortlich seien:

- „sozio-ökonomischen Polarisierungen, die sich insbesondere im Auseinanderentwickeln der Einkommen, aber auch der Einkommens- und Arbeitsplatzsicherheit ausdrücken,
- sozio-demographischen Entdifferenzierungen, die sich als Folge einer generellen Wohlstandsentwicklung in sich differenzierenden Lebens- und Wohnformen zeigen, was sich in starken Veränderungen der Haushaltsstrukturen wiederspiegelt,
- sozio-kulturellen Heterogenisierungen in Form einer Pluralisierung der Lebensstile, die sich wiederum auf die Nachfrage nach Wohnraum sozial selektiv auswirkt und
- sozial-räumlichen Polarisierungen, die als Konsequenz aus den vorgenannten Entwicklungen resultieren."[143]

Die Ursachen dieser Entwicklung wurzeln im Wesentlichen in der Globalisierung bzw. neoliberalen Modernisierung, die überall auf dem Globus zu Armut, Entsolidarisierung und sozialer Polarisierung führt. Als Resultat der neoliberalen Modernisierung, in der nur der Markt, Wettbewerb sowie die Leistung zählen, werden nicht nur die Staaten in Gewinner und Verlierer gespalten, sondern auch innerhalb von Gesellschaften finden Spaltungen in eine Minderheit der sozialen Aufsteiger und in eine Mehrheit der sozialen Absteiger statt.[144] „Langsam verelendende Dauerarbeitslose bilden quasi den „sozialen Bodensatz" und Niedriglohnempfänger/innen, oftmals ethnischen Minderheiten entstammend, das ‚Treibgut' des Globalisierungsprozesses."[145] Eng mit dieser Entwicklung sind – wie oben bereits erwähnt – die Ausgrenzungsprozesse im ökonomischen, im institutionellen, im sozialen und im kulturellen System verbunden.[146] Die Stadt bildet hierbei die sozialräumliche Basis für den modernen Kapitalismus, welcher die sozialen Bedingungen des Alltagslebens dauernd verändert, und somit für die soziale und räumliche Struktur der Städte.[147] Es sind vor allem die Großstädte, in denen sich die Folgen dieser ökonomischen (Deindustrialisierung, Rationalisierung usw.) und sozialen Umwälzungen (Erosion sozialer Netze, Armut, Migration usw.) am deutlichsten zeigen und zu einer sozialen Segregation infolge selektiver Fort-/Zuzüge führen.[148] Die erwerbsstarke Bevölkerung und das Gewerbe ziehen an den Stadtrand (Suburbanisierung), so dass das Kaufkraftvolumen und die Steuereinnahmen in den Städten sinken. Mit dem abnehmenden städtischen Budget erhöhen sich zugleich die Ausgaben für die wachsende Zahl an Sozialhilfeempfängern. Aus den geringen Steuereinnahmen müssen die betroffenen Städte zugleich eine zunehmend anspruchsvoll werdende Infrastruktur für eine weit größere Bevölkerung finanzieren, solange die suburbane Bevölke-

---

143 Reimund Anhut/Wilhelm Heitmeyer, Desintegration, Konflikt und Ethnisierung, a.a.O., S. 27
144 Vgl. Christoph Butterwegge, Ursachen von (Kinder-)Armut: Globalisierung, Individualisierung und Pluralisierung, in: ders. u.a., Armut und Kindheit. Ein regionaler, nationaler und internationaler Vergleich, Opladen 2003, 87ff.
145 Ebd., S. 93
146 Vgl. Hartmut Häußermann/Martin Kronauer/Walter Siebel, Stadt am Rand: Armut und Ausgrenzung, in: dies. (Hrsg.), An den Rändern der Städte. Armut und Ausgrenzung, Frankfurt am Main 2004, S. 7ff.
147 Vgl. Sebastian Herkommer, Die Stadt und der Kapitalismus. Über Formen und Folgen sozialer Ungleichheit in der postfordistischen „Wissensgesellschaft", Supplement der Zeitschrift Sozialismus 01/2002, S. 1ff.
148 Vgl. Martin Kronauer, Exklusion. Die Gefährdung des Sozialen im hoch entwickelten Kapitalismus, Frankfurt am Main 2002, S. 116ff.

1.4 Migration und Stadt: Verfallssemantik in der Stadtforschung

rung im Hinblick auf Arbeitsplätze und Versorgungseinrichtungen auf die Kernstädte bezogen bleibt.[149]

Neben den selektiven Fort- und Zuzügen kann zudem der so genannte Fahrstuhleffekt zur räumlichen Konzentration von Problemgebieten führen, wenn in Wohnbieten mit einer hohen Anzahl an gering qualifizierten Arbeitern infolge einer Arbeitsmarktkrise diese Personen einen kollektiven Abstieg erfahren, so dass aus einem Arbeiterquartier ein Arbeitslosenquartier wird.[150] Es ist der Prozess der Deindustrialisierung, bedingt durch Abwanderungen oder Schließung der Produktionsbetriebe, der in den Städten ein strukturelles Problem entstehen lässt. Denn mit dieser Entwicklung verlieren gering- bzw. unqualifizierte Personen ihre Arbeitsplätze in jenem Segment, der seit der Industrialisierung für die Absorption der Zuwanderer und der späteren Arbeitsmigranten sehr wichtig war. Diese Migranten zogen zunächst in die Altbauquartiere der Großstädte, deren Zahl infolge der Familienzusammenführung in diesen Wohngebieten stetig anstieg. Mit dem allmählichen Abbau im verarbeitenden Sektor steigt jedoch die Zahl der arbeitslosen Migranten in diesen Gebieten, zumal sie bei der Arbeitsplatzsuche gegenüber der autochthonen Bevölkerung benachteiligt sind.[151]

Die folgende Abbildung zeigt, wie selektive Mobilität und der Fahrstuhleffekt eine Eigendynamik entwickeln können, die zu einer kumulativen Abwärtsentwicklung führen. Das führt im Ergebnis zu einer Zunahme und Konzentration der sozialräumlichen Problemkonstellationen.

Abbildung 1: Wirkungsketten der sozialen Segregation

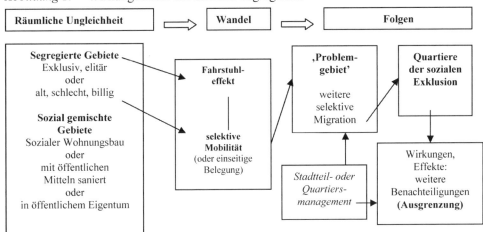

Quelle: Hartmut Häußermann, Die Krise der „sozialen Stadt", a.a.O., S. 17

---

149 Vgl. Hartmut Häußermann/Ingrid Oswald, Zuwanderung und Stadtentwicklung, a.a.O., S. 15f.
150 Vgl. Hartmut Häußermann, Die Krise der „sozialen Stadt", a.a.O., S. 17
151 Vgl. Hartmut Häußermann/Ingrid Oswald, Zuwanderung und Stadtentwicklung, a.a.O., S. 16

1.4.3 Mehrdimensionalität der urbanen Lebens: Urbane Kompetenzen trotz städtischer Desintegrationsprozesse

Thomas Krämer-Badoni weist darauf hin, dass die Annahme über die „Stadt als Integrationsmaschine" ohnehin zu hinterfragen sei. Die Städte hätten nur in einer kurzen Phase diese von Häußermann unterstellte Integrationsfunktion geleistet, und zwar in den ersten 25 Jahren der bundesrepublikanischen Geschichte, in denen verstärkt der soziale Wohnungsbau und eine sozial ausgleichende Politik gefördert wurde, die seinesgleichen weder im Kaiserreich um die Jahrhundertwende, noch in der Weimarer Republik erfahren hat. Da die systemische Integration in der Weimarer Republik nur sehr begrenzt funktioniert habe, konnten die Nationalsozialisten problemlos die nicht funktionierende systemische Integration durch eine rassenfeindliche Ideologie ersetzen.[152] Die wirtschaftliche und politische Stabilität beschränke sich dagegen nur auf die kurze Prosperitätsphase nach dem Zweiten Weltkrieg zwischen 1950 bis 1975, die auch nur unter den Bedingungen der Systemkonkurrenz im Kalten Krieg verwirklicht werden konnte. Unter der Berücksichtigung der Perspektive ausländischer Migrantinnen und Migranten reduziere sich diese Phase sogar auf 15 Jahre, und zwar auf die Zeit zwischen 1960 bis 1975.[153]

Den Diskussionen um die Integrationsleistungen der Städte in der Stadtsoziologie liege eine normative Vorstellung der Stadt als „soziale Einheit" zugrunde, die eine Solidargemeinschaft und eine Chancengleichheit für alle Bürger voraussetze. Diese normative Vorstellung treffe jedoch zum einen durch die Auflösung der Stadt als politische Einheit nicht zu. Seitdem sei es der Nationalstaat „mit seiner politisch ausformulierten und rechtlich sanktionierten Gesellschaftspolitik, der über die politischen Formen der Integration entscheidet."[154] Zum anderen verkenne dieser von Normativität belastete Stadtbegriff die Mehrdimensionalität des gesellschaftlichen Lebens, in der die Integration über die Partizipation an verschiedenen gesellschaftlichen Funktionssystemen stattfindet.[155]

Wolf-Dietrich Bukow u.a. kritisieren ebenfalls diese Verfallssemantik in der Stadtforschung, da sie sich nur auf bestimmte Zusammenhänge konzentriere und die anderen Dimensionen des urbanen Lebens ignoriere. Durch diese eingeschränkten Perspektiven würden Zusammenhänge und Problemkonstellationen erst erzeugt, „die mit dem urbanen Alltagsleben nicht im geringsten korrespondieren. Die Mehrdimensionalität des urbanen Zusammenlebens bleibt auf diese Weise unsichtbar. Dieser Blick führt zur reduktionistischen und verzerrten Wahrnehmungen des urbanen Alltagslebens und damit zur Reproduktion alter Mythen, die als Orientierungsrahmen weiter tradiert werden („Früher was alles besser und jetzt wird es schlimmer")."[156] Vor diesem Hintergrund sei beispielsweise die These der sich verschärfenden sozialräumlichen Segregation zu hinterfragen, da die räumliche Trennung von bürgerlichen Wohngebieten und Arbeitervierteln seit dem 19. Jh. charakteristisch für die sich industrialisierenden europäischen Städte waren. Bereits in dieser Wachstumsphase wurde diese Entwicklung von ihren Kritikern skeptisch bzw. negativ bewertet, da die segregierten Gebiete als Orte der Verderbnis bzw. gesellschaftlicher Missstände galten, die

---

152 Vgl. Thomas Krämer-Badoni, Urbanität, Migration und gesellschaftliche Integration, in: Martina Löw, Differenzierungen des Städtischen, Opladen 2002, S. 70ff.
153 Vgl. ebd., S. 73
154 Siehe Thomas ebd., S. 74
155 Vgl. ebd.
156 Siehe Wolf-Dietrich Bukow, Die multikulturelle Stadt, a.a.O., S. 44

1.4 Migration und Stadt: Verfallssemantik in der Stadtforschung

einen negativen Einfluss auf das Individuum (Heimatlosigkeit, Isolation) und der Familie (Verkleinerung, Funktionsverlust) ausübten.[157] Infolge des gegenwärtigen Trends der zunehmenden Arbeitslosigkeit und sozialer Marginalisierung werde die sozialräumliche Segregation wiederkehrend als kritisch eingestuft. Indem sich der Fokus nur auf die desintegrativen Tendenzen richte, gewinne der pessimistische Tenor in der Stadtforschung wieder an Bedeutung.[158]

In diesem Kontext weisen wiederum Bukow u.a. darauf hin, dass trotz der gegenwärtigen Heterogenität, Differenz, Pluralisierung sowie Abgrenzung einzelner sozialer und kultureller Gruppen die Städte nicht in Anomie abgeglitten seien, da die Stadtbewohner urbane Kompetenzen entwickelt hätten, die für das Funktionieren der Stadtgesellschaft und für ein fragloses Miteinander von entscheidender Bedeutung seien.[159] Problematisch werde es erst dann, sobald die städtischen Differenzen „als Machtmittel eingesetzt und als solche thematisiert werden."[160] Dies geschieht meist am Beispiel ethnisch segregierter Stadtteile, wenn von einer Überfremdungsgefahr und einer Manifestation von Konflikt- und Gewaltpotentialen die Rede ist.[161] Suggeriert wird mit diesen Diskussionen nicht nur das Scheitern der Integration der Migranten. Es werden auch Ausgrenzungsprozesse in Gang gesetzt, indem die Migrantenkulturen vereinfachend auf bestimmte Merkmale reduziert werden.[162]

---

157 Vgl. Erika Schulze, „Denn die großen Städte sind verlorene und aufgelöste ...". Verfallsszenarien des Städtischen unter historischer und aktueller Perspektive, in: Markus Ottersbach/Erol Yildiz (Hrsg.), Migration in der metropolitanen Gesellschaft. Zwischen Ethnisierung und globaler Neuorientierung, Münster 2004, S. 117
158 Vgl. ebd., S. 117ff.
159 Wolf-Dietrich Bukow u.a., Die multikulturelle Stadt, a.a.O., S. 30
160 Vgl. Claudia Nikodem, Kopfzerbrechen um das Kopftuch oder die Frage, wie mit Differenz umgegangen wird, in: Markus Ottersbach/Erol Yildiz (Hrsg.), Migration in der metropolitanen Gesellschaft. Zwischen Ethnisierung und globaler Neurorientierung, S. 150
161 Vgl. Erika Schulze, „Denn die großen Städte sind verlorene und aufgelöste ...", a.a.O., S. 121
162 Vgl. Markus Ottersbach, Plädoyer für einen anderen Umgang mit ethnischen Minderheiten in postkolonialen Zivilgesellschaften, a.a.O., S 329

2 Soziokulturelle Eigensysteme in segregierten Stadtteilen: Zum Konzept der ethnischen Kolonie

Migranten in der Bundesrepublik leben in großer Zahl in Ballungsgebieten. Innerhalb der Städte konzentriert sich diese Bevölkerungsgruppe wiederum in bestimmten Stadtteilen, was u. a. das Ergebnis von Umstrukturierungsprozessen (Deindustrialisierung, Bevölkerungsfluktuation usw.), der Wohnungspolitik oder der eigenen Wohnpräferenzen der Zuwanderer ist. Auch die diskriminierenden Praktiken auf dem Wohnungsmarkt sind ein Faktor für die räumliche Konzentration der Zuwanderer. Dadurch begrenzen sich die Wahlmöglichkeiten der Migranten auf dem Wohnungsmarkt auf ein qualitativ schlechtes Wohnsegment.[163]

Die Rolle der Migranten im Prozess der ethnischen Segregation beschränkt sich nicht nur darauf, dass sie in von Sukzessionsprozessen betroffene Wohngebiete einziehen und eine quantitative Veränderung herbeiführen. Sie tragen darüber hinaus zu einer qualitativen Umgestaltung des Wohngebiets bei, weil ihre Präsenz sich zunehmend in der Infrastruktur widerspiegelt. Türkische Lebensmittelläden, Moscheen, Cafés usw. prägen wie in Köln-Mülheim oder Berlin-Kreuzberg verstärkt das Stadtteilbild. Aber gerade an dem Punkt, an dem durch die ethnisch geprägte Umgestaltung der Stadtteilstruktur und wegen der innerethnischen Kontaktmöglichkeiten die Wohnqualität der Migranten sich insgesamt verbessern könnte, könnte für deutsche Bewohner längst der kritische Punkt erreicht sein. Denn die Debatten über die räumliche Sichtbarkeit der bereits seit über vier Jahrzehnten eingewanderten Bevölkerungsgruppe ist wie die Migrationdebatte insgesamt nach wie vor kontrovers und paradox zugleich. „Insgesamt könnte man die Meinung vertreten, dass Stadt und Migration im Sinne von Mobilität gemeinhin ein positives harmonisches Verhältnis zugeschrieben wird, während Migrant(inne)n in so genannten marginalisierten Quartieren eher eine negative Rolle attestiert werden."[164]

Ethnische Wohngebiete werden meistens durch die einheimische Mehrheitsbevölkerung, also durch Etablierte, skandalisiert und politisiert. Dabei werden häufig und undifferenziert Parallelen zu den Ghettos bzw. Slums in den USA hergestellt. In der sozialwissenschaftlichen Literatur wird für das Phänomen der ethnischen Segregation der Begriff der ethnischen Kolonie verwendet. Im Gegensatz zu dem Ghetto-Begriff wird mit diesem Terminus eine differenziertere und letztlich für die bundesrepublikanischen Verhältnisse adäquatere Definition angestrebt. In den deutschen Debatten war es u. a. Friedrich Heckmann, der sich dieser Thematik angenommen hat. In seinem Buch „Ethnische Minderheiten, Volk und Nation", widmet er ein Kapitel den ethnischen Kolonien, in der er näher auf die Definition, ihre Entstehung, ihre Struktur sowie ihre Funktion eingeht. Im Folgenden soll sich die thematische Einführung dieser Arbeit an dieser Gliederung orientieren, um in einem nächs-

---

[163] Vgl. Hans-Joachim Bürkner, Die soziale und sozialräumliche Situation türkischer Migranten in Göttingen, Saarbrücken/Fort Lauderale 1987, S. 168ff.
[164] Markus Ottersbach, Die Marginalisierung städtischer Quartiere in der metropolitanen Gesellschaft unter besonderer Berücksichtigung der Migration, a.a.O., S. 106

ten Schritt die kontroversen wissenschaftlichen Standpunkte hinsichtlich der Wirkung der ethnischen Kolonien aufzugreifen. Die Zusammenfassung und Bewertung dieser wissenschaftlichen Diskussion wird dann schließlich den Übergang zur empirischen Studie einleiten.

2.1 Klärung der Begriffe: Segregation, Ghetto, ethnische Kolonie

Wie Hartmut Häußermann und Walter Siebel aufzeigen, hat die Integration eine ökonomische, politische, kulturelle und soziale Dimension. Dementsprechend finden die Integrationsprozesse an verschiedenen Orten statt. Je nach Konstellation und Ausstattung dieser Orte variiert daher ihre Integrationskraft.[165] Im Hinblick auf das Wohngebiet würde das bedeuten, dass je nach Qualität der dortigen Infrastruktur die Integrations- und damit die Lebenschancen seiner Bewohner steigen bzw. fallen. Das geht beispielsweise aus der PISA-Studie hervor, derzufolge der sozioökonomische Hintergrund der Bildungsinstitution einen wesentlichen Einfluss auf die Bildungschancen der Schüler in der Bundesrepublik Deutschland ausübt. Mit anderen Worten: wohnt ein Schüler in einem benachteiligten Wohngebiet, so ist die Wahrscheinlichkeit viel höher, dass seine Bildungschancen schlechter ausfallen, als wenn er in einem besser situierten Wohngebiet leben würde.[166] Darüber hinaus existieren andere Studien, die mit dem Wohnen in benachteiligten Wohngebieten Defizite in anderen Bereichen wie politische Partizipation[167], Aktionsradius, soziale Netzwerke usw. dokumentieren.[168] Die steigende Armutsdiskussion[169] in Deutschland hat in den Sozialwissenschaften das Forschungsinteresse an der ungleichen Verteilung von sozialen Gruppen in bestimmten Wohnsegmenten angeregt, die als sozialräumliche Segregation bezeichnet werden.

2.1.1 Strukturelle und funktionale Segregation

Unter Segregation ist allgemein die disproportionale Verteilung von Elementarten über Teileinheiten einer Einheit zu verstehen.[170] Im Kontext der Raumanalyse meint Segregation (lat.: „segregare": absondern, abtrennen, entfernen) den Prozess und Zustand der räumlichen Widerspiegelung von sozialer Ungleichheit in der Stadt.[171] Dieses Phänomen existiert in allen Städten der Moderne, unabhängig von ihrer politischen und ökonomischen Verfas-

---

165 Vgl. Hartmut Häußermann/Walter Siebel, Soziale Integration und ethnische Schichtung. Zusammenhänge zwischen räumlicher und sozialer Integration. Gutachten im Auftrag der Unabhängigen Kommission „Zuwanderung", Berlin/Oldenbourg 2001, S. 28
166 Vgl. Deutsches PISA-Konsortium (Hrsg.), PISA 2000. Basiskompetenzen von Schülerinnen und Schülern im internationalen Vergleich, Opladen 2001, S. 323ff.
167 Norbert Kozicki, Wahlbeteiligung von Jung- und Erstwählern bei der Landtagswahl 2000, in: Mitteilungen des Landesjugendamtes Westfalen-Lippe 146/2000, Münster 2001, S. 88
168 Vgl. Jürgen Friedrichs/Jörg Blasius, Leben in benachteiligten Wohngebieten, Opladen 2000
169 Vgl. Jens. S. Dangschat, Modernisierte Stadt – Gespaltene Stadt. Ursachen von Armut und sozialer Ausgrenzung, Opladen 1999
170 Vgl. Jürgen Friedrichs, Stadtanalyse. Soziale und räumliche Organisation der Gesellschaft, 3. Auflage Opladen 1983, S. 217
171 Vgl. Heinz Fassmann, Zuwanderung und Segregation, in: Heinz Fassmann/Josef Kohlbacher/Ursula Reeger (Hrsg.), Zuwanderung und Segregation. Europäische Metropolen im Vergleich, Klagenfurt 2002, S. 13

sung sowie historischem Kontext.[172] Dabei muss hinzugefügt werden, dass die Lage und die Ausstattung der segregierten Wohngebiete selbst unmittelbare Vor- und Nachteile entstehen lassen und somit die die ohnehin bestehenden sozial-strukturellen Unterschiede in der Gesellschaft vergrößern.[173] Wenn also der Sozialraum selbst Ungleichheiten produziert, spricht man von struktureller Segregation. Anders als die funktionale Segregation, die nur einen temporären Charakter hat und auf der Basis einer Binnenintegration die individuelle Systemintegration forciert, ist mit struktureller Segregation „ein ‚Dauerprovisorium' verbunden, d.h. daß zwar ‚Binnenintegration' eine möglicherweise zufriedenstellende Basis ergibt, die Systemintegration aber für größere Teile unterschiedlicher Migrantengruppen partiell oder dauerhaft scheitert."[174]

Für gesellschaftlich exkludierte Gruppen wird auch in Zukunft die sozialräumliche Deprivation ihre Relevanz nicht verlieren und im Vergleich zu US-amerikanischen Städten noch stärker auf unterschiedliche Wohnstandorte verteilt sein.[175] Volker Eichener zeigt in diesem Kontext, dass sich bis in die 1970er Jahre hinein die Prozesse der Stadt- und Regionalentwicklung anhand der Kombination der Stadtentwicklungsmodelle (Modell konzentrischer Zonen, Sektorenmodell, Mehrkernmodell) treffend beschreiben lassen. So waren sozial schwache Gruppen wie Ausländer stärker in den innerstädtischen Altbauquartieren konzentriert, während die kaufkräftigen Bevölkerungsgruppen mit ihren Einfamilienhäusern am Ballungsrand wohnten.[176] Doch wie Eichener aufzeigt, kann entgegen der Annahmen der sozialökologischen Schule die Stadtentwicklung nicht nur infolge eines naturwüchsigen Prozesses, sondern auch geplant entstehen. Davon zeugen die gegenwärtigen Probleme in den Großsiedlungen, jenen Trabantenstädten, die vor allem in den 1970er Jahren als vielversprechende Wohngebiete nach dem Prinzip der Funktionstrennung errichtet wurden und zwar als reine Schlafstädte, in denen kein Gewerbe, keine Arbeitsplätze und keine Freizeitmöglichkeiten existierten. Verschiedene Faktoren wie degressive Förderungen und Mietsteigerungen setzten einen Fluktuationsprozess in Gang, in dessen Folge die besser verdienenden Haushalte fortzogen und zugleich sozial schwache Haushalte bzw. Migrantenfamilien in die Leerstände nachrückten.[177]

Dass die sozialräumliche Segregation sich weiterhin verschärfen wird, wird auch anhand des ökonomischen Strukturwandels deutlich, in dessen Zuge Arbeitsplätze im industriellen Sektor abgebaut werden und zugleich neue im Segment der Dienstleistungsökonomie entstehen. Diese Entwicklung schlägt sich ebenso räumlich nieder, da die Besserverdienenden in diesem Segment innenstadtnahe Wohnungen bevorzugen und auch bereit sind, höhere Miet- bzw. Kaufpreise für große, modernisierte Altbauwohnungen aufzubringen, so dass Gentrification-Prozesse in Gang gesetzt werden können. Für die Verlierer des Strukturwandels bedeuten die aufwendigen Umbau- und Aufwertungsmaßnahmen den

---

172 Vgl. Jürgen Friedrichs, Stadtsoziologie, Opladen 1995, S. 79
173 Vgl. Jens Dangschat, Segregation, in: Hartmut Häußermann (Hrsg.), Großstadt. Soziologische Stichworte, 2. Auflage, Opladen 2000, S. 209
174 Siehe Wilhelm Heitmeyer, Versagt die Integrationsmaschine Stadt? Zum Problem der ethnisch-kulturellen und Konfliktfolgen, in: ders./Rainer Dollase/Otto Backes, Die Krise der Städte. Analysen zu den Folgen desintegrativer Stadtentwicklung für das ethnisch-kulturelle Zusammenleben, Frankfurt am Main 1998, S. 447
175 Vgl. Hartmut Häußermann/Walter Siebel, Wohnverhältnisse und Ungleichheit, in: Annette Harth/Gitta Scheller/Wulf Tessin (Hrsg.), Stadt und soziale Ungleichheit, Opladen 2000, S. 135f.
176 Vgl. Volker Eichener, Stadt- und Regionalentwicklung, in: Hanspeter Gondring/Eckhard Lammel (Hrsg.), Handbuch Immobilienwirtschaft, Wiesbaden 2001, S. 101ff.
177 Vgl. ebd., S. 110ff.

Verlust von preisgünstigen Wohnmöglichkeiten, auf die sie gerade wegen ihrer prekären ökonomischen Situation angewiesen sind.[178] Besonders Migranten sind betroffen, da sie sich wegen geringer sozialer und rechtlicher Kompetenzen nicht gegen ihre Verdrängung wehren können.[179]

Die Präsenz der Migranten in den Großsiedlungen ist weniger Aufsehen erregend, da sie in diesen infrastrukturarmen Wohngebieten weniger sichtbar sind. Anders sieht es in den sanierungsbedürftigen, innerstädtischen Altbaugebieten bzw. ehemaligen Arbeitersiedlungen aus dem späten 19. und frühen 20. Jh. aus, in denen eine ethnisch geprägte, vielfältige Infrastruktur aufgebaut wurde, deren Entstehung parallel zu den Negativspiralen im Wohngebiet verläuft. Diese Entwicklung muss nicht durch den Einzug von Migranten verursacht worden sein. In vielen Fällen sind es die kaufkräftigen deutschen Einwohner, die nach ihrem sozialen Aufstieg in andere Wohngebiete ziehen und somit diesen Prozess in Gang setzen. Dieser Verlauf wird jedoch mit dem Einzug sozial schwacher Familien sowie Migranten beschleunigt. Für die allochthonen Bevölkerungsgruppen entstehen durch den Bevölkerungsaustausch Freiräume und mithin Chancen, sich räumlich und sozial zu organisieren. In anderen, gut situierten Stadtteilen hätten sie aufgrund struktureller Barrieren nicht die Möglichkeit, diese Organisation zu verwirklichen. Obwohl diese räumliche Konzentration der Selbstorganisation für die Lebensqualität der Migranten vorteilhafter ist als in den infrastruktur- und funktionsarmen Wohngebieten, ist der Tenor in den Diskussionen, insbesondere in den politischen und medialen, eher negativ. Dies spiegelt sich sowohl in der Verwendung von Begriffen wie Slum bzw. Ghetto, als auch in der Interpretation wieder, es handele sich um eine gewollte Abschottung von der Gesamtgesellschaft.

2.1.2 Das Ghetto: Räumliche und soziale Ausgrenzung

Loic Wacquant moniert die Prämissen bei der Erforschung der Ghettos in den Vereinigten Staaten. Hierbei macht er auf diverse Tendenzen aufmerksam, die zu analytischen Fehlschritten und -schlüssen geführt haben. Allen voran kritisiert er die „Verwässerung des Ghettobegriffs", aufgrund der Fokussierung auf die Randgebiete mit hoher Armut und dem gleichzeitigen Verschleiern der rassenspezifischen Grundlage sowie dem Charakter dieser Armut in den betroffenen Wohngebieten.[180]

Des Weiteren ist es nach Wacquant falsch, das Ghetto mit Desorganisation gleichzusetzen und mithin nur unter einem defizitären Gesichtspunkt zu analysieren, und zugleich den organisatorischen Aufbau und die innere soziale Logik der sozialen Handlungen zu verkennen. Stattdessen führe die Akzentuierung der ungewöhnlichsten und extremsten Aspekte, die von den gesamtgesellschaftlichen gültigen Normen abweichen, zu einer Exotisierung des Ghettos. Diese verzerrte Sichtweise trage dazu bei, dass bisher die ärmsten und bedrohlichsten Bewohner(-gruppen) als Repräsentanten für das gesamte Ghetto angesehen und zugleich eine fortwährende Reproduktion der geläufigen Klischees gefördert werde. Daher nimmt er einen Perspektivenwechsel vor, in dem er auf die Bedeutung der histori-

---

178 Vgl. Hartmut Häußermann/Ingrid Oswald, Zuwanderung und Stadtentwicklung, a.a.O., S. 17
179 Vgl. ebd.
180 Vgl. Loic J.D. Wacquant, Drei irreführende Prämissen bei der Untersuchung der amerikanischen Ghettos, in: Wilhelm Heitmeyer/Rainer Dollase/Otto Backes (Hrsg.), Die Krise der Städte. Analysen zu den Folgen desintegrativer Stadtentwicklung für das ethnisch-kulturelle Zusammenleben, Frankfurt am Main 1998, S. 195

2.1 Klärung der Begriffe: Segregation, Ghetto, ethnische Kolonie

schen und sozialen Wurzeln des Ghettos und somit auf die Kontinuität der Ausgrenzungsprozesse in diesen Wohntypen verweist. Denn da die betroffenen Stadtgebiete bereits Ghettos waren, herrschten dort Armutsverhältnisse. Daher reiche allein die Armutsquote für Analysen nicht aus, sondern die historischen Wurzeln sowie die Kriterien und Prozesse, die eine Ausgrenzung bewirken, müssten berücksichtigt werden. Deshalb plädiert der Autor für einen institutionalisierten Begriff des Ghettos.[181]

Eine institutionalistische (d.h. beziehungsorientierte) Konzeption des Ghettos stehe ganz im Gegensatz zu nominalistischen sowie abstufenden Ansätzen in stärkerem Maße mit den historischen Wurzeln im Einklang. Zugleich würden dadurch die Grundlagen und Selektionsmechanismen, die für die Exklusion verantwortlich sind betont, anstatt mit kontinuierlichen linearen Verteilungen (Einkommen, Wohnung, Segregation, Armutsquoten usw.) zu hantieren.[182] In diesem Sinne sei das Ghetto „nicht nur ein topographisches Gebilde oder eine Ansammlung armer Familien und Individuen, sondern eine institutionelle Form, eine historisch determinierte Verkettung von Mechanismen ethnisch-rassischer Segregation und Kontrolle auf räumlicher Basis (Wacquant 1991). (...) Anders gesagt ist das Ghetto eine ethnisch-rassische Formation, welche innerhalb von Raum und gruppenspezifischen Institutionen alle vier wesentlichen „Grundformen" rassischer Vorherrschaft in sich vereint und festlegt, nämlich in Form von Vorurteilen, Diskriminierung, Segregation und ausgrenzender Gewalt."[183]

Nach Peter Marcuse hat das Ghetto im Zuge des Überganges von einer fordistischen zu einer postfordistischen Stadt zudem eine qualitative Veränderung erfahren. Das gegenwärtige (Schwarzen-)Ghetto sei ein Ghetto der Ausgeschlossenen, und daher unterscheidet es sich von den historischen Ghettos. So sei das jüdische Ghetto zwar räumlich separiert gewesen, aber ihre Bewohner hatten dennoch Zugang zum wirtschaftlichen Leben gehabt sowie über interne Ressourcen verfügt. Die soziale Separation und die wirtschaftliche Integration verliefen parallel zueinander.[184]

Auch dem Schwarzenghetto in Harlem aus den 1920erJahren wies man kurz nach dem 2. Weltkrieg noch positive Eigenschaften zu, weil die Integration der schwarzen Bevölkerung damals als ein erreichbares Ziel gesehen wurde. Doch gegenwärtig stellt das Schwarzenghetto für die herrschende Schicht eine Belastung dar, da sie keine nutzbringende gesellschaftliche Funktion mehr erfülle. Die negative Veränderung belegten nicht nur die hohen Armutszahlen, sondern auch die Schwächung ihrer organisatorischen Struktur, die zur Abnahme der internen Kohäsion in diesen Wohngebieten führte. Das neue Ghetto zeichne sich durch seine vertikale und horizontale Segregation aus.[185] Daher verwendet Marcuse für das Ghetto folgende Definition: „Ein Ghetto ist ein Gebiet, in welchem Raum und Rasse miteinander verbunden sind, um eine bestimmte Bevölkerungsgruppe, die von der herrschenden Gesellschaft als minderwertig angesehen und dementsprechend behandelt wird, zu definieren, zu isolieren und einzugrenzen."[186]

---

181 Vgl. ebd., S. 196ff.
182 Vgl. ebd., S. 196ff.
183 Siehe ebd., S. 197f.
184 Vgl. Peter Marcuse, Ethnische Enklaven und rassische Ghettos in der postfordistischen Stadt, in: Wilhelm Heitmeyer/Rainer Dollase/Otto Backes (Hrsg.), Die Krise der Städte. Analysen zu den Folgen desintegrativer Stadtentwicklung für das ethnisch-kulturelle Zusammenleben, Frankfurt am Main 1998, S. 176ff.
185 Vgl. ebd.
186 Peter Marcuse, Ethnische Enklaven und rassische Ghettos in der postfordistischen Stadt, a.a.O., S. 179

2.1.3 Ethnische Kolonie: Freiwillige räumliche und soziale Organisation

Nach Marcuse teilen die Bezeichnungen „Ghetto" und „Enklave" zum Teil dieselben Eigenschaften, wie beispielsweise ihre räumliche Segregation mit ihren Folgen. Anhand einer Taxonomie differenziert er aber nicht nur die wesentlichen Merkmale zwischen den beiden Segregationsformen, sondern zeigt auch die jeweiligen Differenzen zwischen den verschiedenen Ghetto- und Enklavetypen. Damit leistet er einen wichtigen Beitrag für eine analytische Klarheit.

Tabelle 3: Zur Taxonomie von „Ghetto" und „Enklave"

Typen	Beispiele	1) Räumliche Formation	2) Freiwilligkeit	3) wirtschaftliche Beziehungen	4) Soziale Beziehungen	5) Identifikationsmerkmale
Traditionelles Ghetto	Jüdisches Ghetto Harlem um 1920	inselhaft; ummauert	nein	abgetrennt, aber verbunden, ausgebeutet	diskriminiert	Rasse, Hautfarbe, Religion
Ghetto d. Ausgeschlossenen	South Bronx heute	inselhaft; ummauert	nein	ausgeschlossen	diskriminiert	Rasse, Hautfarbe, Armut
Ghetto d. Ausgebeuteten	Südafrikanische Townships; Eingeborenengebiete in Kolonien	inselhaft; ummauert	nein	ausgebeutet	diskriminiert	Rasse, Hautfarbe, Umgang
Imperiale Enklave	Kanton; Römisches Kastell	inselhaft; befestigt	ja	integriert, ausbeuterisch	diskriminierend	politische bzw. militärische Macht
Ausschließende Enklave	Beverly Hills	inselhaft; befestigt	ja	integriert, ausbeuterisch	diskriminierend	Wohlstand
Immigrantenenklave	Chinatown; Kubaner in Miami	konzentriert, aber durchmischt	ja, übergangsweise	abgetrennt, aber verbunden	offen	Nationalität, Ethnizität
Kulturelle Enklave	Williamsburg Soho	konzentriert, aber durchmischt	ja	unterschiedlich; in der Regel integriert	in der Regel offen	Kultur, Sprache, Religion, Lebensstil, selbst gewählt

Quelle: Peter Marcuse, Ethnische Enklaven und rassische Ghettos in der postfordistischen Stadt, a.a.O., S. 189

Aus der Systematisierung geht hervor, dass die Enklaven eher mit positiven Aspekten verbunden sind, als die Ghettos, insbesondere die neueren Ghettos. Zwar liegt bei allen aufgelisteten Wohntypen eine räumliche Segregation vor, doch nicht zu übersehen ist der Zwangscharakter des Ghettos. Dagegen zeichnet sich die Enklave durch Freiwilligkeit aus.

Obwohl die Enklave vergleichsmäßig mit eher positiven Funktionen genannt wird, haftet diesem Terminus auch ein negativer Aspekt an. Die „ursprüngliche Bedeutung (im Sinne von „Einschließung") sollte den Teil einer Stadt oder eines Landstücks lokalisieren, der von fremdem Territorium umschlossen war – typischerweise bezog es sich etwa auf eine imperiale Enklave innerhalb eines Kolonialreiches. Die Enklave war so zugleich do-

2.1 Klärung der Begriffe: Segregation, Ghetto, ethnische Kolonie

minant und defensiv; sie verkörperte Macht, aber auch Furcht und Begrenztheit."[187] Allerdings existierten keineswegs einheitliche Enklaven, da sie hinsichtlich ihrer Entstehungszeit, Form, Funktion, naturräumlichen und demographischen Voraussetzungen erheblich variierten.[188]

Die Dominanz und Machtdemonstration ist vielmehr in der historischen imperialen Enklave und in der so genannten ausschließenden Enklave anzutreffen, während die kulturelle Enklave sowie die für die vorliegende Forschung relevante Immigrantenenklave diese Merkmale nicht teilen. So definiert sich die Immigrantenenklave etwa nicht über Wohlstand oder politische Macht, sondern durch ihre Nationalität und Ethnizität, die zugleich in ihren wirtschaftlichen und sozialen Beziehungen zur Mehrheitsgesellschaft offen ist. Für diesen Wohntyp ist auch die Bezeichnung ethnische Kolonie gebräuchlich, die Friedrich Heckmann folgendermaßen definiert: „Koloniebildung ist die freiwillige Aufnahme oder Weiterführung innerethnischer Beziehungen. Anders als beim Ghetto, in dem räumliche Integration und soziale Organisierung durch Zwang zusammenfallen, ist die Entwicklung eines sozial-kulturellen Eigensystems der Minderheit nicht notwendig mit der Existenz segregierter und/oder zusammenhängender Wohnbezirke verbunden, wenn auch diese der sozial-kulturellen Organisation der Minderheit vermutlich förderlich sind und empirisch häufig – wie beim Ghetto, doch aufgrund anderer Mechanismen – zusammentreffen."[189]

Aus der obigen Definition wird deutlich, dass der Autor die Entstehung der ethnischen Kolonien auf Freiwilligkeit zurückführt. Des Weiteren sieht er bei der Bildung der Kolonie nicht die Notwendigkeit von räumlich separierten Gebieten, die aber in der Realität meist gegeben seien. Die Migranten pflegen zwar auch unabhängig vom räumlichen Kontext gute innerethnische Beziehungen, doch erst eine lokale Konzentration ist für eine räumliche und soziale Organisation und mithin für die Expansion der ethnischen Infrastruktur förderlich. Davon zeugen zahlreiche Wohngebiete in Deutschland, in denen ein hoher Migrantenanteil und eine entsprechende dichte Infrastruktur existieren. Trotz der sozialen und räumlichen Organisierung der Migranten, sind solche Wohngebiete mit dem Ausmaß eines Ghettos oder großflächigen Slums, wie man sie von den Vereinigten Staaten von Amerika her kennt, hierzulande nicht vorhanden. Dies ist zum einen auf das deutsche Modell des sozialen Wohnungsbaus und zum anderen auf eine egalitäre Sozialstruktur zurückzuführen, obwohl durch die gesellschaftlichen Entwicklungen der letzten Jahre und die daraus resultierenden sozialen Probleme allmählich ein Wandel stattfindet.[190] Ein Trend mit weitreichenden Konsequenzen stellt die Abnahme von staatlicher Steuerung der sozialen, ökonomischen und räumlichen Entwicklungen der Städte dar, die stärker den marktförmigen Austauschprozessen überlassen werden. Dadurch wird die sozialräumliche Segregation verschärft, da sich der Staat aus seiner bisherigen Verantwortung auf dem Wohnungsmarkt durch Privatisierungen zurückzieht.[191]

---

187 Siehe Peter Marcuse, Ethnische Enklaven und rassische Ghettos in der postfordistischen Stadt, a.a.O, S. 186
188 Vgl. Franz-Joseph Post, Europäische Kolonialstädte in vergleichender Perspektive, in: Horst Gründer/Peter Johanek (Hrsg.), Kolonialstädte – Europäische Enklaven oder Schmelztiegel der Kulturen?, Münster 2001, S. 2ff.
189 Friedrich Heckmann, Ethnische Minderheiten, Volk und Nation. Soziologie inter-ethnischer Beziehungen, Stuttgart 1992, S. 98
190 Vgl. Volker Eichener, Stadt- und Regionalentwicklung, a.a.O., S. 108
191 Vgl. Hartmut Häußermann/Andreas Kapphan, Berlin: von der geteilten zur gespaltenen Stadt. Sozialräumlicher Wandel seit 1990, 2. Auflage Opladen 2002, S. 13ff.

Anders als beim Ghettobegriff enthält die Definition der ethnischen Kolonie zudem nicht von vorneherein eine negative Bewertung. Erst in der Diskussion über die Wirkung dieses Phänomens werden die gegensätzlichen wissenschaftlichen Positionen deutlich. Für die einen erfüllt sie eine wichtige Funktion im Integrationsprozess, andere dagegen erkennen desintegrative Elemente, die zur Entwicklung einer Parallelgesellschaft beitragen. In den kontroversen Debatten in Deutschland hat man insbesondere die Segregation der größten Migrantengruppe, der türkischstämmigen Einwanderer, im Fokus der Diskussionen. Die türkischstämmigen Bewohner sind als Arbeitsmigranten in die Bundesrepublik mit dem Ziel immigriert, mit ausreichenden Ersparnissen wieder in die Türkei zurückzukehren. Mit dem längeren Verbleib im Aufnahmeland entstand jedoch eine dichte Organisationsstruktur, die in ihren Anfängen primär zur Wahrung der eigenen Normen und Werte sowie als Orientierungshilfe fungierte. Trotz der räumlichen Konzentration und Organisation existieren jedoch bis heute keine rein türkischstämmigen und geschlossenen Wohngebiete in Deutschland, auch wenn die dominante türkischgeprägte Infrastruktur diesen Eindruck in manchen Wohngebieten entstehen lässt. Im Gegensatz zu den Schwarzenghettos blicken die türkischstämmigen Migranten somit nicht auf eine lange türkische Ghetto-Tradition im Aufnahmeland zurück. Sie sind als Gastarbeiter eingereist und wurden erst im Aufnahmeland zu Einwanderern. Bevor jedoch eine nähere Auseinandersetzung mit den verschiedenen wissenschaftlichen Standpunkten stattfindet, sollen zunächst die Entstehung und die Struktur dieser Wohngebiete behandelt werden.

2.2 Entstehung und Struktur ethnischer Kolonien

Nach Heckmann entstehen ethnische Kolonien „zum einen als institutionelle Antwort auf die Bedürfnisse der Migranten in der Migrations- und Minderheitensituation, zum anderen als „Verpflanzung" und Fortsetzung sozialer Beziehungen, die bereits in der Herkunftsgesellschaft existierten."[192] Die antreibende Kraft stellen dabei die neuen materiellen und sozialen Herausforderungen dar, die zu Unsicherheiten und Destabilisierungen hinsichtlich der bisher gültigen Normen und Werte aus der Herkunftsgesellschaft führen und für die keine verfügbaren Lösungsalternativen existieren. Folgende miteinander verkettete und einander verstärkende Handlungen und Faktoren können die Entstehung einer ethnischen Kolonie begünstigen: „je höher die soziale Distanz zu den Minderheiten in der Aufnahmegesellschaft ist, je größer die kulturelle Differenz zwischen Minderheit und Aufnahmegesellschaft (z.B. durch Unterschiedlichkeit in einer Vielzahl kultureller und religiöser Gewohnheiten, Sichtbarkeit in Kleidung, Haartracht und Hautfarbe), und je stärker die bereits vorher vorhandenen ethnischen, politischen und/oder religiösen Gemeinsamkeiten der Minderheit im Herkunftsland waren, umso eher wird eine „Entscheidung" zur Herausbildung einer ethnischen Kolonie von den Akteuren getroffen werden bzw. um so eher schaffen die Akteure eine ethnische Kolonie ungeplant als Folge ihrer gelegentlich durchaus anders motivierten situationsorientierten Handlungsentscheidungen."[193]

---

192 Friedrich Heckmann, Ethnische Minderheiten, Volk und Nation, a.a.O., S. 98
193 Hartmut Esser, „Binnenintegration" oder gesellschaftliche Isolation?, in: Jürgen H.P. Hoffmeyer-Zlotnik (Hrsg.), Segregation und Integration. Die Situation von Arbeitsmigranten im Aufnahmeland. Forschung, Raum und Gesellschaft, Mannheim 1986, S. 108

2.2 Entstehung und Struktur ethnischer Kolonien

Eine wichtige Voraussetzung bei der Bildung ethnischer Kolonien stellt eine ausreichend große Anzahl von Migranten dar, die das selbe „Schicksal" teilt: „die bloße Anwesenheit von Personen ähnlicher Sprache, Kultur und Orientierung schafft die Opportunitäten, die zur Herausbildung von ethnischen Kolonien und deren institutioneller Verfestigung notwendig sind."[194] Daneben spielen aber auch Faktoren auf individueller Ebene eine entscheidende Rolle: „Dazu sind in erster Linie Unterschiede in der schulischen Qualifikation zu zählen, von denen her sich jeweils Unterschiede in den interethnischen Opportunitäten (z.B. einer Beschäftigung in einem von den Einheimischen besetzten Teilarbeitsmarkt) ergeben."[195] Schließlich können die sehr unterschiedlichen, sowohl subjektiven als auch objektiven alternativen Möglichkeiten im Umgang mit auftretenden Problemen in der Migration die Koloniebildung begünstigen.[196] So werden Migranten mit Niederlassungsabsichten eher zur Bildung einer ethnischen Kolonie beitragen bzw. sich assimilieren, als Migranten mit einem temporären Aufenthalt bzw. mit Rückkehrabsichten, die sich nur in so weit partiell integrieren werden, „wie es zur Realisierung der migrationsauslösenden Ziele notwendig und vor dem Hintergrund der verbliebenen Bindungen zum Herkunftsland vertretbar erscheint."[197]

Haben sich die Migranten für einen längeren Aufenthalt im Aufnahmeland entschieden, so wird im Prozess der Koloniebildung dem sozialen Netzwerk eine bedeutende Stellung zuteil. In diesem Kontext teilt Heckmann der Verwandtschaft eine besondere Rolle zu, die er als erstes Strukturelement der ethnischen Kolonie diskutiert.[198]

2.2.1 Verwandtschaftssystem und Kettenmigration

Bezüglich der Migrationsursachen werden in der Migrationsforschung die so genannten Pull- und Push-Faktoren unterschieden. Während die Push-Faktoren diejenigen materiellen, rechtlichen, politischen oder sozialen Bedingungen des Herkunftslandes meinen, die zu einer Auswanderung motivieren, beziehen sich die Pull-Faktoren auf die Verhältnisse im Zielland, die einen Immigrationsanreiz darstellen. Summieren sich diese beiden Faktoren, so erhöht sich die Bereitschaft zur Migration.[199] Hierbei stellt die Arbeitsmarktsituation einen zentralen Push- und Pull-Faktor dar, der sich in den unterschiedlichen Beschäftigungs- und Einkommenssituationen im Herkunfts- und Zielland zeigt. Neben diesem Unterschied in den Arbeitsbedingungen spielen für die Migrationbewegungen vor allem die Informationen über das Zielland eine entscheidende Rolle, die charakteristisch für die Kettenmigration sind.[200]

Die Kettenmigration bildet weltweit eine der häufigsten Formen der Migration. Dabei werden die potentiellen Migranten wesentlich von den persönlich vermittelten Informationen von bereits emigrierten Verwandten über das potentielle Migrationsziel angeregt, so dass im Laufe der Zeit immer mehr Familienangehörige, Bekannte usw. diesem Beispiel

---
194 Vgl. ebd., S. 109
195 Ebd.
196 Vgl. ebd.
197 Siehe ebd.
198 Vgl. Friedrich Heckmann, Ethnische Minderheiten, Volk und Nation, a.a.O., S. 98
199 Vgl. Birgit Rheims, Migration und Flucht, in: Ingomar Hauchler/Dirk Messner/Franz Nuscheler (Hrsg.), Globale Trends. Fakten, Analysen, Prognosen. Stiftung Entwicklung und Frieden, Bonn 1997, S. 102f.
200 Vgl. Annette Treibel, Migration in modernen Gesellschaften. A.a.O,, S. 40

folgen, indem sie in das selbe Land immigrieren. Dieser Prozess wird meist von so genannten „Pioniermigranten" in Gang gesetzt und vorbereitet, jenen Menschen, die zunächst mit temporären Aufenthalts- und Erwerbsabsichten ausreisen, um mit den Ersparnissen im Herkunftsland eine Existenz aufzubauen.[201]

Die diversen sozialen Probleme (Einsamkeit, Diskriminierung usw.) im Aufnahmeland tragen jedoch dazu bei, dass die „Pioniermigranten" nicht nur ihre sozialen Bindungen und Beziehungen zum Herkunftsland aufrechterhalten, sondern zugleich neue Beziehungen zu anderen Landsmännern im Aufnahmeland eingehen und zunehmend ein soziales Netzwerk aufbauen. Die Gründung von ethnischen Gemeinschaften, die Entscheidung zur permanenten Migration aufgrund nicht erreichter Migrationsziele sowie die Einsamkeit führen schließlich dazu, die Familienangehörigen und Bekannten nachzuholen, deren Migration wegen der Vorarbeit der „Pioniermigranten" mit verhältnismäßig wenig Risiken verbunden ist.[202] Mit der Zuwanderung weiterer Migranten kann der Akkumulierungsprozess des sozialen Kapitals im Aufnahmeland weiter voranschreiten, bis schließlich alle potentiellen Migranten in das Aufnahmeland einreisen.[203] Die Präsenz der ethnischen Gemeinschaften und die dazugehörige Infrastruktur in Europa ist zudem ein wesentlicher Grund dafür, dass ungeachtet zunehmender Arbeitslosigkeit, Anwerbestopp sowie einer restriktiven Einwanderungspolitik die Migrationsbewegungen bisher nicht unterbunden werden konnten, so dass die Kettenmigration gegenwärtig noch immer anhält. Die Kettenmigrationseffekte infolge von Verwandtschaftsnetzwerken lassen sich am Beispiel der postkolonialen Migration sowie der Arbeitsmigration nachweisen.[204]

Mit der Kettenmigration werden somit die sozialen Beziehungen aus dem Herkunfts- in das Aufnahmeland „verpflanzt".[205] Diese intensiven Familien- und Nachbarschaftsbeziehungen aus dem Herkunftskontext gewähren der Vereinsbildung der Migranten den notwendigen kommunikativen Unterbau, so dass „orientierende Informationen, die aus den formell organisierten Vereinen stammen, netzwerkartig weitergegeben werden können. Dies wird auch klar, wenn die faktische Inanspruchnahme von Vereinen über die formelle Mitgliedschaft hinausgeht."[206]

2.2.2 Migrantenvereine

Ein weiteres Strukturelement bei der Gründung der ethnischen Kolonie stellt die Organisation der Migranten in eigens gegründeten Vereinen und Vereinigungen zwecks Befriedigung ihrer spezifischen Bedürfnisse in der Fremde dar. Hinsichtlich der deutschen Immigrantensituation nennt Heckmann den Typus des Arbeitervereins als früheste Form der Ver-

---

201 Vgl. Petrus Han, Soziologie der Migration, a.a.O., S. 12f.
202 Vgl. ebd.
203 Vgl. hierzu Sonja Haug, Soziales Kapital und Kettenmigration Italienische Migranten in Deutschland, Opladen 2000
204 Vgl. Rainer Münz, Phasen und Formen der europäischen Migration, in: Steffen Angenendt (Hrsg.), Migration und Flucht. Aufgaben und Strategien für Deutschland, Europa und die internationale Gemeinschaft, Bonn 1997, S. 38f.
205 Vgl. Friedrich Heckmann, Ethnische Minderheiten, Volk und Nation., a.a.O., S. 102
206 Siehe Dietrich Thränhardt, Einwandererkulturen und soziales Kapital. Eine komparative Analyse der Zuwanderungsnationalitäten und Bundesländer, abgerufen am 16.03.2004 unter http://egora.uni-muenster.de/ifp/lehrende/thraenhardt/bindata/2611.pdf, S. 27

einsgründung, der wegen seiner Solidarfunktion wesentlich zur Orientierung und Existenzsicherung der Migranten beitrug.[207]

Während die Vereine als „intermediäre" Organisationen für das Individuum eine Selbsthilfe-, Freizeit-, Schutz- sowie Partizipationsfunktion erfüllen, liegt ihre Funktion für die Gesellschaft u. a. in ihrer Repräsentations- bzw. Interessenvertretung. Darüber hinaus übt sie auch einen Einfluss auf das politische Verhalten bzw. auf die Partizipation ihrer Mitglieder, insbesondere im kommunalen Geschehen bzw. in der Kommunalpolitik aus. Die aktiven Teilnahme- und Führungsmöglichkeiten werden aber in der Regel mehr von Angehörigen der mittleren sowie der gehobenen Mittelschicht wahrgenommen als von Arbeitern. Diese Begrenzung resultiert zum einen aus der sichtlich mehr für die physische Regeneration in Anspruch genommene Freizeit der Arbeiterklasse. Zum anderen durch ihre zusätzliche Arbeit (Nebenbeschäftigung, Überstunden) zur Verbesserung ihres Einkommens.[208]

Tabelle 4: Definition und organisationsrechtlicher Rahmen des Vereins

	Verein
Definition	eine auf Dauer angelegte, freiwillige Verbindung einer größeren Zahl von Personen, die sich hierzu nach einer Satzung körperschaftlich organisieren
Rechtsfähigkeit	durch Eintragung in das Vereinsregister: e.V.; juristische Person
Festlegung des inhaltl. Rahmens	durch Satzung
Organe	Vorstand, Mitgliederversammlung, u.U. besondere Vertreter nach § 30 BGB
Gründungsvorhaben	mind. 7 Gründungsmitglieder
finanzielle Barrieren bei Gründung	kein Startkapital notwendig, die Gründungskosten sind relativ gering
Eignung/ Folgepflichten	eignet sich für Projekte und Gruppen, die allgemeine soziale, nicht hauptsächlich wirtschaftliche Ziele und Zwecke verfolgen. Der Verein ist prinzipiell demokratisch angelegt (... Jede Person, die sich zur Satzung des Vereins bekennt, kann grundsätzlich Mitglied werden). Dadurch ist aber auch eine Vielzahl von Personen an der Willensbildung beteiligt.
Haftung	begrenzte H. der Handelnden und Mitglieder auf das Vereinsvermögen

Quelle: Basierend auf W.J. Friedrich und A. Vogel: Ingrid Mielenz, Organisationsrecht, in: Dieter Kreft/Ingrid Mielenz (Hrsg.), Wörterbuch der sozialen Arbeit. Aufgabenfelder, Praxisfelder, und Methoden der Sozialarbeit und Sozialpädagogik, 4. Aufl., Weinheim/Basel 1996, S. 423

Wie aus der obigen Tabelle hervorgeht, beruht die Gründung eines Vereins auf einer dauerhaft und freiwillig angelegten Verbindung, die primär sozialen Zielen und Zwecken dient. Diese soziale Funktion ist bei den Vereinen von Migranten für Migranten sowohl in der Historie der klassischen Einwanderungsländer als auch in der Gegenwart anhand der Arbeitsmigration nach Europa festzustellen. So auch für Deutschland, wo eine stark ausgepräg-

---

[207] Vgl. Friedrich Heckmann, Ethnische Kolonien: Schonraum für Integration oder Verstärker der Ausgrenzung?, in: Forschungsinstitut der Friedrich-Ebert-Stiftung (Hrsg.), Ghettos oder ethnische Kolonien. Entwicklungschancen von Stadtteilen mit hohem Zuwanderungsanteil, Bonn 1998, S. 33
[208] Vgl. Ulla-Kristina Schuleri-Hartje/Paul von Kodolitsch, Ethnische Vereine. Ausländische Arbeitnehmer und ihre Familien, Teil 5, Deutsches Institut für Urbanistik, Berlin 1989, S. 19ff.

te Vereinslandschaft der türkischen Migranten existiert. Die Gründung dieser zahlreichen Vereine ist auf verschiedene Faktoren zurückzuführen. Zunächst war es die Funktion der Selbsthilfe der türkischen Migranten in den ersten Jahren ihrer Migration, da sie in fast allen Lebensbereichen eine Orientierung brauchten. Ein weiterer Grund für die Vereinsgründungen stellte die Kontaktsuche infolge der sozialen Isolation der allein gereisten Migranten und der schlechten Lebensqualität in den Arbeiterquartieren dar.[209] Die Zwangsisolation wurde durch die fehlenden Sprachkenntnissen, den unterschiedlichen soziokulturellen, politischen sowie religiösen Wertvorstellungen begünstigt. Diese Faktoren schränkten die Kontaktmöglichkeiten mit der deutschen Umwelt ein. Die unbekannte Gesellschaftsstruktur hatte zur Folge, dass die türkischen Arbeitsmigranten noch enger zusammenrückten.[210]

Die Migrationssituation förderte das Bedürfnis für das Zusammenkommen und den Austausch der Migranten in eigenen Räumen zwecks der Pflege der eigenen Kultur und Identität. Darüber hinaus waren die Gründungsmotive nationaler, kultureller und religiöser Art, da die Migranten einen möglichen Identitätsverlust befürchteten.[211] Schließlich spielten politische Faktoren eine Rolle, obgleich in der frühen Bildungsphase die politische Richtung der Vereine für die Migranten nur sekundär war. Vielmehr standen die Geselligkeit und die Freizeitmöglichkeiten für die Mitglieder im Vordergrund. Erst ab 1968 spielte die parteipolitische Richtung infolge der politischen Entwicklung im Herkunftsland zunehmend eine Rolle und schuf auch hierzulande eine politische Polarisierung in linke und rechte Bewegungen, wobei sich vor allem für die in der Türkei verbotenen Parteien in der Bundesrepublik neue Möglichkeiten boten. Neben der politischen Agitationsfreiheit konnten die Vereine zudem neue finanzielle Quellen erschließen. Die Aufnahmegesellschaft hat insofern die Gründung politischer Vereine begünstigt, weil die kulturelle und soziale Betreuung der türkischen Migranten seitens deutscher Organisationen nicht ausreichend gewährleistet war.[212]

Heute zeichnet sich die Vereinslandschaft der türkischstämmigen Migranten durch ihre Vielfältigkeit aus. Die Existenz einer breiten Vereinslandschaft der Migranten muss jedoch nicht die Mitgliedschaft der Migranten in deutschen Vereinen ausschließen. Dies jedenfalls geht aus einer repräsentativen Mehrthemenbefragung unter 1000 volljährigen türkischstämmigen Migranten hervor, wonach über die Hälfte der Migranten eine Mitgliedschaft in gesellschaftlichen Organisationen angab. Davon wiesen beachtliche 30,5% eine Mitgliedschaft in deutschen Vereinen auf, wobei die Hälfte aus diesem Personenkreis zugleich in türkischen Vereinen eingebunden war.[213]

---

209 Vgl. Ahmet Sezer, Der Einfluß der türkischen Organisationen und Vereine in Deutschland auf das Verhalten der türkischen Migranten, in: Sami Özkara (Hrsg.), Türkische Migranten in der Bundesrepublik Deutschland. Bilanz der 30jährigen Migration aus der Türkei, Wissenschaftliche Tagung vom 12.10.91 in Essen, S. 49
210 Vgl. ebd.
211 Vgl. ebd., S. 49f.
212 Vgl. ebd., S. 50
213 Vgl. Andreas Goldberg/Martina Sauer, Perspektiven der Integration der türkischstämmigen Migranten. Zusammenfassung der vierten Mehrthemenbefragung 2002 im Auftrag des Ministeriums für Gesundheit, Soziales, Familie und Frauen des Landes Nordrhein-Westfalen, S. 12

2.2 Entstehung und Struktur ethnischer Kolonien

Abbildung 2: Mitgliedschaft in Vereinen

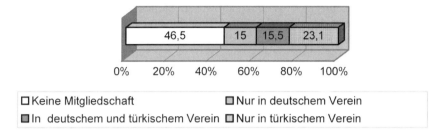

Quelle: Andreas Goldberg/Martina Sauer, Perspektiven der Integration der türkischstämmigen Migranten, a.a.O., S. 12

Wie der Studie weiterhin zu entnehmen ist, liegt der Schwerpunkt der Migrantenvereine bei religiösen und kulturellen Themen, da diesbezüglich keine deutschen Organisationen existieren, die den Bedarf vor allem älterer Migranten decken konnten.[214] Das Zentrum für Türkeistudien stellte im Rahmen eines anderen Projektes fest, dass von den im Projektzeitraum ermittelten 1228 türkischen Selbstorganisationen die Moscheevereine mit 36,2% den größten Anteil unter den türkischen Vereinen ausmachten. Meist werden diese Vereine im Zusammenspiel von überregionalen Organisationsstrukturen und lokalen Initiativen gegründet und pflegen zu einem großen Teil enge Bindungen zu politischen Gruppierungen des Herkunftslandes.[215]

Hinsichtlich politischer Organisationen stellt Heckmann fest, dass diese – sowohl linke als auch rechte türkische Gruppierungen – sich in ihren Aktivitäten stärker auf die Interessen des Herkunftskontextes konzentrieren als auf die Immigrantensituation. Ein Grund für die Herkunftsorientierung stellt seiner Meinung nach die fehlenden bzw. geringfügigen Partizipationsmöglichkeiten im politischen System des Aufnahmelandes dar. Eine negative Folge dieser politischen Orientierung sei, dass politische Spannungen im Auswanderungsland sich in Form von Konflikten zwischen den verschiedenen politischen Gruppen widerspiegelten.[216] Allerdings sind bezüglich der politischen Partizipation der Migrantenorganisationen in Deutschland wesentliche Unterschiede innerhalb der Migrantengruppen festzustellen. Während die türkischen, die italienischen sowie griechischen Gruppen in ihren Vereinsaktivitäten eine stärkere Herkunftsorientierung aufweisen, zeichnen sich dagegen die spanischen Vereine eher durch ihre Orientierung an den Integrations- und Lebensproblemen in Deutschland aus, die seit den 1970er Jahren bis in die Gegenwart festzustellen ist.[217] „Über die Organisation selbst hinaus hat sich allem Anschein nach zu Beginn der Einwanderung eine Phase der Formierung ergeben, in der bestimmte Organisations- und Aktivitätsmuster entstanden, die dann in einem hohen Maß kontingent weiterwirkten. Sie

---

214 Vgl. Andreas Goldberg/Martina Sauer, Perspektiven der Integration der türkischstämmigen Migranten, a.a.O., S. 13
215 Hayrettin Aydin, Selbstorganisation von Migrant/innen in NRW-Situation und Perspektiven, in: Der Paritätische Landesverband Nordrhein-Westfalen e.V. (Hrsg.), Migrant/innen im Stadtteil. Lokale Perspektiven gegen soziale Ausgrenzung und Benachteiligung, Frankfurt am Main 1998, S. 59
216 Vgl. Friedrich Heckmann, Ethnische Minderheiten, Volk und Nation, a.a.O., S. 108
217 Dietrich Thränhardt, Einwandererkulturen und soziales Kapital, a.a.O., S. 27

bringen in unterschiedlichem Maße soziales Kapital hervor."[218] Zudem kann die Resonanz der ethnischen Vereine je nach Nationalität und ihrer Problembelastung unterschiedlich ausfallen. Aufgrund der schlechten sozioökonomischen Stellung der türkischstämmigen Migranten ist davon auszugehen, dass die Vereine sowohl wegen ihrer binnenintegrativen als auch instrumentellen Funktionen für sie eine größere Bedeutung haben als andere Migrantengruppen.[219]

Vor diesem Hintergrund unterstreichen Michael Krummacher und Viktoria Waltz die besondere Bedeutung der Migrantenvereine, welche sie als Basisorganisationen der Ausländerkolonien auf lokaler Ebene bezeichnen, deren Aufgabenspektrum breit angelegt ist. Daher fordern sie die Kommunalpolitik und alle mit Ausländerbelangen befassten Institutionen auf, den Stellenwert der Migrantenvereine zu erkennen und mit ihnen ohne ideologische Vorbehalte zu kooperieren und ihnen als Interessenvertretungen Partizipationsmöglichkeiten zu gewähren.[220] Durch die Kooperations- und Partizipationschancen der Migrantenvereine im Aufnahmeland würde auch die Herkunftsorientierung unterbunden oder zumindest abgeschwächt werden.

2.2.3 Ethnische Ökonomie

Die Gründung einer ethnischen Ökonomie ist ein weiteres Strukturelement der ethnischen Kolonie, die erst auf der Basis der ethnischen Solidarität, der sozialen Netze sowie von Vertrauen möglich wird, da sie geschäftliche Ressourcen freisetzen.[221] Auch in diesem Bereich sind es die Pioniere, die zunächst als Arbeiter tätig sind und erst mit zunehmender Eingewöhnung in die Aufnahmegesellschaft und der ausreichenden Kumulation von Startkapital den Schritt in die Selbständigkeit unternehmen. Hierbei können ihnen insbesondere die jahrelangen Erfahrungen in den Firmen, in denen sie vor ihrer Selbständigkeit tätig waren, zugute kommen.[222]

Bei der Diskussion der ethnischen Ökonomie wird das Augenmerk vor allem auf den Nischenbegriff gerichtet, welcher sich ausschließlich an den Bedürfnissen der eigenethnischen Gruppe orientiert.[223] Der Nischenbegriff kann über die ethnische, ökonomische und lokale Nische definiert werden. Durch die verschiedenen Zugänge wird deutlich, dass beim Nischenmodell nicht allein der räumliche Kontext entscheidend ist. Folgende Abbildung zeigt die verschiedenen Charakteristika (z.B. Zielgruppe, Abhängigkeit bzw. Unabhängigkeit von makroökonomischen oder lokalen Faktoren) der einzelnen Nischen sowie ihre Interferenz:

---

218 Ebd., 27f.
219 Vgl. Jürgen Fijalkowski/Helmut Gillmeister, Ausländervereine – ein Forschungsbericht. Über die Funktion von Eigenorganisationen für die Integration heterogener Zuwanderer in eine Aufnahmegesellschaft – am Beispiel Berlins, Berlin 1997, S. 124ff.
220 Vgl. Michael Krummacher/Viktoria Waltz, Einwanderer in der Kommune, a.a.O., S. 227
221 Vgl. Ivan Light, Unternehmer und Unternehmertum ethnischer Gruppen, in: Kölner Zeitschrift für Soziologie und Sozialpsychologie, Sonderheft 28/1987: Soziologie wirtschaftlichen Handelns, S. 208ff.
222 Vgl. hierzu Edith Pichler, Ökonomische Nischen, ethnische Ökonomie und internationale Vernetzung. Die italienischen Gewerbetreibenden in Berlin, Berlin 1992
223 Vgl. Andreas Goldberg/Faruk Şen, Türkische Unternehmer in Deutschland. Wirtschaftliche Aktivitäten einer Einwanderungsgesellschaft in einem komplexen Wirtschaftssystem, in: Hartmut Häußermann/Walter Siebel (Hrsg.), Zuwanderung und Stadtentwicklung, Opladen/Wiesbaden, S. 67f.

2.2 Entstehung und Struktur ethnischer Kolonien

Abbildung 3: Interferenz der Nischen

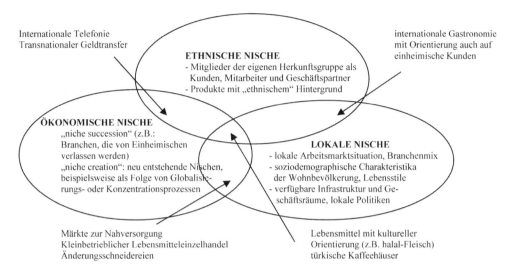

Quelle: Renate Haberfellner/Ayhan Koldaş, Chancen und Grenzen der Nische: Immigranten als Unternehmer in Wien, in: Heinz Fassmann/Josef Kohlbacher/Ursula Reeger (Hrsg.), Zuwanderung und Segregation. Europäische Metropolen im Vergleich, Klagenfurt/Celovec 2002, S. 264

Aus dem Schaubild wird zudem deutlich, dass sich die Nischen teilweise überlappen und dennoch in anderen Bereichen unabhängig voneinander bestehen. Es wird aber auch deutlich, dass Grauzonen existieren, die keine eindeutigen Zuordnungen zulassen. Dies gilt beispielsweise für den Prozess der „niche succession", der sich durch die Übernahme von kleineren Geschäften wie Änderungsschneidereien durch Migranten auszeichnet, da diese Arbeiten von den Einheimischen aufgrund geringer Erfolgsaussichten nicht mehr ausgeübt werden, so dass für die Migranten eine Marktlücke entsteht.[224] Wie des Weiteren am Beispiel der internationalen Telefonie zu sehen ist, können dagegen bei der so genannten „niche creation" nicht bereits vorhandene Nischen, sondern die Nutzung neuer Technologien dazu dienen, den Migranten preiswerte Telefongespräche in das Herkunftsland anzubieten.[225]

Die Struktur der ethnischen Kolonie wird auch mit dem so genannten „Kulturmodell" interpretiert, in dem die kulturellen Normen und Werte maßgeblich für das wirtschaftliche Verhalten der Migranten verantwortlich gemacht werden. Demnach bestimmen die Kultur des Herkunftslandes und somit gewisse Verhaltensmuster und -normen ihre wirtschaftliche Aktivität im Aufnahmeland. Das Modell geht von einem statischen Kulturverständnis aus und schließt von vorne herein Verhaltensänderungen, wirtschaftliche Neuorientierungen usw. aus. Die externen Faktoren im Aufnahmeland wie rechtliche Bedingungen, Diskriminierungen usw. treten in den Hintergrund. Dagegen betont das „Reaktionsmodell" die Relevanz der Rahmenbedingungen des Aufnahmelandes für die Betriebsgründungen der Mi-

---

224 Vgl. Renate Haberfellner/Ayhan Koldaş, Chancen und Grenzen der Nische: Immigranten als Unternehmer in Wien, a.a.o., S. 264f.
225 Vgl. ebd., S. 265

granten. Allen voran werden die rechtlichen Bedingungen als wesentlicher externer Faktor akzentuiert, die zu unterschiedlichen rechtlichen Chancen bzw. Einschränkungen für EU-Ausländer bzw. Nicht-EU Ausländer führen. Dies lässt sich beispielsweise anhand nicht anerkannter beruflicher Qualifikationen aus dem Herkunftsland für Nicht-EU Ausländer aufzeigen. Überdies sind diskriminierende Praktiken auf dem Arbeitsmarkt, der Zugang zu notwendigen Kapitalquellen, Standorten bzw. Waren sowie die Bleibeabsichten im Aufnahmeland ebenfalls ausschlaggebende Faktoren für eine Betriebsgründung. Hinsichtlich der Niederlassung im Aufnahmeland sind insbesondere die wirtschaftlichen und politischen Entwicklungen des Herkunftslandes bestimmend. Standen beispielsweise die Rückkehrziele der türkischstämmigen Migranten noch zu Beginn der Migration fest in der Lebensplanung, so rückten viele von diesem Ziel infolge der negativen Erfahrungen der Remigranten zunehmend ab.[226]

Bei der Aufnahme einer Selbständigkeit können die Migranten auch auf die traditionellen Berufe aus der Herkunftsregion zurückgreifen. Sie haben zudem oft die Möglichkeit Familienmitglieder zu beschäftigen, was für ihren Erfolg und ihre Etablierung entscheidend ist. Insbesondere in Zeiten wirtschaftlicher Rezession stellt die Entscheidung zur Selbständigkeit oft die einzig mögliche Alternative dar. So haben beispielsweise die italienischen Arbeitsmigranten, die infolge der wirtschaftlichen Rezession in den 1960er Jahren arbeitslos geworden waren, im Gastronomiebereich eine berufliche Perspektive gefunden. Neben der bereits erwähnten familiären Unterstützung war es den meisten allerdings nur durch Selbstausbeutung möglich, ihr Geschäft weiterzuführen.[227]

2.2.4 Homogenität und Heterogenität

Friedrich Heckmann weist in seinen Ausführungen zur Struktur der Kolonie darauf hin, dass mit dem Gebrauch des Begriffs „Ethnizität" zwar kulturelle Gemeinsamkeiten als konstitutives Merkmal in den Vordergrund gestellt worden sind. Dies heiße aber nicht, dass eine homogene Kultur in diesen Wohngebieten bestünde. Zwar stehe die ethnische Kolonie für gewisse ethnische Gemeinsamkeiten, gleichwohl setze sie sich aus einer Vielzahl von nach unterschiedlichen Merkmalen differenzierten, Gruppen zusammen.[228]

Der Begriff der Ethnie ist eine rein soziale Konstruktion.[229] Meist wird darunter eine Wir-Gruppe bezeichnet, die tatsächliche oder fiktive Gemeinsamkeiten behauptet. Dazu Max Weber: „Wir wollen solche Menschengruppen, welche aufgrund von Ähnlichkeiten des äußeren Habitus oder der Sitten oder beider, oder von Erinnerungen an Kolonisation und Wanderung, einen subjektiven Glauben an eine Abstammungsgemeinschaft hegen ethnische Gruppen nennen, ganz einerlei, ob eine Blutgemeinschaft vorliegt oder nicht."[230] Die üblichen (behaupteten) Gemeinsamkeiten einer Ethnie bilden die Sprache, Rasse, Religion, Kultur, kollektive Selbstdefinition (sei es durch Mythos oder der Geschichte einer gemeinsamen Abstammung) und ein gemeinsamer Siedlungsraum, die ein gemeinsames

---

226 Vgl. Andreas Goldberg/Faruk Sen, Türkische Unternehmer in Deutschland, a.a.O., S. 69f.
227 Vgl. Edith Pichler, Ökonomische Nischen, ethnische Ökonomie und internationale Vernetzung, a.a.O., S. 166
228 Vgl. Friedrich Heckmann, Ethnische Minderheiten, Volk und Nation, a.a.O. , S. 110
229 Vgl. Iris Bednarz-Braun/Ulrike Heß-Meining, Migration, Ethnie und Geschlecht. Theorieansätze – Forschungsstand – Perspektiven, Wiesbaden 2004, S. 42ff.
230 Max Weber zitiert nach Georg Auernheimer, Einführung in die Interkulturelle Erziehung, 2. Auflage Darmstadt 1996, S. 104

2.2 Entstehung und Struktur ethnischer Kolonien

Identitätsgefühl entstehen lassen können.[231] Die Definition von Weber hat den Vorteil einer empirischen Belegbarkeit, da die hervorgehobenen gemeinsamen Merkmale innerhalb einer Ethnie tatsächlich meist auf einem Gemeinsamkeitsglauben beruhen. Dies ist ein sozialer Tatbestand und somit empirisch bestimmbar. Dieser Glaube reicht aus, um handlungsleitend zu werden.[232]

Wie dem Ethnien-Begriff wird auch dem Kultur-Begriff entgegengehalten, dass er von statischen und homogenen Merkmalen einer Bevölkerungsgruppe ausgehe und somit rassistisch sei. Insbesondere in den Debatten zur interkulturellen Erziehung wird der kritische Tenor deutlich. Für Erich Fromm ist Kultur das Resultat des existentiellen Bedürfnisses des Menschen nach Orientierung in seiner natürlichen und sozialen Welt, um zielgerichtet und konsequent zu handeln.[233] Die Kultur einer Gesellschaft kann man nach Georg Auernheimer auch als gemeinsames Repertoire an Symboldeutungen, d.h. als ihr Repertoire an Kommunikations- und Repräsentationsmitteln bezeichnen.[234] Dieses Repertoire muss jedoch im Sinne des erweiterten Kulturbegriffs nicht ein für allemal festgelegt und unveränderlich sein, es muss vielmehr ständig den gesellschaftlichen Bedingungen der Produktionsverhältnisse der gesamten Lebenspraxis angepasst werden.[235] Nach diesem Verständnis ist also Kultur weder statisch noch unveränderlich, sondern dynamisch und entwicklungsfähig. Vor diesem Hintergrund wird die Schwierigkeit deutlich, wenn von „türkischer Kultur" im Kontext von ethnischen Kolonien gesprochen wird. Besonders die Heterogenität in der türkischen Gesellschaft, die sich wie im folgenden Exkurs deutlich wird, noch heute in der Vielfalt der Sprachen, Bräuche, Sitten und Konfessionen ausdrückt, spricht gegen diese Homogenisierung.

Vor der Gründung der türkischen Republik im Jahre 1923 war das Osmanische Reich ein Vielvölkerstaat, das dementsprechend verschiedene Ethnien in seinen Grenzen beherbergte. Es existierten verschiedene Regionalsprachen, die sich bis heute erhalten haben. Dies gilt auch für die verschiedenen Bräuche, die sich sogar heute zwischen den Dörfern innerhalb derselben Region zeigen. Deutlicher wird die Heterogenität anhand der verschiedenen Religionsgruppen. Die verschiedenen Religionsgruppen, die in religiöser und rechtlicher Hinsicht eine gewisse Autonomie genossen, lebten im Osmanischen Reich sowohl auf dem Land als auch in der Stadt meist getrennt. Demarkationslinien wie hohe Mauern grenzten Wohngebiete zu anderen Sozialräumen ab. Im Gegensatz zur später gegründeten Republik spielte für den Status im Reich nicht primär die ethnische Herkunft, sondern die Konfession eine Rolle. Sie bestimmte die Beziehung zum Staat.[236]

Grundlegende wirtschaftliche, politische und soziale Veränderungen setzten mit der Gründung der türkischen Republik im Kernland des Osmanischen Reiches ein, welcher sich fortan laizistisch verstand. In den 1920er und 1930er Jahren wurden von dem Staatsgründer Mustafa Kemal fundamentale Reformen in Gang gesetzt, welche eine Europäisierung der

---

231 Vgl. Helmut Essinger/Ali Uçar, Erziehung: Interkulturell – Politisch-Antirassistisch. Von der interkulturellen zur antirassistischen Erziehung, Felsberg 1993, S. 248; Wolfgang Nieke, Interkulturelle Erziehung und Bildung. Wertorientierungen im Alltag, Opladen 1995, S. 38
232 Vgl. Georg Hansen, Die Deutschmachung, a.a.O., S. 16f.
233 Vgl. Erich Fromm, Anatomie der menschlichen Destruktivität, 21. Auflage Hamburg 1998, S. 259
234 Vgl. Georg Auernheimer, Einführung in die Interkulturelle Erziehung, a.a.O., S. 110
235 Vgl. Amt für Multikulturelle Angelegenheiten der Stadt Frankfurt (Hrsg.), Begegnen – Verstehen – Handeln. Ein Handbuch für interkulturelles Kommunikationstraining, Frankfurt am Main 1993, S. 22
236 Vgl. Günter Seufert, Cafe Istanbul. Alltag, Religion und Politik in der modernen Türkei, 2. Auflage München 1999, S. 74f.

türkischen Gesellschaft zum Ziel hatten. Anders als im Osmanischen Reich sollten die Bürger sich nicht über die Konfession, welche weitreichend sowohl aus staatlichen Institutionen als auch aus dem gesellschaftlichen Bereich zurückgedrängt wurde, sondern über ihr Türkentum identifizieren. Die nationale Identität fungierte sozusagen anstelle der religiösen Zugehörigkeit als neues Bindeglied der türkischen Gesellschaft. Diese neue kollektive Identität konnte jedoch nicht über die reale Konstellation der türkischen Gesellschaft hinwegtäuschen, die nach wie vor multiethnisch bzw. -religiös zusammengesetzt war. Durch die Flucht vieler Muslime aus dem vor und im 1. Weltkrieg verlorenen Gebieten in dem Gebiet der heutigen Türkei und dem „Bevölkerungsaustausch" mit den Balkanländern wurde das ohnehin bunte Gesellschaftsmosaik bereichert.[237]

Allen voran wurde diese neue Staatsideologie mit der Konstruktion eines völkischen Nationalismus vorangetrieben, die in der so genannten nationalen Erziehung insbesondere die vorislamische Zivilisation als Anknüpfungspunkt einer eigenen nationalen Leistung betrachtete. „Die Konstruktion der nationalen Geschichte wurde unterstützt von einer neuen Sprachthese, die das Türkische gleichsam zur Ursprache aller Völker erhob. Im Alltag äußerte sich dies in einer Kampagne der Sprachbereinigung, die die Ersetzung arabischer und persischer Ausdrücke durch ihre türkischen Entsprechungen oder Neuschöpfungen zum Ziel hatte. Die Folge war, dass die Jugend, die das arabische Alphabet nicht mehr lernte und daher die vor 1928 gedruckten Bücher nicht lesen konnte, bald auch außerstande war, die klassischen Werke der eigenen Literatur zu verstehen."[238] Mit dieser nationalistischen Historiographie und Sprachpolitik, die das Türkentum an den Anfang der menschlichen Sprache, Geschichte und Kultur stellte,[239] wurde nicht nur die Vielfalt der türkischen Bevölkerung verkannt, sondern diese wurde auch nicht in den Prozess der Erneuerung eingebunden. Es war eine Erziehungsdiktatur durch eine gesellschaftliche sowie militärische Elite, die die Sozialstruktur in der Bevölkerung als Hindernis für eine einheitliche und neue Nation sah.[240]

In dem am 24.07.1923 beschlossenen Vertrag von Lausanne wurde die pluralistische Gesellschaft am deutlichsten am Beispiel der Existenz der größten Minderheit, der kurdischen Bevölkerung und ihrer Identität, verleugnet.[241] In der darauf folgenden Annahme der republikanischen Verfassung am 20.04.1924 wurden schließlich die Grundrechte der Türken zusammengestellt und das Wort „Türke" über die Staatsangehörigkeit definiert. „Der Gebrauch von Wörtern wie Kurde, Laze, Tscherkesse bzw. Kurdistan und Lazistan wurde zwar nicht per Gesetz, aber durch einen Runderlass des Erziehungsministeriums schon 1925 verboten. Noch in den 1930er Jahren gab es städtische Verordnungen, die den Gebrauch nicht-türkischer Sprachen mit Geldstrafen belegten."[242] Dies hatte schwerwiegende Konsequenzen, da fortan die kurdische Kultur wie die Sprache nicht nur verboten, sondern auch verleugnet wurden. Anhand pseudo-wissenschaftlicher Untersuchungen wurde be-

---

237 Vgl. Günter Seufert, Cafe Istanbul, a.a.O., S. 35
238 Vgl. Fikret Adanir, Der Weg der Türkei zu einem modernen europäischen Staat, in: Hans-Georg Wehling (Hrsg.), Türkei. Politik, Gesellschaft, Wirtschaft, Opladen 2002, S. 53
239 Vgl. Jens Peter Laut, Das Türkische als Ursprache? Sprachwissenschaftliche Theorien in der Zeit des erwachenden türkischen Nationalismus, Wiesbaden 2000, S. 2ff.
240 Vgl. Günter Seufert, Die türkische Gesellschaft im Umbruch, in: Hans-Georg Wehling (Hrsg.): Türkei. Politik, Gesellschaft, Wirtschaft. Opladen 2002, S. 87
241 Vgl. Celalettin Kartal, Der Rechtsstatus der Kurden im Osmanischen Reich und in der modernen Türkei. Der Kurdenkonflikt, seine Entstehung und völkerrechtliche Lösung, Unveröffentlichte Diss., Universität Bremen 2001, S. 69ff.
242 Klaus Kreiser, Die neue Türkei (1920- 2002), in: ders./Christoph K. Neumann (Hrsg.), Kleine Geschichte der Türkei, Stuttgart 2003, S. 387f.

hauptet, dass das Kurdische eigentlich nur ein türkischer Dialekt und damit türkischen Ursprungs sei. Die Bezeichnung „Bergtürken" ist charakteristisch für diese Assimilationskampagne.[243]

Bereits zu Lebzeiten des Mustafa Kemal formierten sich verschiedene religiös motivierte und kurdisch-nationale Aufstände wie 1938 in Dersim (heute Tunceli) als Reaktion auf diesen aufgezwungenen Homogenisierungsprozess, die jedoch alle blutig niedergeschlagen wurden.[244] Zudem wurden politische Gegner verfolgt und durch die gegründeten „Istiklal Mahkemeleri"[245] verurteilt und hingerichtet. Zwar sind Anzeichen eines kurdischen Nationalismus mit den Gründungen von einzelnen Organisationen zu Beginn des 20. Jahrhunderts festzustellen, aber erst der türkische Nationalismus und das Reformprogramm haben sozusagen diese nationale kurdische Unabhängigkeitsbewegung verstärkt.[246] Allein durch eine Assimilationspolitik und durch militärische Repression konnte die politische Stabilität im Lande jedoch nicht hergesellt werden. Davon zeugen die verschiedenen politischen Konflikte, die bis heute anhalten.

Für die deutsche Gesellschaft ist die Vielfalt in den oben genannten Merkmalen keineswegs fremd. Deutschland musste in der Vergangenheit erst einen konflikthaften Weg bestreiten, bis es sich zu einer relativ konsensualen Gesellschaft entwickeln konnte. Zu Beginn der Formulierung der modernen Nationsidee war Deutschland überwiegend bäuerlich. Die ländlichen Räume zeichneten sich durch ihre unterschiedlichen Bräuche aus, die sich sogar zwischen den einzelnen Dörfern zeigten. Trotz der Versuche der so genannten Volkskunde, Gemeinsamkeiten des deutschen Einheitsvolkes zu ermitteln, sprechen in Wirklichkeit die historischen Fakten gegen solch einen konstruierten Mythos.[247] Denn erst die Binnenmigration in den 90er Jahren des 19. Jahrhunderts, in der Zwischenkriegszeit und nach dem zweiten Weltkrieg hat einen Wandel in den ländlichen Kulturen bewirkt. Durch den Übergang zu Lohnarbeit und Kleingewerbe wurde der ländliche Raum weitgehend entbäuerlicht. Zudem forcierte die Expansion der modernen Medien die Entwicklung soziokultureller Milieus, die sich nach Lebenszielen, Konsumpräferenzen, Ästhetik, Reproduktionsverhalten und politischen Orientierungen ausdifferenzierten.[248]

Zu den Bestrebungen des frühen deutschen Nationalismus zur Konstruktion einer einheitlichen Nation gehörte insbesondere die Betonung der sprachlichen Einheit Deutschlands. Aber auch dieses Kriterium entspricht nicht den historischen Tatsachen. Neben dem Hochdeutschen existierten weitere Regionalsprachen, die sich wiederum intern in verschiedene Dialekte differenzierten. War man des Hochdeutschen nicht mächtig, schien eine Kommunikation mit Personen aus anderen Regionen kaum möglich. Wiederum die modernen Medien wie Radio und Fernsehen haben wesentlich dazu beigetragen, dass sich die Mehrsprachigkeit nur noch auf dialektal differenzierte Umgangssprachen reduzierte. Trotz dieser Entwicklung besteht heute in Deutschland weiterhin eine strukturelle Zweisprachig-

---

[243] Vgl. Andrea K. Smutek-Riemer, Die Kurden. Eine nicht ausreichend integrierte Minderheit als regionales Krisenpotential?, Frankfurt am Main 1996, S. 23ff.
[244] Vgl. Ismail Görer, Programm und Akteure der Kurdenpolitik in der Türkei. Versuch einer Einschätzung der interethnischen Koexistenzperspektiven, Osnabrück 2003, S. 63ff.
[245] Außerordentliche Gerichte zur Zeit des türkischen Befreiungs- bzw. Unabhängigkeitskrieges.
[246] Vgl. hierzu Canan Cengiz, Die Entwicklung des kurdischen Nationalismus in der Türkei von den Anfängen bis 1945, Unveröffentlichte Dissertation, Universität Oldenburg 1997
[247] Vgl. Georg Elwert, Deutsche Nation, in: Bernhard Schäfers/Wolfgang Zapf (Hrsg.), Handwörterbuch zur Gesellschaft Deutschlands, Opladen 1998, S.123ff.
[248] Vgl ebd., S.123ff

keit, die sich in dem Unterschied zwischen der Schriftsprache des Hochdeutschen der Bildungsbürger und der Umgangssprache der großen Mehrheit manifestiert.[249]

Darüber hinaus haben ab Mitte der 1960er Jahre grundlegende Veränderungen aufgrund neuer Wertorientierungen, neuer Informationstechnologien sowie audio-visueller Medien stattgefunden, die einen weiteren Beitrag auf dem Weg zu einer postmodernen bzw. postindustriellen Gesellschaft geleistet haben.[250] Bezogen auf die soziokulturellen Wandlungsprozesse, stellen die Pluralisierung und Individualisierung von Lebensformen und -stilen wichtige Merkmale der postmodernen Gesellschaft dar, die eine Ausdifferenzierung der Sozialstruktur zur Folge hat. Ihren Ausdruck findet diese in den verschiedenen Milieus und Lebensstilen, deren Angehörige gewisse Merkmale wie Werte, Einstellungen und Verhaltensweisen gemeinsam haben.[251] Dieser Individualisierungs- und Pluralisierungsprozess bedeutet jedoch nicht „die Auflösung der Klassen und Schichten, sondern die Herausbildung einer dynamischeren, pluraleren und auch stärker latenten Schichtstruktur"[252], welche nach wie vor Einfluss auf die gegenwärtige Entwicklung ausübt. Zwar ist nach dem zweiten Weltkrieg keine rein homogene deutsche Gesellschaft entstanden, aber es hat sich im Vergleich zur Türkei ein stabiles politisches System etabliert, das von der überwiegenden Mehrheit aller Bevölkerungsschichten akzeptiert wurde und den sozialen Frieden gefördert hat. Eine deutsche Homogenität aber, wie sie von der nationalistischen Politik allzu oft unterstellt wird, gab es weder in der Vergangenheit noch gibt es sie in der Gegenwart. „Von einer gemeinsamen Abstammung aller Deutschen kann nur derjenige reden, der zweitausend Jahre Geschichte des heutigen Territoriums Deutschlands von allen Bevölkerungsbewegungen und von allen territorialen Veränderungen durch Heirat von Fürsten oder durch Eroberungen bereinigt."[253]

Eine wesentliche Veränderung in Deutschland war der Bedeutungsverlust der Großgrundbesitzer, des preußischen Staates und insbesondere des preußischen Militarismus, die in der neueren deutschen Geschichte eine herausragende Rolle spielten. Mit der Gründung der Bundesrepublik verlor das Militär seinen Status und wurde dem demokratischen System untergeordnet, das ebenso in allen gesellschaftlichen Schichten akzeptiert wurde. Die Einführung des Grundgesetzes als rechtliche Basis des neuen Staates, der sozialen Marktwirtschaft, und die Anbindung an Europa sind weitere wichtige Fortschritte in diesem Prozess.[254] Dagegen sollte das Militär und die Großgrundbesitzer in der Türkei immer noch eine herausragende Rolle spielen. Im Laufe der Geschichte nahm das Militär die Rolle des Hüters der kemalistischen Doktrin ein, und dies stellte die Legitimationsgrundlage für die zahlreichen Interventionen in die Politik dar. Mit der Schaffung des „Milli Güvenlik Kurulu" (Nationaler Sicherheitsrat), der in einer neuen Verfassung nach dem Militärputsch von 1980 etabliert wurde, sicherte sich das Militär zudem ein politisches Mitspracherecht, so dass es seitdem „legal" Einfluss auf das politische Geschehen im Lande ausüben konnte.[255]

---

249 Vgl. ebd., S. 126ff.
250 Vgl. Bernhard Schäfers, Gesellschaft der Bundesrepublik Deutschland 1945/49-1990, Opladen 1998, S.239
251 Vgl. Ulfert Herlyn, Milieus, in: Harmut Häußermann (Hrsg.), Großstadt. Soziologische Stichworte, 2. Auflage, Opladen 2000, S. 152ff.
252 Siehe Rainer Geißler, Die Sozialstruktur Deutschlands. Die gesellschaftliche Entwicklung vor und nach der Vereinigung, 3. Auflage Wiesbaden 2002, S. 140
253 Georg Hansen, Die Deutschmachung, a.a.O., S. 16
254 Vgl. Bernhard Schäfers, Gesellschaft der Bundesrepublik Deutschland 1945/49-1990, a.a.O., S. 237
255 Vgl. Erhard Franz, Wie demokratisch ist die Türkei, in: Hans-Georg Wehling (Hg.), Türkei. Politik, Gesellschaft, Wirtschaft, Opladen 2002, S. 108f.

2.2 Entstehung und Struktur ethnischer Kolonien

Trotz des eingeleiteten Industrialisierungsprozesses in der Türkei zeichnete sich der Osten durch feudale Strukturen aus, in der noch Großgrundbesitzer, die so genannten Agas, herrschten und die Dorfbewohner wie Leibeigene behandelten. Aufgrund des fast zwei Jahrzehnte andauernden Bürgerkrieges verschlechterte sich die soziale und wirtschaftliche Lage in dieser Region erheblich. Für die Bevölkerung bedeutete dieser Krieg den Verlust ihrer Lebensgrundlage. Das Militär brannte ganze Dörfer nieder, mit der Begründung, mögliche Rückzugs- und Versorgungsräume der kurdischen Separatisten zu zerstören. Infolge dieser Offensive wurden insgesamt 401.328 Personen aus 905 Dörfern und 2.523 Weilern vertrieben. Die kurdischen Städte Diyarbakir, Sirnak, Tunceli und Van gehörten 1999 noch zur Notstandsregion.[256] Die wirtschaftliche und politische Situation, die durch den Bürgerkrieg ab 1984 bis zur Festnahme des PKK-Führers Abdullah Öcalan 1999 fortdauerte, verstärkte die Landflucht in die Städte. Insbesondere Städte wie Istanbul oder Ankara waren und sind beliebte Ziele der Binnenmigranten. In den Städten angekommen, wurden die so genannten „Gece Kondus" (über Nacht errichtete Häuser) gebaut, die sich in der Nähe von Verwandten und Bekannten aus dem selbem Dorf befanden, so dass eine Segregation nach Regional- bzw. Familienstrukturen entstand.

Diese Landflucht setzte jedoch nicht erst mit dem Kurdenkonflikt, sondern bereits in den 1960er Jahren ein. Mit der Ankunft in den Großstädten pflegten diese Menschen durch die Gründung von Vereinen und Stiftungen, die Bräuche ihrer Herkunftsregionen und Konfessionen, die zugleich ökonomische und politische Unterstützung für ihre Mitglieder leisteten[257]: „über 1000 Immigrantenvereine der Anatolier, darunter Kultur- und Kulthäuser der Alewiten, Interessenvereine der Rumelier (Ost-Thrakier) und Krimtataren, Kulturvereine der Kasachen und Tataren, der Tscherkessen und anderer Kaukasier, der Albaner und Bosniaken. (...) Diese ethnischen Gemeinschaften sind in der Regel genauso wie die verschiedenen konfessionellen (Sunniten, Alewiten) und religiösen Gruppen (Griechisch-Orthodoxe und Armenier, Juden und Jesiden) darauf bedacht, die Endogamie aufrechtzuerhalten."[258] Diese gemeinschaftliche Sozialorganisation nach regionalen, ethnischen bzw. religiösen Kriterien wird auch in der Diaspora weitergeführt. Regionale Vereine, wie z.B. „Ordu'lular Dernegi"[259] in Duisburg sind keine Seltenheit, obwohl man in einer postindustriellen Gesellschaft lebt, in der die Besinnung auf regionale Unterschiede – so sollte man meinen – keine Rolle mehr spielt.

Das wichtigste Unterscheidungskriterium, das sich in Deutschland nicht so leicht wie die sprachlichen Unterschiede nivellieren ließ, war die Kluft zwischen den christlichen Konfessionen, die zu einer der relevantesten Konfliktlinien gehörte, „die der deutschen Gesellschaft bis heute ihr besonderes Gepräge geben."[260] Die Separation zwischen den Katholiken und den Protestanten galt als ein zentrales Problem in den Debatten um die Deutsche Einheit. „Es wurde gefragt, ob ein Katholik Deutscher sein könne. Wer einer Autorität jenseits der Alpen (daher das Schimpfwort ultra-montan) gehorcht, kann zumindest nicht loyal sein. In der Bevölkerung jedoch blieben Katholiken und Evangelische auch nach der Integration der Katholischen Partei (Zentrum) getrennt ‚wie zwei Stämme'."[261] Die konfes-

---

256 Vgl. ebd., S. 58ff.
257 Vgl. Günter Seufert, Cafe Istanbul, a.a.O., S. 35f.
258 ebd., S. 36
259 Ordu ist eine Stadt am türkischen Schwarzen Meer.
260 Siehe Karl Gabriel, Kirchen/Glaubensgemeinschaften, in: Bernhard Schäfers/Wolfgang Zapf (Hrsg.), Handwörterbuch zur Gesellschaft Deutschlands, Opladen 1998, S. 374
261 Georg Elwert, Deutsche Nation, a..a.O., S.128

sionelle Separation zeigte sich am deutlichsten im Heiratsverhalten, da über 90% der Bevölkerung eine Ehe mit einem Partner derselben Konfession einging. Die unterschiedlichen Lebensarten (Riten etc.) sowie die kirchlichen Autoritäten förderten diese Spaltungen.[262] Erst die grundlegenden wirtschaftlichen, politischen, kulturellen und sozialen Veränderungen nach dem Zweiten Weltkrieg haben dieser Separation weitgehend relativiert und die Bedingungen für eine verhältnismäßig konsensuale Gesellschaft geschaffen[263].

Die Relativierung der Konfessionsspaltung in der Gesellschaft ist auf die Verdrängung der Kirchen im Nationalsozialismus und der Beendigung der protestantischen Dominanz mit dem gleichzeitigen Anstieg der katholischen Bevölkerung zurückzuführen. Durch die Bildungs- und Hochschulexpansion ab 1965 hat zudem das Bildungsdefizit der Katholiken und somit der bisherige Status der Protestanten als gesellschaftliche Elite in Wirtschaft, Staat und Gesellschaft eine Ende gefunden.[264] Trotz der Relativierung der konfessionellen Konfliktlinien, die zusätzlich dem Säkularisierungstrend ausgesetzt waren, deutet das Wahlverhalten in der Nachkriegszeit darauf hin, dass diese Grenzen (noch) Relevanz haben, auch wenn sie nicht dasselbe Konfliktpotential wie in der Vergangenheit aufweisen.[265]

Im Vergleich zur deutschen Entwicklung, halten die konfessionellen Konfliktlinien in der Türkei weiterhin an. Die ab der Republikgründung eingesetzten Reformen wurden nur von einer kleinen gesellschaftlichen Elite rezipiert und getragen, während der große Teil der Bevölkerung in den ländlichen Gebieten von diesen Reformen so gut wie unberührt blieb. Dies zeigt sich beispielsweise im „Volksislam" der ländlichen Bevölkerung, der trotz aller Säkularisierungsmaßnahmen bis heute nicht nur weiterhin lebendig ist, sondern den Boden für eine Reislamisierung in den 1990er Jahren bereitete. Anzeichen einer Reislamisierung sind bereits in den 1950er Jahren zu erkennen.[266] In den 1990er Jahren sollten das Studien-Verbot für die so genannten Kopftuchstudentinnen und der Wahlsieg der religiöskonservativen Refah-Partei mit Necmettin Erbakan als Ministerpräsident in der türkischen Gesellschaft weiterhin für politischen Zündstoff sorgen. Während in Deutschland die Säkularisierung in der Bevölkerung eher freiwillig voranschritt, wurde dieser Prozess in der Türkei, ähnlich wie in der DDR, von staatlicher Seite aufgezwungen. Allerdings nicht mit demselben Ergebnis.

Die religiöse Dimension als Politikum zeigte sich ferner in Form von konfessionellen Auseinandersetzungen zwischen der sunnitischen Mehrheit und der alewitischen Minderheit im Lande. Während die Sunniten in der heutigen Türkei eher politisch rechts orientiert sind, sind die Alewiten eher oppositionell und damit tendenziell links verortet.[267] Aber unter dem Deckmantel des Links-Rechts Gegensatzes spielten nicht nur konfessionelle Kriterien, sondern verschiedene Faktoren wie Religiosität, Sprache und der sozioökonomische Status eine bestimmende Rolle.[268] „Die politische Hyperaktivität der 70er Jahre bereitet insofern die Politisierung und Ideologisierung von zugewiesenen, primären Identitäten

---

262 Vgl. ebd.
263 Vgl. Kurt Sontheimer/Wilhelm Bleek, Gründzüge des politischen Systems der Bundesrepublik Deutschland, München 1999, S. 148
264 Vgl. Bernhard Schäfers, Gesellschaft der Bundesrepublik Deutschland 1945/49-1990, a.a.O., S. 233ff.
265 Vgl. hierzu Franz Urban Pappi, Die konfessionell-religiöse Konfliktlinie in der deutschen Wählerschaft: Entstehung, Stabilität und Wandel. Berlin 1985; Karl Schmitt, Konfession und Wahlverhalten in der Bundesrepublik Deutschland, Berlin 1989
266 Vgl. Fikret Adanir, Der Weg der Türkei zu einem modernen europäischen Staat, a.a.O., S. 58 u. 63ff.
267 Vgl. Günter Seufert, Cafe Istanbul, a.a.O., S. 74f.
268 Vgl. Günter Seufert, Die türkische Gesellschaft im Umbruch, a.a.O, S. 87

2.2 Entstehung und Struktur ethnischer Kolonien

vor, die in den 80ern und 90ern ihren Höhepunkt erreichen sollte."[269] Infolge der politischen Polarisierung der türkischen Gesellschaft wurden sogar ganze Stadtviertel in der Türkei von rechten bzw. linken Gruppen kontrolliert. Oft kam es auch zu Überfällen auf die Territorien des politischen Feindes, wobei auch Cafés Ziele von Anschlägen waren.[270] Im Osmanischen Reich galten die Sunniten als die privilegierte Gruppe, während die Alewiten mit Argwohn betrachtet wurden, nicht nur wegen religiös bedingter Meinungsverschiedenheiten, sondern auch wegen der politischen und religiösen Nähe zu dem schiitischen Erzfeind Iran.[271] Als Minderheit lernten sie ihre Identität meist zu verheimlichen. Eine Praxis, die auch nach der Republikgründung jahrzehntelang weitergeführt wurde.

Die Rückbesinnung auf die konfessionellen Wurzeln und das Selbstbewusstsein der Alewiten setzte verstärkt gegen Ende der 1980er Jahre ein. Dieses Phänomen ist auf verschiedene Faktoren zurückzuführen. Zunächst war es die Binnenmigration der alewitischen Bevölkerung in den 1970er Jahren aus den ländlichen Gebieten in die Großstädte wie Istanbul und Ankara, die wegen politischer und wirtschaftlicher Faktoren ansetzte. Diese Migranten, die in ihren Dörfern eine traditionell alewitische Lebensweise führten, trugen dazu bei, dass die Zahl der Alewiten in den Städten anstieg und aus ihr eine alewitische Elite hervorging.[272]

Darüber hinaus spielten politische Faktoren eine Rolle. Zum einen hatte der Niedergang des Sozialismus dazu geführt, dass sich die linken Alewiten ihren religiösen Traditionen zuwandten und fortan sich stärker über ihre alewitische Orientierung identifizierten. Zum anderen wurde dieser Prozess, quasi als Gegenreaktion, durch die Reislamisierung der sunnitischen Bevölkerung beschleunigt. Auch der Kurdenkonflikt in der Türkei hat in diesem Prozess eine wesentliche Rolle gespielt. Schätzungsweise 10-20% der Kurden sind alewitischer Herkunft. Da die ethnischen Spannungen in der Türkei die türkischen und kurdischen nationalistischen Bewegungen förderten, reagierten die alewitischen Gemeinschaften darauf, in dem sie versuchten, nicht die ethnische Herkunft, sondern die Konfession als gemeinsames Glied in den Vordergrund zu stellen, um auf diese Weise dem Nationalismus entgegenzutreten.[273] Zudem sorgten gewalttätige Angriffe auf Alewiten in den 1990ern wie die Ereignisse in den Stadtvierteln Gaziosmanpaşa und Ümraniye in Istanbul für eine Identitätsstärkung in der alewitischen Bevölkerung.[274]

Die Skizzierung einiger Problemfelder macht bereits deutlich, dass die Integrations- und Konsensfähigkeit der türkischen Gesellschaft nicht mit der Republikgründung begünstigt wurde. Nicht anerkannte, unterdrückte ethnische, kulturelle und konfessionelle Unterscheidungsmerkmale in ihrer Formierungsphase sind in Gestalt politischer, sozialer und militärischer Konflikte immer wieder in der Geschichte der jungen Republik in Erscheinung getreten. Wichtige Grundrechte wie bürgerliche Freiheits- und Gleichheitsrechte, Anerkennung der Vielfalt von Interessen und Meinungs- und Pressefreiheit, welche zentrale Voraussetzungen für eine funktionierende, pluralistische Gesellschaft darstellen, konnten nicht etabliert werden. Viele Strukturelemente wie Militär, Konfession, regionale Struktu-

---

269 Günter Seufert, Die türkische Gesellschaft im Umbruch, a.a.O, S. 87
270 Vgl. Hakki Keskin, Die Türkei. Vom Osmanischen Reich zum Nationalstaat, Berlin 1981, S. 264f.
271 Vgl. Günter Seufert, Cafe Istanbul, a.a.O., S. 73f.
272 Vgl. Reha Çamuroğlu, Türkiye`de Alevi uyanışı, in: Tord Olsson/Elisabeth Özdalga/Catharina Raudvere, Alevi kimliği, Istanbul 1999, S. 97
273 Vgl. ebd., S.97f.
274 Vgl. Ömer Laçiner, Gaziosmanpaşa, Çözülmeye teslim olmak mı? in: Birikim. Aylık Sosyalist Kültür Dergisi, Özel Sayı: Etnik kimlik ve azınlıklar, 3. Baskı İstanbul 1995, S. 3ff.

ren usw. haben trotz eines Neuanfangs durch die Republikgründung ihre Relevanz nicht verloren. Von einem wirklichen gesellschaftlichen Ausgleich, wie er in der Bundesrepublik weitgehend stattgefunden hat, kann daher in der Türkei (noch) keine Rede sein. Dennoch gibt es Anzeichen einer grundlegenden Entwicklung. Im Zuge des Reformkurses, der von der AKP-Regierung zur Erfüllung der Bedingungen für die Aufnahme in die Europäische Union in Gang gesetzt wurde, bahnt sich die Auflösung alter Strukturen an. Es bleibt abzuwarten, wie sich die Türkei unter der neuen Regierung und der bereits 1996 in Lissabon vom ehemaligen Staatspräsidenten Süleyman Demirel postulierten Neukonzeption der türkischen Staats- und Gesellschaftsordnung entwickeln wird.[275]

Die obigen Darstellungen und Vergleiche sind nur ein kurzer Aufriss der Thematik, der einen Eindruck über die verschiedenen gesellschaftlichen Entwicklungen vermittelt. In Wirklichkeit ist diese Binnendifferenzierung sicherlich viel komplexer und bedarf daher einer tiefgründigeren und eigenständigeren Forschung. An dieser Stelle soll jedoch diese Darstellung zunächst genügen, um die bestehenden Konfliktlinien in der türkischen Gesellschaft aufzuzeigen. Diese Ausführungen sollen auch als Hintergrundinformation dienen, wenn in der empirischen Studie die Reproduktion der Konfliktlinien aus der Herkunftsgesellschaft thematisiert wird.

---

275 Vgl. Günter Seufert, Was ist ein „Türke". Nation und nationale Identität in der Türkei, in: Türkei-Programm der Körber-Stiftung (Hrsg.), Was ist ein Deutscher? Was ist ein Türke?, Hamburg 1998, S. 228f.

3   Ethnische Kolonie im Disput: Zur Ambivalenz der ethnischen Segregation

Wie oben bereits deutlich wurde, unterscheidet sich die Definition der ethnischen Kolonien im Vergleich zu den Ghettos darin, dass sie nicht von vorne herein negativ charakterisiert sind. Drei zusammenhängende und wertfreie Elemente treten in den Vordergrund, die sowohl in ihrem historischen als auch gegenwärtigen Kontext kennzeichnend sind: „eine ausgewanderte Menschengruppe, die auf zunächst fremdem Territorium ihre nationale Identität erhält, die Formen ihrer ökonomischen und sozialkulturellen Organisation sowie ein Gebiet, in dem ‚gesiedelt' wird, ohne daß dies ein geschlossenes Siedlungsgebiet sein muß."[276] Übertragen auf die Arbeitsmigration der Moderne wird in einem Gebiet ‚gesiedelt', wenn die Migranten einen Arbeitsplatz und eine Wohnung gefunden haben. Im Vergleich zu den alten Einwanderern wie in den USA bauen sich die Migranten somit nicht auf einer freien Fläche ihre Existenz auf. Auch sind ihrer ökonomischen Organisation engere Grenzen gesetzt, da sie sich in bereits existierende ökonomische Verhältnisse und Organisationsformen integrieren müssen.[277]

Eine wesentliche Gemeinsamkeit teilen die gegenwärtigen ethnischen Kolonien mit ihren Vorgängern durch ihre vielfältige Funktion für ihre Bewohner. Allerdings ist ihre Bewertung durch eine Ambivalenz gekennzeichnet, die sich durch die gesamte wissenschaftliche Literatur hindurchzieht, wenn einerseits die Dynamik, Flexibilität, Mobilität, vielfältigen Lebensstile usw. hervorgehoben werden, andererseits jedoch die Schattenseiten. Dann tritt dieses Phänomen durch Eigenschaften wie Lärm, Drogen, Kriminalität, Bandentum usw., also unter einem negativen Vorzeichen auf.[278] Weder besteht in der Politik noch in der Wissenschaft ein Konsens über die Wirkung des Wohngebiets für die soziale Integration ihrer Bewohner.

3.1   Funktionaler Zusammenhang: Segregation und Gemeinschaftsbildung

Die globalen und nationalen Entwicklungen lassen darauf schließen, dass die Migration nach Europa anhalten wird. Wie sollten die Städte aber mit dieser Herausforderung umgehen? Einerseits sind die Großstädte auf Zuwanderung angewiesen, aber andererseits besteht die Forderung, die Migranten sollen keine räumliche Konzentration bilden dürfen. Vielmehr wird eine gleichmäßige Verteilung der Migranten in der Stadt postuliert, um zum einen ihre Integration zu fördern und zum anderen mögliche, durch die räumliche Konzentration bedingte Vorurteile der Majorität zu unterbinden. Dagegen gehen die Segregationsbe-

---
276 Siehe Friedrich Heckmann, Ethnische Kolonien, Schonraum für Integration oder Verstärker der Ausgrenzung?, a.a.O., S. 30
277 Vgl. ebd., 30f.
278 Vgl. Markus Ottersbach, Die Marginalisierung städtischer Quartiere in der metropolitanen Gesellschaft unter besonderer Berücksichtigung der Migration, a.a.O., S. 105

fürworter davon aus, dass gerade die ethnische Gemeinschaft bei der Aufnahme und Begleitung der Zuwanderer im Integrationsprozess eine wichtige Funktion übernehmen könnte.[279] Die Argumentationen für eine freiwillige Koloniebildung gehen von dem Grundgedanken aus, dass die lokale Konzentration und damit die Nähe zur eigenkulturellen Gruppe eine positive Binnenintegration und dadurch die Eingliederung in die Gesamtgesellschaft bewirken könnte. Die These, dass die räumliche Konzentration der Migranten eine Vorbedingung und somit der erste Schritt in der sukzessiven Eingliederung dieser Bevölkerungsgruppe darstellt, ist bereits in den Anfängen der Migrationsforschung artikuliert worden.

3.1.1 Binnenintegrierte Gemeinschaften: Vorrausetzung für soziale Integration

Der Gedanke einer erfolgreichen Integration durch Segregation ist erstmals durch die Vertreter der sozialökologischen Stadtforschung formuliert worden, die die Stadtentwicklung auf der Basis der Pflanzen- und Tierökologie zu beschreiben versuchten. Die erste, klassische Phase der Rezeption der Ökologie fand durch die berühmte Chigacoer Schule statt, deren zahlreiche Studien das Fundament der Sozialökologie bilden. Günstige Ausgangsbedingungen für ihre Forschungen lieferte u.a. die rasante Bevölkerungsentwicklung in Chicago, die weitreichende soziale und ökonomische Konsequenzen mit sich brachte.[280] Diese Expansion war nicht das Ergebnis einer Planung, vielmehr wuchs die Stadt infolge einer „natürlichen" Entwicklung, so dass sie für die Forscher wie ein urbaner Dschungel wirkte. Entsprechend der Übertragung ökologischer Kategorien auf die Stadtentwicklung, sprachen sie von „natural areas" in der Stadt, jenen nutzungs- und milieuhomogenen Gebieten, die sich durch die Dominanz von bestimmten Nutzungen oder bestimmter Bevölkerungsgruppen in verschiedenen Segmenten der Stadt auszeichneten und infolge von Invasions- und Sukzessionsprozessen Veränderungen unterworfen waren.[281] Entsprechend der Übertragung der Darwinistischen These aus dem Pflanzen- und Tierreich in die Stadtentwicklung, herrsche auch unter den sozialen Gruppen ein Kampf ums Dasein, der hier vielmehr um soziale Positionen sowie städtische Ressourcen ausgetragen werde. Im Gegensatz zu den Vorgängen in der Flora und Fauna entscheiden jedoch im Wettbewerb in der Stadt das Kapital sowie der Bodenmarkt über die räumliche Positionierung und Nutzung und mithin über den sozialen Status.[282]

Das wohl berühmteste Modell der Stadtstruktur der Chicagoer Schule wurde von Burgess konzipiert, in dem er die Stadt Chicago in konzentrische Zonen gliedert. Die zuvor genannten „natural areas" verteilen sich dabei ungleichmäßig über die gesamte Stadt, wobei der soziale Status der Bewohner mit zunehmender Distanz vom Zentrum steigt. Der Status und die Sozialstruktur der angrenzenden Wohngebiete („zone in Transition"/Zone im Übergang) des Zentrums sind dementsprechend stärker belastet. Diese zeichnen sich durch hohe Kriminalitätsraten, räumliche Konzentration von Armut usw. aus. In dieser Zone sind auch die Kolonien der ersten Immigrantengeneration positioniert.[283] Die Ursache für die Kriminalität und Enttraditionalisierung („Sittenverfall") wurde in dem zunehmenden Verlust der

---

279 Vgl. Hartmut Häußermann/Ingrid Oswald, Zuwanderung und Stadtentwicklung, a.a.O., S. 27
280 Vgl. Jürgen Friedrichs, Stadtanalyse, a.a.O., S. 28f.
281 Vgl. Volker Eichener, Stadt- und Regionalentwicklung, a.a.O., S.100
282 Vgl. Jürgen Friedrichs, Stadtanalyse, a.a.O., S. 30f.
283 Vgl. Jürgen Friedrichs, Stadtsoziologie. Opladen 1995, S. 38ff.

3.1 Funktionaler Zusammenhang: Segregation und Gemeinschaftsbildung 71

sozialen Kontrolle über die Individuen gesehen, so dass man der Community-Bildung mit ihren traditionellen Familienstrukturen und Verhaltensnormen eine wichtige Funktion gegen abweichende Verhaltensweisen zuschrieb. Darüber hinaus herrschte die Annahme, die räumliche Separierung verhindere potentielle Konflikte zwischen den Kulturen, da sie als ein sozialer Puffer fungiere.[284]

In der bundesrepublikanischen Sozialwissenschaft hat die Diskussion um ethnische Segregation erst mit der zunehmenden räumlichen Sichtbarkeit der Migranten nach dem 2. Weltkrieg eingesetzt. Während in den 1960er Jahren noch keine bedeutsamen Forschungen zum Thema Migration existierten, änderte sich dies mit dem Anwerbestopp von Gastarbeitern und der Konsolidierung der Einwanderungssituation in Deutschland. Fortan thematisierten diverse empirische Untersuchungen die Lebenslagen der Migranten, ihren Einfluss auf die Stadtentwicklung sowie Fragen ihrer Integration.[285]

Die sozialökologische These des engen Zusammenhanges von Binnenintegration und gesellschaftlicher Integration wurde auch in der deutschen Segregations-Debatte rezipiert. Allen voran war es Georg Elwert, der diese These gegen die im Lande geführte Ghetto-Diskussion stellte und einen Perspektivenwechsel hinsichtlich der Wirkung von ethnisch-kulturellen Organisationen einnahm. Bezüglich des Integrationsbegriffs setzt sich Elwert mit drei Definitionsansätzen auseinander, die er in Bezug auf die Binnenintegration für bedeutsam hält. Der erste Ansatz macht den Integrationsgrad der Migranten anhand des Ausmaßes ihrer Interaktionen zu der einheimischen Bevölkerung abhängig und geht somit von rein quantitativen Kriterien aus. Die zweite und zugleich die gängigste Definitionsrichtung stellt nach Elwert der Versuch dar, „aus Assimilation, Akkulturation sowie Absorption einen komplizierten, aber nicht gerade komplexen Idealtypus zu bilden, der die kulturelle Homogenität zu einem der Indikatoren oder gar zum einzigen Indikatoren macht."[286] Dieser Ansatz sei jedoch zu kritisieren, weil er beispielsweise von einer kulturellen Homogenität der aufnehmenden Gesellschaft ausgehe, die aber in einer differenzierten Gesellschaft gar nicht existiere. Daher präferiert Elwert den dritten, weitgehend kulturfreien Definitionsansatz, der vielmehr sozialstrukturell orientiert sei. Folglich versteht Elwert unter Integration die Partizipation an den gesellschaftlichen Gütern: „Mit Binnenintegration nun meine ich den Zustand, in dem für das Glied einer durch emische (kulturimmanente) Grenzen definierten Subkultur der Zugang zu einem Teil der gesellschaftlichen Güter einschließlich solcher Gebrauchswerte wie Vertrauen, Solidarität, Hilfe usw. über soziale Beziehungen zu anderen Gliedern dieser Subkultur vermittelt ist. Ich hebe hervor, daß die Subkultur innerhalb deren produktive soziale Beziehungen im weitesten Sinne entstehen, durch emische Grenzen definiert sein muß."[287] Zwar setze Binnenintegration keine räumliche Ballung voraus, aber eine Konzentration würde diesen Prozess vereinfachen. Zudem würde die Größe der Migrantengruppe wie bei den Türken in Deutschland die Chancen auf eine Binnenintegration verbessern.[288] Diese Hilfestellungs- und Solidaritätsfunktion könne im Vergleich zur

---

[284] Vgl. Hartmut Häußermann/Ingrid Oswald, Zuwanderung und Stadtentwicklung, a.a.O., S. 13f.
[285] Vgl. Michael Krummacher, Zuwanderung, Migration, a.a.O., S. 322
[286] Siehe Georg Elwert, Probleme der Ausländerintegration. Gesellschaftliche Integration durch Binnenintegration?, in: Arbeitsberichte und Forschungsmaterialien der Fakultät für Soziologie, Universität Bielefeld, Nr. 30, Juli 1982, S. 4
[287] Georg Elwert, Probleme der Ausländerintegration, a.a.O., S.6
[288] Vgl. ebd., S.6, 20

Pflege kultureller Traditionen eine viel größere Rolle in der Migrationssituation einnehmen.[289]

Anders als Georg Simmel, der zwar auch für eine erfolgreiche Integration die Separation voraussetzt, sieht er ganz in der Tradition der Chicagoer Schule die Einbindung der Individuen in die segregierte ethnische Gemeinschaft als eine wichtige Voraussetzung im Eingliederungsprozess. Der funktionale Zusammenhang zwischen Segregation und Gemeinschaftsbildung wurde von den Vertretern der Chicagoer Schule daher akzentuiert, weil sie die Urbanisierung mit der Auflösung von sozialer Kontrolle gleichsetzten, so dass erst durch die Einbindung in „natural areas" die gefährlichen Tendenzen der Individualisierung zu unterbinden und somit die Herstellung der soziale Ordnung zu gewährleisten sei. Für Simmel dagegen stellt diese Mitgliedschaft ein Hindernis für die Individualisierung dar, weil das Zusammenleben in der Großstadt nur durch Distanz und Gleichgültigkeit ihrer Bewohner funktioniere. Während also Simmel die Separation des Individuums für seine Integration voraussetzt, ist es für die Chicagoer Schule die Segregation von Gruppen.[290] In beiden Ansätzen werden jedoch „die Fremdheit und die Distanz der Individuen, die Unverträglichkeit, ja die wechselseitige Feindschaft der Heterogenen und die dennoch gegebene Möglichkeit der Koexistenz zu Charakteristika des Städtischen"[291], denen man nur mit Indifferenz und Segregation begegnen könne. Zugleich tritt in beiden Ansätzen der Optimismus hervor, dass eine systemische Integration in dieser frühen Phase der Großstadtbildung gelingen könne.[292]

Während die Städte im klassischen Einwanderungsland USA also viel früher ihre Erfahrungen mit Zuwanderung und der Expansion von Städten machten, wurde die Bundesrepublik erst im Rahmen der Arbeitsmigration nach dem Zweiten Weltkrieg mit dieser Frage konfrontiert. Zwar hatte es in der Vergangenheit auch Zuwanderungswellen (z.B. Ruhrpolen) erlebt, doch mit der Arbeitsmigration stieg nicht nur die Zahl der Migranten an, sondern auch ihre Heterogenität in der Stadt. Daher formulierte die offizielle Wohnungspolitik Deutschlands in den 1970er Jahren das Ziel der sozialen Mischung, um auf diesem Wege eine ethnische Konzentration und damit die Nachteile von „Ghetto-Bildungen" zu unterbinden. Doch relativ schnell hatte sich herausgestellt, dass in der Realität andere Mechanismen den Wohnungsmarkt bestimmten, über welche die Behörden auch nicht mit restriktiven Maßnahmen an Einfluss gewinnen bzw. diese kontrollieren konnten. So wurde beispielsweise für die Berliner Bezirke Kreuzberg, Tiergarten und Wedding, in denen im Zuge einer verfehlten Sanierungspolitik die räumliche Konzentration der türkischstämmigen Bevölkerung verstärkt zunahm, ab 1975 eine Zuzugssperre verhängt. Trotz dieser Maßnahme konnte der Zuzug der türkischstämmigen Bevölkerung bis Ende der 1980er nicht verhindert werden. Paradoxerweise ist die Zahl der türkischstämmigen Bewohner erst mit der formalen Aufhebung dieser Maßnahme im Jahre 1990 konstant geblieben und sogar

---

289 Vgl. Josef Kohlbacher/Ursula Reeger, Ethnische Segregation aus der Perspektive der Migranten – gruppenspezifische Einstellungen, Wahrnehmungen und Erfahrungen von Ausländern in Wien, in: Heinz Fassmann/Josef Kohlbacher/Ursula Reeger (Hrsg.), Zuwanderung und Segregation. Europäische Metropolen im Vergleich, Publikationsreihe des Bundesministeriums für Wissenschaft und Verkehr zum Forschungsschwerpunkt Fremdenfeindlichkeit, Bd. 7., Klagenfurt 2002, S. 240
290 Vgl. Hartmut Häußermann, Zuwanderung und die Zukunft der Stadt, a.a.O., S. 153ff
291 Siehe ebd. S. 156f.
292 Vgl. ebd. S. 172

3.1 Funktionaler Zusammenhang: Segregation und Gemeinschaftsbildung 73

leicht zurückgegangen.[293] Problematisch sind bei solchen ordnungspolitischen Maßnahmen zu bestimmen, ab welchem Segregationsgrad sich die Bevölkerungsgruppen wohlfühlen, davon profitieren bzw. darunter leiden. So kann beispielsweise für deutsche Bewohner die kritische Schwelle im Quartier schon an einem Punkt überschritten sein, an dem sich Migranten aufgrund der Auswahlmöglichkeiten sozialer Kontakte innerhalb der eigenen Ethnie beginnen sich wohlzufühlen. Ebenso haben ordnungspolitische Maßnahmen wie Zuzugssperren lediglich den Effekt, dass die Integrationsdefizite der Migranten aufgrund ihrer weiträumigeren Verteilung nur weniger sichtbar sind.[294]

Eine andere monierte Maßnahme zur Vermeidung von Segregation stellt in diesem Zusammenhang die Verteuerung der Wohnungen in den betroffenen Wohngebieten dar.[295] Mit diesen stadtteilbezogenen Strategien erreicht man höchstens die Ausbeutung der Bewohner durch die Vermieter und schaffe somit eine Situation, „in der einerseits die betroffenen Bewohner noch mehr unter Druck geraten, von der andererseits illegale Aktivitäten geradezu angezogen werden. Hauseigentümer, die nicht zu genau hinsehen, wer was in ihren Wohnungen macht, lassen sich diese Freiheit zur Illegalität gut bezahlen. Profitinteressen und die Versuchung, eine „schnelle Mark" zu machen, gehen daher häufig eine verhängnisvolle Verbindung ein: Überbelegte Wohnungen in verfallenden Häusern bieten Migranten ohne Aufenthaltsberechtigung vielleicht Schutz, doch werden sie aufgrund dieses Status geradezu in illegale Geschäfte gedrängt, die sie wiederum in die Hände organisierter Krimineller bringen können."[296]

Auch hohe Aufwertungen der betroffenen Wohngebiete würden lediglich einen Prozess der Gentrification zur Folge haben und damit den Wegzug sowohl der allochthonen als auch der autochthonen Bevölkerung erreichen.[297] Zudem werde in den Debatten nicht die Segregation der Reichen und Wohlhabenden thematisiert, dafür aber die Konzentration der Armut in benachteiligten Stadtteilen. Daher handele es sich beim Leitbild der „sozialen Mischung" um ein hochgradig normatives Konzept.[298] Schließlich wird auch kritisiert, dass das Postulat der Segregationsgegner auf einem verzerrten Gesellschaftsbild beruhe, wenn das christliche Abendland beschworen und der Glauben an eine gewachsene quasi-familial gezeichnete Gesellschaft mit einem homogenen sozio-kulturellen Kernbestand gelehrt werde.[299]

Häußermann und Oswald weisen daraufhin, dass das Dilemma der Stadtpolitik unter den bestehenden Rahmenbedingungen deutlich werde, wenn Diskriminierung systematisch produziert und zugleich die funktionierende Selbsthilfe der Migranten systematisch unterbunden wird. Meist erkenne man im nachhinein die wichtigen kulturellen und ökonomischen Potentiale im Kontext der Migration an.[300] „Eine zukunftsorientierte Stadt kann allerdings nicht nur in den Sonntagsbeilagen ihrer Tageszeitungen weltoffen sein. Zu den wich-

---

293 Vgl. Hans-Günter Kleff, Die Bevölkerung türkischer Herkunft in Berlin-Kreuzberg – eine Bestandsaufnahme, in: Forschungsinstitut der Friedrich-Ebert-Stiftung (Hrsg.), Ghettos oder ethnische Kolonien. Entwicklungschancen von Stadtteilen mit hohem Zuwandereranteil, Gesprächskreis Arbeit und Soziales, Nr. 85, Bonn 1998, S. 84f.
294 Vgl. Hartmut Häußermann/Ingrid Oswald, Zuwanderung und Stadtentwicklung, a.a.O., S. 22ff.
295 Vgl. ebd., S. 18
296 Siehe ebd., S. 18
297 Vgl. Michael Krummacher, Zusammenleben und interkulturelle Konflikte in Stadtteilen mit hohem Zuwandereranteil, a.a.O., S. 42
298 Erika Schulze, „Denn die großen Städte sind verlorene und aufgelöste ...", a.a.O., S. 123f.
299 Vgl. Wolf-Dietrich Bukow, Die multikulturelle Stadt, a.a.O., S. 442
300 Vgl. Hartmut Häußermann/Ingrid Oswald, Zuwanderung und Stadtentwicklung, a.a.O., S. 28

tigsten Elementen der Großstadtpolitik in Europa am Ende des 20. Jahrhunderts gehört, für Zuwanderer mit der Bereitstellung noch nicht ein für alle mal funktional definierter Räume das möglich zu machen, was im Englischen so schlicht heißt: Making a Living."[301]

Wie John Rex am Beispiel der Stadt Birmingham aufführt, sind solche wohnungspolitischen Maßnahmen zur Vermeidung von ethnischer Segregation auch in anderen europäischen Ländern wenig erfolgreich. Abgesehen von der diskriminierenden Komponente, seien diese Maßnahmen aus Gründen der wichtigen Eingliederungshilfen in Wohnvierteln mit einer ethnischen Infrastruktur für neueingewanderte Menschen nicht durchsetzbar. Ohne diese räumliche Konzentration wäre diese Schutz- und Unterstützungsfunktion nicht gegeben, so dass nicht nur die Migranten die Konsequenzen zu tragen hätten, sondern auch die Kommunen, da diese nun selbst die Versorgungs- und Unterstützungsleistungen der ethnischen Kolonie zu erbringen hätten.[302] Vor diesem Hintergrund formuliert Heckmann die ethnische Kolonie als erste Station der Neuankömmlinge. „Es ist nicht die Einwanderungsgesellschaft, in welchen die Zuwanderer kommen, sondern die Einwanderergesellschaft im Einwanderungsland. Die ethnische Kolonie als Einwanderergesellschaft reduziert somit den „Kulturschock" und kann Neuankommenden zugleich bestimmte „praktische", kognitive und emotive Anpassungshilfen geben."[303] Damit bedeutet es für den einzelnen Migranten, dass Verunsicherungen und Isolation verhindert und ihre Persönlichkeit stabilisiert werden. Zudem werde durch die Integration in die ethnische Gemeinschaft eine soziale Kontrolle auf ihre Mitglieder ausgeübt, um normverletzende bzw. abweichende Verhaltensweisen sowohl in der Migrantengruppe als auch in der Majorität zu unterbinden.[304]

Ein stabiles Selbstvertrauen und Selbstbewusstsein stellt auch für Georg Elwert im Hinblick auf die Auseinandersetzung mit einer fremden sozialen Umgebung eine wichtige Voraussetzung dar, deren Bildung und Erhaltung eher unter Menschen gleicher kultureller Identität, gleichem sozialen Status sowie gleichen vertrauten kulturellen Verhaltensmustern gelingen könne. Insbesondere in Situationen von Stigmatisierungen gewinne dieser Zusammenhang an Bedeutung. Diese emotionale Basis stellt für Elwert die erste wichtige Bedingung für die Wirksamkeit von Binnenintegration dar. Aus diesem Grunde bedeute Selbstbewusstsein auch immer kulturelle Identität und somit das Wissen über eine bestimmte Gruppenzugehörigkeit.[305] Auf der Basis einer stabilen Identität misst Elwert des Weiteren dem Alltagswissen über die gesellschaftlichen Funktionen (Umgang mit Behörden, Vermietern usw.) eine wichtige Rolle bei, unter der er nicht primär formales, sondern das praktische Wissen zuordnet. Dieses Wissen gewinne als Selbsthilfestruktur umso mehr an Bedeutung, je größer die kulturelle Differenz wie im Fall der Türken in Deutschland zur Aufnahmegesellschaft sei.[306]

Während also die Argumentationen für die ethnischen Kolonien ihre vielfältigen positiven Funktionen im Integrationsprozess hervorheben, wird die Idee der „sozialen Mischung" in Frage gestellt. Bei diesem Leitbild handele es sich vielmehr um eine Ideologie,

---

301 Vgl. ebd.
302 Vgl. John Rex, Multikulturalität als Normalität moderner Stadtgesellschaften. Betrachtungen zur sozialen und politischen Integration ethnischer Minderheiten, in: Wilhelm Heitmeyer/Rainer Dollase/Otto Backes (Hrsg.), Die Krise der Städte. Analysen zu den Folgen desintegrativer Stadtentwicklung für das ethnisch-kulturelle Zusammenleben, Frankfurt am Main 1998, S. 134f.
303 Friedrich Heckmann, Ethnische Kolonien, a.a.O., S. 35
304 Vgl. ebd., S. 35
305 Georg Elwert, Probleme der Ausländerintegration, a.a.O., S. 7
306 Vgl. ebd., S. 10

3.1 Funktionaler Zusammenhang: Segregation und Gemeinschaftsbildung

die dafür instrumentalisiert werde, um Minoritäten aufgrund ihrer Integrationsdefizite für ethnische und rassistische Konflikten verantwortlich zu machen.[307] Eine ethnische Konzentration müsse jedoch nicht zwangsläufig zu Integrationsdefiziten führen. Bezüglich der sprachlichen Assimilation belegt beispielsweise Hannes Alpheis, dass vielmehr die individuellen Variablen eine größere Rolle spielen.[308] Die ethnische Struktur des Wohngebietes dagegen habe keinen nennenswerten Einfluss auf die soziale Assimilation der türkischstämmigen Migranten.[309] Dies sei darauf zurückzuführen, dass individuelle Eigenschaften das inter- und intraethnische Kontaktverhalten bestimmten und nicht das ethnische Kriterium. Mit dem Vorurteil, die ethnischen Kolonie sei ein Wohngebiet mit dörflichen Strukturen, werde die Heterogenität und damit die unterschiedlichen Einstellungen der „Ausländer" verkannt. Da eben Einstellungen und Verhaltensweisen innerhalb einzelner Nationalitäten keine identische Struktur aufweisen, könne man aufgrund des Merkmals „Ausländer" keine Vorhersagen hinsichtlich der Eigenschaften und der Kontakte dieser Personen treffen. Daher biete sich unter diesem Gesichtspunkt an, „die zunehmende Urbanität (und Komplexität) der Lebenswelt und die interne Differenzierung ethnischer Gruppen als zwei Ursachen für das Fehlen kontextueller Effekte zu sehen, die in einen gemeinsamen Rahmen zu stellen sind."[310] Diesen Rahmen stellt das Konzept der „Kulturentwicklung" (Max Weber) oder der (Post-)Modernisierung dar, welche die Individualisierung und mithin die Freiheit von kontextuellen Zwängen bzw. (ökologischen) Bindungen zur Folge hat.[311]

Des Weiteren wird die Argumentation, die Koloniebildung schüre durch die räumliche Sichtbarkeit von Migranten Vorurteile in der Aufnahmegesellschaft, in Frage gestellt. Die Vorurteile gegenüber Einwanderern seien keine Probleme der Migrationssoziologie, sondern eher für die sozialstrukturelle Analyse der Gesamtgesellschaft. Während Elwert eine wechselseitige Kritik zwischen Subkultur und Aufnahmegesellschaft als etwas ganz normales betrachtet, zeichnet sich seiner Meinung nach ein Vorurteil durch seine Resistenz gegen Informationszufuhr aus. Wegen dieser Resistenz würden sich Vorurteile auch unabhängig vom realen Verhalten einer bestimmten Bevölkerungsgruppe etablieren, da sie durch die Probleme der Eingesessenen mit ihrem Selbstbild ausgelöst werden. Folglich seien die Einwanderer im Rahmen dieser Probleme der Gesamtgesellschaft austauschbar mit anderen gesellschaftlichen Gruppen.[312]

Auch der These, dass die emotionale Befriedigung in binnenintegrierte Gemeinschaften das Bedürfnis der Individuen hemmten, außerhalb der Community Kontakte herzustellen, wird das Argument entgegengehalten, dass gerade diese emotionale Sicherheit und mithin das Selbstvertrauen eine wichtige Voraussetzung für Kontakte zur Außenwelt darstellten. Zudem sei die Kontaktaufnahme zur Aufnahmegesellschaft auch von der ökonomi-

---

307 Jens S. Dangschat, Warum ziehen sich Gegensätze nicht an? Zu einer Mehrebenen-Theorie ethnischer und rassistischer Konflikte um den städtischen Raum, in: Wilhelm Heitmeyer/Rainer Dollase/Otto Backes (Hrsg.), Die Krise der Städte. Analysen zu den Folgen desintegrativer Stadtentwicklung für das ethnisch-kulturelle Zusammenleben, Frankfurt am Main 1998, S. 22
308 Vgl. Hannes Alpheis, Erschwert die ethnische Konzentration die Eingliederung?, in: Hartmut Esser/Jürgen Friedrichs (Hrsg.), Generation und Identität: theoretische und empirische Beiträge zur Migrationssoziologie, Opladen 1990, S. 147ff.
309 Ebd., S. 180
310 Siehe Hannes Alpheis, Erschwert die ethnische Konzentration die Eingliederung?, a.a.O., S. 181
311 Vgl. ebd., S. 181f.
312 Vgl. Georg Elwert, Probleme der Ausländerintegration, a.a.O., S. 22

schen Integration und der Notwendigkeit dazu bestimmt.[313] Einen ersten Schritt hierzu scheint die Bildung einer ethnischen Ökonomie zu leisten.

3.1.2 Ethnische Ökonomie: Baustein des gesamtgesellschaftlichen Wirtschaftsgefüges

Durch die Herauslösung der Migranten aus ihren sozialräumlichen Strukturen soll nach Ansicht der Segregationsgegner die Förderung der individuellen Integration und mithin die wirtschaftliche und kulturelle Eingliederung bzw. Assimilation erreicht werden. Doch wie Häußermann im Hinblick auf den wirtschaftlichen Aspekt der Eingliederung hinweist, erfolgt die Integration in den Arbeitsmarkt über kollektive Prozesse. Da für die Migranten nur in bestimmten Segmenten des Arbeitsmarktes Zugangsmöglichkeiten bestünden, seien sie erst recht auf die Informationen hinsichtlich der zugänglichen Märkte durch die Mitglieder ihrer eigenen ethnischen Gruppe angewiesen. Deshalb schaffe erst die Einbindung in die ethnische Gemeinschaft die Zugangsmöglichkeiten zu den sozialen Institutionen. Abgesehen davon zeige das Beispiel der Einwanderungsländer, in der gezielt Eingliederungshilfen organisiert werden, dass ihre Angleichung an den durchschnittlichen sozioökonomischen Status der Einheimischen frühestens nach einem Jahrzehnt erreicht werde. Diese Individualisierungsstrategie setze schließlich voraus, dass nach der Auflösung der Selbsthilfestrukturen ihre Integration in das sozialstaatliche Netz gewährleistet sein müsse. Dies sei aber keineswegs der Fall. Im Zuge der zunehmenden Arbeitslosigkeit und Wohnkosten und der stärkeren Zuwanderung und der finanziellen Miseren der öffentlichen Haushalte erschwere diese Entwicklung den Integrationsprozess.[314]

Aufgrund der hohen Arbeitslosigkeit, aber auch wegen der Diskriminierung und Benachteiligung der Migranten auf dem Arbeitsmarkt bekommt die ethnische Gemeinschaft ein größeres Gewicht. Gerade für die Migranten, die im Zuge der ökonomischen Umstrukturierungsprozesse ihre Erwerbsmöglichkeiten verloren haben, gewinnt die ethnische Kolonie mit ihrer sozialen und funktionalen Mischung an Bedeutung, da sie dort im Vergleich zu den funktionsarmen Großsiedlungen noch Möglichkeiten haben, aktiv ihre Lage zu beeinflussen und auf informelle Informationskanäle und ethnische Netzwerke zurückgreifen können.[315] Der Wohnort bietet zwar den Migranten Raum sich wirtschaftlich zu entfalten, aber um ökonomisch erfolgreich zu sein, muss sich die ethnische Ökonomie, wie an der Entwicklung des türkischen Unternehmertums in Deutschland deutlich wird, gegenüber der Aufnahmegesellschaft öffnen.

Zu Beginn der Migration der türkischen Arbeitnehmer nach Deutschland wollten die meisten nach einem drei- bis fünfjährigem Aufenthalt wieder in die Türkei zurückkehren, um dort ein eigenen Haus sowie ein Grundstück zu erwerben und sich selbständig zu machen. Dass sich für einen Teil der Migranten diese Zukunftspläne in Deutschland verwirklichen sollten, konnten weder die türkischstämmigen Migranten noch die Deutschen erah-

---

313 Vgl. ebd., S. 21
314 Vgl. Hartmut Häußermann, Zuwanderung und die Zukunft der Stadt, a.a.O., S. 148f.
315 Vgl. Hartmut Häußermann/Ingrid Oswald, Zuwanderung und Stadtentwicklung, a.a.O., S. 17

3.1 Funktionaler Zusammenhang: Segregation und Gemeinschaftsbildung

nen.[316] Allein die Investition und Geschäftsgründung wird daher als ein Indiz für die Niederlassung und als Integrationsaspekt begriffen.[317]

Während in der ersten Phase der Migration die türkischstämmigen Migranten hauptsächlich im Bereich der Nischen- und Ergänzungsökonomie tätig waren, bewirkten die Integration in das soziale Umfeld und die gesteigerten beruflichen Kompetenzen infolge längerer Aufenthaltsdauer und Geschäftstätigkeit eine Ausweitung in allen Wirtschaftssektoren der Bundesrepublik. Diese Expansion wird zudem durch die Kombination von ethnischen mit einheimischen Ressourcen gefördert. Durch diesen Integrationsprozess wandelt sich die innere Struktur der ethnischen Ökonomie vom rein ethnischen Marktsegment zur pluralistischen bzw. multikulturellen Wirtschaft. Aus den ehemaligen Arbeitsmigranten werden somit potentielle Arbeits- und Ausbildungsplatzanbieter.[318] Des Weiteren erschließen sich für die Unternehmer in der ethnischen Ökonomie durch Marktveränderungen, Entwicklungen im Konsumverhalten, neu auftretenden Lebensstilen sowie urbane Veränderungen neue berufliche Möglichkeiten.[319] Damit ist die ethnische Ökonomie keineswegs ein ökonomisches Ghetto und nur traditionellen Berufen verhaftet, sondern mit der deutschen Wirtschaft verflochten. Die wechselseitigen Verflechtungen zwischen türkischen und deutschen Unternehmen reichen dabei von Kunden- und Lieferantenbeziehungen bis hin zu deutsch-türkischen Unternehmenskooperationen.[320]

Ismail H. Yavuzcan zeigt in diesem Kontext, dass die Nischenökonomie am ehesten für türkische Migranten mit geringerer Aufenthaltsdauer eine größere Rolle spielt, insbesondere wenn die Primärsozialisation in der Türkei erfolgte. Für die Vergleichsgruppe der Iraner scheint aufgrund fehlender iranisch geprägter Wohngebiete die Nischenökonomie nicht dieselbe Relevanz zu genießen. Auch die in Deutschland geborenen türkischen Selbständigen orientieren sich eher am Markt außerhalb der eigenen ethnischen Nische.[321] Um sich von dem breiten Berufsspektrum in der ethnischen Ökonomie zu überzeugen, reicht ein Blick in den jährlich erscheinenden Branchenbuch „NRW-Rehberi", eine Art Gelbe Seiten für türkischstämmige Migranten, in der die Vielfalt der türkischen Geschäftswelt dokumentiert ist. Allein in Nordrhein-Westfalen stieg die Zahl der türkischstämmigen Selbständigen bereits bis zum Jahre 2002 auf 20.500 an. Das sind etwa 36,1% aller türkischstämmigen Selbständigen in der Bundesrepublik, die zugleich für 103.000 Menschen Arbeitsplätze zur Verfügung stellen.[322] Das jährliche Investitionsvolumen, der Gesamtumsatz sowie die Zahl der Beschäftigten in Tabelle 5 verdeutlichen, dass es sich längst nicht mehr nur um Familienbetriebe handelt:

---

316 Vgl. Andreas Goldberg/Faruk Şen, Türkische Unternehmer in Deutschland. Wirtschaftliche Aktivitäten einer Einwanderungsgesellschaft in einem komplexen Wirtschaftssystem, in: Hartmut Häußermann/Walter Siebel (Hrsg.), Zuwanderung und Stadtentwicklung, S. 64
317 Vgl. Fred Scholz, Räumliche Ausbreitung türkischer Wirtschaftsperspektiven in Berlin, in: B. Hofmeister (Hrsg.), Berlin. Beiträge zur Geographie eines Großstadtraums, Festschrift zum 45. Deutschen Geographentag in Berlin vom 30.9.- 2.10.1985, Berlin 1985, S. 285
318 Vgl. Andreas Goldberg/Faruk Şen, Türkische Unternehmer in Deutschland, a.a.O., S. 72ff.
319 Vgl. Edith Pichler, Migration, Community-Formierung und Ethnische Ökonomie, a.a.O., S. 156ff.
320 Zentrum für Türkeistudien, Die ökonomische Dimension der türkischen Selbständigen in Deutschland und in der Europäischen Union, ZfT Nr. 90, Essen 2001, S. 11
321 Vgl. Ismail H. Yavuzcan, Ethnische Ökonomie. Zur Ausformung ethnischen Unternehmertums von Türken und Iranern in personalen Beziehungen, Hamburg 2003, S. 153ff.
322 Vgl. Faruk Şen, Vorwort, in: Peker Werbeagentur (Hrsg.), NRW-İş rehberim (West). Altınsayfalar, Brühl 2004, S. 29ff.

Tabelle 5: Türkische Selbständige in Deutschland und in der EU

Indikatoren	Deutschland		EU	
	2000	2015	2000	2015
Zahl	59.500	120.000	80.600	160.000
Investitionsvolumen insgesamt (Mrd. €)	7,0	15,3	8,9	20,5
Jährlicher Gesamtumsatz (Mrd. DM)	28,5	66,5	34,8	86,9
Beschäftigung Insgesamt	327.000	720.000	419.000	960.000

Quelle: Zentrum für Türkeistudien, Die ökonomische Dimension der türkischen Selbständigen in Deutschland und in der Europäischen Union, a.a.O., S. 15

Für die Hauptstadt Berlin wird davon ausgegangen, dass sich bis zum Jahr 2010 die Zahl der türkischstämmigen Unternehmen verdoppeln wird. Bereits gegenwärtig sind in ca. 5.000 Unternehmen rund 20.000 Menschen in 90 Branchen beschäftigt. Forciert wird diese Entwicklung insbesondere durch Verbände wie die Türkisch – Deutsche Unternehmervereinigung oder MÜSIAD (Unabhängige Industrielle und Unternehmer), die nicht nur Beratungsarbeit für Existenzgründer sowie für bestehende Unternehmen leisten, sondern darüber hinaus für den Senat der Stadt Berlin als Ansprechpartner zur Seite stehen.[323]

Angesichts der wirtschaftlichen Komplexität der Städte gilt es abschließend zu konstatieren, dass die ethnische Ökonomie jeweils eine Teilökonomie der Städte bildet. Wie die anderen wirtschaftlichen Segmente auch, weist sie daher unterschiedliche Entwicklungspotentiale, Problemlagen sowie Gestaltungsmöglichkeiten auf.[324] Die Entstehung einer räumlich konzentrierten ethnischen Ökonomie weist zwar auch Problemlagen auf, aber sie ist in jedem Fall ein bedeutsames endogenes Potential. Sie findet ihre Bestätigung durch die wichtigen Investitionen in den benachteiligten Stadtteilen, Arbeitsplatzeffekten und Ausbildungspotentialen.[325]

3.1.3 Migrantenorganisationen: kulturelles Refugium und politischer „pressure-group"

Walter Siebel erkennt im Vergleich zur heutigen Situation der Zuwanderer mit den der Ruhrpolen drei wesentliche Unterschiede, die die Gefahr mit sich bringen, dass die zweite und dritte Generation der Migranten zusammen mit den deutschen Langzeitarbeitslosen beständig in ökonomischer, politischer und sozialer Exklusion leben könnten:

---

323 Vgl. Barbara John, Fremde – Die Baumeister des neuen Berlins, in: Klaus M. Schmals (Hrsg.), Migration und Stadt. Entwicklungen, Defizite, Potentiale. Opladen 2000, S. 265f.
324 Vgl. Dieter Läpple, Ökonomie der Stadt, a.a.O., S. 205
325 Michael Krummacher/Viktoria Waltz, Polarisierung der Stadt: Folgen und Perspektiven für Migration und Interkulturalität, in: ILS 2000 (Hrsg.), Stadt macht Zukunft. Neue Impulse für eine nachhaltige Infrastrukturpolitik, Dortmund 2001, S. 8

3.1 Funktionaler Zusammenhang: Segregation und Gemeinschaftsbildung

„1. Die Polen kamen in eine ‚leere Region', fast alle waren Zuwanderer, es gab keine etablierte Gesellschaft, das Ruhrgebiet bot in der Tat eine Schmelztiegelsituation. Heute dagegen wandern die Ausländer in große Städte mit fest strukturierten Wohnungsmärkten, in eine Gesellschaft mit vergleichsweise homogener Kultur und festgezerrten gesellschaftlichen Strukturen, die Anpassung erfordern. Obendrein bilden die heutigen Zuwanderer in den Städten nur kleine Minderheiten, die im Unterschied zu den Polen zahlenmäßig in ihrer Gemeinde kaum ins Gewicht fallen und schon allein deshalb kein politisches Gewicht haben.

2. Wie die Ruhrpolen auch, konzentrieren sich die Zuwanderer in bestimmten Branchen. Aber während die Polen in eine expandierende moderne Industrie kamen, konzentrieren sich die heutigen Zuwanderer in schrumpfenden altindustriellen Branchen, die ihnen langfristig schlechte Aussichten bieten auf dem wichtigsten Integrationsort, dem Arbeitsmarkt.

3. Ähnliches gilt auch für den Wohnungsmarkt. Die heutigen Zuwanderer filtern allmählich in die schlechtesten Segmente des Wohnungsmarktes, und ihre Segregation ist weit eher erzwungen als die der Polen es gewesen ist."[326]

Dass es heute keine marginalisierten Polen mehr gibt, begründet Siebel mit der zeitlichen Dimension (drei Generationen), mit den staatlichen Repressionen (Germanisierungspolitik, Unterdrückung durch Nationalsozialisten) und schließlich mit der großen Auswanderungswelle, die die oft skizzierte Erfolgsgeschichte in Frage stellt. Trotz der aufgeführten unterschiedlichen Bedingungen zieht Siebel positive Konsequenzen aus der Integrationsgeschichte der Polen für die gegenwärtige Integrationsdebatte, indem er die Bedeutung der Selbstorganisation der Polen unterstreicht, mit der sich eine Dialektik der Separation und Integration entfaltete. Erst durch die Gründung einer eigener Infrastruktur hätten die Ruhrpolen nicht nur eine Orientierungshilfe im Einwanderungsland erhalten, sondern dadurch auch die Durchsetzung eigener Interessen erreicht.[327] Zwar habe die soziale und kulturelle Bedeutung des ethnischen Milieus mit zunehmender Integration abgenommen, doch die Funktion der Einwandererorganisation als kulturelles Refugium und politischer pressure-group blieb bestehen.[328]

John Rex erkennt in den Verbänden der Migranten sozusagen einen Ersatz für gesplittene Großfamilien, die nach wie vor den Kern der Migrantengemeinschaften bilden, unabhängig von der räumlichen Distanz der Mitglieder zueinander. „Sie halfen den Menschen, ihre soziale Isolation und Einsamkeit zu überwinden; sie standen für bestimmte kulturelle Überzeugungen und Werte; sie erfüllten faktisch die Rolle von Gewerkschaften für die Arbeitnehmer unter den Migranten; und sie leisteten soziale und seelsorgerische Arbeit in ihren Gemeinden."[329] Das Ziel dieser Organisation bestand in der Erhaltung der Beziehungen zum Herkunftsland, in dem Einsatz für mehr soziale Gerechtigkeit sowie in der Betreuung der jüngeren Migranten. Die Migrantenorganisationen könnten nach Rex auch in individualistischen modernen Gesellschaften eine wichtige Funktion einnehmen, indem sie zwischen der Familie und dem Staat vermitteln und ihren Mitgliedern emotionale und psy-

---

[326] Vgl. Walter Siebel, Die Stadt und die Zuwanderer, in: Hartmut Häußermann/Ingrid Oswald, (Hrsg.), Zuwanderung und Stadtentwicklung. Leviathan, Sonderheft 17/1997, Opladen/Wiesbaden 1997, S. 37f.
[327] Vgl. ebd., S. 38f.
[328] Vgl. Ulrich Herbert, Geschichte der Ausländerpolitik in Deutschland, a.a.O., S. 197
[329] John Rex, Multikulturalität als Normalität moderner Stadtgesellschaften, a.a.O., S. 125

chologische Sicherheit bieten. Diese Organisationen könnten zudem das Fundament für kollektives Handeln im Kampf um mehr soziale Gerechtigkeit bieten. Durch ihr politisches und soziales Engagement könnten die Migrantenorganisationen schließlich auch zur Stärkung der Demokratie beitragen, anstatt eine Bedrohung für das System darzustellen.[330]

So kommen auch Jürgen Fijalkowski und Helmut Gillmeister in ihrer Untersuchung zur Funktion der ethnischen Organisation im Hinblick auf die Integration zu folgendem Fazit: „Ein Zusammenhang zwischen Resonanz des ethnischen Vereinslebens und ethnischer Segregation ist nicht erkennbar, im Gegenteil: Vereinsnähe geht zusammen mit besserer Sozialvernetzung, höherer Problemlösungsfähigkeit, besseren Zugang zum öffentlichen-politischen Leben in der Aufnahmegesellschaft."[331] Die Konstitution einer pressure group stellt für Elwert daher eine wesentliche Bedingung für die Wirksamkeit von Binnenintegration dar, da sie auf der Basis von Informationskanälen nicht nur Probleme und Interessen der Migranten spezifischer und systematischer formulieren könne, sondern auch pragmatischere Lösungen im politischen Diskurs erreiche sowie durch die interne Kohäsion der Gruppe eine größere politische Durchsetzungskraft besitze. In der unteren Abbildung fasst der Autor die potentielle integrative Leistung von Binnenintegration zusammen:

Abbildung 4: Wirksamkeit von Binnenintegration

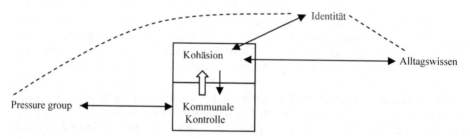

Quelle: Georg Elwert, Probleme der Ausländerintegration, a.a.O., S. 17

Die Kohäsion und die kommunale Kontrolle sind die Kernbegriffe im Modell, die in einer ungleichen Wechselwirkung zueinander stehen, da von der kommunalen Kontrolle eine stärkere Wirkung ausgeht. Die Kohäsion fördert die Vermittlung von Alltagswissen und die Herausbildung einer soziokulturellen Identität und wird wiederum im gleichen Maße von diesen beiden Faktoren beeinflusst. Auch stehen der Erfolg als pressure group und die Fähigkeit zur kommunalen Kontrolle in einer gleichmäßigen Interdependenz. Dagegen beeinflussen sich Alltagswissen, die Identität sowie pressure group nur indirekt und sind dementsprechend in ihrer Wechselwirkung schwach.[332]

Fijalkowski und Gillmeister sehen in der Offenheit der Majorität eine wesentliche Bedingung dafür, ob die ethnischen Eigenorganisationen in ihrer Schleusenfunktion zu einer Falle werden und somit zur einer segregierten Ghettoexistenz führen: „Risiken, daß sich Eigenorganisationen heterogener Zuwanderer aus Schleusen in Fallen verwandeln, finden

---

[330] Vgl. John Rex, Multikulturalität als Normalität moderner Stadtgesellschaften, a.a.O., S. 139
[331] Jürgen Fijalkowski/Helmut Gillmeister: Ausländervereine – ein Forschungsbericht. Über die Funktion von Eigenorganisationen für die Integration heterogener Zuwanderer in eine Aufnahmegesellschaft – am Beispiel Berlins. Reihe „Völkervielfalt und Minderheitenrechte in Europa", Band 5, Berlin 1997, S. 294
[332] Vgl. Georg Elwert, Probleme der Ausländerintegration, a.a.O., S. 17f.

3.2 Integration durch Desegregation: Die Nachteile der ethnischen Segregation

sich am ehesten dort, wo die Politik der Aufnahmegesellschaft die Inkorporation von Zuwandererliten in das eigene Interessenvermittlungssystem versäumt oder behindert, und diese Eliten bei der Klientel auf ein in der Dominanzkultur nicht verwendbares starkes Kulturkapital treffen, das sie mobilisieren können."[333] Ganz im Gegensatz zu den USA werden in der BRD trotz der Existenz verschiedener Einwandererorganisationen diese nicht in Entscheidungsvorbereitungen hinsichtlich der Migrationspolitik bzw. der Belange der Migranten einbezogen, sondern diese Verhandlungen finden ohne ihre Partizipation und ihre institutionelle Repräsentanz statt. Die Umgehung wurde wieder deutlich, als der ehemalige Bundesinnenminister Otto Schily für die „Unabhängige Kommission Zuwanderung" Mitglieder aus der Politik, Wissenschaft, den beiden großen Kirchen, den Zentralrat der Juden usw. einberief, aber Vertreter der Migrantenorganisationen, insbesondere aus den islamischen Organisationen, fehlten. Der Expertenkreis wurde später lediglich mit dem Unternehmer Vural Öger erweitert.[334] Beim „historischen" Integrationsgipfel im Bundeskanzleramt wurde zwar dagegen die „Türkisch-Islamische Union der Anstalt für Religion" (DITIB), eine vom türkischen Staat dirigierte Institution, eingeladen, doch erneut wurden die großen islamischen Dachverbände wie der Zentralrat der Muslime und der Islamrat umgangen. Angesichts der Tatsache, dass der Islam im Integrationsprozess der Migranten eine entscheidende Rolle spielt, ist diese Ignoranz der staatlichen Behörden kontraproduktiv.

Die Bedürfnisse der Migranten wurden bereits zu Beginn ihrer Einwanderung in die Bundesrepublik nicht ausreichend berücksichtigt. So wurde beispielsweise ihre Betreuung den Wohlfahrtsverbänden überlassen und nicht, wie eigentlich erforderlich, als Aufgabe des Staates wahrgenommen.[335] Daher wurde und wird die Betreuung der Migranten, wenn auch meist nur unzureichend, von den Migrantenorganisationen selbst übernommen. Um ihre Interessen stärker durchzusetzen, werden diese Organisationen auch zunehmend kommunalpolitisch aktiv. Durch die politischen Partizipationsmöglichkeiten dieser „pressure groups" ist eine gänzliche Beseitigung ihrer Diskriminierung zwar nicht zu erwarten, aber diese Aktivitäten könnten zur Bildung von Institutionen beitragen, die zur Artikulation der Probleme und Interessen der Migranten dienen. Vor dem Hintergrund, dass jede europäische Stadt ethnische Wohngebiete aufweist, müsste die Migrationspolitik stärker die Migrantenorganisationen berücksichtigen. Zum einen, um auch diejenigen Migranten zu erreichen, die aus allen gesellschaftlichen Institutionen exkludiert sind. Zum anderen den Prinzipien einer demokratischen Staats- und Gesellschaftsform willen, in der die Mündigkeit, Partizipation sowie Emanzipation ihrer Bürger eine wesentliche Voraussetzung und Garantie für das Funktionieren und Fortbestehen des demokratischen Systems darstellt.

3.2 Integration durch Desegregation: Die Nachteile der ethnischen Segregation

Die Zonierung und Gliederung der Stadt basiert im Modell von Burgess auf dem freien Wohnungsmarkt und auf sozialer Ungleichheit. Segregation wird als ein „natürlicher Ausleseprozess" verstanden, die keineswegs als eine Fehlentwicklung zu interpretieren ist. Die Entstehung sozialer, ethnischer und räumlicher Communities wird in diesem Zusammenhang

---

333 Jürgen Fijalkowski/Helmut Gillmeister, Ausländervereine – ein Forschungsbericht, a.a.O. S. 296f.
334 Vgl. Bernhard Santel, Einwanderungs- und Integrationspolitik in Deutschland und den USA, a.a.O., S. 193
335 Vgl. John Rex, Multikulturalität als Normalität moderner Stadtgesellschaften, a.a.O., S. 133

als Notwendigkeit zur Großstadtbildung und infolge von Zuwanderung zugleich zur Verhinderung von Desintegrationsprozessen betrachtet, da diese räumliche und soziale Separation für eine gewisse Zeit eine soziale Ordnung in diesen Räumen herstellt.[336] Während die soziale Segregation aber gewissermaßen als legitim und sozial erwünscht betrachtet wird, sieht es bei der Bewertung der ethnischen Segregation dagegen anders aus. Zwar erfülle die ethnische Segregation insbesondere für die erste Migrantengeneration eine wichtige Orientierungshilfe, doch langfristig müsse sie sich im Zuge des Assimilationsprozesses auflösen. Treffe dies nicht ein, so sei das ein Indiz für die Fehlfunktion von gesellschaftlichen Institutionen, für die die Ethnizität als selektierendes Gruppenmerkmal ihre Relevanz hat.[337]

Nachdem in den US-Debatten im Hinblick auf das Verhältnis zwischen dem Eigenen und den Anderen noch biologische und genetische Merkmale dominierten, war es vor allem das Verdienst von Robert Ezra Park, der eine Verschiebung von „Rasse" auf Kultur bzw. Ethnizität in den Sozialwissenschaften einleitete.[338] „Aus ‚Rasse' wurde ‚Ethnizität', aus genetischem Mangel Kulturdefizit."[339] Inspiriert wurde Park von dem Anthropologen Franz Boas, welcher „Rasse" primär als kulturelle Kategorie auffasste. Vor diesem Hintergrund und im Zuge der starken Zuwanderungswellen in den 1920er Jahren nahmen die Unterscheidung zwischen „primitiven" (ländlich, undemokratisch, ungebildet) und „komplexen" (modern, urban, demokratisch) Gesellschaften vor. Nur infolge einer individuellen Assimilation und mithin der Loslösung von einer partikularen Gruppenzugehörigkeit könne ein sozialer Status erlangt werden.[340] Wenn Park in diesem Sinne von Assimilation spricht, so meint er keineswegs eine kulturelle Anpassung an „eine bestimmte Idee vom ‚Amerikanischen', sondern lediglich die Umwandlung der angeblich vormodernen Gruppenbindung in eine private kulturelle Option, einen Lebensstil, was einen Schritt der ‚formalen' Anpassung bedeutete."[341] Damit sah Park die Differenz der Kultur der Vertreter der vormodernen Gesellschaft zu der der komplexen Gesellschaft sozusagen als ein reparables Defizit.[342]

Bezüglich der Organisation des Zusammenlebens mit den Einwanderern in den Metropolen formulierten Park und Burgess ihre Vorstellungen vom Integrationsprozess in dem Modell des „race-relation-cycle". Demnach durchlaufen die Migrantengruppen in einem Gebiet folgende zyklische Phasen, deren Endstadium zwangsläufig ihre Assimilation darstellt:

„1. „Contact"-Phase: Ethnische Gruppen, die durch Migration in einem Gebiet zusammenkommen, versuchen im Regelfall friedliche und klärende (exploratory) Kontakte untereinander aufzunehmen.

2. „Competition"- Phase: Sie treten in Wettbewerb um die knappen Ressourcen, wie Arbeitsplätze, Wohnungen, Kindergartenplätze usw..

---

336 Vgl. Heinz Fassmann, Zuwanderung und Segregation, in: ders./Josef Kohlbacher/Ursula Reeger (Hrsg.), Zuwanderung und Segregation. Europäische Metropolen im Vergleich, Publikationsreihe des Bundesministeriums für Wissenschaft und Verkehr zum Forschungsschwerpunkt Fremdenfeindlichkeit, Klagenfurt 2002, S. 16f.
337 Vgl. ebd., S. 18
338 Mark Terkessidis, Wir selbst sind die Anderen, a.a.O., S. 236
339 Ebd.
340 Vgl. ebd., S. 236f.
341 Siehe ebd., S. 237
342 Vgl. ebd., S. 238

3.2 Integration durch Desegregation: Die Nachteile der ethnischen Segregation

3. „Conflict"-Phase: Als Folge des Wettbewerbs treten Diskriminierungen, Auseinandersetzungen und Aufstände auf.

4. „Accommodation"-Phase: Die ethnischen Gruppen arrangieren sich zu einem „modus vivendi", indem sie jeweils für ihre Gruppe berufliche Nischen suchen, sich in gesonderte Gebiete zurückziehen und sich mit ihrem jeweiligen sozialen Status begnügen.

5. „Assimilation"-Phase: Durch die Vermischungen (interethnische Mischehen) verschwinden die ethnischen Unterschiede. An deren Stelle entsteht eine völlig neue Gesamtgruppe, in der ethnische Unterschiede nicht mehr erkennbar sind."[343]

Anders als die „Community"-Bildung im sozialökologischen Modell der Chicagoer Schule, in dem die Großstadtbevölkerung in überschaubare Einheiten gegliedert und die sozialen und kulturellen Differenzen hervorgehoben werden, akzentuieren die Segregationsgegner die Idee der „sozialen Mischung". Mit dieser Wohnpolitik sollen die ethnischen, aber auch sozialen Differenzen negiert und eine größere soziale Homogenität bewirkt werden, um die negativen Tendenzen in der Großstadt zu unterbinden.[344] Mit dem sozialpolitischen Konzept in der Stadtentwicklung wurde in Deutschland das Ziel verfolgt, die Wiederholung der Verhältnisse der Stadtentwicklung des 19. Jahrhunderts zu verhindern. Die Folgen dieser damaligen Wohnbedingungen wurden ganz im Sinne einer kulturpessimistischen Interpretation der Urbanisierung in der großen Mobilität (kurze Wohndauer) und dem „Durcheinanderwohnen" gesehen, die die Bildung von stabilen Familienstrukturen und Nachbarschaftsbeziehungen verhindere und zu Werteverfall und zur sozialer Desorganisation führe. Daher stellte eine Maßnahme die Verbesserung der Wohnqualität für die lohnabhängigen Stadtbewohner dar, die zugleich zu ihrer gesellschaftlichen Integration beitragen sollte.[345]

Im Zuge der Arbeitsmigration nach Europa hat die Idee der „sozialen Mischung" in Deutschland wieder an Aktualität gewonnen. Obwohl die ethnische Segregation nicht die selbe Dimension wie in den USA oder anderen europäischen Nachbarstaaten wie Frankreich aufweist, sah man bereits in den 1970er Jahren in der Konzentration der Migrantenbevölkerung ein wachsendes Problem, dem die Kommunalpolitiker nicht selten mit propagandistischer Aufwallung entgegentraten.[346] Angesichts der Konzentration von sozialen Problemlagen und möglichen (interkulturellen) Konflikten galten und gelten diese Wohngebiete nach wie vor als „soziale Brennpunkte". Segregation ist für ihre Gegner als Symptom und Ursache sozialer Desintegration zu verstehen, die deshalb zu vermeiden gilt.

Die Hauptlast bei der Bewältigung dieser Situation tragen heute die Städte, da sie einerseits die kontinuierlich wachsende Anzahl der Migranten integrieren müssen, aber andererseits infolge der ausländerrechtlichen Rahmenbedingungen keine Einwanderungspolitik ausüben können.[347] Zudem werden die Handlungsmöglichkeiten der Stadtpolitik durch die

---
343 Vgl. Petrus Han, Soziologie der Migration, a.a.O., S. 43f.
344 Vgl. Hartmut Häußermann/Ingrid Oswald, Zuwanderung und Stadtentwicklung, a.a.O., S. 14
345 Vgl. ebd., S. 12f.
346 Vgl. Hartmut Häußermann/Walter Siebel, Die Mühen der Differenzierung, in: Differenzierung des Städtischen, S. 29
347 Vgl. Hartmut Häußermann, Zuwanderung und die Zukunft der Stadt. Neue ethnisch-kulturelle Konflikte durch die Entstehung einer neuen sozialen „underclass"?, in: Wilhelm Heitmeyer/Rainer Dollase/Otto Backes (Hrsg.), Die Krise der Städte. Analysen zu den Folgen desintegrativer Stadtentwicklung für das ethnisch-kulturelle Zusammenleben, Frankfurt am Main 1998, S. 146f.

globalen Effekte sowie die gesamtgesellschaftlichen Trends (z.B. demographische Entwicklung, Arbeitslosigkeit, Sozialhilfebelastung durch abnehmende Steuereinnahmen) immer mehr eingegrenzt. Die bereits vorhanden Strukturen (z.B. hohe Migrantenquoten in bestimmten Wohngebieten) und der zunehmende Steuerungsverlust von Städten, in deren Folge auch die Entwicklung auf dem Wohnungsmarkt immer mehr in dem Marktmechanismus übernommen wird, erschweren angemessene Interventionen. Das Dilemma der Stadtpolitik wird dann deutlich, wenn die Migrantenzahlen in bestimmten Stadtteilen eine gewisse Dimension erreichen und die zuständigen Behörden Handlungsbedarf sehen. Zum einen, weil die räumliche Konzentration der Migranten geringere Anreize zum Erwerb der Sprache und der sonstigen Kulturtechniken des Aufnahmelandes und somit ihre Integration erschwert. Zum anderen aus Gründen der „Sozialverträglichkeit", da ihre sozialräumliche Verteilung weniger Anstöße für Stigmatisierungen und fremdenfeindliche Projektionen liefere.[348]

Ein Votum für Segregation käme daher der Verstärkung und Zementierung von Benachteiligung und der Entstehung von Parallelgesellschaften gleich. Dies würde den sozialen Gleichheitsgrundsätzen widersprechen und somit nicht im Interesse der Migranten stehen, sondern vielmehr im Interesse der authochthonen Etablierten und machtbewussten Eliten der Migranten. Deswegen wird gegen eine Segregationspolitik plädiert, um eine strukturelle Deprivation der Migranten und mögliche ethnisch-kulturelle Konflikte zu verhindern.[349] Eine ethnizitätsblinde Integrationspolitik wird gefordert, denn nur dadurch „lassen sich Vorbedingungen schaffen, dass Konflikte in Städten ‚entgemeinschaftet' werden, d.h. dass sie nicht als Identitätspolitiken ethnisch differenter Gruppen, als Auseinandersetzung um Territorien zwischen Alteingesessenen und Zugewanderten (wie lange sie auch immer dort sein mögen) oder als Kampf um religiöse Symbole im öffentlichen Raum definiert werden, die als Angriff auf „kollektive Substanzen" gelten, sondern mit individuellen Entscheidungen für oder gegen einen Wohnort, für oder gegen die Sicht- oder Hörbarkeit religiöser Symbole zu tun haben."[350] Im Folgenden sollen die Vorbehalte gegen eine ethnische Konzentration unter einigen ökonomischen, sozialen sowie politischen Gesichtspunkten diskutiert werden.

3.2.1 Ausbeutung und Diskriminierung: Die Ethnische Ökonomie als Mobilitätsfalle

Da gegen eine ethnische Konzentration meist dieselben Argumente aufgeführt werden, wie gegen die Segregation insgesamt, sind auch die Einwände bezüglich der wirtschaftlichen Nachteile dieser Wohnform meist dieselben. Ein häufiges Argument, das gegen die hohe Konzentration von Migranten dargelegt wird, ist der Verlust der Kaufkraft in den betroffenen Wohngebieten, der sich auf das privatwirtschaftliche Angebot an Waren und Dienstleistungen negativ auswirkt. Dies wiederum führe zum Verlust der Wohnqualität und zur selektiven Abwanderung der anderen sozialen Schichten.[351] Diese Abwanderung der meist deutschen Haushalte wirkt sich auch negativ auf die Boden- und Mietpreise aus, so dass die Hauseigentümer ihrerseits nicht mehr motiviert sind, in die Wohnungen zu investieren und

---

348 Vgl. ebd., S. 147f.
349 Vgl. Wilhelm Heitmeyer, Versagt die „Integrationsmaschine" Stadt?, a.a.O., S. 460ff.
350 Ebd., S. 460
351 Vgl. Hartmut Häußermann/Walter Siebel, Soziale Integration und ethnische Schichtung, a.a.O., S.43

3.2 Integration durch Desegregation: Die Nachteile der ethnischen Segregation

somit eine weitere Abwertung des Wohngebietes und weitere selektive Mobilität in Gang setzen.[352] Dagegen sind sozial gemischte Quartiere regenerationsfähiger, weil Bewohner bei beruflichem Aufstieg keinen Grund haben, wegzuziehen. Die Erhaltung der stabilen Sozialstruktur im Quartier animiert wiederum die Hauseigentümer zur kontinuierlichen Instandhaltung und Modernisierung ihres Bestandes.[353]

Abbildung 5: Prototypische Negativspiralen in benachteiligten multiethnischen Stadtteilen (Bsp. Altbauquartier)

Lokale Ökonomie und private Infrastrukturen
- Deinvestitionen in Produktion, Wohnbereich und Einzelhandel, massive lokale Arbeitsplatzverluste im Produktions- und Dienstleistungssektor;
- Kaufkraftverluste der Quartiersbevölkerung;
- teilweise Reinvestition von Migranten.

Wohnen und Wohnumfeld
- hohe Bewohnerdichte, wenig Frei-, Grün-, Spielflächen;
- baulich-räumliche Verfallstendenzen (Wohnen, öffentliche Plätze, Infrastruktur);
- z.T. schlechte Wohnbausubstanzen, Instandsetzungsrückstände, vereinzelt Aufwertungsspekulation;
- stark schrumpfender Sozialwohnungsanteil infolge auslaufender Sozialbindungen;
- ökologische Defizite (Dreck, Müll, Verkehrsbelastungen);
- Negativ-Image, hohe Mieterfluktuation, steigende Mieten.

Sozio-demografische und ökonomische Kettenreaktion
- Abwanderung von jungen, qualifizierten, kaufkräftigen Schichten in andere Stadtteile;
- Konzentration einkommensschwacher Familien und Empfänger von Transfereinkommen (Arme, arme Alte, Alleinerziehende, Arbeitslose, Ausländer ...);
- Weitere Kaufkraftverluste, Arbeitsverluste, fortgesetzter baulich-räumlicher Verfall ...).

Soziale Kontakte, interkulturelle Konflikte
- Familiale Netze und Nachbarschaftsnetze erudieren;
- Sozialräumliche Negativentwicklungen führen zur Konzentration von sozial und durchsetzungsschwachen Gruppen mit konkurrierenden Raumnutzungsansprüchen;
- soziale Konkurrenzen führen leicht zu sozialen und interkulturellen Konflikten der Unterprivilegierten untereinander.

Quelle: Michael Krummacher/Viktoria Waltz, Polarisierung der Stadt: Folgen und Perspektiven für Migration und Interkulturalität, a.a.O., S. 6f.

Darüber hinaus schränkt der Verlust der kaufkräftigen Bewohner die Möglichkeiten informeller Beschäftigung in haushaltsbezogenen Dienstleistungen ein, da mit dem Wegzug der gut situierten Haushalte auch die Nachfrage nach solchen Dienstleistungen verschwindet.[354] Schließlich hat der Bevölkerungsaustausch auch Auswirkungen auf das soziale Lernen im

---

352 Vgl. ebd.
353 Siehe ebd.
354 Vgl. ebd., S. 43f.

Wohngebiet, da es zu Verhaltensweisen führt, die von den Normen und Werten der Gesellschaft abweichen und somit die Chancen auf dem Arbeitsmarkt einschränken.[355]

Mit der Bevölkerungsfluktuation entsteht jedoch für die Migranten zugleich die Option neue Arbeitsmöglichkeiten im Wohngebiet zu schaffen. Da für einen Teil der Migranten individuelle Zugangsberechtigungen zum Arbeitsmarkt z.B. aufgrund entwerteter Qualifikationen erschwert sind, bleibt für die Betroffen meist nur die Möglichkeit in der ethnischen Nische eine Arbeit aufzunehmen. Aber auch in diesem begrenzten Segment stehen die Zugangsmöglichkeiten nicht für alle Migranten offen, weil primär Mitglieder des eigenen sozialen Netzes eingegliedert werden.[356] „Deren Fähigkeiten werden, solange sie verwertbar sind, zwangsläufig zu ‚ethnischen': einem Nicht-Italiener, der Pizza backen kann, nutzt diese Fertigkeit in einer Atmosphäre der ethnischen Konnotation von Arbeitsfeldern wenig oder er muß zum ‚Italiener' werden; einem Italiener gereicht sie zur Ressource."[357] Unter den Bedingungen der ökonomischen Zwänge, besonders mit der Berücksichtigung der steigenden Konkurrenz auf dem Arbeitsmarkt, in der die Segregation nach ethnischen Kriterien voranschreitet, wird die ethnische Zugehörigkeit hinsichtlich der gesellschaftlichen Partizipationsmöglichkeiten weiterhin ihre Relevanz behalten.[358]

Wie oben bereits dargestellt, beschränkt sich die Diskriminierung nicht nur auf den deutschen Arbeitsmarkt, sondern auch in der ethnischen Ökonomie werden Migranten, insbesondere Frauen, benachteiligt. Dennoch entscheiden sich viele für dieses Segment, weil sie das Betriebsklima in den ethnischen Betrieben der in den deutschen vorziehen.[359] Einerseits verhilft die ethnische Ökonomie vielen Migranten, überhaupt eine Anstellung zu finden. Andererseits können diese insbesondere durch ihre kleine Betriebsgrößen zu Mobilitätsfallen werden, da sie kaum Aufstiegschancen oder Weiterbildungsmöglichkeiten bieten. Eine Randerscheinung stellt zu dem die geringere Entlohnung und höhere Arbeitszeiten dar, besonders wenn am Rande des Existenzminimums gewirtschaftet wird.[360] Die langfristige Konsequenz dieser ökonomischen Segregation würde trotz der positiven Effekte wie etwa kulturelle Sicherheit die ethnische Schichtung in der Gesellschaft zementieren und die individuellen Chancen auf dem Arbeitsmarkt verschlechtern und somit zur Abnahme der sozialen Sicherheit führen.[361]

3.2.2 Ethnisch-kulturelle Konflikte und Desintegrationsdynamik

Ist erst einmal eine Konzentration der Migranten in einem Wohngebiet zustande gekommen und hat sich eine ethnische Infrastruktur von gesellschaftlichen Organisationen, Geschäften, sozialen und kulturellen Einrichtungen gebildet, so bestehe die Gefahr der Bildung einer Parallelgesellschaft. Denn die räumliche Konzentration ethnischer Gruppen erleichtere den Rückzug in die eigene ethnische Gemeinschaft.[362] Insbesondere wenn institutionelle Vollständigkeit einer ethnischen Kolonie vorherrsche und die Migranten daher keinen Bedarf

---

355 Vgl. Hartmut Häußermann, Die Krise der „sozialen Stadt", a.a.O., S. 19
356 Vgl. Hartmut Häußermann/Ingrid Oswald, Zuwanderung und Stadtentwicklung, a.a.O., S. 23f.
357 Ebd., S. 24
358 Vgl. ebd.
359 Vgl. Ismail H. Yavuzcan, Ethnische Ökonomie, a.a.O., S. 229ff.
360 Siehe ebd., S. 239
361 Vgl. Wilhelm Heitmeyer, Versagt die „Integrationsmaschine" Stadt?, a.a.O., S. 452
362 Vgl. Hartmut Häußermann/Walter Siebel, Soziale Integration und ethnische Schichtung, a.a.O., S. 44

3.2 Integration durch Desegregation: Die Nachteile der ethnischen Segregation

sähen, bei Problemen die Institutionen der Majorität zu frequentieren, könnten die interethnischen Interaktionen abnehmen.[363]

Hartmut Esser beleuchtet die Folgen der ethnischen Koloniebildung unter kulturellen, personalen sowie strukturellen Aspekten und geht kritisch mit der Elwert'schen These der Binnenintegration um. Bezüglich der kulturellen Folgen führt Esser zunächst die externen Folgen für die Kolonie auf. Diese sieht er insbesondere in der Zunahme der Stereotypen und Stigmatisierungen, die durch die räumliche Segregation und verstärkt durch die Akzentuierung der kulturellen Andersartigkeit entstehen können, da dies die bereits latent existenten askriptiven Distanzen auf Seiten der Majorität aktiviere. Vor allem könnten die deprivierten Einheimischen, die meist in Wohngebieten mit hoher Migrantenkonzentration leben, diese kulturelle Andersartigkeit als provozierende Bedrohung empfinden. Ihre Haltung gegenüber den Migranten würde aber die internen Folgen der ethnischen Koloniebildung nur noch verstärken, in dem die kollektive Organisation der Migranten sich erhöht und sich zudem Kohäsion und ethnisches Milieu herausbilden. Dieser Prozess der wechselseitigen Verstärkung von sozialer Distanzierung und kultureller Segmentation könnte dann die wechselseitige Offenheit beider Bevölkerungsgruppen für eine Interaktion immer mehr verringern.[364]

Im Hinblick auf die personale Integration der Migranten bewertet Esser die Folgen ethnischer Koloniebildung als ambivalent. „Einerseits schaffen ethnische Segmentationen auf Seiten der Mehrheitsangehörigen (als externe Folgen ethnischer Koloniebildung) deutliche askriptive Zuschreibungen, so dass in interethnischen Interaktionen sehr viel geschehen kann – nicht nur der Fall, der offene Verhältnisse häufig problematisch, aber dann auch chancenreich gestaltet, nämlich, daß der Typisierungs- und Etikettisierungsprozeß nicht von vorneherein in seinem Ergebnis feststeht. Anders gesagt: Zuschreibungen stabilisieren die personale Identität, dies aber häufig mit einer nicht gewünschten Inflexibilität und Ausgestaltung."[365] Andererseits weist er durchaus auf die Stabilisierung der Persönlichkeit in einem funktionierenden ethnischen Milieu hin, die insbesondere in der ersten Phase der Migration eine wichtige Funktion der Kolonie darstellen kann.[366]

In den strukturellen Folgen der ethnischen Koloniebildung sieht Esser sein Hauptargument gegen die These der gesamtgesellschaftlich integrierenden Wirkungen der Binnenintegration. In diesem Zusammenhang führt Esser zunächst die externen strukturellen Folgen auf, die er in Benachteiligungen im infrastrukturellen, im schulischen Bereich, beim Erwerb interethnischer Kommunikationsfertigkeiten sowie sonstiger relevanter Qualifikationen sieht. Diese Deprivation treffe dann ein, wenn ethnische Kolonien räumlich segregiert sind „und bei Fehlen von Kompensationen die Vermittlung von Qualifikationen und Chancen zu einer Integration im Bereich der Aufnahmekultur erschwert ist."[367] Sollten ein ethnisches Binnenmilieu und räumliche Segregation zusammentreffen, so hätte das Auswirkungen auf interethnische Freundschaften. Da in den Schulen der betroffenen Wohngebiete nur relativ geringe Opportunitäten zur Kontaktaufnahme bestünden, so würden eher ethnisch-homogene Freundschaftsstrukturen entstehen. Dies wiederum begünstige die Verstärkung des binnenethnischen Milieus und trage zugleich zu einem verzögerten Erwerb von inter-

---

363 Vgl. Hartmut Esser, Ethnische Kolonien: „Binnenintegration" oder gesellschaftliche Isolation?, a.a.O., S. 110
364 Vgl. ebd., S. 110f.
365 Hartmut Esser, Ethnische Kolonien, a.a.O., S. 111
366 Vgl. ebd., S. 111f.
367 Siehe ebd., S. 112

ethnisch bedeutsamen Qualifikationen bei. Eine andere strukturelle negative Folge trete im Falle einer gewissen Größe und institutionellen Vollständigkeit der ethnischen Kolonie auf, wenn diese zu einer Mobilitätsfalle werden. Dies trete dann ein, wenn beispielsweise Migranten sich für eine innerethnische Karriere entscheiden, weil sie sich darin eher einen Erfolg versprechen als in der Aufnahmegesellschaft.[368] Mit der Entscheidung zum Verbleib in der Migrantenkolonie werde aber die ethnische Schichtung stabilisiert, „ohne daß es offene Diskriminierungen oder ein die Ungleichheit legitimierendes Wertesystem geben müsse."[369] Eine strukturelle Eingliederung in die Aufnahmegesellschaft sei nur unter der Bedingung der Entfremdung von der ethnischen Kolonie möglich.[370]

Wegen der Funktion des Wohngebiets als Lern- und Erfahrungsraum, könnten die Nachteile des sozialen Lernens auch für die ethnische Segregation angeführt werden, weil ethnische und soziale Faktoren zusammentreffen. Durch die Konzentration von marginalisierten „Problemgruppen" sind insbesondere den Jugendlichen keine positiven Vorbilder und damit „normale" gesellschaftliche Rollen präsent, so dass das Erlernen von abweichenden Verhaltensweisen wahrscheinlicher wird. Andererseits kann die Arbeitslosigkeit die ohnehin kleinen sozialen Netze weiter einengen, weil mit dem beruflichen Ausscheiden auch Kontaktverluste entstehen (z.B. ehemalige Arbeitskollegen) oder die Betroffenen infolge materieller Einschränkung die Gesellschaft deren vermeiden, deren Lebensweise (Konsumverhalten) sie nicht (mehr) führen können. Wegen Selbstzweifeln und Resignation der Betroffenen wird ein Rückzug ins Private immer wahrscheinlicher. Mit der Meidung von Personen, die ein bestimmtes Konsumverhalten pflegen, werden zudem die sozialen Netzwerke nicht nur enger, sondern auch homogener. Es sind Menschen, die auch das gleiche „Schicksal" und die gleichen Probleme teilen. Durch die soziale Homogenität des Netzwerks werden zugleich die Informations- und Interaktionschancen der Betroffenen tangiert, da sich das soziale Handeln der Deprivierten nur auf ein belastetes Milieu konzentriert. Mit dem Verlust der integrierten Gruppen im Wohngebiet nimmt auch die soziale Stabilität ab.[371]

In seinen Ausführungen erkennt Esser durchaus auch die positiven Funktionen der ethnischen Kolonie wie die Stärkung des Selbstbewusstseins oder die subjektiven Handlungskompetenzen der Migranten an. Auch in der Herausbildung von pressure groups sieht er unter bestimmten Bedingungen eine Alternative zur Assimilation. Dennoch stellen sie für ihn keine langfristige Lösung dar: „Dieses liefe allerdings auf ein segmentär differenziertes, soziales, kulturelles und politisches gesamtgesellschaftliches System hinaus, das aufgrund anderer Probleme nicht unbedingt als dauerhafte ‚Lösung' angesehen werden kann. Dazu sei auf die notorische Instabilität von so genannten ‚pluralen Gesellschaften' (wie beispielsweise unter Systemen der Versäulung oder anderer Formen der Konsortialdemokratie) hingewiesen."[372]

Vor dem Hintergrund makrostruktureller Entwicklungen (Deindustrialisierung, Polarisierungen von Lebenslagen usw.), die die wichtigen Voraussetzungen für ein konfliktloses Zusammenleben im Urbanen wie den Zugang zu gesellschaftlichen Funktionssystemen (Arbeit, Bildung usw.), tangieren, scheint die ethnische Segmentation auf pessimistischere

---

368 Vgl. ebd., S. 112f.
369 Siehe Hartmut Esser, Ethnische Kolonien, a.a.O., S. 113
370 Vgl. ebd., S. 116
371 Vgl. Hartmut Häußermann, Die Krise der „sozialen Stadt", a.a.O., S. 20
372 Ebd., S. 114

3.2 Integration durch Desegregation: Die Nachteile der ethnischen Segregation 89

Prognosen zu schließen. Denn mit den gesellschaftlichen Desintegrationsprozessen erhöht sich die Wahrscheinlichkeit ethnisch-kultureller Konflikte, die durch eine strukturelle Segregation an zusätzlicher Brisanz gewinnen können.[373] Ein Problem stellen zunächst die kulturelle Heterogenität und das Konfliktpotential in diesen Milieus dar, die sich aus marginalisierten Einheimischen und noch nicht in die Aufnahmegesellschaft integrierten Migranten zusammensetzt. Denn mit der Zunahme der marginalisierten Bevölkerungsgruppen steigt auch ihre soziale Distanz zur übrigen Stadt, die zudem durch die räumliche Distanzierung noch eine Verstärkung erfährt.[374] Einerseits wächst die soziale und räumliche Distanz zu den Institutionen, Personen usw. außerhalb des eigenen Wohngebietes, andererseits sind innerhalb des Quartiers Entsolidarisierungstendenzen zu verzeichnen, die nicht durch eine gemeinsame Ideologie unterbunden werden. „Diese Subkultur wird nicht durch eine integrierende und richtungsweisende Theorie zusammengehalten, wie sie der Marxismus für die Arbeiterquartiere dargestellt hat."[375]

Ein funktionierendes und konfliktfreies multikulturelles Zusammenleben gelinge nur in wenigen Wohngebieten, wenn u.a. die hiesigen Bewohner aus alternativen Milieus stammten oder die Alteingesessenen geringe soziale Aufstiegserwartungen haben. Seien die einheimischen Bewohner dagegen selbst von den ökonomischen und sozialen Umstrukturierungsprozessen betroffen, falle die Toleranz und Akzeptanz gegenüber den Migrantengruppen sowie die Identifikation mit dem Stadtteil negativ aus, welche sich wiederum auf die Integrationsarbeit hemmend auswirke. Auf der anderen Seite bereiten die verweigerte Integration der Minorität seitens der Majorität und ihre ablehnende Haltung den Boden für ethnisch-kulturelle und rassistische Konflikte.[376] „Vor dem Hintergrund potentieller Skepsis gegenüber ‚dem Fremden' und einer bisweilen offenen Fremdenfeindlichkeit, die in allen Gesellschaften und (weitgehend) allen sozialen Milieus anzutreffen ist, einer Verunsicherung bezüglich der globalisierten ökonomischen Entwicklung, einer Unübersichtlichkeit sozialer Strukturierung und Positionierung und einer Politik, die sehr deutlich zwischen den Deutschen und den Nicht-Deutschen trennt, werden ethnisch-kulturelle und rassistisch strukturelle Konflikte in deutschen Städten zunehmen."[377]

Einige Grundlagen für eventuelle Konflikte in diesen Wohngebieten stelle die Konkurrenz um knappe Ressourcen und Positionen und um die Gültigkeit unterschiedlicher Wert- und Normkonzepte dar. Bezüglich ethnisch-kultureller Konflikte werden zudem die demographischen Prognosen für die deutschen Städte angeführt, nach der eine Gewichtsverschiebung in den Bevölkerungsrelationen zu erwarten sei.

---

373 Vgl. Wilhelm Heitmeyer, Versagt die „Integrationsmaschine" Stadt?, a.a.O., S. 443ff.
374 Hartmut Häußermann, Die Krise der „sozialen Stadt", a.a.O., S. 19
375 Ebd., S. 19
376 Vgl. Jens S. Dangschat, Warum ziehen sich Gegensätze nicht an? Zu einer Mehrebenen-Theorie ethnischer und rassistischer Konflikte um den städtischen Raum, in: Wilhelm Heitmeyer/Rainer Dollase/Otto Backes (Hrsg.), Die Krise der Städte. Analysen zu den Folgen desintegrativer Stadtentwicklung für das ethnisch-kulturelle Zusammenleben, Frankfurt am Main 1998, S. 21ff.
377 Jens S. Dangschat, Warum ziehen sich Gegensätze nicht an? a.a.O., S. 86

Tabelle 6: Demographische Veränderung in nordrhein-westfälischen Städten

	1992	2010
Duisburg	17,4	45,9
Remscheid	18,1	44,7
Köln	19,3	42,9
Gelsenkirchen	14,8	42,0
Düsseldorf	17,8	41,6
Wuppertal	17,2	40,9
Solingen	17,5	40,0
Nordrhein-Westfalen	11,9	31,5

(Die Ziffern geben %-Angaben der Anteil der 20-40jährigen ohne deutschen Pass an der gesamten Bevölkerung dieser Altersspanne wieder)
Quelle: Herwig Birg, in: Wilhelm Heitmeyer, Versagt die „Integrationsmaschine" Stadt?, a.a.O., S. 456

Es wird davon ausgegangen, dass die Zunahme der Migrantenpopulation parallel zu der Abnahme von Arbeitsplätzen und Wohnungen verlaufen wird, „so daß die z.T. jetzt schon sichtbar werdende Verarmung oder Desintegration von Teilen der zweiten und dritten Generation der Migranten in den Reproduktionskreislauf von sozialer Ungleichheit einmündet und deshalb absehbare Verfestigungen anzunehmen wären. (...) Damit würde die Hypothese gestärkt, dass die Desintegration der Stadtgesellschaft voranschreitet und

- Verteilungskonflikte (um Ressourcen und Sozialräume),
- Rangordnungskonflikte (um Positionen und Anerkennung),
- Regelkonflikte (um die Gültigkeit von Werten und Normen),

sich sehr viel deutlicher als bisher über Gruppen und Gemeinschaftsphänomene – quasi in Form von „Parallelgesellschaften" – ausdrücken."[378] Im Falle der Ethnisierung sozialer Konflikte oder in identitätsdrohenden Konflikten bestehe zudem eine erhöhte Eskalationsgefahr, da die Wahrscheinlichkeit der Vermittlung und Austragung von Aktivitäten nicht durch Individuen, sondern über Organisationen immer wahrscheinlicher werde.[379]

Gegen eine positive Binnenintegration wird auch entgegengehalten, dass die vorausgesetzte Homogenität in ethnischen Kolonien unter den Migranten in Wirklichkeit nicht gegeben sei. Ein Beispiel hierfür stellten die Konflikte innerhalb bzw. zwischen den Migrantengruppen dar, die jedoch verleugnet und somit das Bild der ethnischen Kolonie verzerrt werden.[380] Darüber hinaus werde in der Diskussion zur Verhinderung einer ethnischen Konzentration davon ausgegangen, die einheimische Bevölkerung sei in sich homogen. Das sei sie eben nicht, weil sie sich zum einen in verschiedenen Mikromilieus unterteile und zum anderen auch die sozialräumliche Segregation stark ausgeprägt ist, und schließlich

---

378 Wilhelm Heitmeyer, Versagt die „Integrationsmaschine" Stadt?, a.a.O., S. 456ff.
379 Vgl. ebd., S. 458
380 Ebd., S. 454

infolge dieser sozioökonomischen und soziokulturellen Neuorganisation des städtischen Raumes ebenso Konflikte zwischen den verschiedenen Gruppen einer Ethnie bestünden.[381]

3.2.3 Pressure group: Re-Ethnisierungs- und (Selbst-)Ausgrenzungsprozesse

Die Integrations- bzw. Desintegrationsprozesse der Migranten variieren zum einen mit der Offenheit bzw. Geschlossenheit der gesellschaftlichen Funktionssysteme, zum anderen „aber auch mit den dominierenden Community-Konzepten innerhalb der Migrantengruppen und ihrer jeweiligen Größe, d.h. wie sich Arbeitsmarkthindernisse verbinden mit Machtinteressen z.B. sich neu herausbildender Migranteneliten und den Chancen des Ausbaus einer eigenen Infrastruktur der Community."[382] Vor dem Hintergrund, dass jüngere Migranten infolge der verwehrten Systemintegration nur in ihrem ethnischen Segment Aufstiegsmöglichkeiten für sich wahrnehmen, könnten sie in neue Abhängigkeiten z.B. von religiösen oder politischen Organisationen geraten. Diese Abhängigkeiten wären dann brisant, wenn diese Gruppierungen und Organisationen aus gruppenspezifischem Eigeninteresse heraus die Desintegration und Schließungsprozesse nach innen fördern. Auf diesen Prozess weisen nach Wilhelm Heitmeyer beispielsweise die Entwicklungen von Stabilisierungs- und Formierungaktivitäten von lokalen Moscheevereinen mit einer fast vollständigen sozialen Infrastruktur hinweisen, die zur Entstehung von Subgesellschaften und damit zur Abnahme interethnischer Interaktionen beitragen.[383] Die Orientierung an den eigenethnischen Normen und Werten einerseits und die verwehrte systemische Integration andererseits könnten dann Spannungen erzeugen, „die durch die erzwungene oder bisweilen auch politisch gewollte Segregation eher verstärkt als abgefedert werden."[384]

Auch der religiöse Fundamentalismus scheint in dieser Parallelgesellschaft sehr „verlockend" für Migrantenjugendliche zu sein, der seinen Ausdruck in einem islamzentrierten Überlegenheitsanspruch und religiös fundierter Gewaltbereitschaft findet. Denn die Desintegration in die Gesamtgesellschaft würde die Hinwendung zu demokratie- und integrationsfeindlichen Orientierungsmustern und die Entwicklung einer muslimischen Parallelgesellschaft forcieren[385] und mithin eine wichtige Bedingung für eine positive Binnenintegration in Frage stellen: „Eine Binnenintegration trägt nur dann zur gesellschaftlichen Integration bei, wenn zugleich nicht das gesellschaftlich kontrollierte, politische, zentrale Gewaltmonopol und damit die Gewähr gewaltfreier Räume für die Gemeinschaft der Immigranten in Frage gestellt oder gänzlich eingestellt wird."[386] Das würde unter diesen Umständen nicht nur eine Einschränkung der Partizipationschancen der Migranten an den gesellschaftlichen Gütern bedeuten, sondern auch zu einer Bildung und Stabilisierung konkurrierender Normsysteme führen. Elwert exemplifiziert dies an der Mafia unter den Italo-Amerikanern oder an der Zurückhaltung von Polizeibeamten bei innertürkischen Angelegenheiten, wie etwa gewalttätigen Konflikten zwischen rechten und linken türkischen Gruppen.[387]

---
381 Vgl. Jens S. Dangschat, Warum ziehen sich Gegensätze nicht an?, a.a.O., S. 22f.
382 Siehe Wilhelm Heitmeyer, Versagt die „Integrationsmaschine" Stadt?, a.a.O., S. 448
383 Vgl. ebd., S. 452ff.
384 Siehe ebd., S. 453
385 Vgl. hierzu Wilhelm Heimeyer/Joachim Müller/Helmut Schröder, Verlockender Fundamentalismus. Türkische Jugendliche in Deutschland, Frankfurt am Main 1997
386 Georg Elwert, Probleme der Ausländerintegration, a.a.O., S. 13
387 Vgl. ebd., S. 13

In diesem Kontext wird auch der „Prozess der Retürkisierung" als kontraproduktive Gemeinschaftsbildungen genannt, in der sowohl extrem-nationalistische türkische Gruppen als auch religiöse Kulturzentren zugeordnet werden. Aufgrund der Produktion eines negativen Bildes könnte diese Gemeinschaftsbildung eine konstruktive Auseinandersetzung ihrer Mitglieder mit der Aufnahmegesellschaft verhindern.[388] Sollte dieser Ethnisierungsprozess die Voraussetzung der ethnischen Kolonie als ein lernfähiges System tangieren, so würde dies die ohnehin stattfindenden desintegrativen Tendenzen, die sich u.a. in abnehmender Sprachkompetenz, Zunahme von sozialer Entmischung, Zunahme von Kriminalität sowie die Hinwendung zur eigenen ethnisch strukturierten Gemeinschaft[389] zeigen, und die Entstehung von Parallelgesellschaften als Ausdruck einer fragmentierten Gesellschaft fördern. Aufgrund einer fehlenden Leitkultur als Wertekonsens würde diese Entwicklung ein beträchtliches Konfliktpotential mit sich bringen.[390]

Schon Park, der den Fremden in der Stadt als „marginal man" identifizierte, wies auf die Paradoxie der Ethnizität hin. Einerseits stärke die Ethnizität die identifikative Assimilation innerhalb der ethnischen Gruppen, anderseits behindere sie die Integration in die Gesamtgesellschaft, da sie zu einer hohen räumlichen Konzentration der Rassen und zur Segregation führe.[391] „Rassistische und ethnische Grenzen bleiben also sichtbar und sind von der Aufnahmegesellschaft wohl auch erwünscht. Damit wirken Ausgrenzungen sowohl innerhalb des Arbeits- als auch des Wohnungsmarktes fort, d.h., Segmentationen und Segregationen bleiben trotz der Ideologie des ‚meltingpot' bestehen."[392] Dies kann wiederum die (sub-)kulturellen Werte- und Einstellungsmuster sowie Verhaltensweisen stärken, die eine Integration in die Gesamtgesellschaft erschweren.[393]

---

388 Vgl. ebd., S. 16
389 Vgl. Stefan Luft, Die Dynamik der Desintegration. Zum Stand der Ausländerintegration in deutschen Großstädten, Hanns Seidel Stiftung, Akademie für Politik und Zeitgeschehen, aktuelle Analysen 29, München 2002
390 Vgl. Bassam Tibi, Leitkultur als Wertekonsens. Bilanz einer missglückten deutschen Debatte, Aus Politik und Zeitgeschichte, B1-2/2001, S. 26
391 Vgl. Jens S. Dangschat, Warum ziehen sich Gegensätze nicht an?, a.a.O., S. 37
392 Ebd., S. 43
393 Vgl. ebd., S. 60

4 Zwischenfazit

Durch die Internationalisierung werden die globalen Kommunikations- und Wirtschaftsbeziehungen erweitert und intensiviert. Einerseits entstehen dadurch neue Möglichkeiten (z.B. neue Arbeitssegmente), andererseits werden Armut und neue soziale Spaltungen produziert. So wie es Gewinner in diesen Prozess gibt, gibt es auch viele Verlierer. Die Entwicklungen auf globaler Ebene spiegeln sich zunehmend auf lokaler Ebene wieder. Deshalb gehörten die Pluralität in den Lebensstilen und Milieus, aber auch negative Konsequenzen wie soziale Polarisierungstendenzen und sozialräumliche Segregation längst zum Bild der europäischen Städte. Das weltweite Phänomen der Migration ist ebenfalls mit diesen globalen Entwicklungen eng verbunden. Wegen den ungleichen wirtschaftlichen, politischen, demographischen und kulturellen Entwicklungen zwischen den Ländern der so genannten „Ersten" und „Dritten" Welt und damit der Hoffnung der Migranten auf eine bessere Zukunft, aber auch durch den Bedarf der potentiellen Zielländer an Einwanderern (Demographie, Elitemigranten, Arbeitsmigranten), ist weiterhin mit gesteuerten und ungesteuerten Einwanderungsprozessen in beliebte Zielländer zu rechnen. Weder eine restriktive Einwanderungspolitik, noch präventive Maßnahmen in den Herkunftsländern scheinen aussichtsreich zu sein, die Migrationsströme zu verhindern.

In dem Zielland sind es die Städte, die diese neue Bevölkerungsgruppe aufnehmen. In den Städten sind es wiederum diejenigen Stadtteile mit einer bestimmten ethnischen Infrastruktur, die als Wohnort von den Zuwanderern gewählt werden. Bereits vorhandene soziale Netzwerke fungieren in diesem Kontext als erste Station in der Einwanderungsgesellschaft. Auch für Elitemigranten mit temporärem Aufenthalt könnte die Existenz ethnischer Wohngebiete durchaus bedeutend sein. Aber nicht nur für die neu migrierten Personen, sondern ebenso die länger ansässigen Migranten scheinen diesen Quartieren eine wichtige Bedeutung beizumessen. Davon zeugen die vielen ethnischen Wohnviertel in den europäischen Staaten, die trotz einer längeren Migrationsgeschichte immer noch bestehen.

Die Erfahrungen in der Stadtentwicklung mit ethnischer Segregation hat auch die Bundesrepublik nach dem 2. Weltkrieg machen müssen, nachdem die zunächst intendierte temporäre Arbeitsmigration (Rotationspolitik) aus wirtschaftlichen, sozialen und rechtlichen Gründen in eine permanente Migration mündete. Durch die Migrationswellen nach Deutschland hat die ethnisch-kulturelle Heterogenität in den deutschen Städten zugenommen. Die positiven Geburtenraten und die Familienzusammenführungen tragen dazu bei, dass die Zahl der Migranten in den Aufnahmeländern steigt. Doch nicht erst die Anwerbung und die Niederlassung der Arbeitsmigranten haben Deutschland zu einem Einwanderungsland werden lassen. Die zahlreichen Aussiedler, die bis zum heutigen Tage nach dem Abstammungsprinzip in das Land geholt wurden, belegen diese Einwanderungspolitik. Dessen ungeachtet ist die Einwanderung ein noch bis heute umstrittener Sachverhalt: „Aus der faktischen Einwanderung zu schließen, es müsse auch durch die Erklärung der Bundesrepublik Deutschland zum Einwanderungsland für die Zukunft rechtlich sanktioniert werden, was faktisch nicht verhindert werden konnte, ist ähnlich wie wenn man aus der massenhaften Steuerhinterziehung bei Zinseinkünften aus ausländischen Kapitalanlagen den Schluss ziehen wollte, die Bundesrepublik zum steuerfreien Land für Kapitaleinkünfte zu erklären."[394] Obwohl also einerseits die Einwanderung seitens der Bundesrepublik forciert wurde, ist andererseits immer noch ihre Verleugnung festzustellen. Eine negative Folge dieser Haltung ist, dass keine wirkliche Integrationspolitik verfolgt wurde. Vielmehr herrschte jahrelang eine Konzeptionslosigkeit und Paradoxie in der Ausländerpolitik.

So umstritten und widersprüchlich die Einwanderungspolitik ist, so auch die Bewertung ethnisch segregierter Wohngebiete. Es ist deutlich geworden, dass in der Segregations-Debatte kein Konsens besteht. Vielmehr trifft man auf eine polarisierte bzw. ideologisierte Diskussion, auf widersprüchliche Argumentationen. Auf der einen Seite wird die ethnische Kolonie als eine wichtige Voraussetzung für eine gesellschaftliche und politische Partizipation hervorgehoben. Auf der anderen Seite wird durch die Koloniebildung die Gefahr der Reproduktion von ökonomischer, sozialer und kultureller Distanz zur Mehrheitsgesellschaft erkannt. Die Wahrscheinlichkeit, dass die ethnische Kolonie kein Übergangsstadium darstelle, sondern zur Verfestigung von Marginalisierungs- und Ausgrenzungsprozessen führe, wird insbesondere durch die gegenwärtigen ökonomischen und sozialen Polarisierungstendenzen begründet. Infolge eingeschränkter sozialer Mobilität der Migranten laufe die ethnische Kolonie Gefahr, zu einem „Ghetto der Ausgeschlossenen", zu einer Parallelgesellschaft zu werden. Dagegen betonen die Argumente für eine ethnische Segregation, dass gerade wegen der strukturellen Benachteiligung in der Gesellschaft die ethnische Gemeinschaft eine wichtige Rolle einnehme. Bewertet man beiden Argumentationsstränge, so kann man nicht eindeutig für oder gegen eine räumliche Konzentration sprechen. Die Dichotomisierung integrativ versus segregativ in der Debatte zur ethnischen Segregation lässt sich zwar dadurch relativieren, in dem zwischen der kurzfristigen und langfristigen Wirkung der ethnischen Kolonie, d.h. also zwischen einer funktionalen und strukturellen Segregation differenziert wird.[395] Diese Perspektive schränkt aber die integrative Funktion der ethnischen Kolonie auf eine kurze Phase ein und schließt längerfristige positive Funktionen aus. Damit wird die ethnische Kolonie nur auf ihre Funktion als Neueinwanderhilfe, als Interimsraum reduziert.

Offenbar hängt aber die Beurteilung der ethnischen Kolonie auch davon ab, wie der Forscher bzw. Beobachter dieses soziologische Phänomen konstruiert. So wird am Beispiel der Bewertung der Globalisierung und der gesellschaftlichen Transformationsprozessen deutlich, dass zwar unter den Forschern weitgehend einen Konsens hinsichtlich der Analyse dieser Verhältnisse besteht, die Meinungen bei der Bewertung dieser Wandlungsprozesse aber auseinandergehen. Von einem traditionell-defensivem Standpunkt aus, werden die potentiellen Risiken und die desintegrativen Tendenzen des Modernisierungsprozesses hervorgehoben. Dagegen akzentuiert die postmodern-offensive Perspektive die potentiellen Chancen und den konstruktiven Umgang mit Krisen und Risiken und somit das funktionierende Miteinander.[396] Je nach Theorieperspektive werden also die Chancen oder die Risiken, die integrativen oder die desintegrativen Tendenzen in den Mittelpunkt gestellt. „Wenn man nach Auflösungsphänomenen sucht, findet man sie auch. Wenn man aber nach der

---

394 Kay Hailbronner zit.n. Stefan Luft, Die Dynamik der Desintegration, a.a.O., S. 17
395 Vgl. Hartmut Häußermann/Walter Siebel, Soziale Integration und ethnische Schichtung, a.a.O., S. 89
396 Vgl. Erol Yildiz, Metropolitane Gesellschaften im Zeichen der Globalisierung, in: Markus Ottersbach/ders (Hrsg.), Migration in der metropolitanen Gesellschaft. Zwischen Ethnisierung und globaler Neuorientierung Münster 2004, S. 21

Inklusionskraft der Gesellschaft fragt, wird man genauso fündig. (...) Die unterschiedlichen Wirklichkeitsmodelle, die aus unterschiedlichen Perspektiven entworfen werden, zeigen, dass ein wie auch immer vollständiges Bild beobachterabhängig ist und immer eine intellektuelle Konstruktion darstellt."[397]

Der perspektivische Entwurf der sozialen Wirklichkeit kann auch am Beispiel der Medien illustriert werden. Medien ermöglichen dem Rezipienten anhand von Sekundärerfahrung an Themen teilzunehmen, zu denen ihr der Zugang fehlt. Zugleich strukturieren sie mit zunehmender Quantität die Wahrnehmung dieser Dinge. Wegen dieser passiven Informationsaufnahme wird eine aktive Reflexion notwendiger, um verzerrte Vorstellungen zu vermeiden.[398] Denn Informationsvermittlung bedeutet meist Selektion, d.h., dass immer ein bestimmter Wirklichkeitsausschnitt gezeigt, andere Ausschnitte der Realität aber ausgeblendet werden. Durch diese Fokussierung werden permanent Wirklichkeiten konstruiert, „die nicht dem Erlebten entsprechen – auch wenn nur „Fakten" berichtet werden. Da wir uns alle an dem orientieren, was wir schon zu „wissen" meinen, ergibt sich unbemerkt eine Wiederholung derselben Ausschnitte, was den Eindruck von Authentizität noch verstärkt. Auf diese Weise entstehen Stereotype, die pars pro toto für die ganze Wahrheit gehalten werden."[399]

Ähnlich verhält es sich mit der ethnischen Segregation. Wenn man selektiv nach integrativen Tendenzen in der ethnischen Kolonie sucht, dann wird man das integrative Potential hervorheben. Hat der Forscher dagegen nur die desintegrativen Tendenzen im Fokus der Untersuchung, so wird er sie ebenfalls ausfindig machen können. Je nach Perspektive des Forschers wird somit ein Bild von der ethnischen Kolonie konstruiert. Für die Rezipienten, die nur anhand von Sekundärerfahrung am Innenleben der ethnischen Kolonien teilnehmen können, bedeutet diese selektive Vorgehensweise der Forscher, dass sie nur konstruierte und somit verzerrte Wirklichkeiten vermittelt bekommen. Die vorliegende empirische Untersuchung berücksichtigt daher beide Perspektiven, also sowohl ihre integrativen als auch ihre desintegrativen Tendenzen, um zum einen ein differenzierteres Bild dieser Wohngebiete zu vermitteln. Zum anderen versucht die Studie nachzuweisen, dass die ethnischen Kolonien über die kurzfristigen Wirkungen hinaus, längerfristige Funktionen für ihre Bewohner erfüllen. Exemplifiziert wird das Forschungsvorhaben an zwei Kristallisationspunkten der ethnischen Kolonie. Mit der Akzentuierung der integrativen Potentiale sollen vor allem Ansätze für Kooperationen und Integrationsmaßnahmen mit der Aufnahmegesellschaft aufgezeigt werden, um die Eigenschaft der ethnischen Kolonie als lernfähiges und offenes System zu stärken.

Die Betonung der desintegrativen Tendenzen soll dagegen dem Leser nicht nur die Ambivalenz der ethnischen Wohngebiete veranschaulichen, sondern auch den Sachverhalt, dass solche Phänomene innerhalb ethnischer Kolonien einer bestimmten sozialen Logik folgen und nicht allein mit „kulturellen Verhaltensmustern" zu erklären sind. Wie bei der Darstellung der ethnischen Ökonomie dargelegt wurde, kann man zum einen das wirtschaftliche Verhalten der Migranten mit dem „Kulturmodell" beschreiben. Dann tritt die Kultur des Herkunftslandes als Ursache für das wirtschaftliche Verhalten in den Vordergrund. Übertragen auf die ethnische Kolonie könnte man diesbezüglich die türkisch-

---

[397] Ebd., 21f.
[398] Vgl. Sabine Schiffer, Der Islam in deutschen Medien, in: Bundeszentrale für politische Bildung (Hrsg.), Muslime in Europa. Aus Politik und Zeitgeschichte, 20/2005, 17. Mai 2005, S. 23
[399] Siehe ebd., S. 24

religiösen Vereine anführen, die durch ihre Ideologien bzw. durch eine kulturelle Reproduktion der Normen und Werte aus dem Herkunftsland das Verhalten ihrer Mitglieder negativ beeinflussen können, in dem sie die Rückzugstendenzen forcieren und sich somit der Aufnahmegesellschaft verschließen. Die „Kultur" des Herkunftslandes wird somit zum Integrationshindernis.

Das Reaktionsmodell akzentuiert dagegen die politischen und rechtlichen Bedingungen für die wirtschaftlichen Aktivitäten der Migranten. Dadurch wird der Fokus auf die Rahmenbedingungen gerichtet, in denen die Handlungsmöglichkeiten der Migranten entweder beschränkt oder ausgeweitet werden können. Für die ethnische Kolonie bedeutet dieser entscheidende Perspektivenwechsel, dass nicht primär die kulturellen Faktoren, sondern eben diese Rahmenbedingungen für das Handeln der Bewohner und ihrer Institutionen bestimmend sind. Die Makroebene, die sich aus den globalen, nationalen sowie regionalen Entwicklungen bildet, stellt den entscheidenden Rahmen für das Leben bzw. für die Handlungsmöglichkeiten auf der Mikroebene dar. Es ist die lokale Ebene, in der sich die sozioökonomischen, soziokulturellen und die soziodemographischen Entwicklungen niederschlagen. Entsprechend der ungleichen sozialräumlichen Verteilung der Bevölkerungsgruppen unterschiedlicher sozialer und kultureller Herkunft in der Stadt treffen die Stadtbewohner daher auf unterschiedliche lokale Lebensbedingungen. Da ethnische Kolonien überwiegend in benachteiligten Stadtteilen entstehen, ist davon auszugehen, dass ihre Bewohner sich mit schwierigeren lokalen Bedingungen auseinandersetzen müssen.

Unter Berücksichtigung dieser Entwicklung stellt sich für die Forschung die Frage, wie sich die ethnische Kolonie unter den lokalen Bedingungen organisiert, entwickelt und verändert. Denn die gegenwärtigen Entwicklungen in den Städten (z.B. sozialräumliche Polarisierungen) und auf dem Wohnungsmarkt (Verringerung des sozialen Wohnungsbaus, Diskriminierung der Migranten usw.) lassen darauf schließen, dass sich die ethnischen Kolonien in den deutschen Städten kurz- bis mittelfristig nicht auflösen werden. Das Leitbild der sozialen Mischung scheint nach bisherigen Erfahrungen auch nicht durch ordnungspolitische Maßnahmen realisierbar zu sein, zumal dies weder aus demokratischen Gründen noch wegen den fehlenden Integrationsperspektiven für die Migranten sinnvoll erscheint. Daher liegt es nahe, den Fokus auf die verfügbaren Ressourcen in diesen Wohngebieten zu richten: „Ihre wirtschaftlichen, kulturellen und sozialen Potenziale sowie die von ihnen geschaffenen multikulturellen Infrastrukturen und Raumnutzungen sind herauszuarbeiten, um sie für den Stabilisierungs- und Erneuerungsprozess wirksam werden zu lassen."[400] Die desintegrativen Tendenzen in der Kolonie sind in diesem Kontext ebenfalls näher zu untersuchen, um nicht nur die Ursachen ihrer Entstehung und ihre Folgen für die Migranten, sondern ebenso den Umgang der ethnischen Institutionen und der Individuen mit dieser Herausforderung zu illustrieren. Die Forschungsergebnisse könnten Informationen sowohl zum Verständnis des Binnenlebens in den ethnischen Kolonien als auch zur Formulierung adäquater Interventions- und Kooperationsmaßnahmen beitragen.

---

400 Michael Krummacher, Zusammenleben und interkulturelle Konflikte in Stadtteilen mit hohem Zuwandereranteil, a.a.O., S. 44

5 Ziele, Vorgehensweisen und Methodik der Untersuchung

Loic Wacquant zeigt am amerikanischen Beispiel, wie mit negativen Begriffen und mit dem Anlegen von Mittelschichtskriterien, also mit normativen Gesichtspunkten, das Ghetto in Untersuchungen fälschlicherweise meistens als ein Ort der Desorganisation (Anomie, Moralverletzungen usw.) dargestellt wird. Verstehe man dagegen das Ghetto nicht als eine Ansammlung von „Pathologien", sondern als eine institutionelle Form, so gelange man zur Erkenntnis, dass die unterstellte soziale Desorganisation in diesen Wohngebieten nicht zutreffe. Wie er im Hinblick auf William Foote Whyte's Studie „Street corner society" verweist, kann das für Außenstehende als soziale Desorganisation aufgefasste Binnenleben in den Ghettos bei genauerer Betrachtung eine andere Form der sozialen Organisation, eine eigene soziale Logik darstellen. Das zeige die Notwendigkeit von Feldforschungen, welche aber in den letzten Jahrzehnten kaum in den US-Ghettos durchgeführt wurden.[401] Eine gründliche Analyse würde nämlich zeigen, „daß das Ghetto keineswegs desorganisiert, sondern nur nach anderen Prinzipien organisiert ist, und zwar als Folge eines einzigartigen Komplexes von strukturellen und strategischen Zwängen, die sich auf die rassisch markierten Enklaven der Stadt stärker als auf jeden anderen Abschnitt des amerikanischen Territoriums auswirken."[402] Hierzu zählt der Autor eine Reihe von Zwängen wie ökonomische Notwendigkeiten, materielle Deprivation, physische und soziale Verunsicherung, Rassenantipathie, Klassenvorurteile, symbolische Schandflecken, territoriale Stigmatisierung sowie bürokratische Gleichgültigkeit und verwaltungstechnische Inkompetenz auf, die in ihrem Zusammenspiel zu den genannten strukturellen und strategischen Zwängen führen.[403]

„Die Ghettobewohner müssen folglich als Handelnde erkannt und näher beschrieben werden, so dass ihre Gewohnheiten und Lebensformen nicht nur als Derivate von Zwängen auftauchen, die sich ‚automatisch' an den strukturellen Bedingungen ‚ablesen' lassen, sondern als das Produkt ihrer aktiven Auseinandersetzung mit den externen und internen sozialen Kräften, die ihre Welt durchkreuzen und formen."[404] Die soziale und kulturelle Distanz zwischen Forscher und Objekt, der Mangel an Feldforschungen und falsche Vorstellungen führen aber dazu, dass die örtliche soziale Rationalität der Formen sozialer Handlungen und Organisationsprinzipien von der Außensicht oft verkannt werden. Zudem weist Waqcuant daraufhin, dass viele Verhaltensweisen, die als „ghettospezifisch" interpretiert werden, ebenso bei anderen (Sub-)Proletariern wie beispielsweise in den Industriestädten Europas vorzufinden seien.[405] Daher sei es die Aufgabe der Soziologie, „die immanenten sozialen Zwänge, welche die Praktiken und Lebensformen der Ghettobewohner bestimmen, aufzudecken und nicht an der Herstellung eines neuen „städtischen Orientalismus" – im Sinne

---

401 Loic J.D. Wacquant, Drei irreführende Prämissen bei der Untersuchung der amerikanischen Ghettos, a.a.O., S. 200f.
402 Siehe ebd., S. 202
403 Vgl. ebd., S. 202
404 Ebd., S. 203
405 Vgl. ebd., S. 205

von Edward Saids Gebrauch dieses Begriffs – mitzuwirken, dessen Aushängeschild die ‚underclass' wäre."[406]

Auch Viktoria Waltz weist bei der Sozialraumanalyse von multiethnischen Stadtteilen auf die Bedeutung der Binnenperspektive hin. So müsse die Forschung vielmehr die Migranten zu Wort kommen lassen, um aus ihrer Lebenswelt heraus die Zeitschnitte im Sozialraum, die Selbsterfahrung und Bewertung von Defiziten, Potentialen sowie Wertverschiebungen zu erfassen. Diese Vorgehensweise, die auch in der Sprache der Migranten und auf der Grundlage ihrer Gewohnheiten im Stadtteil erfolgen könnte, könnte wesentlich zum Verständnis des Binnenlebens beitragen.[407] Vor diesem Hintergrund ist das Ziel der vorliegenden Feldforschung, das Innenleben der ethnischen Kolonie aus der Mikroperspektive heraus darzustellen. Der Fokus richtet sich auf die lokale Ebene und damit auf den alltäglichen Erfahrungsraum der türkischstämmigen Migranten. Denn erst mit dieser Binnenperspektive ist es möglich, die Aussagen der Wissenschaftler bzw. der Gesamtgesellschaft über die ethnische Kolonien durch Informationen, Bewertungen sowie Selbsterfahrungen und Bewertungen in der Sprache der anderen Experten, den Bewohnern des Wohngebiets selbst, zu ergänzen bzw. zu revidieren. Denn letztlich sind sie es, die in der ethnischen Kolonie leben und diese aktiv (mit-)gestalten.

5.1 Zentrale Forschungsfragen

Untersucht wurden die beiden Kristallisationspunkte des Stadtteils Hochfeld, die türkischen Moscheen und die Cafés, um die Entstehung, die Funktion und den Wandel der ethnischen Selbstorganisation in der Diaspora exemplarisch abzuhandeln. Hierbei ist ihre lebenspraktische Bedeutung im städtischen Alltag relevant, d.h. also nicht primär der historische oder religiöse bzw. ideologische Charakter der Einrichtungen. Dafür hätte eine diskursive Arbeit ausgereicht. Der Entwicklungsweg zweier ethnischer Institutionen in einem Stadtteil wird nachgezeichnet, um auf diesem Wege ihre Veränderungen unter den spezifischen lokalen Zwängen und deren Umgang mit diesen Herausforderungen im städtischen Alltag aufzuzeigen.

Für die empirische Untersuchung sind folgende forschungsleitende Fragestellungen bestimmend:

- Wann und unter welchen Bedingungen wurden die untersuchten Einrichtungen gegründet? Welche Funktion erfüllten sie im Quartier? Wie sah die Besucher-Struktur damals aus?
- Wie lässt sich die Struktur der untersuchten Einrichtungen heute beschreiben? Welche Funktionen erfüllen die ethnischen Einrichtungen gegenwärtig für die türkischstämmigen Bewohner in ihrem lebenspraktischen Alltag?
- In welchem Zusammenhang stehen ihre Funktionen zu makrostrukturellen (globalen, nationalen, lokalen) Prozessen? Wie organisieren sich die untersuchten Einrichtungen unter diesen strukturellen und sozialen Bedingungen? Welche Veränderungsprozesse

---

406 Siehe ebd., S. 206
407 Vgl. Viktoria Waltz, Sozialraumanalyse aus der Sicht sozial engagierter Raumplanung – am Beispiel Migration, in: Marlo Riege/Herbert Schubert (Hrsg.), Sozialraumanalyse. Grundlagen – Analysen – Praxis, Opladen 2002, S. 130

und Entwicklungen sind in den türkischen Einrichtungen im Vergleich zum Herkunftsland zu verzeichnen?
- Wie sind die integrativen und desintegrativen Tendenzen in der Kolonie unter der Berücksichtigung der lokalen Zwänge zu bewerten? Welche Bedeutung bzw. Folgen haben die Forschungsergebnisse für die türkischstämmigen Migranten und für die Gesamtgesellschaft?

5.2 Die Begründung der Erhebungsmethoden

Um dem Anspruch einer alltagsnahen Darstellung gerecht zu werden, wurde auf qualitativ ausgerichtete Methoden zurückgegriffen. Diese Forschungsweise ist für die ethnische Kolonie in besonderer Weise geeignet, weil es sich hier um ein Teilsystem der deutschen Gesellschaft handelt, dessen Innenleben für die meisten Gesellschaftsmitglieder kaum bekannt ist, obwohl die Migranten seit über vier Jahrzehnten in der Bundesrepublik leben. Davon zeugen die vielen Vorurteile und Pauschalisierungen in den Medien oder in der Bevölkerung, wenn beispielsweise immer noch von „Türken-Ghettos" die Rede ist. Diese Unkenntnis gilt im Übrigen auch für die deutschen Bewohner, die in Stadtteilen mit einem hohen Migrantenanteil wohnen, wobei die Kombination zwischen Unkenntnis bzw. Vorurteil einerseits, und räumlicher Nähe andererseits, besonders brisant sein dürfte. Deswegen wurde auch die Arbeit mit zahlreichen Zitaten geschmückt und ausreichend Raum für Beschreibungen gelassen, um dem Leser dieses Innenleben näher zu bringen.

Es mag sein, dass bei der Entscheidung für quantitative oder qualitative Forschungsmethoden ideologische Hintergründe des Forschers eine Rolle spielen. Fakt ist aber, dass qualitative Analyseverfahren oft unentbehrlich sind.[408] Diese sind besser geeignet, komplexe Vorgänge auf der Mikroebene zu ermitteln als quantitative Methoden, zumal der Forscher ein eher unbekanntes Terrain wie die ethnische Kolonie betritt. In diesem Zusammenhang weist Uwe Flick darauf hin, dass mit qualitativen Forschungen eher das Ziel der Ermittlung von subjekt- und situationsspezifischen Aussagen erreicht werden können.[409] Allein mit standardisierten Methoden, die für quantitative Untersuchungen charakteristisch sind, sei diese Zielstellung nicht zu realisieren, „da ihre Fragestellungen und Ergebnisse häufig nicht zuletzt zugunsten der Einhaltung methodischer Standards zu weit von Alltagsfragen und -problemen entfernt bleiben."[410] Daher wird in der qualitativen Forschung mit Fallstudien bzw. Stichproben in wesentlich kleineren Umfängen gearbeitet, aber dafür wird versucht, „stärker in die Tiefe zu gehen, die interviewten Personen ausführlich zu Wort kommen zu lassen und das gewonnene Material intensiver auszuwerten und nicht nur auf statistische Kennwerte zu verdichten."[411] Die dichten Beschreibungen und die Komplexität des qualitativ erhobenen Datenmaterials könnten zugleich Anreize für ergänzende, quantitative Studien liefern.

---

408 Vgl. Anselm L. Strauss, Grundlagen qualitativer Forschung. Datenanalyse und Theoriebildung in der empirischen soziologischen Forschung, 2. Auflage München 1998, S. 28
409 Vgl. Uwe Flick, Qualitative Forschung. Theorie, Methoden, Anwendung in Psychologie und Sozialwissenschaften, 5. Auflage Hamburg 1995, S. 10ff.
410 Ebd., S. 12
411 Siehe Andreas Diekmann, Empirische Sozialforschung. Grundlagen, Methoden, Anwendungen, 12. Auflage Hamburg 2004, S. 445

5.3 Die Beschreibung der Erhebungstechniken

Der methodische Schwerpunkt dieser Untersuchung liegt zum einen auf der teilnehmenden Beobachtung und zum anderen auf den zahlreichen Interviews mit den lokalen Akteuren in dem Duisburger Stadtteil Hochfeld. Ihr Verfasser verfügte im Vorfeld über Beziehungen zu Personen, die nicht nur über Informationen über den Stadtteil Hochfeld, sondern Hinweise auf weitere potentielle Gesprächspartner lieferten sowie erleichterten Zugang zum Feld ermöglichten.[412] Dieser erleichterte Zugang war insbesondere für die teilnehmende Beobachtung unabdingbar, da diese Erhebungstechnik zum Problem werden könnte, wenn der Forscher im Untersuchungsfeld nicht akzeptiert und als Störfaktor empfunden wird. Mit dieser Methode will der Forscher eine größtmögliche Nähe zu seinem Gegenstand erreichen, um die Innenperspektive der Alltagssituation zu erschließen. Besonders eignet sich diese Vorgehensweise in von außen nur schwer einsehbaren Untersuchungsbereichen, vor allem wenn diese in gewissen sozialen Situationen verankert sind.[413] „Die halb-standardisierte teilnehmende Beobachtung ist schließlich eine Methode, die sehr gut für explorative, hypothesengenerierende Fragestellungen geeignet ist, wenn es um die Strukturierung von Neuland geht."[414]

Dank der Weitervermittlung durch Schlüsselpersonen wurde auch der Zugang zu den illegalen Glücksspielorten arrangiert, so dass auch die diskreten Orte der ethnischen Kolonie für die Forschung gewonnen werden konnten. Denn: „Hätte William Foote Whyte nicht am Bowling Spiel von Docs Gang teilgenommen und die Bedeutung des Spielergebnisses entschlüsselt, wären ihm – und somit auch uns – wichtige Aspekte der Rangordnung in der Gruppe und damit zugleich die Prinzipien der Hierarchiebildung in ‚Cornerville' verborgen geblieben."[415] Die Eindrücke aus den teilnehmenden Beobachtungen wurden durch die zahlreichen qualitativen Interviews ergänzt. Der Einsatz dieser Methode bietet dem Forscher den Vorteil, dass in der qualitativen Forschung die Auswertungsverfahren von Text-Interpretationen weit entwickelt sind.[416] „Für die Beliebtheit des Interviews spielt auch eine wichtige Rolle, dass die Informationen in statu nascendi aufgezeichnet werden können, unverzerrt authentisch sind, intersubjektiv nachvollzogen und beliebig reproduziert werden können; dies sind Vorteile, die die teilnehmende Beobachtung eben nicht aufzuweisen hat."[417]

Die durchgeführten Interviews teilen sich in Lang- und Kurzinterviews auf, wobei letztere meist ungeplant entstanden. Da die Interviews oft in öffentlichen Orten durchgeführt wurden, regten sie andere Migranten zur Teilnahme an. Sofern es sich um Fokusgruppen handelte, gesellten sich einfach weitere Personen hinzu. Dies war insofern für den Forschungsprozess produktiv, da diese spontan hinzugekommenen Personen ergänzende In-

---

412 Vgl. hierzu Alexander Bogner/Wolfgang Menz, Expertenwissen und Forschungspraxis: die modernisierungstheoretische und die methodische Debatte um die Experten. Zur Einführung in ein unübersichtliches Problemfeld, in: Alexander Bogner/Beate Littig/Wolgang Menz, Das Experteninterview. Theorie, Methode, Anwendung, Opladen 2002, S. 7f.
413 Vgl. Philip Mayring, Einführung in die qualitative Sozialforschung, 3. Auflage Weinheim 1996, S. 62f.
414 Ebd., S. 63
415 Martin Kronauer, Die Aktualität von „community studies" für die soziologische Ungleichheitsforschung, SOFI-Mitteilungen Nr. 30, S. 136
416 Vgl. Siegfried Lamnek, Qualitative Sozialforschung. Band 2, Methoden und Techniken, 3. Auflage, Weinheim 1995, S. 35
417 Ebd.

5.3 Die Beschreibung der Erhebungstechniken

formationen lieferten, wenn beispielsweise die ausgewählten Interviewpartner sich an bestimmte Daten nicht erinnern oder diese nur lückenhaft darstellen konnten, d.h. also, dass sie nur zu einem thematischen Schwerpunkt befragt wurden.

Bei den durchgeführten Befragungen handelt es sich um so genannte leitfadengestützte Interviews, die sich durch ein relativ offenen und zugleich semi-strukturierten Fragekatalog auszeichnen. Einerseits räumt diese Struktur dem Befragten die Möglichkeit ein, eigene Schwerpunkte zu setzen und andererseits lassen sie den Interviewer/innen das Grundthema des Gesprächs bestimmen.[418] Anders als bei standardisierten Interviews, die durch ihr starres Festhalten an dem Fragekatalog und der vorgegeben Antwortkategorien die asymmetrische Kommunikation verschärfen, wird mit qualitativen Interviews eher die Situation eines Alltagsgespräches hergestellt und die Kommunikation zwischen Forscher und Interviewpartner gefördert.[419] Die asymmetrische Kommunikationssituation wird dadurch gemildert, indem den Interviewpartnern keine Antwortvorgaben präsentiert werden, so dass diese in ihrer Artikulation hinsichtlich ihrer Ansichten und Erfahrungen frei sind. Dadurch werden vom Befragten Aspekte aufgegriffen und erörtert, die vom Forscher zunächst nicht im Gesprächsleitfaden vorgesehen waren, sich aber letztlich für die Forschung als ergiebig herausstellen können.[420] Damit liegt das Ziel und der Vorteil dieser Leitfadengespräche darin, „daß durch die offene Gesprächsführung und die Erweiterung von Antwortspielräumen der Bezugsrahmen des Befragten bei der Fragebeantwortung mit erfaßt werden kann, um so einen Einblick in die Relevanzstrukturen und die Erfahrungsgründe des Befragten zu erlangen."[421]

Nach Otto Kruse hat die Wissenschaftlichkeit einen wichtigen Ausgangspunkt in Beschreibungen, die Vorgänge darstellen[422], mit denen „wahrnehmbare Eigenschaften eines Ereignisses, Objektes oder Vorgangs sprachlich abgebildet werden. Beschreiben schließt, genau genommen, Analysieren, Schlussfolgern, Abstrahieren, Interpretieren und Evaluieren aus."[423] Zwar wurden in diesem Kontext die lokalen Akteure durchgehend zitiert, und es wurde mit Beschreibungen gearbeitet, aber eben nicht ausschließlich. Vielfach wurden die empirischen Erkenntnisse mit korrespondierenden Erkenntnissen aus der Literatur und theoretischen Interpretationen verflochten, ohne dabei den empirischen und den „lebendigen" Charakter der Studie zu unterwandern. Mit anderen Worten wurde versucht, die Balance zwischen der eigenen Darstellung des Verfassers und der fremden Literatur zu halten, um somit keine allzu abstrakte bzw. keine allzu deskriptive Arbeit vorzulegen.

---

[418] Zur Vertiefung vgl. Pierre Bourdieu, Verstehen, in: ders. et. al., Das Elend der Welt. Zeugnisse und Diagnosen alltäglichen Leidens an der Gesellschaft, Konstanz 1997, S. 779ff.; Wolf-Dietrich Bukow u.a., Die multikulturelle Stadt. Von der Selbstverständlichkeit im städtischen Alltag, Opladen 2001, S. 107ff. sowie Susanne Spindler/Ugur Tekin, Biographieforschung als Methode der Rekonstruktion und Deutung von Lebensgeschichten, in: Wolf-Dietrich Bukow u.a., Ausgegrenzt, eingesperrt und abgeschoben. Migration und Jugendkriminalität, Opladen 2003, S. 91ff.
[419] Vgl. Siegfried Lamnek, Qualitative Sozialforschung, a.a.O., S. 40
[420] Vgl. Christel Hopf, Befragungsverfahren, in: Uwe Flick u.a. (Hrsg.), Handbuch Qualitative Sozialforschung. Grundlagen, Konzepte, Methoden und Anwendungen, 2. Auflage Weinheim 1995, S. 177
[421] Rainer Schnell/Paul B. Hill/Elke Esser, Methoden der empirischen Sozialforschung, 6. Auflage München 1999, S. 335
[422] Vgl. Otto Kruse, Keine Angst vor dem leeren Blatt. Ohne Schreibblockaden durchs Studium, 9. Auflage Frankfurt am Main 2003, S. 72
[423] Siehe ebd., S. 133

"Die Kultivierung des Spannungsverhältnisses von Erfahrungsnähe und intellektuellem Abstand wird zum Königsweg der Forschung."[424] Um diesen im Zitat ausgedrückten Spannungsverhältnis in der qualitativen Forschung zu kultivieren, wurden die Informationen aus den eigenen Erhebungen sowohl mit den beiden Betreuern der Arbeit als auch mit dem über zwei Jahrzehnte im Stadtteil aktiven Leiter des Vereins „Lebendiges Hochfeld", der zugleich Dozent[425] an der Gerhard-Mercator-Universität in Duisburg ist, erörtert. Durch kritische und anregende Gespräche in regelmäßigen Sitzungen wurde eine permanente Begleitung und Reflexion des Forschungsprozesses gewährleistet.

Tabelle 7: Methodensetting

Methoden	Ziele	Anzahl
1.		
Dokumentenanalysen	Vertiefung der bereits	11
Experteninterviews	vorhandenen Informationen;	6
Sozialraumbegehungen	Formulierung der Forschungsfrage	7
2.		
Teilnehm. Beobachtung	Datengewinnung, orientiert	31
Leitfadengest. Interviews	an forschungsrelevanten	
(Kurz- und Langinterviews)	Fragestellungen	83
3.		
Regelmäßige Sitzungen mit Experten	Reflexion der Forschungsergebnisse	18

5.4 Der Zugang zum Untersuchungsfeld

Im ersten Schritt des Forschungsprozesses wurde der Zugang zum Untersuchungsfeld auf der Basis einer Methoden-Kombination hergestellt. Allen voran unternahm der Verfasser im Vorfeld der Studie informierte Sozialraumbegehungen. Dabei ging es nicht darum, einen ersten Eindruck vom Stadtteil zu erhalten, da der Verfasser selbst in einem angrenzenden Wohngebiet lebt und den zu untersuchenden Stadtteil seit seiner Kindheit kennt sowie Beziehungen zu diversen Migranten-Einrichtungen und Bewohnern unterhält. Zudem arbeitete der Verfasser zwischen 1998 und 2000 in der städtischen Beratungsstelle für türkischstämmige Einwohner (Türk Danis) als Dolmetscher sowie Sozialberater, so dass er nicht nur mit den persönlichen Problemen (Aufenthaltsregelungen, Einbürgerungen, Wohnungsfragen, Probleme der Jugendlichen usw.) der Klienten vertraut wurde, sondern zugleich Beziehungen zu diesen Personen knüpfte, die er für die Forschung gewinnen konnte. Vertrauensbil-

---

424 Martin Kronauer, Die Aktualität von „community studies" für die soziologische Ungleichheitsforschung, SOFI-Mitteilungen Nr. 30, S. 136
425 Prof. Dr. Herbert Hübner

5.5 Auswahl und Beschreibung der Interviewpartner

dende Maßnahmen zur Kontaktherstellung waren somit nicht mehr erforderlich, weil Schlüsselpersonen die Begleitung in die Einrichtungen übernahmen und das Forschungsvorhaben vorstellten. Überdies konnten im Vorfeld der Untersuchung vielfältige Informationen über das Innenleben bezogen werden, die Wesentliches für die Formulierung der Zielsetzung des Forschungsvorhabens beisteuerten. Mit anderen Worten war der Stadtteil die „Bibliothek", welche die anregende „Literatur" zur Themenfindung zur Verfügung stellte.

Mit der oben genannten Konsultation (Sozialraumbegehungen, Interviews, Datenaustausch) des Experten sollten vielmehr die bis zur Studie gesammelten (Alltags-)Kenntnisse durch zahlreiche Informationen hinsichtlich historischer und aktueller Entwicklungen (z.B. aktuelle Maßnahmen, Konflikte usw.) vertieft werden. Um den gegenwärtigen Entwicklungsstand des Stadtteils nachzuvollziehen, waren zudem Recherchen im Stadtarchiv und in Bibliotheken zur Historie des Wohngebiets erforderlich. Dies wurde anhand von Dokumentenanalysen realisiert, da sich hierfür Quellen in Form von Zeitungsartikeln, Veröffentlichungen usw. anboten. Der Grundgedanke dieser Vorgehensweise liegt darin, dass der Forscher selbst keine Daten erheben muss, weil diese bereits in vielfältiger Form vorliegen.[426] Ergänzend sind Daten vom Duisburger Amt für Statistik, Stadtforschung und Europaangelegenheiten bezogen worden, um die Bevölkerungsentwicklung des Stadtteils nachzuzeichnen. Diese Vorinformationen waren für die Formulierungen des Gesprächsleitfaden sehr hilfreich.

5.5 Auswahl und Beschreibung der Interviewpartner

Überwiegend ist die so genannte 1. und 2. Generation männlicher türkischstämmiger Migranten befragt worden, wobei die Namen der Interviewpartner anonymisiert wurden. Je nach Person dauerten die Interviews zwischen 15 bis 90 Minuten. Das öffentliche Leben wird zwar nicht nur durch Männer allein bestimmt, doch einige Einrichtungen wie das Café sind nur diesem Geschlecht vorbehalten. Die Moscheen dagegen sind zwar keine reine Männergesellschaft, doch sowohl der Vorstand als auch die Freizeiträume werden eindeutig von Männern dominiert. Bei der Auswahl der Interviewpartner wurde dieser Sachverhalt berücksichtigt. Ansonsten gab es bei der Auswahl der Gesprächspartner keine besonderen Auswahlkriterien wie Bildungsstand, Alter usw. Wichtigstes Kriterium war, dass die Personen die untersuchten Einrichtungen frequentierten bzw. eine Mitgliedschaft aufwiesen und natürlich ein Interesse an der Forschung zeigten. Besonders hilfreich war die Vermittlung von besonders informativen Gesprächspartnern durch die oben erwähnten Schlüsselpersonen.

Der sozioökonomische Hintergrund der Befragten ist weitgehend homogen. Meist waren die Interviewpartner Familienväter, hatten ein geringes Bildungsniveau und waren von Beruf Arbeiter. Die meisten hatten zudem die türkische Staatsbürgerschaft. Die Interviews wurden zu einem großen Teil in türkischer Sprache durchgeführt. Oft kam es im Interviewverlauf auch vor, dass die jüngeren Gesprächspartner zwischen der türkischen und deutschen Sprache wechselten. Die türkischen Interviews bzw. Interviewpassagen mussten dementsprechend sinngemäß ins Deutsche übersetzt werden. Dabei kamen dem Verfasser der Arbeit seine Erfahrungen in der städtischen Beratungsstelle als Dolmetscher zugute.

---

426 Vgl. Philipp Mayring, Einführung in die qualitative Sozialforschung, a.a.O., S. 33

Überdies wurde bei den Übersetzungen ein staatlich anerkannter Dolmetscher[427] konsultiert, der selbst im untersuchten Stadtteil lebt und mehrere Jahre im untersuchten Wohngebiet für die Stadt Duisburg als Dolmetscher arbeitete.

5.6 Die Beschreibung der untersuchten Moscheen

Da die räumliche Konzentration von Migranten in benachteiligten Wohngebieten zu den wichtigsten Problemfeldern der lokalen Sozialpolitik gehört, ist eine differenziertere Betrachtung der dort vorhandenen Infrastruktur notwendig. Hierbei verdient gerade das Vereinsleben in den türkischen Moscheen eine besondere Aufmerksamkeit, weil diese als Migrantenorganisationen die höchsten Mitglieder- und Besucherzahlen in diesen benachteiligten Quartieren vorweisen. Zu diesem Zweck wurden für die vorliegende Untersuchung fünf türkisch-religiöse Einrichtungen des Stadtteils Hochfeld ausgewählt, die sich in der vom Verein Lebendiges Hochfeld herausgegeben Broschüre folgendermaßen selbst darstellen:[428]

1. Türkisch-Islamischer Kulturverein e.V. Muradiye Moschee

Ziel der Einrichtung:	Religiöse Erziehung sowie gute Kontakte zu allen guten Menschen und Nationen
Tätigkeitsbereich:	Gebete; Koranunterricht; Sozialer Treffpunkt für Kinder, Jugendliche und Erwachsene
Zielgruppen:	Menschen islamischen Glaubens
Mitgliederzahl[429]:	253
Gottesdienst am Freitag:	ca. 280

2. Verband der islamischen Kulturzentren e.V. Gemeinde Hochfeld

Ziel der Einrichtung:	Moschee
Tätigkeitsbereiche:	Für Muslime in Hochfeld und Umgebung bietet sich die Möglichkeit zu beten und den Koran zu lesen und zu lernen
Zielgruppen:	Menschen islamischen Glaubens
Mitgliederzahl:	196
Gottesdienst am Freitag:	ca. 200

---

427 Bei dem Dolmetscher handelt es sich um Herrn Murat Yilmaztürk.
428 Verein „Lebendiges Hochfeld e.V."(Hrsg.), Was ist los in Hochfeld?, Duisburg 2003, S. 96ff.
429 In der Regel hängen in den Moscheevereinen die Mitgliederlisten an den Pinnwänden aus. Sofern dies nicht der Fall war oder die Mitgliederlisten nicht aktuell waren, wurden die Daten seitens der Vorstandsmitglieder genannt bzw. ergänzt. Dabei ist zu bedenken, dass durch die Mitgliedschaft des Vaters bzw. Ehemannes, die ganze Familie in die Gemeinde eingebunden ist. Darüber hinaus gibt es nicht registrierte „freie Mitglieder", die freiwillig jährlich oder gelegentlich für den Verein spenden, weil sie die Moschee als Gebetsstätte nutzen bzw. ihre Kinder dort unterrichtet werden. Ihre Namen werden nicht in den Mitgliederlisten geführt.
Die Besucherzahlen an den Freitagsgebeten basieren auf eigenen Zählungen. Hierbei ist anzumerken, dass diese in der Winterzeit ermittelt worden sind. Da sich die Gebetszeiten nach dem Stand der Sonne richten, ändern sie sich in der Sommerzeit. Dadurch beginnt das Freitagsgebet im Sommer später, so dass auch mehr Kinder und Jugendliche (nach Schulende) dort anzutreffen sind.

3. Internationaler Treff e.V. Al-Takwa Moschee

Ziel der Einrichtung:	Soziale, religiöse und kulturelle Betreuung der Gemeinde
Tätigkeitsbereiche:	Nachhilfeunterricht; deutschsprachige Islamkurse für Kinder und Jugendliche; Seminare für Erwachsene; religiöse Vorträge in deutscher Sprache; Computerkurse, Versammlungen im Ramadan und in anderen Zeiten mit Essen; Treffpunkt für Mädchen und Jungen zur Freizeitgestaltung
Zielgruppen:	Muslime
Mitgliederzahl:	30
Gottesdienst am Freitag:	ca. 65

4. Islamische Gemeinde Duisburg e.V.

Ziel der Einrichtung:	- die sozialen und religiösen Bedürfnisse der Muslime erfüllen wie z.B. Freitagsgebet - Unterweisung der Kinder in Sachen Religion - Dialogarbeit zwischen den verschiedenen kulturellen Einrichtung ihrer Umgebung
Tätigkeitsbereich:	- Beratung in diversen sozialen Sachen - Dialogarbeit - Frauen und Familienberatung u.v.a.m.
Mitgliederzahl:	160
Gottesdienst am Freitag:	ca. 210

5. Kultur Dialog e.V. „Dergah"

Ziel der Einrichtung:	Erziehung der Eltern und Kinder; Dialogförderung mit der deutschen Gesellschaft
Tätigkeitsbereich:	- Hausaufgabenhilfe - Fußballmannschaft - Konferenzen (1 Mal im Monat) - Billardturniere für Jugendliche - Korankurse für Erwachsene und Kinder
Mitgliederzahl:	80
Gottesdienst am Freitag:	Keine Freitagsmoschee

5.7 Die Beschreibung der untersuchten Cafés

Neben diesen religiösen Einrichtungen wurden auch die türkischen Cafés im Quartier untersucht. Die Idee dazu entstand im Café selbst. Aufgrund von Gesprächen mit Personen und Bekannten, zu denen bereits Kontakte bestanden, kamen interessante Informationen über die Zusammensetzung und die Vorgänge in diesen Einrichtungen zusammen. Diese Vorinformationen machten bereits deutlich, dass diese Orte für die Erforschung der ethnischen Kolonie besonders geeignet waren, da sie sich hinsichtlich des Innenlebens als besonders aussagekräftig herausstellten. Für Außenstehende – in diese Kategorie gehören ebenso türkischstämmige Bewohner, die keine Cafégänger sind – ist das Innenleben in diesen „Vereinen" größtenteils unbekannt. Hieraus entstand das Interesse an dieser Forschung, einen von außen nicht einsehbaren sozialen Raum des ethnischen Selbstversorgungssystems zu beleuchten.

Es hat also nicht jeder Bewohner Kenntnisse über die Vorgänge in diesen Lokalen, da es sich bei den Cafébesuchern um ein eigenes Milieu im Wohngebiet handelt. Unter Milieus versteht Hradil solche Personengruppen, „die sich in bestimmten („objektiven") Lagen befinden und bestimmte („subjektive") Orientierungen, Werthaltungen, Erfahrungen, Standards etc. aufweisen, welche in ihrem alltäglichen Zusammenwirken gegebenen Strukturbedingungen sozialer Ungleichheit ihre Bedeutung für das Leben und Verhalten dieser Personen zuweisen."[430] Dabei kann die räumliche Nähe für die im persönlichen Kontakt stehenden „Mikromilieus" milieufördernd wirken.[431] Das Café-Milieu umfasst jedoch eine sehr vielfältige Anzahl von türkischstämmigen Kunden mit divergierenden Normen und Werten, so dass eine exakte Abgrenzung zwischen den verschiedenen Personen und Personengruppen innerhalb des Milieus sich als schwierig erweist. Denn nicht nur zwischen den einzelnen Cafés sind Unterschiede bzw. Gegensätze zu verzeichnen, sondern auch unter den Kunden eines Stammlokals. Zum Teil sind bei einzelnen Cafébesuchern widersprüchliche Wertekombinationen festzumachen, wenn beispielsweise gewisse traditionell-konservative Werte (Religiosität, „Ehrenkodex" usw.) verteidigt werden, aber zugleich eine entgegengesetzte Lebensweise (z.B. Aufsuchen von Prostituierten) geführt wird.

Im Wohngebiet wird die Gesamtheit der Cafébesucher als ein eigenständiges Milieu betrachtet. Von den türkischstämmigen Bewohnern, die keine Cafégänger sind, werden sie ohne Rücksicht auf die Binnendifferenzen als „Kahveci" bezeichnet, was soviel wie „Cafégänger" bedeutet. Die wesentlichen Gemeinsamkeiten der „Kahveci" sind ihre objektive Lebenslage (Arbeiter, Erwerbslose), eine eher traditionelle Orientierung (trotz widersprüchlicher Wertekombinationen), relativ geringe Kontakte zur Majorität und vor allem ihre regelmäßigen Besuche der Lokale.

Im Vorfeld dieser Untersuchung wurden zunächst detailliertere Kenntnisse über die verschiedenen Cafés gesammelt. Aufgrund der aufgenommenen Kontakte zu Personen aus der Café-Szene fanden Vorgespräche statt. Auf der Basis dieser Informationen erfolgte das weitere Vorgehen. Dies erleichterte die weiteren Forschungsschritte, da die genannten Personen die Begleitung in die Lokale übernahmen und das Forschungsvorhaben vorstellten. In diesem Kontext wurden folgende Cafés[432] untersucht:

---

430 Stefan Hradil zitiert nach Ulfert Herlyn/Ulrich Lakemann/Barbara Lettko: Armut und Milieu. Benachteiligte Bewohner in großstädtischen Quartieren, Basel/Boston/Berlin 1991, S. 27
431 Vgl. ebd., S. 28f.
432 Alle Namen der untersuchten Cafès wurden anonymisiert.

5.7 Die Beschreibung der untersuchten Cafés

1. Café Istanbul:	Die Besucher dieses Cafés sind überwiegend Rentner oder ältere Personen (ab ca. 40 Jahre), die noch in einem Arbeitsverhältnis stehen. Es sind meist sunnitische Türken, die dieses Café besuchen, jedoch weist es keinen religiösen Charakter auf. Vereinzelt sind Personen jüngeren Alters anzutreffen.
Besucher pro Tag:	ca. 40[433]
2. Café W.-Thrakien:	Dieses Café ist ein beliebter Treffpunkt der West-Thrakientürken, die zum großen Teil im Stadtteil wohnen. Es ist das einzige Lokal dieser eigenständigen Gruppe im Stadtteil. Jugendliche, Personen mittleren und höheren Alters gehören zur Stammkundschaft. Personen, die aus der Türkei stammen, sind hier nicht vorzufinden. Das Café spiegelt hinsichtlich der Altersstruktur und der intensiven Beziehungen unter den Besuchern die Verhältnisse des ersten Cafés aus den 1970er Jahren wieder.
Besucher pro Tag:	ca. 50
3. Café Stadyum:	In diesem Café finden sich die Fußballfans zusammen. Das Café wird überwiegend von Jugendlichen und Heranwachsenden besucht. Sowohl türkische als auch kurdische Sunniten gehören zur Kundschaft. Nach außen hin gibt man sich als ein Sport-Café aus. Unterschiede nach Herkunftsregion spielen hier keine Rolle.
Besucher pro Tag:	ca. 40
4. Raşit´s Café/ 5. Café Antalya	Raşit´s Café und das Café Antalya besuchen eher sunnitische, überwiegend türkische Personen mittleren Alters. Die Besucher in den beiden Cafés gehen auch in das jeweils andere Café.
Besucher pro Tag:	ca. 40
6. Café Konya:	Das Café Konya zeichnet sich durch seinen religiösen Charakter aus. Die Altersstruktur ist sehr gemischt. Es ist auch das einzige Café, das einen Gebetsraum hat. Es sollte jedoch nicht mit den Teestuben verwechselt werden, die man in jedem Moscheeverein auffindet. Die Besucher des Cafés bezeichnen sich zwar als religiös, aber auch nicht-praktizierende Gläubige besuchen das Lokal.
Besucher pro Tag:	ca. 30
7. Café Barış:	In diesem Café treffen sich vornehmlich türkische und kurdische Aleviten. Ihre politischen Ansichten variieren sehr stark. So findet man sowohl staatstreue Kemalisten als auch staatskritische, politisch links orientierte Personen. Trotz aller politischen Differenzen versteht man dieses Café als einen Ort, wo sich die Demokraten

---

[433] Die Besucherzahlen in den Cafés unterscheiden sich an Werktagen und an Wochenenden sowie Jahreszeiten, wo viel mehr Männer die Cafés frequentieren. Die oben aufgeführten Zahlen sind durchschnittliche Besucherzahlen, die auf eigenen Schätzungen basieren.

	aufhalten. Die Altersstruktur ist dieselbe wie im Café Istanbul. Es ist das einzige Café mit Alkoholausschank, das ordnungsgemäß angemeldet ist und geführt wird.
Besucher pro Tag:	ca. 50
8. Der „Keller":	Der „Keller", wie er im Café-Milieu genannt wird, ist ein Café, das nur in der Nacht in Betrieb ist. Die Räumlichkeiten befinden sich im Keller eines Gebäudes und sind gut versteckt in einem Hinterhof des Stadtteils. Hier treffen sich überwiegend ältere Türken sowie Rentner (Alewiten/Sunniten), die in der ethnischen Kolonie als „Kumarci" (Glücksspieler) bekannt sind. Ein Einblick in das Inventar macht bereits deutlich, dass hier Glücksspiele organisiert werden. Hier treffen sich alle Spieler aus den verschiedenen Cafés des Wohngebietes. Auch Besucher anderer Stadtteile frequentieren diesen Ort.
Besucher pro Tag:	ca. 40

6 Duisburg – Daten und Fakten

Die im westlichen Teil des Ruhrgebiets liegende Stadt Duisburg ist mit ihrer 23.281 ha großen Fläche die zweitgrößte Stadt im Ruhrgebiet. Insgesamt hat sie eine Einwohnerzahl von 505.236, wobei 429.424 Deutsche und die restlichen 75.812 Einwohner Ausländer sind.[434] Mit diesem 15%igen Ausländeranteil liegt Duisburg über dem Bundesdurchschnitt.

6.1 Die größte „Ausländergruppe" Duisburgs: Die türkischstämmigen Migranten

Die größte Gruppe in Duisburg in der Kategorie Ausländer ist die der türkischstämmigen Bewohner, die mit 56,6% mehr als die Hälfte aller Ausländer in der Gesamtstadt ausmachen. Diametral zur deutschen Bevölkerungsgruppe zeichnen sich die Türken entsprechend der demographischen Entwicklung in Deutschland durch eine viel jüngere Altersstruktur aus. Allerdings ist unter den türkischen Einwohnern ein Bevölkerungsrückgang zu verzeichnen. Im Vergleich zu 1998 hat ihre Zahl bis 2003 um 8.596 Personen abgenommen. In der Gesamtstadt belief sich der Bestandsrückgang auf insgesamt 17.213 Personen, wobei 8.402 deutsche Einwohner waren.[435]

Trotz des (noch) positiven Saldos bei Geburten zu Sterbefällen und Zuzügen zu Fortzügen innerhalb der türkischen Bevölkerung ist der Trend eindeutig. Neben dem ab dem 1. Januar 2000 in Kraft getretenen neuen Staatsbürgerschaftsrecht als eine Ursache des Bevölkerungsrückgangs innerhalb der türkischen Population, sind die Zahlen in Tabelle auch ein Indiz für die allmähliche Anpassung der Türken an die demographischen Entwicklungen des hiesigen Landes. Anders sieht es mit den Ausländern aus, die in der statistischen Auswertung in der Kategorie „Sonstige" ermittelt wurden. Diese setzt sich vermutlich überwiegend aus Afrikanern und Asiaten zusammen. Während ihre Zahl 1998 noch 10.470 betrug, stieg sie bereits 2003 auf 12.239 an.[436]

---

434 Vgl. Amt für Statistik der Stadt Duisburg, Kleinräumige Basisdaten Duisburg, 31.12.2003
435 Vgl. ebd.
436 Vgl. ebd.

Tabelle 8: Einwohner-Statistik der Stadt Duisburg

	Jahr	Gesamtbevölkerung	Deutsche	Ausländer	Türken
Einwohnerzahl	1998	522.449	437.826	84.623	51.526
	2003	505.236	429.424	75.812	42.930
Einwohner < 25 Jahre	1998	134.711	98.593	36.118	25.311
	2003	130.066	103.992	26.074	16.561
Einwohner > 60 Jahre	1998	130.791	124.998	5.793	2.570
	2003	134.056	125.372	8.684	4.818
Geburten	1998	5.260	3.478	1.782	1.232
	2003	4.273	3.379	894	550
Sterbefälle	1998	6.045	5.848	197	82
	2003	6.103	5.824	279	112
Saldo (Geburten -	1998	-785	-2370	1.585	1.150
Sterbefälle)	2003	-1.830	-2445	615	438
Zuzüge	1998	16.416	9.290	7.126	1.823
	2003	14.199	9167	5.032	1.305
Fortzüge	1998	21.020	12.827	8.193	1.766
	2003	14.984	10.918	4.066	958
Wanderungssaldo	1998	-4.604	-3.537	-1.067	57
(Zuzüge - Fortzüge)	2003	-785	-1.751	966	347

Quelle: Eigene Darstellung auf der Basis: Amt für Statistik der Stadt Duisburg, Kleinräumige Basisdaten Duisburg, 31.12.2003

6.2 Industrialisierung und Migrationsprozesse in Duisburg. Ein kurzer historischer Rückblick

Die Migranten sind ein fester Bestandteil der Stadt Duisburg. Dies ist auf die historische Erfahrung der Stadt mit Zuwanderung zurückzuführen. Die Entwicklung des Kapitalismus und die ebenso rasante Industrialisierung Deutschlands im letzten Viertel des 19. Jahrhunderts führten dazu, dass aus dem noch halb feudalistisch geprägten Land eines der wichtigsten Industriestaaten der Welt wurde. Während Deutschland beispielsweise im Jahre 1860 in der Stahlproduktion weit hinter England und Frankreich lag, wies das Land bereits 1910 in diesem modernen Industriezweig höhere Produktionszahlen als die beiden genannten Länder zusammen auf.[437] Besonders im Ruhrgebiet mit mehr als einem Siebtel der gesamten deutschen Industrie kam es zu tiefgreifenden strukturellen Veränderungen. Im Zuge der Industrialisierung lösten sich immer mehr kleinere Hüttenwerke auf und schlossen sich zu

---

[437] Vgl. Michael Löwy, Erlösung und Utopie. Jüdischer Messianismus und libertäres Denken, 1. Auflage Berlin 1997, S. 40

6.2 Industrialisierung und Migrationsprozesse in Duisburg

größeren Gesellschaften zusammen, die in der Produktion erheblich zulegten.[438] Mit der stetigen Zunahme der Produktion wuchs zugleich die Nachfrage nach Arbeitskräften: „Und es fehlt in den Zechen an Arbeitskräften! Ich habe es aus dem Munde des Herrn Thyssen, des berühmtesten und einflussreichsten Hütten- und Zechenbesitzers im Ruhrbecken, selbst, daß er morgen 2000 Arbeiter mehr anstellen würde, wenn er sie nur bekommen könnte."[439] In diesem Kontext sind die ab 1870 eingewanderten „Ruhrpolen" kennzeichnend für den Bedarf an Arbeitsmigranten auf deutschem Boden, die zur Arbeit im Kohlebergbau eingesetzt wurden.[440]

Infolge des Industrialisierungsprozesses wurde auch die Stadt Duisburg Ziel von Migrationsbewegungen, die 1856 mit dem Beginn der Schwerindustrie einsetzten und je nach wirtschaftlicher Konjunktur in den Jahren um 1873, 1900 sowie vor dem ersten Weltkrieg um 1906 größere Ausmaße annahmen. Dagegen schwächten sich die Wanderungswellen in Zeiten wirtschaftlicher Rezession wie 1878 ab. Neben den Binnenmigranten aus den ländlichen Gebieten wie aus der rheinisch-westfälischen Umgebung, die infolge der Industrialisierung ihre Selbständigkeit als Handwerker aufgeben und fortan als industrielle Lohnarbeiter tätig sein mussten, wanderten Arbeiter aus Holland und Belgien, aber auch aus Italien und Polen ein, so dass sich Duisburg zunehmend zu einem städtischen Ballungsgebiet entwickelte.[441]

Mit dem Ausbruch des ersten Weltkrieges und durch die Einberufung der wehrfähigen Männer zum Militärdienst wurden aus Mangel an Arbeitskräften in großem Umfang auch Frauen in der Industrie eingesetzt. Da insbesondere der Bergbau von der Mobilmachung zum Krieg betroffen war, wurden in dieser Branche zahlreiche männliche Arbeiter aus Österreich-Ungarn beschäftigt.[442] Der Rückgriff auf Frauen, Jugendliche, ausländische Arbeiter sowie Kriegsgefangene wurde nötig, „die Kapazitäten in der Rüstungsindustrie und im Bergbau auszuschöpfen.[443]

Die Nachkriegszeit bis zur Machtergreifung durch die Nationalsozialisten zeichnet sich überwiegend durch eine tiefe langandauernde wirtschaftliche Rezession aus, das sich auch nicht durch die hohen kurzfristigen Auslandskredite überwinden ließ. Aufgrund der einseitigen Wirtschaftsstruktur der Stadt wurde insbesondere ab der Weltwirtschaftskrise ihre Anfälligkeit gegenüber konjunkturellen Schwankungen deutlich, die sich in den wachsenden Arbeitslosenzahlen und Konkursmeldungen zeigten. Im Vergleich zu anderen Großstädten und im Bundesdurchschnitt wies Duisburg mit 34,1% die höchsten Arbeitslosenzahlen auf. Im Februar 1933 waren sogar 43,6% der Bevölkerung von Erwerbslosen- bzw. Wohlfahrtsunterstützungsleistungen betroffen.[444]

Von der immensen Rüstungspolitik während des Nationalsozialismus profitierte vor allem der Industriestandort Duisburg. Die Produktionszahlen stiegen wieder deutlich an und zugleich sanken die Arbeitslosenzahlen.[445] Aufgrund der Kriegsvorbereitungen und dem zunehmenden Arbeitskräftemangel, die durch die spätere einsetzende Rekrutierung von wehrpflichtigen Männern ausgelöst wurde, begann im „Dritten Reich" eine Diskussion

---

438 Vgl. Jules Huret, Das Ruhrgebiet um 1900. Zu Besuch bei Krupp und Thyssen, Essen 1998, S. 8ff.
439 Ebd., S. 10
440 Vgl. Saskia Sassen, Migranten, Siedler, Flüchtlinge, a.a.O., S. 71f.
441 Vgl. Ludger Heid u.a., Kleine Geschichte der Stadt Duisburg, Duisburg 1996, S.216ff.
442 Vgl. ebd., 258f.
443 Siehe ebd., S. 259
444 Vgl. ebd., S. 299f.
445 Vgl. ebd., S. 321f.

über den so genannten „Ausländereinsatz". Die Lücke auf dem Arbeitsmarkt sollte zunehmend durch die systematische Zwangsarbeit gefüllt werden. Menschen wurden daher deportiert und auf diesem Wege zu Zwangsarbeit gedrängt und extensiv ausgebeutet. Dadurch konnte das nationalsozialistische Deutschland seinen Krieg bis 1945 weiterführen. Aufgrund des Arbeitseinsatzes von Millionen „Fremdarbeitern" und Kriegsgefangenen stellten die Ausländer zu Beginn des letzten Kriegsjahres ein Viertel aller Beschäftigten in der Gesamtwirtschaft und ein Drittel in der Landwirtschaft sowie Rüstungsindustrie.[446]

In Duisburg wurden 1940 die ersten französischen Kriegsgefangenen in der Kriegswirtschaft und zunehmend Zwangsarbeiter aus Polen und der Ukraine beschäftigt, die in Schulen und in Lagern auf den Betriebsgeländen untergebracht wurden. Die Zahl dieser „Fremdarbeiter" betrug im Februar 1944 rund 30.000.[447] Nach dem zweiten Weltkrieg verringerte sich ihre Zahl jedoch drastisch und sank 1946 auf 2.475 Ausländer.[448]

6.3 Deindustrialisierung und Arbeitslosigkeit: Duisburg wird zur Arbeitslosenstadt

Mit dem zunehmendem Aufschwung der Wirtschaft in der Nachkriegszeit erholte sich Duisburg rasch von den Kriegsfolgen und bereits gegen Ende der 1950er Jahre wies der Arbeitsmarkt mehr Arbeitsplätze als vorhandene Arbeitskräfte auf. Durch die Anwerbung von Arbeitsmigranten wurde der Arbeitskräftemangel ausgeglichen. Dadurch wuchs zugleich die Zahl der Migranten in Duisburg insbesondere ab 1961 stark an. 1975 lebten bereits 62.307 (10, 3%) Migranten in der Stadt, deren Zahl sich im Zuge der Familienzusammenführung bis 1980 auf 72.232 (12,6%) erhöhte. Die Zunahme der Zahl der Migranten fällt zeitlich mit dem Anwerbeabkommen mit der Türkei zusammen, die bereits 1967 die stärkste Ausländergruppe in Duisburg stellte. Ab Mitte der 1970er Jahre wurde die Stahlindustrie von einer Krise erfasst, in deren Folge die Arbeitslosigkeit wieder beständig zunahm und bereits 1983 mit über 30.000 (14,5%) eine der höchsten Quoten in der Bundesrepublik aufwies.[449] Der rapide Beschäftigungsabbau in Duisburg zeigte sich wie kaum in einer anderen Stadt des Ruhrgebiets. Mit der Schließung der Krupp-Werke in Rheinhausen, dem massiven Arbeitsplatzabbau bei Thyssen sowie in den in Duisburg zahlreich vertretenen, stahlnahen Betrieben verschärfte sich die Situation. Zwischen dem 3. Quartal 1980 und dem 3. Quartal 1994 ist die Zahl der Arbeiter um 46.375 gesunken.[450]

Die Arbeitslosigkeit zählt gegenwärtig – trotz des größer werdenden Dienstleistungssektors – immer noch zu den größten Problemen, mit denen die Stadt zu kämpfen hat. So waren im Dezember 2003 insgesamt 32.424 Personen als arbeitslos registriert. Davon waren 24.773 Deutsche und 7.651 Ausländer.[451] Die Arbeitslosigkeit spiegelt sich im Stadtbild wieder, insbesondere in industrienahen Stadtteilen, die vom Deindustrialisierungsprozess besonders betroffen sind. Es sind diejenigen Wohngebiete, in denen die Migranten Duisburgs konzentriert leben und denen sie, wie in unserem Untersuchungsstadtteil Hochfeld, ihre spezifische Prägung geben.

---

446 Vgl. Ulrich Herbert, Geschichte der Ausländerpolitik in Deutschland, a.a.O., S. 129ff.
447 Vgl. Hans-Georg Kraume, Duisburg im Krieg. 1939–1945, Düsseldorf 1982, S. 20
448 Vgl. Ludger Heid, Duisburg. Eine kleine Stadtgeschichte für türkische Schüler, Duisburg 1984, S. 74
449 Vgl. ebd., S.60ff.
450 Vgl. Hermann Strasser u.a., Arbeitslos in Duisburg: Evaluation von Modellmaßnahmen zur Bekämpfung der Langzeitarbeitslosigkeit, Duisburg 1996, S. 26f.
451 Vgl. Amt für Statistik der Stadt Duisburg, Kleinräumige Basisdaten Duisburg, 31.12.2003

6.4 Der multikulturelle Stadtteil Hochfeld

Im Fokus der empirischen Untersuchung stand der Duisburger Stadtteil Hochfeld, der sich im Laufe der Industrialisierung im 19. Jahrhundert zu einem wichtigen Industriestandort entwickelte. Damals wie auch im 20. Jahrhundert wurde der wachsende Bedarf an Arbeitskräften zu einem großen Teil durch den Zuzug von Migranten abgedeckt. Nach dem zweiten Weltkrieg waren es die so genannten Gastarbeiter, die nicht nur in der Industrie arbeiteten, sondern auch gemäß der Tradition im Stadtteil lebten, zunächst in den Wohnheimen, dann in regulären Wohnungen. Es wird also deutlich, dass die Entwicklung Hochfelds eng mit der Migration verknüpft ist.

Wie bereits aus der Historie der Gesamtstadt zu entnehmen ist, setzte nach einer Phase des konjunkturellen Aufschwungs allmählich ein starker Arbeitsplatzabbau in der Industrie ein, der sich in der baulichen sowie sozialen Struktur der industrienahen Stadtteile wie Hochfeld am stärksten zeigte. Herbert Hübner teilt die Auswirkungen des Wandels auf die Einwohner- und Sozialstruktur des Stadtteils in folgende Phasen auf:

„1. Freiwilliger Fortzug von Angehörigen der deutschen Mittelschichten (ca. 1960 bis frühe 70er Jahre),

2. Beginn des Zuzugs ausländischer Arbeitskräfte und ihrer Angehörigen (ab Mitte 50er Jahre bis 1973),

3. zunehmend unfreiwilliger Fortzug Deutscher Bewohner als Reaktion auf verschlechterte Wirtschafts- und Lebensbedingungen (ca. Anfang 70er bis Anfang 90er Jahre),

4. verstärkter Zuzug ausländischer, vor allem türkischer Familien seit dem Anwerbestopp (1973 bis Anfang 90er Jahre),

5. Zuzug von Kriegsflüchtlingen aus dem ehem. Jugoslawien (vorübergehend), von Spätaussiedlern aus Osteuropa und der ehem. Sowjetunion, von Asylsuchenden aus europäischen und nichteuropäischen Ländern seit Beginn der 90er Jahre."[452]

Der Fortzug der gut situierten Bewohner und der Zuzug von Arbeitsmigranten verliefen parallel zueinander. Die Arbeitsmigranten zogen entweder in Gastarbeiterunterkünfte, Werkswohnungen oder in preiswerte Wohnungen. Meist mieteten mehrere Personen eine Wohnung auf dem freien Wohnungsmarkt und hielten somit ihre Ausgaben so gering wie möglich. Dieser Prozess der selektiven Abwanderung wurde nicht erst durch die Ankunft der Migranten in Gang gesetzt, sondern durch den sozialen Aufstieg der deutschen Bewohner, die sich nun in besseren Stadtteilen Eigentumswohnungen und -häuser erwarben. Ihre Geschäfte bzw. Betriebe in Hochfeld führten sie jedoch meist weiter. Zu Beginn der 1960er Jahre wies Hochfeld noch eine Einwohnerzahl von etwa 34.000 auf. Im Laufe der Stadtteilentwicklung sollte sich die Einwohnerzahl aber auf weniger als die Hälfte reduzieren.[453]

---

452 Herbert Hübner, Ermittlung der Beteiligungsbereitschaft von Selbstorganisationen der Migranten am Gemeinwesen. Eine Pilotstudie am Beispiel der Stadtteilerneuerung Duisburg-Hochfeld (unveröff. Abschlussbericht.) Bürgerverein Lebendiges Hochfeld, Duisburg 2003, S. 18
453 Vgl. ebd., S. 14

Eine wesentliche Umbruchsituation stellte eine groß angelegte Sanierungsmaßnahme dar, mit der die zuständigen Behörden durch die Schaffung einer „Pufferzone" zwischen dem Wohngebiet und der am Rhein gelegenen Industrie, das Ziel der Standortsicherung verfolgten. Aus diesem Anlass wurden 1.500 Wohnungen gegen Anfang der 1980er Jahre abgerissen und 6.000 Bewohner umgesiedelt. Doch lange vor dem tatsächlichen Beginn hatten bereits die Ankündigungen dieser Maßnahmen zur Folge, dass die Hauseigentümer notwendige Erhaltungs- und Modernisierungsmaßnahmen im Abbruchgebiet unterlassen und die allmählich leer stehenden Wohnungen bis zum Abriss als Restnutzung weiterhin vermietet haben. Mit dem Anwerbestopp im Jahre 1973 und der darauf folgenden Familienzusammenführung wurden diese Wohnungen im Abbruchgebiet insbesondere an Migrantenfamilien vermietet, so dass der Bevölkerungsaustausch im Stadtteil seinen Lauf nahm.[454]

Doch der positive Effekt trat nicht wie erwartet ein, „weil der industrielle Strukturwandel anderen Gesetzen folgte als denen einer Sanierungsmaßnahme. Schon vor dem Ende dieses Eingriffs hatte ein Teil der Betriebe, vor deren Emissionen der Stadtteil geschützt werden sollte, seine Produktion eingestellt."[455] Durch die Stilllegung verloren zahlreiche Hochfelder ihre Arbeit, so dass aus der traditionellen Arbeitersiedlung allmählich eine Arbeitslosensiedlung wurde.

Obwohl die Planer mit dieser groß angelegten Maßnahme eine Verbesserung der Lebens- und Wohnqualität intendierten, trat eine soziale Stabilisierung nicht ein, weil die relativ günstigen Mieten nicht nur für die Migrantenfamilien, sondern auch für deutsche Armuts- und Problemfamilien (Sozialhilfebezug, Arbeitslosigkeit, Drogenkonsum usw.) attraktiv war. Während zu Beginn der 1960er Jahre die sozialen Aufsteiger unter den deutschen Bewohnern den Stadtteil freiwillig verließen, sah sich die noch sesshafte einheimische Bevölkerung Hochfelds, aufgrund der sozialen und wirtschaftlichen Abwärtsentwicklung ihres Wohngebiets gezwungen fortzuziehen. Wer es sich leisten konnte, zog deshalb in andere Stadtteile. Die Stilllegung ganzer Industriebetriebe, der Fortzug der besser verdienenden deutschen mit dem zeitgleichen Einzug von sozial schwachen Deutschen und Migranten sowie der bauliche Verfall in den letzten vier Jahrzehnten der Quartiersgeschichte haben mit der Zeit zu einer grundlegenden Veränderung geführt, so dass der Stadtteil Hochfeld gegenwärtig ein anderes Gesicht bekommen hat.[456]

Die Folgen dieser neuen sozialen Konstellation sind in Form von Familienkonflikten sowie Alkohol- und Drogenkonsum an öffentlichen Orten „bis heute als deutliche Anzeichen für den Verlust von Verhaltensnormen und -regeln zu sehen, die ein ‚normales' Miteinander im Stadtteil kennzeichnen."[457] Auf der anderen Seite sind es auffälligen Migrantenjugendlichen, die ihren Beitrag zu diesem sich verschlechternden sozialen Klima und somit für die Entsolidarisierungstendenzen im Wohngebiet beitragen.[458] Ein Blick in die Schlagzeilen in der lokalen Presse der letzten Jahrzehnte dokumentiert diese Abwärtsentwicklung, wenn beispielsweise in der Presse Schlagzeilen auftauchen wie „Ein Stadtteil mit großen Problemen"[459] oder „Stadt und Polizei haben ein Auge auf Hochfeld".[460] Die Bilanz dieses Umstrukturierungsprozesses ist, dass heute nur noch 15.889 Menschen in Hochfeld

---

454 Vgl. ebd., S. 14f.
455 Ebd.
456 Vgl. ebd., S. 18ff.
457 Siehe ebd., S. 16
458 Vgl. ebd.
459 Rheinische Post vom 01.12.1990, Nr. 280
460 Neue Ruhr Zeitung vom 27.06.2001, Nr. 146

leben. Davon sind 9.982 Deutsche und 5907 (37,2%) Ausländer.[461] 1.719 Personen waren im Dezember 2003 arbeitslos gemeldet.[462]

Wie in den anderen multikulturellen Stadtteilen Duisburgs wie Marxloh oder Bruckhausen stellen die türkischstämmigen Bewohner in Hochfeld die größte Ausländergruppe. Mit 2769 Einwohnern machen sie fast die Hälfte (46,9%) aller Ausländer im Wohngebiet aus. Sie bestimmen das ökonomische, kulturelle sowie soziale Leben wesentlich mit und haben somit einen entscheidenden Einfluss auf die Gestaltung des Stadtteils. Am deutlichsten wird diese ethnische Färbung an der Lebensader des Quartiers, der Wanheimer Straße.

6.5 Die Wanheimer Straße. Die Entwicklung zu einer türkischen Einkaufsstraße

„Als ich in den 80ern nach Hochfeld gezogen bin, gab einen Arbeitsmarkt hier, es gab Deutsche. Heute werden die meisten Geschäfte von Ausländern geführt. So in zehn Jahren wird es hier keine vernünftigen Deutschen mehr geben, die meisten sind jetzt schon weg. Die haben ihr Hab und Gut verkauft und sind weg. Schau, ein paar Deutsche sind noch geblieben, aber die werden es hier nicht mehr lange aushalten. Ich garantiere dir, so in zehn, zwölf Jahren werden wir im Stadtteil nach Deutschen suchen und uns fragen `Deutsche? Was sind das überhaupt für Leute?" (Erhan E., 42 Jahre, Spielhallenbetreiber: 2)

„Das sind so Sachen, wo sich die Deutschen ärgern ‚Auf jeder Ecke hast du da einen Türkenladen.' Ja, was sollen denn die Türken machen? Welche Möglichkeit haben sie denn noch? So, das ist doch die Frage, die man den Deutschen stellen muss ‚Hör mal, wenn sich zwei gleich gut qualifizierte Leute in deinem Betrieb anmelden, wen würdest du denn nehmen? Den Türken oder den Deutschen?` Ich sag mal zu 90% würde man da den Deutschen nehmen. Und das Hochfeld, das ist, was es heute ist und nicht das Hochfeld aus den 70er Jahren, daran sind natürlich die Deutschen und die Stadt schuld." (Mikail Ç., 31 Jahre, Arbeiter: 6)

Die Wanheimer Straße war in Duisburg schon immer eine bekannte und belebte Einkaufsstraße. Ältere deutsche Bewohner und Geschäftsmänner erinnern sich gerne an diese Zeit zurück, in der die Hauptstraße fast komplett mit deutschen Geschäften belegt war. Die Kundschaft rekrutierte sich sowohl aus den Bewohnern von Hochfeld als auch aus anderen Stadtteilen. Auch das Zusammenleben mit den ersten Gastarbeiter wird retrospektiv recht positiv bewertet, da diese zunächst nur als Konsumenten auftraten und nicht als Konkurrenten.

„Früher waren, also mit früher meine ich jetzt die 60er, gab es nach meinem Wissensstand nur deutsche Geschäfte. Wir hatten viel Publikumsverkehr, viele Leute, die von außerhalb gekommen sind, die nach Hochfeld gekommen sind, um einzukaufen, die aus der Stadt gekommen sind, aus anderen Stadtteilen, die idealen Parkmöglichkeiten, das war natürlich kein Thema. Sind halt viele gekommen, als auch das kleine Kaufhaus da war. Und das war immer schon eine angenehme Atmosphäre, hier in Hochfeld zu arbeiten und wenn ich dann mal die Leute hier, die seit Jahrzehnten wohnen, mal zitieren soll ‚Es war mal schön, hier zu wohnen.' Und dann hatten wir die ersten Gastarbeiter, die ich so in den Anfängen so miterlebt habe und muss sagen, es war wirklich ein angenehmes Miteinander. Arbeiten und hier leben, das heißt also, ihre Väter, ob das

---

461 Vgl. Amt für Statistik der Stadt Duisburg, Kleinräumige Basisdaten Duisburg, 31.12.2003
462 Vgl. Bundesanstalt für Arbeit, Arbeitslose in den Duisburger Ortsteilen – Stand : Dezember 2003, Sonderauswertung für die Stadt Duisburg

jetzt die Türken waren oder die Italiener waren, ich weiß gar nicht wer die ersten waren, die hier arbeiten konnten, arbeiten wollten, war einmal, ich sage mal, ein schönes Miteinander, ob es nun daran liegt, dass die Konzentration von den ausländischen Mitbürgern nicht zu groß war, damit will ich aber nicht sagen, dass ein hoher Anteil an Ausländern mich persönlich stört, um Gottes Willen." (Michael S., 57 Jahre, Selbständig: 1)

Für die erste Generation der türkischen Migranten war die Situation im Stadtteil besonders schwierig, da sie ihren täglichen Bedarf nicht in deutschen Geschäften abdecken konnte. Dafür mussten sie in andere Stadtteile fahren[463], wo bereits vereinzelt türkische Geschäfte existierten. Zwar gab es auf der Wanheimer Straße den deutschen Metzger, aber aufgrund der religiösen Speisevorschriften mussten die Muslime oft auf Fleischverzehr verzichten. „Deshalb und wegen der Unkenntnis der Sprache und der Warenwelt ernährten sie sich in den Anfangsjahren oft sehr einseitig und unzureichend."[464]

„Ich kam mal von der Arbeit und hatte in meinem Zimmer im Heim nichts zu Essen. Deshalb hatte ich mir in einem deutschen Geschäft eine Apfelmus-Konserve gekauft. Die habe ich dann einfach nur mit trockenen Brot verspeist. Denn damals hatten wir in Hochfeld weder die Möglichkeit, Geflügel noch Döner zu kaufen. Es gab keine türkischen Restaurants hier. Wir konnten kein Geflügel oder Fleisch aus den deutschen Läden kaufen. Wir, die erste Generation, hatten es wirklich schwer. Die Jugend soll sich glücklich schätzen, sie haben diese Probleme nicht. Nur ich bin über die Jugendlichen verärgert. Sie haben hier die Möglichkeit sich weiterzubilden, nehmen das aber nicht wahr. Denn zu Hause wird für sie gekocht, ihre Wäsche wird gewaschen, sie bekommen Taschengeld und sie sprechen gutes Deutsch. Trotzdem nutzen sie ihre Möglichkeiten nicht. Wir sprachen kein Deutsch, die Mutter war nicht da, der Vater auch nicht. Ich bin mit 22 Jahren eingereist und habe sehr viel durchmachen müssen."
(Nizamettin A., 62 Jahre, Rentner: 1)

Am ehesten wurden griechische Geschäfte frequentiert, da man dort Nahrungsmittel wie Oliven oder Schafskäse beziehen konnte. Doch die politischen und militärischen Konflikte zwischen der Türkei und Griechenland in den 1970er Jahren führte im Stadtteil dazu, dass ein Teil der Türken diese Geschäfte zu boykottieren begann. Von nun an fuhren die türkischstämmigen Migranten in andere Stadtteile zum Einkaufen.

„Die Lebensmittelläden waren von den Griechen. Alle Türken haben türkische Produkte aus den griechischen Läden auf der Wanheimer Straße eingekauft. Nach der Zypernkrise war das so, weil natürlich auch der Nationalismus (Milliyetcilik) eine Rolle spielte, haben wir uns gesagt ‚Warum sollen wir denn weiterhin von den Griechen einkaufen. Lasst uns von unseren Landsmännern einkaufen'. Dann haben wir nur noch von unseren Leuten eingekauft und die Griechen haben ihre Läden geschlossen und sind gegangen. Von denen ist keiner mehr geblieben. Nur eine Kneipe wird noch heute geführt, ansonsten haben alle Hochfeld verlassen."
(Nihat U., 66 Jahre, Rentner: 2)

---

463 Viele Türken waren zu der Zeit nicht motorisiert und deshalb auf den öffentlichen Verkehrsmitteln angewiesen, wenn sie in andere Stadtteile fuhren. Es kam auch oft vor, dass man bei Bekannten und Verwandten übernachtete, obwohl die Stadtteile vom eigenen Wohnort nicht weit entfernt waren.
464 Vgl. Mathilde Jamin, Fremde Heimat. Zur Geschichte der Arbeitsmigranten aus der Türkei, in: Jan Motte/ Rainer Ohliger/Anna von Oswald (Hrsg.), 50 Bundesrepublik- 50 Jahre Einwanderung, Frankfurt am Main/ New York 1999, S. 160

6.5 Die Wanheimer Straße. Die Entwicklung zu einer türkischen Einkaufsstraße

Eine Geschäftsgründung für türkische Migranten schien aufgrund der hohen Präsenz von deutschen Geschäftsleuten und der hohen Mieten in den 1970er Jahren fast undenkbar. Sogar in den 1980er Jahren hatten die Migranten noch Schwierigkeiten, auf der Wanheimer Straße ein Ladenlokal zu mieten. Zwar war der Fluktuationsprozess im vollen Gange, doch die fortgezogenen deutschen Bewohner behielten meist ihre Geschäfte auf der Einkaufsstraße. Nach den Aussagen der türkischen und deutschen Bewohner begannen die ersten Gründungen türkischer Geschäfte allmählich ab der 2. Hälfte der 1970er Jahre. Eine starke Zunahme der türkischen Infrastruktur schien aber noch nicht in Sicht.

Mit der Gründung der ersten von türkischstämmigen Migranten geführten Geschäften wurde ein nicht intendierter Prozess seitens dieser Pioniere in Gang gesetzt. Dieser drückt sich in dem Wandel der Nutzungserwartungsstrukturen bzw. ökonomischen Perspektiven aus[465]: „auch Personen, die gegenüber einer Selbständigkeit skeptisch waren, ändern ihre Meinung, weil sich neue Gewinnchancen auftun."[466] Der fortwährende Familiennachzug und die anhaltenden politischen Konflikte sowie die ökonomische Misere in der Türkei förderten zudem die Hinausschiebung der Rückkehrabsichten. Diese Entwicklung stellt meist die erste Phase in der Gründung einer ethnischen Ökonomie dar.[467]

> „In den 70er Jahren gab es kaum eine türkische Einrichtung hier. So gegen 1980 begann sich die türkische Infrastruktur hier auszudehnen." (Bayram Ç., 58 Jahre, Arbeitslos: 3)

Die zweite Phase in dieser Entwicklung zeichnet sich durch die Zunahme der türkischstämmigen Migranten aus, die aber angesichts nachlassender Nachfrage nach Arbeitsmigranten bei der Majorität keine Akzeptanz mehr erfahren. Dies wiederum hat negative Konsequenzen auf die Assimilationsneigung. Weder die Einheimischen noch die Migranten haben diesen Prozess, der mit der Zeit eine Eigendynamik entwickelt, beabsichtigt. Schließlich wird mit der Zunahme der Migranten im Aufnahmeland und dem stetigen Ausbau der ethnischen Ökonomie die dritte Phase in diesem Prozess eingeleitet. In dessen Folge steigt die Segregationsneigung bei den Migranten, und zugleich expandiert die Nachfrage nach ethnischen Gütern. Die Ausdehnung der ethnischen Struktur und die damit verbundene Möglichkeit, nur unter der eigenethnischen Gruppe zu leben und zu wohnen, führt zu weiteren Zuzügen von türkischstämmigen Migranten.[468] „Aufgrund von kulturellen Dissonanzen, Indifferenzen, und ‚sozialer Distanz' ziehen immer mehr Einheimische aus den Gebieten aus, ein Teil der Einheimischen schafft den gesellschaftlichen Aufstieg; dies führt zu einem Abwandern aus den Innenstädten heraus."[469] Mit dem sozialen Aufstieg der einheimischen Bevölkerung, aber auch infolge der Konkurrenz größerer Kaufhäuser werden die kleineren Läden von den deutschen Besitzern verlassen und von Migranten übernommen.[470] „Eine steigende Gruppengröße (bis in die 90er Anzeichen der türkischen Minderheit) und abnehmende Beschäftigungschancen vervollständigen die ethnische Segmentation in den 90ern."[471]

Das Betreten der türkischen Geschäftsleute beschränkte sich in dem untersuchten Stadtteil zunächst nur auf einen bestimmten Teil der Wanheimer Straße. Eine Hauptstraße, wel-

---

465 Vgl. Ismail H. Yavuzcan, Ethnische Ökonomie, a.a.O., S. 257ff.
466 Siehe ebd., S. 258
467 Vgl. ebd.
468 Vgl. ebd., S. 258f.
469 Ebd., S. 259
470 Vgl. ebd., S. 259f.
471 Ebd., S. 260

che die Wanheimer Straße trennt, stellte bis in die erste Hälfte der 1990er Jahre eine Demarkationslinie dar. Denn trotz der zunehmenden Migrantenanzahl behielten viele Einheimische ihre Geschäfte auf der noch rentablen Einkaufsstraße oder vermieteten sie an Deutsche.

> „Überhaupt ‚Unter den Arkaden' einen Laden zu kriegen war Tabu für einen Türken. Und in dem Bereich, wo wir jetzt sind, da hatte man, wenn man Glück hatte, einen leeren Laden gefunden, wenn man Pech hatte, musste man eventuell eine hohe Abstandsumme bezahlen, damit man in den Laden rein kann." (Şahin Y., 41 Jahre, Lebensmittelhändler: 3)

Der Wendepunkt trat in der zweiten Hälfte der 1990er Jahre ein, als die Grenzlinie allmählich durchbrochen wurde und sich verstärkt türkische und andere ausländische Geschäftsleute niederließen. Die deutschen Geschäftsinhaber erkannten den Grad dieser „schleichenden Entwicklung" erst, nachdem die türkischen Geschäftsleute als ernstzunehmende Konkurrenten auftraten und sie sich daher gezwungen sahen, auf die neue türkische Kundschaft umzustellen.

Mit der Zunahme der türkischen Migranten und mit der Veränderung des Stadtteilbildes reagierten und reagieren die alteingesessenen Bewohner im untersuchten Stadtteil mit Befremdungsängsten, da ihr vertrautes Wohngebiet allmählich mit Menschen bevölkert wurde, mit deren Sprache und Kultur sie nicht vertraut sind. Denn Zuwanderer können in dreierlei Hinsicht fremd wirken:

- „wenn sie eine andere, unverständliche Sprache sprechen;
- wenn sie anders aussehen, durch Hautfarbe oder Kleidung;
- wenn sie sich anders in ihrer Lebenswelt orientieren, d.h. wenn sie in einer anderen Kultur leben."[472]

Diese Wahrnehmungen können bei der autochthonen Bevölkerung zwei Reaktionsformen hervorrufen. Zum einen, und dies ist die seltenere Form, kann das Fremde reizvoll, interessant bzw. exotisch wirken. Das kann der Fall sein, wenn Deutsche aus gut situierten Stadtteilen Duisburgs lediglich zum Einkaufen in die Kolonie fahren und nur in unverbindlichen und kontrollierten Kontakten zu den Migranten treten. Zum anderen aber kann die Majorität mit Ängsten reagieren, so dass die Gegenwart von Migranten auf Ablehnung stößt. Treten jedoch die Zuwanderer zusätzlich als Konkurrenten auf, so kann die Distanz zu diesen Menschen zunehmen und eine andere Dimension (Fremdenfeindlichkeit, Vorurteile usw.) einnehmen.[473] So auch auf der Wanheimer Straße:

> „Wir haben es erst richtig wahrgenommen als Brückenplatz, Pauluskirche, als da die ersten türkischen Geschäfte reingekommen sind, weil jenseits der Pauluskirche, das ist ja komplett in ausländischer Hand, ich glaube ein oder zwei deutsche Geschäfte sind da noch. Ich sage mal die Entwicklung hat man zwar registriert, aber für uns hier in der Ecke nicht so richtig wahrgenommen. Die richtige Wahrnehmung war dann, wo es dann an das Portmonee irgendwann ging, es dann immer mehr türkische Geschäfte dazu gekommen sind und das Publikum sich verändert hat. Als wir das ausländische Publikum hatten, haben wir uns mehr darauf eingerichtet, als mehr ausländische Obst- und Gemüsegeschäfte gekommen sind, konnten wir unser Sortiment wieder ändern, weil wir einfach mit dem Preis nicht klar gekommen sind. Die haben die Klamotten, ich

---

472 Wolfgang Nieke, Interkulturelle Erziehung und Bildung, a.a.O., S. 71
473 Vgl. ebd. S. 71ff.

6.5 Die Wanheimer Straße. Die Entwicklung zu einer türkischen Einkaufsstraße

sage mal die türkischen Spitzpaprika und diverser anderer Artikel so unterm Preis angeboten, das wir da gar nicht mithalten konnten und dementsprechend wir das wieder aus dem Sortiment rausgeschmissen haben." (Stefan L., 39 Jahre, Obst- und Gemüsehändler: 3)

Die Umstrukturierungen im Stadtteil werden von den deutschen Bewohnern und Selbständigen anders beurteilt als von den türkischen Bewohnern. Vor allem die Alteingesessenen können die Übernahme ehemals deutscher Geschäfte und Wohnungen durch türkischstämmige Migranten mit einer Invasion bzw. Überfremdung gleichsetzen, die zu einer geringeren Partizipation am öffentlichen Leben führen kann. Sie werden Zeugen davon, wie ihre bisher vertrauten homogenen Strukturen aufgebrochen und zunehmend durch heterogene ersetzt werden. Die aus der Konfrontation mit den „fremden" Lebenswelten resultierenden Bedrohungsgefühle und Verunsicherungen können letztlich dazu führen, dass sie insbesondere gegenüber den deutlich sichtbaren ethnischen Symbolen wie Moscheen mit Ablehnung reagieren. Schließlich wirken sich diese Veränderung negativ auf die Identifikation mit dem Stadtteil aus, die am ehesten noch in nostalgischen Erinnerungen bestehen.[474] In diesem sozialen Klima werden schließlich nicht selten soziale Probleme ethnisiert. Die hohe Migrantenkonzentration wird für die eigene Armut und für das eigene Versagen verantwortlich gemacht. Hierbei wird die Aversion bei den Einheimischen auch durch die Angst begleitet, in eine schlechtere Situation als die Migranten zu geraten und damit selbst Opfer von Stigmatisierungen und Diskriminierungen zu werden.[475]

Die türkischen Migranten dagegen bewerten dies interessanterweise als einen natürlichen Prozess, der sich aufgrund der gesellschaftlichen und politischen Umstände entfaltete. Der Wegzug von gut situierten Deutschen[476], die Diskriminierung von Türken auf dem Arbeitsmarkt, die falsche Wohnungspolitik und sogar die demografische Entwicklung wurden als Ursache für die Konzentration von Migranten im Wohngebiet genannt. Die Reaktion und Einstellung der deutschen Seite ist den meisten sehr wohl bekannt. So habe es auch mit der Diffamierung der Juden vor dem 2. Weltkrieg angefangen, drückt ein Bewohner seine Ängste aus:

„Auf der Wanheimer Straße gab es nur ein, zwei türkische Geschäfte. Jetzt sind über 50% aller Geschäfte in türkischer Hand. Das bringt natürlich den Neid der Deutschen mit sich. Und diesen Vergleich habe ich schon oft von Deutschen gehört, das man gesagt hat ‚Auch die Juden haben damals genauso die deutschen Geschäfte übernommen.', aber die Schuld tragen nicht nur die Türken. Hier gab es mal einen Floristen, ein altes Ehepaar, die ihr Geschäft aufgeben mussten, weil sie keine Nachkommen hatten, also keine Kinder hatten, die das Geschäft weiter hätten

---

474 Vgl. Heike Hanhörster/Margit Mölder, Konflikt- und Integrationsräume im Wohnbereich, in: Wilhelm Heitmeyer/Reimund Anhut (Hrsg.), Bedrohte Stadtgesellschaft, a.a.O., S.347ff.
475 Vgl. Hartmut Häußermann/Andreas Kapphan, Berlin: von der geteilten zur gespaltenen Stadt? Sozialräumlicher Wandel seit 1990, 2. Auflage Opladen 2002, S. 216
476 In den Interviews unterschieden die türkischstämmigen Bewohner zwischen den „vernünftigen" Deutschen, die man der Mittelschicht zuordnen kann. Diese wurden als weniger ausländerfeindlich und oft als „richtige Deutsche" bezeichnet. Dagegen grenzte man sich gegenüber den Deutschen der unteren sozialen Schichten ab, die man oft als „Asoziale" oder „Hippies" brandmarkte. Diese wurden eher als ausländerfeindlich eingestuft. Dazu ein älterer Migrant: „Bei richtigen Deutschen habe ich noch nie eine Diskriminierung erlebt, aber bei niveaulosen Deutschen, ohne Haus und ohne Habe, habe ich das oft erlebt. Wenn man sie z.B. auf der Straße begegnet, z.B. Hippies, sagen wir mal Hippies. Die keine Bindung haben, so ein ganz geringes Einkommen haben, vom Sozialamt leben, lieben uns nicht. Aber z.B. so Rechtsanwälte oder gebildete Deutsche sind ganz anders."

führen können. Das Geschäft wurde dann automatisch von einem Türken übernommen".
(Selman G., 42 Jahre, Arbeiter: 6)

Ganz im Gegensatz zu den alteingesessenen deutschen Bewohnern hat sich Hochfeld mittlerweile auch für türkischstämmige Bewohner anderer Stadtteile zu einem attraktiven Einkaufs- und Freizeitviertel entwickelt. Man könne dort die „türkische Kultur" erleben, sich wie in der Türkei fühlen und den täglichen Bedarf an Nahrungsmitteln abdecken.

> „Erst mal ist da natürlich eine Infrastruktur vorhanden, die ich in meinem eigenen Stadtteil nicht habe. Es ist eine ganz andere als in meinem eigenen Stadtteil (Neudorf). Teilweise kann ich dort die Kultur, die türkische Kultur dort noch einmal erleben, die ich in meinem Stadtteil nicht habe. Ich kann dort bei Türken einkaufen, auch „Halal" (wörtlich: Erlaubtes) einkaufen, wie es die Religion vorschreibt und das ist etwas, was ich eigentlich in einem anderen Stadtteil nicht finde. Ein Laden, der Halal[477] Fleisch verkauft, wird sich in meinem Stadtteil nicht lange halten können, da überhaupt nicht die Nachfrage danach besteht." (Abdullah T., 20 Jahre, Student: 2)

Aber nicht nur die türkischen Kunden, auch Deutsche aus gut situierten Stadtteilen wie Duissern erkennen in Hochfeld eine bunte Alternative. Hier muss jedoch angemerkt werden, dass der Stadtteil nur selektiv aufgesucht wird. Oft kennt man die meisten Geschäfte auf der Wanheimer Straße oder den traditionellen Hochfelder Markt nicht, wohl dagegen die abseits von der Wanheimer Straße gelegene, türkische Markthalle, die sich erst vor einigen Jahren etabliert hat und sich nicht ausschließlich auf ethnische Ressourcen (türkische Kunden usw.) stützt. Im Vergleich zum traditionellen Hochfelder Markt, der sich inzwischen auf die schwache Kaufkraft der Bewohner eingestellt hat, weist dieser eine ganz andere Kunden- und Preisstruktur auf.

> „Für mich ist der Hochfelder Markt ‚Rudis Resterampe' geworden. Ich kenn also auch die Händler, die teilweise dafür einkaufen, die auch bestrebt sind Reste einzukaufen, um sie preiswert auf dem Hochfelder Markt anbieten zu können, weil man sonst nicht mehr mitkommt. Das ist nämlich das selbe Problem, dass die Preise sich an dem festmachen, wie halt das Angebot da ist und es fing dann irgendwann mal an, das dort immer billiger, immer billiger verkauft wurde und alle anderen mitziehen mussten. Also, ich kannte drei Leute vom Hochfelder Markt, die, ich sage mal, in der groberen Klasse Obst und Gemüse angeboten haben, vor allen Dingen in dem Obstbereich, das davon nur noch Einer da ist." (Stefan L., 39 Jahre, Obst- und Gemüsehändler: 3)

Die türkische Markthalle hat sich dagegen zu einer Anlaufstelle für gut situierte Deutsche entwickelt. Ohne eine groß angelegte Werbekampagne zu tätigen, sprachen sich die gute Qualität der Markthalle und die angemessenen Preise auch unter der deutschen Bevölkerung herum.

> „Mundpropaganda. Von Mund zu Mund. Nicht aus der Zeitung, nur man hat das mal irgendwo gehört,da gibt es einen türkischen Markt, der ist sehr günstig, immer frische Ware. Ja gut, da sind wir hierhin gefahren. Seitdem, seitdem das hier gibt." (Thorsten B., 65 Jahre, Rentner: 5)

---

[477] Geschächtetes Fleisch wird meist teurer gehandelt, weil man nur unter schwierigen Umständen schächten kann. Meistens fahren die türkischen Metzger in andere europäische Länder, wo das Schächten gesetzlich erlaubt ist, was in Deutschland nicht der Fall ist. Dementsprechend erhöhen sich die Preise.

6.5 Die Wanheimer Straße. Die Entwicklung zu einer türkischen Einkaufsstraße

Neben der guten Qualität werden seitens der Kunden auch vielfach die positiven Beziehungen zu den Verkäufern, der Erwerb von türkischen Waren und die aufgelöste Atmosphäre genannt. Sie tauchen kurz in die „exotische" ethnische Kolonie ein und verlassen diese, nachdem sie ihren Bedarf gedeckt haben. Das Einkaufen wird so zu einem kleinen Erlebnis für die deutschen Kunden, wie für den 65 Jahre alten Rentner Rainer C.:

> „Zum ersten Mal waren wir hier nur, um zu gucken, weil wir erfahren haben, dass es den Markt gibt und der ist sehr lebhaft, preiswert. Es macht Spaß hier einzukaufen."
> (Rainer C., 66 Jahre, Rentner: 2)

Von den 10 befragten deutschen Kunden gaben in den Interviews alle an, mindestens ein Mal ihren Urlaub in der Türkei verbracht zu haben. Anscheinend üben die positiven Erfahrungen im Türkei-Urlaub auch einen positiven Effekt auf das Bild der türkischstämmigen Migranten in Deutschland aus. Italien war bereits in den 1960er Jahren infolge des wachsenden Wohlstandes, der „Demokratisierung des Konsums" und des ökonomischen Gefälles zwischen den beiden Ländern bei den Deutschen ein beliebtes Tourismusziel. Diese Entwicklungen „erlaubten zunehmend auch Arbeiterfamilien Reisen nach Italien, die bis dahin einer kleinen Oberschicht von Aristokraten, Bürgern und Künstlern vorbehalten geblieben waren. Zurückgekehrte Italienurlauber konnten in den Lokalen der italienischen Migranten eine italienische Atmosphäre wiedererleben."[478] Dagegen hat sich die Türkei erst in den letzten Jahren verstärkt zum einem beliebten Reiseziel entwickelt.

> „Also, ich muss ihnen ehrlich sagen, in die Türkei würde ich jederzeit hinfahren, würde ich auch jedem empfehlen. Also, wir haben nur positive Erfahrung gemacht, und ich habe auch nichts gegen Ausländer, ist jetzt egal, welche Ausländer, weil wir schon viel im Ausland waren und viel im Ausland Urlaub machen." (Karin N., 44 Jahre, Bürokauffrau: 3)

Der Urlaub führt meist dazu, dass man auch in Deutschland türkische Produkte aufsucht und in Kontakt mit den türkischstämmigen Bewohnern in Hochfeld kommt. Allerdings beschränken sich die Kontakte nur auf Begegnungen in den Läden.

> „Ja, das sind dann immer die Deutschen, die in der Türkei den türkischen Tee trinken, den türkischen Mokka trinken oder den türkischen Apfeltee trinken oder Lammkoteletts gegessen haben. Die Leute waren früher nie in einem türkischen Laden, aber nach dem Urlaub kommen sie hierhin und wollen Lammkoteletts kaufen. Also, nach dem Urlaub hat man bestimmt immer zwei, drei oder fünf Kunden mehr." (Şahin Y., 41 Jahre, Lebensmittelhändler: 3)

Die Entwicklung der ethnischen Ökonomie hat somit für viele Migranten neue und vielfältige Arbeitsmöglichkeiten geschaffen, die vom einfachen Besitzer eines Lebensmittelladens bis hin zum Tankstellenbesitzer wie für Ersoy A. reichen, der vier Angestellten beschäftigt und zusätzlich drei Jugendliche ausbildet. Der damalige Ministerpräsident von NRW Wolfgang Clement war bei einem Besuch seiner Station auf ihn aufmerksam geworden und ihn später für den Landesverdienstkreuz vorgeschlagen. Daran erinnert sich Ersoy A. gerne:

---

478 Siehe Edith Pichler, Ökonomische Nischen, ethnische Ökonomie und internationale Vernetzung, a.a.O., S. 166

> „Der Anlass dafür war eben, dass ich mich für die Auszubildenden eingesetzt habe und über meine Kapazität hinaus ausgebildet habe. Ich hatte zu dem Zeitpunkt, wo der Herr Clement seine Tour gemacht hatte, ich hatte einen Auszubildenden, den Kroaten und dann hat man mich angesprochen, weil eben der Bedarf da ist, ob ich nicht noch ein Auszubildenden ausbilden könnte und da habe ich mich dann entschlossen, ein Zeichen zu setzen für andere Firmen, eben nicht auf die Nationalität zu achten, sondern von den Leistungen her zu beurteilen, und da habe ich noch zwei zusätzliche Ausbildungsplätze geschaffen für einen Deutschen und einen Türken, die habe ich noch eingestellt, und das war weit über meine Kapazität. Und wo dann der Herr Clement die Station besucht hat, der war auch angenehm überrascht, dass ich noch direkt zwei zusätzliche Ausbildungsplätze geschaffen hatte. Ich habe es nicht bereut, und das hat sich's auch gezeigt, denn nach eineinhalb Jahren hat er mich dazu vorgeschlagen, das Landesverdienstkreuz zu kriegen. Und da waren mit mir, ich glaube 20 Personen mit mir gekommen, wobei andere Firmen eben, so große Firmen mit 800 Ausbildungsplätzen dabei waren."
> (Ersoy A., 39 Jahre, Tankstellenwart: 3)

Der Strukturwandel in Duisburg hat sich woanders kaum so deutlich gezeigt wie im Stadtteil Hochfeld. Durch den Bevölkerungsaustausch in den letzten vier Jahrzehnten, hat gerade dieses Wohngebiet den Anspruch, sich als multikulturell zu bezeichnen. Dass freilich nicht jeder die kulturelle Vielfalt als eine Bereicherung empfindet, wird insbesondere in den Gesprächen mit alteingesessenen Deutschen deutlich. Den Transformationsprozess kennzeichnet jedoch nicht nur diese „bunte Mischung", sondern auch die zunehmende Armut im Stadtteil. Die ersten Gastarbeiter zogen in einem Stadtteil mit einer verhältnismäßig stabilen wirtschaftlichen und sozialen Struktur. Mit der Deindustrialisierung und der einsetzenden Bewohnerfluktuation änderten sich diese Strukturen grundlegend, so dass der Stadtteil in das Landesprogramm „Städte mit besonderem Erneuerungsbedarf" aufgenommen wurde.

Die türkischen Migranten spielen wegen ihrer Größe und dominanten Infrastruktur eine besondere Rolle im Stadtteil. Gerade in Hochfeld existiert eine breite Vereinslandschaft mit unterschiedlichsten Zielsetzungen, die eine wesentliche Rolle für das soziokulturelle Leben im lokalen Alltag spielen. Für die türkischstämmigen Bewohner sind sie ein zentraler Bestandteil ihres sozialen und kulturellen Umfeldes. In den nächsten Kapiteln soll ihre Entstehung und ihre Funktion im Wohngebiet exemplarisch an den beiden bedeutsamsten Kristallisationspunkten, den türkischen Moscheen und Cafés, dargestellt werden.

> „Ja in Hochfeld, fällt eigentlich mir so in den 20 Jahren auf, dass wir eine Art Mikrokosmos haben. Wir haben, vielleicht anders als in anderen Stadtteilen, in Hochfeld besonders eine repräsentative Mischung vor allem türkischstämmiger Bevölkerung. Von politisch links bis nach ganz rechts, die ganze Mischung, die ganze Palette der religiösen Vereinigungen. Wir haben innertürkische ethnische Mischung, einschließlich Marokkaner, wiederum differenziert, Bosnier und ähnliche. Also Thema Islam stellt Hochfeld ein Mikrokosmos dar, spiegelt sich wiederum in der Wohnkultur, auch sehr differenziert zwischen Ghettostraßen und Eigentumswohnungen in besseren Hälften von Hochfeld. Spiegelt sich vor allen Dingen in der ganzen Palette der gewerblichen Betriebe, einschließlich Kneipen, Spielhallen, Friseurläden usw. Und noch zwei Sachen. Wir haben die Wanheimer Straße, die ein Hauch von „Istanbul-Carşı" bietet und wir haben, seit ein, zwei Jahren, die türkische Markthalle, Freitagsmorgens, die die Idee der Medina, der Stadt verkörpert." (Ralf B., 51 Jahre, Rechtsanwalt: 1)

7 Moscheen im sozialräumlichen Kontext

Bis in die Neuzeit galten in Europa religiöse Einrichtungen wie Kirchen als zentrale Orte des gesellschaftlichen Lebens. Mit der Säkularisierung der Gesellschaft verloren diese Institutionen allmählich ihre Sonderstellung. Dennoch ist es in den europäischen Städten gerade den Kirchen als Bauwerken zu verdanken, dass sich (räumlich und sozial) multifunktionale Zentren entwickeln konnten, da sich um diese sakralen Bauten herum der Markt, die Handelshäuser, Hospitäler, Almosenhäuser und weitere öffentliche Bauten ansiedelten.[479]

Obwohl die Kirchen wesentlich von ihrer damaligen Bedeutung eingebüßt haben, sind sie heute für einen Teil der deutschen Bevölkerung immer noch zentrale Orte ihres alltäglichen Lebens, nicht zuletzt aufgrund der verschiedenen sozialen Angebote der christlichen Gemeinschaften. Neben diesen Einrichtungen haben sich – außerhalb des Blickfeldes der breiten Öffentlichkeit – in der deutschen Gesellschaft längst auch Moscheen etabliert, die ebenfalls für einen Teil der muslimischen Bevölkerung den Mittelpunkt ihres alltäglichen Lebens darstellen.

7.1 Moscheen in Deutschland

Obgleich diese islamischen Einrichtungen ein relativ neues Phänomen sichtbar machen, ist die Präsenz von organisierten muslimischen Gemeinden auf dem Gebiet der jetzigen Bundesrepublik nicht so neu, wie von der Öffentlichkeit angenommen.

7.1.1 Ein historischer Überblick

Die erste islamische Gebetsstätte lässt sich bis in das Jahr 1731 zurückverfolgen, als der preußische König Friedrich Wilhelm I. für die türkischen Soldaten, die in seinem Dienst standen, eine Gebetsstätte in Potsdam einrichten ließ. Dabei handelte es sich um einen Saal in der Nähe der Garnisonskirche, der entsprechend umgewandelt wurde.[480] In der zweiten Hälfte des selben Jahrhunderts entstand die so genannte Rote Moschee im Schlosspark von Schwetzingen. Die Errichtung dieser Moschee erfolgte im Auftrag des Kurfürsten Carl Theodor von der Pfalz in der Zeit von 1780 bis 1785.[481]

Auch in der ersten Hälfte des 20. Jahrhunderts lebten Muslime in Deutschland. Im Jahre 1914 ließ Kaiser Wilhelm II. für muslimische Kriegsgefangene aus dem Ersten Welt-

---

[479] Vgl. Volker Eichener, Stadt- und Regionalentwicklung, a.a.O., S. 2f.; Richard Senne, Fleisch und Stein. Der Körper und die Stadt in der westlichen Zivilisation, Berlin 1997, S. 219f.
[480] Vgl. Claus Leggewie/Angela Joast/Stefan Rech, Der Weg zur Moschee – eine Handreichung für die Praxis. Ein Projekt der Herbert-Quandt-Stiftung, Bad Homburg v.d. Höhe 2002, S. 26
[481] Vgl. Sabine Kraft, Islamische Sakralarchitektur in Deutschland. Eine Untersuchung ausgewählter Moschee-Neubauten, Münster/Hamburg/London 200, S. 55

krieg die Wünsdorfer Moschee bei Zossen/Berlin bauen, die aber bereits 1924 wegen Baufälligkeiten geschlossen werden musste und schließlich 1925/26 wegen Einsturzgefahr abgerissen wurde. Die heutige „Moscheestraße" und einige Soldatengräber erinnern noch an diese Zeit.[482]

In der Zwischenkriegszeit gab es zudem ein sehr aktives Gemeindeleben von muslimischen Akademikern und Geschäftsleuten in Berlin. Die NS-Diktatur und der Zweite Weltkrieg bedeuteten insgesamt aber einen folgenschweren Einschnitt für das muslimische Leben, das damals allmählich anfing, sich in Deutschland zu etablieren.[483]

7.1.2 Expansion durch Migration

Der Zuzug einer größeren Zahl von Muslimen nach Deutschland begann jedoch erst mit der Anwerbung der so genannten Gastarbeiter auch aus islamisch geprägten Ländern. Seit dem Beginn dieser Einwanderung vor über 40 Jahren hat ihre Zahl stetig zugenommen.

Die Zunahme der Moscheevereine ist ein Hinweis auf ihre Bedeutsamkeit für die türkischstämmigen Migranten. Deshalb ist bei der Untersuchung der größten Migrantengruppe und insbesondere beim Thema Integrationsförderung die Berücksichtigung dieser Einrichtungen unumgänglich. Allerdings ist anzumerken, dass die Bezeichnung „Muslim" eine Vielzahl an unterschiedlichen Haltungen und Einstellungen in sich birgt, die von praktizierenden bis nicht-praktizierenden Muslimen reicht, wobei letztere sich dennoch meist als Gläubige verstehen. Daneben gibt es noch einen eher kleineren dezidiert kemalistisch bzw. laizistisch orientierten Anteil, der sich weitgehend vom (praktizierten) Islam distanziert hat.[484] Ohne Rücksicht auf die verschiedenen Ausprägungen der Religiosität der Muslime wird ihre Zahl in Deutschland auf etwa 3 Millionen geschätzt, wobei mit ca. 2,1 Millionen den größten Teil Muslime aus der Türkei darstellen. Zählte man in der Volkszählung von 1997 ca. 1,7 Mio. Muslime, so ist in der Antwort auf die große Anfrage der CDU/CSU-Fraktion im Bundestag im Jahre 2000 bereits von 2,8 bis 3,2 Mio. Muslimen die Rede.[485] Dies zeigt den Anstieg und die Dynamik innerhalb dieser Religionsgruppe. Neben Muslimen aus dem ehemaligen Jugoslawien, Nordafrika und anderen islamisch geprägten Ländern steigt auch die Zahl der deutschen Konvertiten in der muslimischen Religionsgemeinschaft, deren Zahl bis zu 100.000 geschätzt wird.[486]

---

482 Vgl. Muhammad Salim Abdullah, Und gab ihnen sein Königswort: Berlin-Preussen-Bundesrepublik. Ein Abriß der Geschichte der islamischen Minderheit in Deutschland, Berlin 1987, S. 27; Monika u. Udo Tworuschka, Islam Lexikon, Düsseldorf 2002, S. 108
483 Thomas Lemmen, Islam, Gütersloh 2000, S. 90
484 Vgl. Zentrum für Türkeistudien, Türkische Muslime in Nordrhein-Westfalen. Endbericht zur Studie „Dialog mit einer neu etablierten religiösen Minderheit in NRW, türkische Muslime und deutsche Christen im Gespräch unter besonderer Berücksichtigung einer Bestandsaufnahme des christlich-islamischen Dialoges und der türkisch-islamischen Dachorganisation. Im Auftrag des Ministeriums für Arbeit, Gesundheit und Soziales des Landes Nordrhein-Westfalen, 3. Auflage Duisburg 1997, S. 8ff.
485 Antwort der Bundesregierung auf die Große Anfrage der Abgeordneten Dr. Jürgen Rüttgers, Erwin Marschewski (Recklinghausen), Wolfgang Zeitlmann, weiterer Abgeordneter und der Fraktion der CDU/CSU, Drucksache 14/2301, Islam in Deutschland, Deutscher Bundestag 14. Wahlperiode, Drucksache 14/4530, 08.11.2000, S. 5
486 Vgl. Mathias Rohe, Der Islam – Alltagskonflikte und Lösungen. Rechtliche Perspektiven., 2. Auflage Freiburg/Basel/Wien 2001, S. 61f.

7.1 Moscheen in Deutschland

Diese ungefähren Angaben über Muslime sind darauf zurückzuführen, dass Mitglieder dieser Religionsgruppe nicht ausreichend oder gar nicht registriert werden. Charakteristisch hierfür ist die Statistik der Stadt Duisburg, die neben den katholischen und evangelischen Einwohnern, die restlichen Konfessionen nur unter der Kategorie „Sonstige" zusammenfasst. Aus der Statistik der Stadt Duisburg geht beispielsweise für den untersuchten Stadtteil Hochfeld hervor, dass im Jahre 2003 2.762 (17,4%) Einwohner der evangelischen und 3.921 (24,7%) Einwohner der katholischen Konfession angehörten. Die drittgrößte Religionsgemeinschaft, die muslimische Bevölkerung ist nicht gesondert aufgeführt, sondern unter der Kategorie „Sonstige" zusammengefasst, zu der insgesamt 9.206 (57,9%) Personen zählen. Daher kann nur unter Berücksichtigung der Nationalitäten auf die Zahl der Muslime geschlossen werden. Für Hochfeld müsste man die Einwohner mit türkischer und marokkanischer Staatsangehörigkeit berücksichtigen, die zusammen 2903 Muslime ergeben. Zwar ist davon auszugehen, dass in den Ausländergruppen der ehem. Jugoslawen (Kosovo-Albaner, bosnische Muslime), Griechen (West-Thrakientürken) und Sonstigen auch Muslime vertreten sind, doch ihre Zahl lässt sich nicht eindeutig ermitteln.

Die fehlende Registrierung der Religionszugehörigkeit wird auch bei Personen mit deutscher Staatsbürgerschaft deutlich. Bei den deutschen Konvertiten wird beispielsweise lediglich ihr Austritt aus der Kirche verzeichnet, nicht aber ihre Zugehörigkeit zum Islam.[487] Des Weiteren kommt hinzu, „daß Standesämter und andere Institutionen höchst ungern einen Namenwechsel von einem christlichen zu einem islamischen Vornamen registrieren."[488] Aufgrund der Neuregelungen des Staatsbürgerschaftsgesetzes im Jahre 2000, ist jedoch zu erwarten, dass die Zahl der Muslime mit deutscher Staatsangehörigkeit erheblich zunehmen wird. Mit dieser Entwicklung wird sich auch der Islam endgültig in der Bundesrepublik „einbürgern". Allein im Jahre 2000 wurden 82.861 Türken und mehrere Tausend Personen aus anderen islamisch geprägten Ländern eingebürgert.[489] Bereits gegen Ende des Jahres 1999 lebten in der Bundesrepublik nach den Schätzungen des Zentrums für Türkeistudien 318.000 Deutsche mit türkischer Herkunft.[490]

Der Alltag für einen Teil der Muslime spielt sich im Wesentlichen in den Moscheevereinen ab. Das Zentrum für Türkeistudien stellte im Rahmen eines Projektes fest, dass von den im Projektzeitraum ermittelten 1.228 türkischen Selbstorganisationen die Moscheevereine mit 36,2% den größten Anteil unter den türkischen Vereinen darstellten.[491] In Deutschland existieren insgesamt weit mehr muslimische Gebetsstätten, nämlich über 2.500 Moschee-Gemeinden, die jedoch aufgrund ihrer baulichen Strukturen nicht immer als solche erkennbar sind. Von der so genannten Hinterhofmoschee bis zu ansehnlichen, repräsentativen Bauten mit Kuppel und Minarett – von denen bis zum Jahre 2000 bereits 66 in mehreren Städten errichtet worden waren – sind in zahlreichen Städten die unterschiedlichsten

---

487 Vgl. Peter Heine, Halbmond über deutschen Dächern. Muslimisches Leben in unserem Land, München 1997, S. 110
488 Siehe ebd., S. 110
489 Vgl. Die Beauftragte der Bundesregierung für Ausländerfragen (Hrsg.), Daten und Fakten zur Ausländersituation, Berlin 2002, S. 34
490 Vgl. Zentrum für Türkeistudien, Ab 1. Januar gilt das neue Staatsangehörigkeitsrecht. Pressemitteilung vom 30. Dezember 1999, Essen
491 Vgl. Hayrettin Aydin, Selbstorganisation von Migrant/innen in NRW – Situation und Perspektiven, in: Der Paritätische Landesverband Nordrhein-Westfalen e.V. (Hrsg.), Migrant/innen im Stadtteil. Lokale Perspektiven gegen soziale Ausgrenzung und Benachteiligung, Frankfurt am Main 1998, S. 59

Gebäudearten vorhanden.[492] Obwohl die meisten dieser Moscheevereine in überregionalen Verbänden organisiert sind, sind sie in ihren alltäglichen Vereinstätigkeiten weitgehend autonom.

Moscheen sind keine rein sakralen Einrichtungen, sondern nehmen parallel eine profane Funktion wahr. Der Begriff „Cami", der soviel wie „die Versammelnde" bedeutet, gibt diesen Sachverhalt eher wieder als die Bezeichnung „Mesjid" (Ort der Niederwerfung). Es sind Versammlungsstätten, in denen neben den täglichen Gottesdiensten verschiedene soziale Aktivitäten stattfinden. Moscheegemeinden sind zudem keine Körperschaften des öffentlichen Rechts im Sinne des Artikels 140 GG (i.V.m. Art. 137 WRV) und genießen somit nicht denselben Status wie die christlichen Großkirchen, obwohl der Islam gegenwärtig neben der katholischen und der evangelischen Kirche die drittgrößte Religionsgemeinschaft in der Bundesrepublik darstellt[493]. Dieser Rechtsstatus würde für die Integration der Muslime in Deutschland einen großen Beitrag leisten, denn dieser „gewährt seinen Nutznießern erhebliche Privilegien im Steuer- und Baurecht und bewirkt eine breite Anerkennung als ‚gesellschaftlich relevante Gruppe', die in sozialpolitischen und ethischen Fragen gehört wird und ggf. Zugang zu diversen Konsens-Runden und Proporz-Gremien hat."[494] Die deutsche Position zu diesem Sachverhalt ist dahin gehend, dass sie auf muslimischer Seite keinen Ansprechpartner sieht, sondern mit einer Vielzahl islamischer Organisationen konfrontiert ist. Jede dieser Organisationen beansprucht für sich selbst, die muslimische Bevölkerung in Deutschland zu repräsentieren.

7.1.3 Moscheen in Duisburg

Im Rahmen einer Untersuchung der Arbeiterwohlfahrt im Jahre 1997 wurden in Duisburg vierzig Moscheevereine gezählt.[495] Nach den eigenen Erhebungen von Thomas Schmitt stieg die Zahl im Jahre 1999 auf 41 Moscheevereine an.[496] Besonders in Stadtteilen mit einem hohen Anteil an Muslimen haben diese religiösen Einrichtungen ihren Standort. Allein in den Stadtteilen Bruckhausen, Marxloh und Hochfeld sind 18 Moscheen vorhanden.[497] Das bedeutet, dass sich fast die Hälfte aller Duisburger Moscheen in diesen Stadtteilen konzentriert. Alle drei Stadtteile wurden zugleich im Landesprogramm „Stadtteile mit besonderem Erneuerungsbedarf" gefördert.[498] Mit dieser Maßnahme soll eine nachhaltige Entwicklung der benachteiligten Wohngebiete erreicht werden.[499] Meist wird diese Inter-

---

492 Vgl. Kirchenamt der EKD 2000, Zusammenleben mit Muslimen in Deutschland. Eine Handreichung der Evangelischen Kirche in Deutschland. Gütersloh 2000, S. 111ff.; Murad W. Hofmann, Islam, München 2001, S. 101
493 Vgl. Muhammad Salim Abdullah, Was will der Islam in Deutschland? Gütersloh 1993, S. 19
494 Siehe Claus Leggewie, Auf dem Weg zum Euro-Islam? Moscheen und Muslime in der Bundesrepublik Deutschland, Bad Homburg v.d. Höhe 2002, S.13
495 Vgl. Projekt „Verstehen Lernen" (Hrsg.), Islam in Duisburg, Kooperationsprojekt der Arbeiterwohlfahrt Kreisverband Duisburg, Stadt Duisburg 1997, S. 17ff.
496 Vgl. Thomas Schmitt, Moscheen in Deutschland. Konflikte um ihre Errichtung und Nutzung, Deutsche Akademie für Landeskunde, Flensburg 2003, S. 60
497 Vgl. ebd., S. 61
498 Vgl. zur Situation in Duisburg/Marxloh die Studie von Thomas Rommelspacher (u.a.), „Marxloh" – Ansichten über einen Duisburger Stadtteil. Duisburger Beiträge zur Soziologischen Forschung, No. 2/1998
499 Vgl. Jens S. Dangschat, Residentielle Segregation – die andauernde Herausforderung an die Stadtforschung a.a.O., S. 34

vention jedoch erst in Gang gesetzt, wenn die Politik die Entwicklung in diesen Quartieren als „problematisch" einstuft. Diese Pauschalisierung verhindert aber eine differenzierte Wahrnehmung und führt zur Verkennung der endogenen Potentiale in den betroffenen Stadtteilen.[500] Zu diesen Potentialen zählen auch die Moscheevereine, deren Selbstcharakterisierung (Kapitel 5.6) bereits im Vorfeld der Untersuchung ihre vielfältigen Aktivitäten im Stadtteil erkennen ließ. Die insgesamt 719 Mitglieder in den Moscheevereinen lassen zudem auf die Zentralität dieser Einrichtungen schließen, wenn man diese Zahl in Relation zu der türkischstämmigen Population des Stadtteils setzt. Dieses rege Vereinsleben wird jedoch von Außenstehenden meist nicht registriert, weil sich zum einen alle Moscheen des Stadtteils in Hinterhöfen befinden und zum anderen gegenüber diesen Einrichtungen nach wie vor Vorurteile bestehen. In der subjektiven Landkarte der türkisch-muslimischen Bevölkerung dagegen haben sie einen zentralen Platz, wobei jeder Moscheebesucher diesen religiösen Einrichtungen eine andere, persönliche Bedeutung beimisst.

Die Vielfalt an Beweggründen eine Moschee aufzusuchen, ist darauf zurückzuführen, dass sie vielfältige Funktionen im Quartier erfüllen. Diese sollen im Folgenden näher vorgestellt werden. Nicht die Weltanschauung bzw. die religiös-politische Orientierung einzelner Moscheevereine ist Fokus dieser Studie, sondern der sozialräumliche Bezug und damit der konkrete Alltag in den Einrichtungen. In diesem Rahmen wird zunächst die Geschichte des ersten Moscheevereins im Stadtteil rekonstruiert, um auf diesem Wege ihren Entwicklungsprozess nachzuzeichnen. Mit der Historie des ersten Moscheevereins in Hochfeld soll zudem ein Beitrag zur Stadtgeschichte geleistet werden, da dieser Teil der Geschichte kaum archiviert ist. Noch lebt die erste Migrantengeneration, die wichtige Zeitzeugin der Gründungsphasen der Moscheen ist, unter uns. Daher sollte die Forschung von ihren Erinnerungen profitieren, um nicht nur für Duisburg, sondern auch für andere deutsche Städte diese Phase der Migration zu dokumentieren.

7.2 Das erste muslimische Gotteshaus im Quartier: Der Beginn des soziokulturellen Gemeinschaftslebens in Hochfeld

„Wir hatten damals nicht die Möglichkeit, unsere Religion auszuleben. In den Kellern der Heime haben wir gebetet. Es gab keine Moscheen, Vereine und so weiter. Erst seit 15, 16 Jahren haben die Moscheen in Hochfeld zugenommen. (Nihat U., 66 Jahre, Rentner: 1)

„Im Monat Ramadan haben wir in Hochfeld, entweder in den Kellern der Heime oder in den Dachgeschossen gebetet, in den Unterbringungsheimen von Berzelius oder Mannesmann in Huckingen. Zuletzt haben wir im Jahre 1974 eine Moschee angemietet, die Osmanlı Moschee. Das war damals eine ehemalige Kneipe, die wir in eine Moschee umbauten. Dort haben wir dann immer gebetet. Später hat die Milli Görüş einen Moscheeverein gegründet. 1984 wurde schließlich diese Diyanet Moschee eröffnet. Seit 1984 helfe ich in dieser Moschee aus, z.B. bei Bauarbeiten. Ich habe auch in der Bauphase der anderen später gegründeten Moscheen mitgeholfen. Ich habe dort auch körperlich gearbeitet. Auch wenn es nicht immer einfach war, unsere Religion auszuleben, so haben wir immer versucht, das Beste daraus zu machen."
(Nizamettin A., 62 Jahre, Rentner: 1)

---

500 Vgl. Viktoria Waltz, Migration und Stadt, best practice Beispiele in Nordrhein-Westfalen, in: Wolf-Dietrich Bukow/Erol Yildiz (Hrsg.), Der Umgang mit der Stadtgesellschaft. Ist die multikulturelle Stadt gescheitert oder wird sie zu einem Erfolgsmodell?, Opladen 2002, S. 147

Die ersten türkischen Migranten mussten bei ihrer Ankunft in Hochfeld die Erfahrung machen, dass in ihrem Stadtteil keine Moschee existierte. Sie trafen auf keine etablierten, festen ethnischen räumlichen und sozialen Strukturen im Wohngebiet, sondern schufen sie erst im Laufe der Quartiersgeschichte. Der Grund für den Einzug in den Stadtteil war die Arbeitsmöglichkeit in der Industrie. Für die Unterbringung der Arbeitsmigranten sorgten die Betriebe.[501] Wegen der Unterkunft in den schlecht ausgestatten Werksheimen und der sozialen und kulturellen Distanz zur Aufnahmegesellschaft war das Bedürfnis nach türkisch-religiösen Einrichtungen stark ausgeprägt. Ihre institutionelle Antwort auf die neuen sozialen, kulturellen sowie materiellen Herausforderungen in der Migrations- und Minderheitensituation sollte aber erst viele Jahre später erfolgen. Es war zunächst die Einwanderungsgesellschaft, in der die Pioniere migrierten, und nicht die Einwanderergesellschaft, die den „Kulturschock" hätte reduzieren und ihnen Anpassungshilfen hätte leisten können.

7.2.1 Unsichere politische Situation im Herkunfts- und Aufnahmeland

Da sowohl die Arbeitsmigranten selbst als auch der türkische Staat die Beschäftigung in der Bundesrepublik als temporär betrachteten, wurden seitens der türkischen Politik keine Maßnahmen zur Vermeidung oder Milderung der in der Migration entstehenden sozialen, kulturellen, wirtschaftlichen und gesellschaftlichen Probleme ihrer Landsmänner getroffen.[502] „Die fehlende politische Strategie machte sich bereits zu Beginn der Migration bemerkbar, als die türkische Regierung eine völlig passive Haltung einnahm und auf jeglichen Einfluß auf die Auswahl der Arbeitnehmer und der Entsendestaaten verzichtete. Sie erleichterte lediglich die Rahmenbedingungen zur Erfüllung der Wünsche und Bedürfnisse der westlichen Aufnahmestaaten."[503]

Kurz vor dem Beginn der Arbeitsmigration der ersten türkischen Arbeitnehmer nach Deutschland hatte das türkische Militär aufgrund sich zuspitzender innenpolitischer Krisen am 27.05.1960, zum ersten Mal in der Geschichte der jungen Republik interveniert. Durch diesen Staatsstreich versuchte das Militär, das offiziell bis zum 15.10.1961 an der Macht blieb, einen Modernisierungsprozess (fortschrittlich, sozial, demokratisch und offen für links) in der Türkei einzuleiten, um das Land aus der politischen wie wirtschaftlichen Krise herauszubringen. Nach diesem gelungenen Staatsstreich gab es jedoch im Laufe der Zeit immer wieder Putschversuche und Interventionsdrohungen, die das Misslingen dieser intendierten Politik dokumentieren.[504]

Der maßgebliche Wandel, den die erste militärische Intervention mit sich brachte, war die Neugestaltung des politischen Systems in der Türkei. Mit dem Militärputsch wurde im Jahre 1961 eine neue Verfassung beschlossen, die den türkischen Bürgern mehr Rechte und Freiheiten zur politischen Partizipation garantierte. Infolge dieser Veränderungen verschaffte sich das ab 1946 eingeführte Mehrparteiensystem stärker Geltung. Neue Parteien und

---

501 Aytaç Eryılmaz, Das Leben im Wohnheim, in: Fremde Heimat/Yaban, Sılan olur. Eine Geschichte der Einwanderung aus der Türkei/Türkiye'den Almanya'ya Göçün Tarihi, Essen 1998, S.171
502 Vgl. Ciğdem Akkaya/Yasemin Özbek/Faruk Şen, Länderbericht Türkei, Darmstadt 1998, S. 305
503 Ebd.
504 Vgl. Mevlüt Bozdemir, Armee und Politik in der Türkei, Frankfurt am Main 1988, S. 145ff.

Organisationen vom linken bis zum rechten Flügel wurden gegründet, und die ideologische Polarisierung der türkischen Gesellschaft in den 1960er Jahren nahm ihren Lauf.[505]

Im Kontext des eingeleiteten Modernisierungsprozesses versprach sich die Militärregierung mit der Entsendung von Arbeitskräften ins Ausland einen Devisentransfer in die Türkei und eine Forcierung der wirtschaftlichen Entwicklung durch die Rückkehr der qualifizierten Arbeitsmigranten.[506] Auf diesem Wege wollte man den Gewinn von Humankapital erreichen und gleichzeitig die Kosten für die Ausbildungen sparen. Überdies stellte die Arbeitsmigration für die Türkei eine Möglichkeit dar, den aus der wirtschaftlichen Misere resultierenden Sozialkonflikten entgegenzuwirken.[507] Eine Folge der Umstrukturierung der türkischen Wirtschaft zeigte sich im Agrarsektor (Automatisierung, Privatisierung), welcher die Lebensgrundlage der ländlichen Population beeinträchtigte und in dessen Folge die Menschen vom Land in die Großstädte migrierten.[508] Die Situation in den Großstädten bot wegen der Arbeitsmarktskrise auch keineswegs positive Zukunftsaussichten, so dass für viele Binnenmigranten erst das Anwerbeabkommen mit Deutschland neue berufliche Möglichkeiten eröffnete.[509]

Auch in der Bundesrepublik waren die türkischen Arbeitsmigranten mit einer unsicheren politischen Situation konfrontiert. Sie wurden nur unter Kosten-Nutzen-Gesichtspunkten betrachtet, so dass die ausländerrechtlichen Regelungen sich jahrelang nach diesem Kriterium orientierten. Die rechtlichen Rahmenbedingungen, die zu Beginn der Migration nicht ausreichend definiert waren, wurden erst mit dem 1965 in Kraft getretenen Ausländergesetz geregelt, welches jedoch an dem „Gaststatus" festhielt und damit den Migranten keine dauerhaften Rechte in der Bundesrepublik einräumte. Im Laufe der Migrationsgeschichte wurden den Migranten zwar durch die Gerichte gewisse aufenthalts- und arbeitsrechtliche Verbesserungen gewährt, doch die Politik war weiterhin bestrebt, sich in der Ausländerpolitik an dem Arbeitskräftebedarf zu orientieren und dementsprechend die Zahl der Migranten in Deutschland je nach Konjunktur auch zu reduzieren.[510]

Die ersten Arbeitsmigranten gingen somit von einem befristeten Aufenthalt in Deutschland aus. Ihre Rückkehrabsichten hatten somit zur Folge, dass nicht die sozialen und wirtschaftlichen Verhältnisse im Aufnahmeland als Vergleichsmaßstab für die eigene Lebensqualität Geltung hatten, sondern die Bedingungen im Herkunftsland.[511] Diese Einstellung hatte weitreichende Konsequenzen auf ihr Verhalten: „Sie akzeptierten eher als Deutsche sowohl schmutzige als auch besonders schwere Arbeit, machten mehr Überstunden, verzichteten auf einen ihrem Lohn entsprechenden Lebensstandard und Konsum, wohnten möglichst billig und zeigten an politischen und gewerkschaftlichen Aktivitäten

---

505 Vgl. Mehmet Ali Birand/Can Dündar/Bülent Çaplı, 12 Mart. Ihtilalin Pençesinde Demokrasi. Ankara 1994, S. 123ff.; Udo Steinbach, Geschichte der Türkei, München 2000, S. 44ff.
506 Vgl. Johannes-Dieter Steinert, Migration und Politik. Westdeutschland – Europa – Übersee 1945-1961, Osnabrück 1995, S. 305
507 Wolf-Dieter Hütteroth/Volker Höhfeld, Türkei, 2. Auflage Darmstadt 2002, S.26
508 Vgl. Hans-Günter Kleff, Die Bevölkerung türkischer Herkunft in Berlin-Kreuzberg – eine Bestandsaufnahme, a.a.O., S. 38ff.
509 Vgl. Zentrum für Türkeistudien, Türkei-Sozialkunde. Wirtschaft, Beruf, Bildung, Religion, Familie, Erziehung, 2. Auflage Opladen 1994, S. 153
510 Vgl. Hakki Keskin, Die rechtlichen und politischen Rahmenbedingungen der Einwanderung und die Grundlagen einer Zukunftsorientierten Einwanderungspolitik in der Bundesrepublik Deutschland, in: Sami Özkara (Hrsg.),Türkische Migranten in der Bundesrepublik Deutschland, Frankfurt am Main 1988, S.31ff.; Ulrich Herbert, Geschichte der Ausländerpolitik in Deutschland, a.a.O., München 2001, S. 202ff.
511 Vgl. Ulrich Herbert, Geschichte der Ausländerpolitik in Deutschland, a.a.O., S. 212

wenig Interesse."[512] Diese Einstellung hatte auch Konsequenzen auf die räumliche und soziale Organisation der türkischstämmigen Migranten. Trotz der Anwesenheit einer großen Zahl von Personen ähnlicher Sprache, Kultur und Orientierung zeigten sich die Migranten vorerst mit einfachen Lösungsalternativen zufrieden.

7.2.2 Provisorische Gebetsräume infolge temporärer Aufenthaltsabsichten

Vor diesem Hintergrund lebten die ersten Arbeitsmigranten nach ihrer Ankunft zunächst in Heimen, die sich durch ihre schlechte Wohnqualität auszeichneten. Diese Unterkünfte galten als bloße Schlafstellen, die keine besondere Identifikation mit dem Wohnraum boten. Die rigiden Hausordnungen machten das Wohnen dort nicht einfacher. So durften beispielsweise männliche Besucher nur bis zu einer bestimmten Uhrzeit bleiben, der Besuch von weiblichen Personen war dagegen ganz verboten.[513]

Diese erste Phase der Migration war gekennzeichnet durch mangelhafte Informationen über die Bundesrepublik und Anpassungsschwierigkeiten im beruflichen und sozialen Umfeld, wobei die Trennung vom sozialen Netzwerk in der Türkei, die Isolation, die sprachlichen Barrieren und die Umstellung auf andere Essgewohnheiten als besonders bedrückend empfunden wurden.[514] Das öffentliche und kulturelle Leben rückte in den Hintergrund, weil die minimalen, materiellen Ziele Priorität hatten.

> „Ich bin am 23.11.1973 nach Hochfeld gezogen. Ich habe mich rechts und links nach einer Moschee umgeschaut, habe aber keine gefunden. Zu den Freitagsgebeten sind wir nach Rheinhausen (Stadtteil) gefahren und haben dort in einem Raum gebetet, unter sehr schwierigen Umständen. Manchmal haben wir uns versammelt, wussten aber nicht, wo wir beten sollten. Da war auch niemand, der den ersten Schritt in Richtung Moscheegründung unternahm."
> (Osman C., 65 Jahre, Rentner: 7)

Die fehlende türkische Infrastruktur hielt die türkischen Migranten in Duisburg-Hochfeld allerdings nicht davon ab, damit zu beginnen, ihren religiösen Bedürfnissen nachzugehen. Die innerethnischen Kontakte innerhalb und zwischen den Wohnheimen, förderten ihre soziale Organisierung. So organisierten die Migranten beispielsweise Räumlichkeiten in angrenzenden Stadtteilen, die den Zweck einer Gebetsstätte erfüllten. Eine Zeit lang dienten auch diverse Räumlichkeiten wie Dachgeschosse bzw. Keller der Unterbringungsheime als Gebetsräume. Allerdings musste erst die Erlaubnis des Hausmeisters eingeholt werden, bevor der Raum umgestaltet werden konnte. Sprach sich das herum, kamen auch türkische Arbeiter, die außerhalb des Heimes wohnten. Eine Kirche im benachbarten Stadtteil Rheinhausen war bereits in der ersten Phase der Migration für die Duisburger Muslime eine wichtige Anlaufstelle. Mit der Hilfe eines türkischen Dolmetschers, der neben dem Hausmeister oft die wichtigste Person für die türkischen Migranten darstellte[515], wurden Bezie-

---

512 Ebd., S. 212
513 Vgl. Aytaç Eryılmaz, Das Leben im Wohnheim, in: Fremde Heimat/Yaban, Sılan olur. Eine Geschichte der Einwanderung aus der Türkei/Türkiye`den Almanya`ya Göçün Tarihi. Essen 1998, S. 175
514 Vgl. Maria Borris, Ausländische Arbeiter in einer Großstadt. Eine empirische Untersuchung am Beispiel Frankfurt, 2. Auflage Frankfurt am Main 1974, S. 68
515 Vgl. Aytaç Eryılmaz, Das Leben im Wohnheim, a.a.O., S.175

7.2 Das erste muslimische Gotteshaus im Quartier

hungen zur Kirche aufgenommen, um bei besonderen Anlässen wie dem Gottesdienst im Ramadan- bzw. Opferfest auch größere Gemeinderäume zur Verfügung zu haben.

„Als die erste Moschee noch nicht gegründet war, haben wir an den Festtagen in einem Konferenzraum einer Kirche in Rheinhausen die Gebete verrichtet. Ein Dolmetscher aus dem Bergwerk hat für uns die Vermietung dieser Räumlichkeit geregelt. Der Imam war jemand aus dem Kreis der Arbeiter. Im Keller des Heimes der Bundesbahn haben wir auch gebetet, auch im Ramadan. So haben wir versucht, hier und da den Islam zu leben. Nachdem heute alle Moscheen gegründet sind, pflegen wir auch Kontakte zur Kirche hier. Sie besuchen uns immer an unseren Feiertagen und wir besuchen sie an ihren Feiertagen. Falls wir mal ein Problem haben, suchen wir auch die Kirche auf. Mein größter Wunsch ist es heute, dass sich alle Muslime in Hochfeld zusammenschließen und ein islamisches Zentrum gründen. Eine Moschee mit Kuppel und Minarett mit Sportmöglichkeiten für unsere Jugendlichen und Vermittlungsstellen für Ausbildungswillige." (Nizamettin A., 62 Jahre, Rentner: 3)

Wie die provisorischen Gebetsräume, waren auch die Imame (Vorbeter) in diesen Einrichtungen nur eine behelfsmäßige Lösung, da es unter den Migranten keine qualifizierten Imame für die Leitung der Gottesdienste gab. Meist übernahmen Personen aus der Freundesgruppe die Rolle des Vorbeters. Diese Männer waren nicht als Imame ausgebildet und verfügten entsprechend nur über begrenztes religiöses Wissen, sie waren in der Regel nur sachkundiger in religiösen Angelegenheiten als andere in der Freundesgruppe.

7.2.3 Entwurzelung und religiöse Praxis

Unter den Migranten genossen die in religiösen Angelegenheiten kompetenteren Personen ein besonderes Ansehen und wurden deshalb – trotz fehlender Qualifikation – mit „Hodscha"[516] angesprochen. Die wenigen türkischen Migranten, die ein religiöseres Leben (z.B. tägliche Gebete, kein Alkoholkonsum) führten, wurden ebenfalls mit diesem Titel bezeichnet. Dies spiegelt die religiöse Bildung wieder, welche die meisten Migranten nur sporadisch und auf der Basis mündlicher Vermittlung von Glaubensinhalten in ländlichen Gebieten erhalten hatten. Entsprechend waren ihre Kenntnisse nur oberflächlich.

Dies gilt nicht nur für die religiöse Bildung, sondern gleichermaßen für die allgemeine Schulbildung, die in der Herkunftsgesellschaft aufgrund von Lehrermangel, schlechter Lehrerausbildung, fehlender Lehrinstitutionen, überfüllten Schulklassen und verkürzten Schulzeiten in den Dörfern nur mangelhaft stattgefunden hatte.[517] Diese Situation betrifft insbesondere den Süden und Osten der Türkei. Hier herrschten noch die Großgrundbesitzer, die ihre Bewohner zum Teil wie Leibeigene behandelten und ihnen kaum die Möglichkeit zur wirtschaftlichen und sozialen Emanzipation boten. Von der Zentralregierung in Ankara konnten die Bewohner dieser Gebiete ebenfalls keine Hilfe erwarten, da sie selbst die Region über Jahre hinweg vernachlässigte und damit eine soziale und wirtschaftliche Entwick-

---

516 Türkisch: religiöser Lehrer
517 Vgl. Maria Borris, Ausländische Arbeiter in einer Großstadt, a.a.O., S. 63f.

lung behinderte.[518] Die meisten von ihnen wurden erst in Deutschland vom Bauern zum Industriearbeiter.[519]

> „Diejenigen, die als Kind oder Jugendlicher im Islam unterrichtet worden waren, praktizierten ihre Religion auch in Deutschland. Das waren aber nur wenige. Wir nannten sogar diejenigen, die beteten, Hodscha. Also die Freunde, die zu dieser Zeit fünf Mal am Tag beteten, nannten wir schon Hodscha." (Nizamettin A., 62 Jahre, Rentner: 4)

Generell schien die religiöse Praxis der ersten Generation nicht stark ausgeprägt gewesen zu sein. Dieses Phänomen ist mit der Lebensphase der türkischen Migranten zu begründen, die in der ländlichen Türkei eng mit der religiösen Praxis verknüpft ist.[520] Junge Menschen unterlassen religiöse Verpflichtungen, um diese „Schulden" dann in einer späteren Lebensphase zu begleichen. „Man beginnt regelmäßig zu beten, um – wie man sagt – ‚nicht schuldig vor Gott zu sterben'. Zahlreiche alte Männer stehen morgens frühzeitig auf, um die Gebete nachzuholen, die sie in ihrer Jugend versäumt haben."[521]

Da die Arbeitsmigranten in jungem Alter einreisten und zudem ledig waren bzw. ihre Ehefrauen sich noch im Herkunftsland aufhielten, gingen einige türkische Migranten Beziehungen mit alleinstehenden deutschen Frauen ein. Dieses Verhältnis versuchten sie sehr diskret zu behandeln, um nicht von Landsmännern getadelt zu werden, vor allem nicht durch Verwandte, da die Gefahr bestand, dass ihr widriges Verhalten an Verwandte im Herkunftsland bekannt gegeben werden konnte. Türken, die kein traditionsbewusstes Leben führten, stellten ein schlechtes Beispiel dar. Durch den Konflikt zwischen ihrem Glauben und den „Verführungen" des alltäglichen Lebens in der Diaspora kam es nicht selten vor, dass man den religiösen Vorschriften zuwiderhandelte. Diese Migranten demonstrierten die mögliche Assimilationsgefahr in der Fremde, denn die religiöse Identität wurde sehr stark mit der nationalen türkischen Identität gleichgesetzt: „Der Türke ist Muslim".[522]

Durch die Migration waren die türkischen Arbeiter aus dem sozialen und kulturellen Zusammenhang ihres Herkunftslandes herausgerissen und befanden sich in einer neuen sozialen Situation, in der die Normen und Werte nicht mehr galten. Denn Migration bedeutet auch einen totalen Wechsel des sozialen und gesellschaftlichen Bezugssystems, so dass die mitgebrachten Wertvorstellungen Verhaltensnormen und Rollenmuster ihre gesellschaftliche und soziokulturelle Gültigkeit verlieren können.[523] Sie befanden sich sozusagen im „Freiland" und waren der starken sozialen Kontrolle, die sie aus ihren damaligen Wohnorten kannten, nicht mehr ausgesetzt. Dennoch repräsentierte ein Teil der Türken als Person die Tradition und übernahmen die Rolle des Sittenwächters. Dazu ein Bewohner:

> „Als wir nach Deutschland kamen, gab es viele Frauen, viele Alleinstehende, Witwen im Stadtteil. An jeder Ecke konnte man eine deutsche Frau finden, die alleinstehend war. Entweder nahmen sie einen Türken oder einen Italiener, also einen Ausländer zum Liebhaber. Die deutschen

---

518 Andreas Goldberg/Faruk Sen, Türken in Deutschland, München 1994, S. 12f.
519 Vgl. Hans-Günther Kleff, Vom Bauern zum Industriearbeiter. Zur kollektiven Lebensgeschichte der Arbeitsmigranten aus der Türkei, Ingelheim 1985
520 Vgl. Werner Schiffauer, Die Migranten aus Subay, Türken in Deutschland: Eine Ethnographie. Stuttgart 1991, S. 120ff.; Werner Schiffauer, Fremde in der Stadt. Zehn Essays über Kultur und Differenz, Frankfurt am Main 1997, S. 192
521 Werner Schiffauer, Die Migranten aus Subay, a.a.O., S. 144
522 Günter Seufert, Cafe-Istanbul, München 1997, S. 71
523 Vgl. Petrus Han, Soziologie der Migration, a.a.O., S. 178ff.

Frauen konnte man draußen oder in den Kneipen antreffen. Wenn man eine Frau treffen wollte, ging man in die Kneipe. (...) Weil die meisten Türken ledig waren, waren sie hinter den deutschen Frauen her. Die Angst, dass man von bestimmten Landsmännern gesehen wird, war natürlich auch vorhanden. Wir sind alle aus einem muslimischen Land gekommen, haben alle den 'Iman' (Glauben) gehabt, deshalb ist man rot angelaufen, wenn ein Landsmann jemanden mit einer deutschen Frau ertappte. Heute aber beten diese Leute fünf Mal am Tag."
(Bayram Ç., 58 Jahre, Rentner: 2)

7.2.4 „Osmanli Camii". Institutionalisierung der Normen und Werte aus der Herkunftsgesellschaft

Aufgrund der großen Nachfrage unter den Migranten sollte der Stadtteil nicht mehr lange ohne einen Moscheeverein verbleiben. Die Muslime in Hochfeld beschlossen schließlich eine Einrichtung zu gründen, um ihren religiösen Pflichten nachkommen zu können. Mit den geschilderten Notlösungen wollten sich die Pioniere des Stadtteils nicht mehr weiter begnügen. Nizamettin A. war der Erste im Stadtteil, der die anderen türkischen Muslime zu diesem Schritt animierte, ohne dabei zu ahnen, welchen wichtigen Prozess er im Hinblick auf die Entstehung der zukünftigen Kolonie einleitete. Durch sein Engagement und Organisationsgeschick fand die erste Gemeindegründung statt. Den notwendigen kommunikativen Unterbau für die Vereinsbildung bildeten die intensiven sozialen Beziehungen unter den Migranten in und zwischen den Heimen.

„Das war so. Wir hatten uns in einem Heim getroffen, um das Teravih-Gebet[524] zu verrichten. Aber niemand hatte sich getraut, die Rolle des Vorbeters zu übernehmen. Der Vater eines Freundes aus Zonguldak war zu Besuch, ein älterer Herr. Er sagte: ,Ich kann das zwar machen, aber wenn mir die Luft wegbleibt, muss das jemand anderes übernehmen.'. Daraufhin sagte ich: ,Wenn das immer so problematisch ist, warum gründen wir nicht eine Moschee. Bringt mir Stift und Papier.'. Dann fragte ich die Runde: ,Wie viel Geld könnt ihr entbehren?', und sammelte dann Spenden. Somit gründeten wir die erste Moschee, die Osmanli Moschee, als einen unabhängigen Moscheeverein, der keiner Organisation zugehörte. Die türkischen Arbeiter von der Bundesbahn und der Drahtfabrik haben einen großen Beitrag geleistet. Ich selber habe z.B. bei der Bundesbahn günstiges Holz für die Inneneinrichtung der Moschee erwerben können."
(Nizamettin A., 62 Jahre, Rentner: 5)

Mit der Unterstützung der türkischen Heimbewohner aus Hochfeld und den anderen Stadtteilen Duisburgs mieteten die Pioniere 1974 den ersten, als Moschee genutzten Gebetsraum im Stadtteil. In diesem Jahr ist auch die Phase der Familienzusammenführung in der ganzen Bundesrepublik eingeleitet worden, mit der zugleich die erste Phase der Anwerbung türkischer Arbeitsmigranten (1961 bis zum Anwerbestopp 1973) beendet wurde. Spätestens mit dem Anwerbestopp 1973 wurde den Migranten bewusst, dass die Rückkehrabsichten in die Herkunftsländer nicht so schnell wie geplant erfolgen würden. Eine Rückkehr in die Türkei würde eine „Re-Re-Migration" nicht mehr ermöglichen. Deshalb entschlossen sich die meisten Migranten zu einem längeren Verbleib, um ihre noch nicht verwirklichten Sparziele erreichen zu können.

---

524 Täglicher umfangreicher Gottesdienst in der Moschee während des Ramadan-Monats.

Mit diesem Beschluss wurde ein Konflikt zwischen ihren wirtschaftlichen Zielen und sozialen Verpflichtungen ausgelöst. Einerseits würde die Einreise der Familie die Lebenshaltungskosten erhöhen und die Rückkehrpläne in die Heimat hinauszögern, andererseits begannen die Migranten, die mit der länger anhaltenden Trennung von der Familie ausgelöste Entfremdung zu spüren.[525] So kam es, dass die verheirateten türkischen Migranten im Laufe dieser Phase sich dafür entschieden, ihre Familien nach Deutschland zu holen und die Zahl der türkischen Migranten in Deutschland auf diese Weise stetig zunahm. Ab dieser Phase setzte „ein Anpassungsprozess ein, der über die rein funktionale Anpassung im Arbeitsbereich hinausgeht."[526] Allmählich rückte auch das soziokulturelle Leben der türkischen Migranten in den Vordergrund. Dennoch hielten die Migranten vorerst an ihren Rückkehrabsichten fest und investierten weiterhin in der Türkei. „Diese Lebenslüge bedeutete vor allem, dass man sich nicht auf Deutschland einließ: Man arbeitete in Deutschland und lebte in der Türkei."[527]

Die desolate wirtschaftliche und politische Situation in der Türkei hat wesentlich zur Verlängerung des Aufenthalts in Deutschland beigetragen. So putschte das Militär am 12. März 1971 zum zweiten Mal infolge politischer Gewaltakte, die sich ab 1968/69 zugespitzt hatten. Die in diesem neuerlichen Putsch von den Militärs verfolgte Politik war konservativ, autoritär und ablehnend gegenüber linken Bewegungen.[528]

Nach der militärischen Intervention und der erneuten Übergabe der Macht an die politischen Parteien stabilisierte sich jedoch der wirtschaftliche und politische Zustand des Landes nicht. Neben der Zypernkrise im Jahre 1974 gingen die politisch motivierten gewaltsamen, bürgerkriegsähnlichen Ausschreitungen in der Türkei weiter und verstärkten sich gegen Ende der 1970er Jahre. Hunderte Menschen fielen dieser Entwicklung zum Opfer, so dass die politische Polarisierung der türkischen Gesellschaft voranschritt. Im Vergleich zu den 1960er Jahren existierte nicht mehr nur das klassische Rechts-Links-Schema, sondern es kristallisierten sich verschiedene politisch-religiöse Orientierungen und Parteien heraus. Schließlich intervenierte das Militär am 12. September 1980 zum dritten Mal.[529]

Die Regierungszeit der Militärs dauerte dieses Mal länger als bei den vorangegangen Putschen, und zwar bis zum 01.01.1984. Im gleichen Jahr nahm die Kurdische Arbeiterpartei PKK ihren bewaffneten Kampf gegen den türkischen Staat auf. Aufgrund dieses Konfliktes konnte das Militär seinen besonderen Status im System rechtfertigen, da es die Einheit der Türkei vor Separatisten zu schützten beanspruchen konnte. Dies führte gleichzeitig zu politischen Spannungen mit den Nachbarländern, die unter Verdacht standen, die Organisation zu unterstützen. Dadurch wiederum begann eine Phase der politischen Spannungen, die nicht nur in der Türkei, sondern auch in ganz Europa Einfluss auf die türkischstämmigen Migranten hatte. Es wurde ein Ethnisierungsprozess in Gang gesetzt, der das

---

525 Vgl. Werner Schiffauer, Migration und kulturelle Differenz. Studie für das Büro der Ausländerbeauftragten des Senats, Berlin 2002, S. 16f.
526 Siehe Annette Treibel, Migration in modernen Gesellschaften, a.a.O., S. 135
527 Werner Schiffauer, Migration und kulturelle Differenz, a.a.O., S. 17
528 Vgl. Gerhard Weiher, Militär und Entwicklung in der Türkei 1945-1973. Ein Beitrag zur Untersuchung der Rolle des Militärs in der Entwicklung der Dritten Welt, Opladen 1978, S. 148ff.; Mevlüt Bozdemir, Armee und Politik in der Türkei. Frankfurt 1988, S. 145ff.
529 Vgl. Abdurrahman Dilipak, Ihtilaller Dönemi, İstanbul 1991, S. 253ff.; Udo Steinbach, Geschichte der Türkei a.a.O., S. 49ff.

7.2 Das erste muslimische Gotteshaus im Quartier

Selbstbewusstsein und die Identität der türkischen Kurden, sowohl in der Türkei als auch im Ausland stärkte.[530]

Fast zeitgleich trat in Deutschland das sogenannte Rückkehrförderungsgesetz in Kraft, das die Reduzierung der Zahl der Migranten – insbesondere der Türken – zum Ziel hatte. Eine Maßnahme, die der neue Bundeskanzler Helmut Kohl vor seinem Amtsantritt ankündigte: „Die Zahl der türkischen Mitbürger muß vermindert werden."[531] Während mit der Erweiterung der Europäischen Union Arbeitsmigranten aus den Mitgliedstaaten eine wesentliche Verbesserung ihrer aufenthalts- und arbeitsrechtlichen Regelungen erfuhren, blieben diese für Personen aus den Nicht-EU-Ländern aus, so dass im Vergleich zu den privilegierten Migrantengruppen kein dauerhafter Aufenthalt garantiert und mithin eine Lebensplanung nach individuellen Erfordernissen nicht im gleichen Maße möglich war.[532]

Alle diese Entwicklungen, die ab 1974 einsetzten, sollten für die türkischen Migranten und den Stadtteil weit reichende Konsequenzen haben. Es ist sozusagen ein Wendepunkt in der Migrationsgeschichte, der einen wichtigen Schritt im Prozess der Niederlassung darstellt, in dessen Verlauf sich die Migranten stärker mit den Bedingungen des Aufnahmelandes auseinandersetzen mussten. Werner Schiffauer behauptet in diesem Zusammenhang, dass dieser bis heute nicht abgeschlossene Prozess keineswegs linear verläuft. Er kritisiert die These, dass sich die Migranten allmählich von ihrer Herkunftskultur lösen und nach drei oder vier Generationen endgültig die Kultur des Aufnahmelandes annehmen werden. Vielmehr geht er davon aus, „dass sich die Geschichte der Migration weit komplexer darstellt, nämlich als innerlich widersprüchlicher Prozess von Identifikation und Widerspruch, von Annehmen und Teilen der Kultur des Einwanderungslandes und einer bewussten Opposition dagegen."[533] Diese Identifikation und Opposition resultiert aus den positiven wie negativen Erfahrungen der „Außenseiter" mit dem Aufnahmeland. Einerseits wächst mit der zunehmenden Integration die Identifikation mit der Einwanderungsgesellschaft, andererseits entsteht mit der Distanzierung und Abwehr seitens der Etablierten eine Opposition, die nicht unbedingt mit der Ablehnung der Zivilgesellschaft gleichzusetzen ist, sondern eher zur einer selbstbewussten Identität beiträgt.[534]

Ein komplexer und paradoxer Prozess ist gleichermaßen in der Entwicklung der ethnischen Kolonie festzustellen. Zum einen ist es die Auseinandersetzung mit den politischen, wirtschaftlichen und sozialen Bedingungen des Aufnahmelandes, die einen Einfluss auf die Funktion der ethnischen Kolonie ausübt. Zum anderen waren es die Bedingungen der Herkunftsgesellschaft, die jahrelang diesen Prozess begleiteten und mithin das Geschehen in der Kolonie mitbestimmten, so dass dies die Migranten in ihrem ohnehin komplexen und schwierigen Prozess der Integration zusätzlich belastete. Dieser Prozess lässt sich exemplarisch am untersuchten Stadtteil darstellen. Wie bereits angemerkt, wurde das erste Gotteshaus erst 13 Jahre nach der ersten Anwerbung gegründet. Dies ist vermutlich darauf zurückzuführen, dass die Migranten, die größtenteils in den 1960er Jahren in die Bundesrepu-

---

530 Vgl. hierzu Birgit Amman, Kurden in Europa. Ethnizität und Diaspora, in: Carsten Borck/Eva Savelsberg/ Siamend Hajo (Hrsg.), Kurdologie, Band 4, Münster 2001, S. 186ff.
531 Frankfurter Rundschau 203, 3.9.1982 zit. nach Dieter Thränhardt, Einwanderungsland Deutschland – Von der Tabuisierung zur Realität, in: Ursula Mehrländer/Günther Schultze (Hrsg.), Einwanderungsland Deutschland. Neue Wege nachhaltiger Integration. Bonn 2001, S. 44
532 Vgl. Konstantin Lajios, Die allgemeine Situation ausländischer Familien in der Bundesrepublik, in: ders. (Hrsg.), Die ausländische Familie. Ihre Situation und Zukunft in Deutschland, Opladen 1998, S. 16
533 Werner Schiffauer, Migration und kulturelle Differenz, a.a.O., Berlin 2002, S. 15
534 Vgl. ebd., S. 15ff.

blik einreisten, bereits die anfänglichen Beschwerlichkeiten überwunden hatten und sich etwas heimischer im Aufnahmeland fühlten. Zudem hatte man bis zu einem bestimmten Grad die wirtschaftliche Situation im Vergleich zur ersten Zeit verbessert, so dass eine gewisse Sicherheit erreicht war. In den 1970er Jahren wuchs ferner das Interesse am Islam, wobei dies – neben globalen Entwicklungen (z.B. iranische Revolution) – wiederum im Zusammenhang mit der Familienzusammenführung steht, weil man sich über die religiöse Unterweisung der Kinder allmählich Gedanken machte.[535] Somit schuf nicht nur die Anwesenheit von muslimisch-türkischen Migranten im Stadtteil die Opportunitäten für die Moscheegründung, sondern vor allem die Aufenthaltsverlängerung in Deutschland. Die neuen Kontakte unter den Migranten einerseits und die Kettenmigration infolge der Familienzusammenführung andererseits, förderten das soziale Netzwerk der Migranten in Deutschland und somit die Koloniegründung.

Die Geschichte der Auswanderung zeigt, dass Gotteshäuser in der neuen Heimat mit zu den ersten Institutionen gehören, die gegründet wurden.[536] Dies ist auch auf die Religionsfreiheit des Aufnahmelandes zurückzuführen, die – im Gegensatz zum Herkunftsland, in dem unter Umständen mit Repression zu Rechnen war – den Einwanderern ein religiöses Gemeindeleben nach eigenen Vorstellungen ermöglichte.[537] Die errichteten Gotteshäuser markierten die Niederlassung der Migranten in der neuen Welt. Ihre Bedeutung nahm im Aufnahmeland sogar zu, so dass auch weniger religiöse Personen diese Einrichtungen frequentierten. Auch deutsche Kirchen waren für die eingewanderten deutschen Christen im 18. Jahrhundert in Nordamerika wichtige Zentren, weil sie verschiedene Funktionen erfüllten. So „sorgten sie für Beistand, gaben den Pionieren Selbstgefühl, halfen ihnen beim Einpendeln in den Rhythmus Amerikas und in neue gesellschaftliche Situationen, informierten und halfen, wo die neuen Möglichkeiten den Neusiedler zu erdrücken drohten."[538]

Bei den polnischen Vereinen, die gegen Ende des 19. Jahrhunderts im Ruhrgebiet gegründet wurden, ist ebenfalls diese Eingliederungshilfe festzustellen. Sie erfüllten im Zuge der staatlichen Germanisierungspolitik eine wichtige Ausgleichs- und Schutzfunktion, indem sie Möglichkeiten zur Befriedigung sozialer und religiöser Bedürfnisse boten und in diesen Schutzräumen die Erprobung und das Erlernen von neuen Verhaltensweisen in der fremden Umwelt ermöglichten. Dadurch wurde das polnische Nationalbewusstsein gestärkt und auf der Basis einer stabilen Identität ihre gesellschaftliche und politische Partizipation gefördert.[539]

Der erste Moscheeverein in Hochfeld sollte nach seiner Fertigstellung in Hochfeld ebenfalls eine ähnliche Funktion einnehmen. Für die Restaurierung des angemieteten Gebäudes, das damals als Gaststätte diente, beauftragten die Mitglieder wegen der hohen Kos-

---

535 Vgl. Jochen Blaschke, Islam und Politik unter türkischen Arbeitsmigranten, in: Jochen Blaschke/Martin van Bruinessen, Islam und Politik in der Türkei, Berlin 1989, S. 308
536 Vgl. Arthur Hertzberg, Shalom Amerika! Die Geschichte der Juden in der Neuen Welt, Frankfurt am Main 1996, S. 22f.
537 Vgl. Agnes Bretting, Mit Bibel, Pflug und Büchse: deutsche Pioniere im kolonialen Amerika, in: Klaus J. Bade (Hrsg.), Deutsche im Ausland – Fremde in Deutschland. Migration in Geschichte und Gegenwart, München 1992, S. 135ff.;Klaus J. Bade, Europa in Bewegung. Migration vom späten 18. Jahrhundert bis zur Gegenwart, München 2002, S. 17
538 Bernd G.Längin, GERMANTOWN – auf deutschen Spuren in Nordamerika, in: Wege und Wandlungen. Die Deutschen in der Welt heute, Schriftenreihe zu Fragen der Deutschen im Ausland, Band 3. Berlin/Bonn 1983, S. 30
539 Vgl. Ulla-Kristina Schuleri-Hartje/Paul von Kodolitsch, Ethnische Vereine. Teil 5 der Reihe Ausländische Arbeitnehmer und ihre Familien, Berlin 1989, S. 32f.

7.2 Das erste muslimische Gotteshaus im Quartier

ten keine Firma, die Gemeinde verrichtete die Arbeit stattdessen selbst. Personen mit handwerklichen Erfahrungen kamen der Gemeinde besonders zugute. Nach der Bewerkstelligung der Reparaturarbeiten sollten fortan die Gottesdienste in den Unterbringungsheimen und anderen Räumlichkeiten aufhören. Nun hatten sie selbst ein einfaches Gemeindehaus errichtet, mit dem man sich stärker identifizieren konnte als mit den provisorischen Gebetsräumen in den Sammelunterkünften. Hier fand man Trost und ein Stück Heimat. Damit wurden auch die Normen und Werte aus dem Heimatland institutionalisiert, so dass im untersuchten Stadtteil das erste Gotteshaus zu den ersten Strukturelementen im Entstehungsprozess der Kolonie zählte, noch bevor die meisten Arbeitsmigranten in reguläre Wohnungen einzogen und am öffentlichen Leben partizipierten.

> „Das war für uns eine Auffrischung, etwas Besonderes, als wir von nun an den Gottesdienst in dieser Moschee verrichteten. Wir haben zwar auch vorher außerhalb der Moschee gebetet, aber durch eine Moschee, später auch mit einem Imam, von dem wir auch viel lernen konnten, hat unser religiöses Leben eine andere Qualität gewonnen." (İsmet Ş., 65 Jahre, Rentner: 4)

Die Moschee entwickelte sich rasch zu einem wichtigen Zentrum im Stadtteil. Nicht nur Bewohner aus Hochfeld, sondern ebenso aus anderen Stadtteilen besuchten das neue Gemeindehaus. Der Stadtteil wurde attraktiver für die türkischen Migranten. Wenn man sich die kaum vorhandene ethnische Infrastruktur vor Augen hält, kann erahnt werden, welche Anziehungskraft dieser Verein damals hatte.

„In einem Raum von nicht mehr als 15 Quadratmetern hausen sechs türkische und griechische Gastarbeiter. Übereinander und eng zusammengerückt stehen die Betten; alle Männer liegen schon, obwohl es gerade erst halb neun ist. Aber was sollen sie in diesem Loch anders anfangen?"[540] Dieses Zitat gibt im Grunde die schlechten Wohnverhältnisse in den meisten Sammelunterkünften wieder. Da diese engen Wohnbedingungen das Bedürfnis nach Rückzugs- bzw. Freizeiträumen nicht erfüllten, förderten sie einen stärkeren Aufenthalt an öffentlichen Plätzen wie Bahnhöfen oder Straßen. Dadurch konnten sich die Migranten mit anderen Landsmännern aus verschiedenen Betrieben treffen und sich der zu eng empfundenen Kontrolle seitens des Heimleiters und anderer Heimbewohner entziehen.[541] Mit der Gründung des Moscheevereins hatte man eine religiös-kulturelle Begegnungsstätte geschaffen, die zugleich eine gewisse Emanzipation mit sich brachte. Für viele war es sozusagen die erste, eigene „Wohnung" in der Diaspora.

Durch die Zusammenkunft vieler Muslime konnten sich die Migranten in Hochfeld ausführlicher untereinander über diverse Themen austauschen. Neben dem Gottesdienst und der religiösen Unterweisung brachten sie dort vor allem amtliche Angelegenheiten zur Sprache, insbesondere Regelungen und Anträge hinsichtlich der Familienzusammenführung. Zudem organisierten die Migranten den Verkauf von geschächtetem Fleisch, so dass die Moschee auch diesen Mangel im Stadtteil kompensierte, ein besonders wichtiges Angebot für die damaligen Verhältnisse. Somit wurde ein Konflikt, der sich zwischen dem Glauben und den Zwängen des alltäglichen Lebens in der Fremde gebildet hatte, gemildert. Bereits in der Entstehungsphase der Moscheen im Stadtteil waren somit Ansätze einer Mul-

---

540 „Fremd- statt Gastarbeiter", Handelsblatt, 16.02.1967 zit. n. Ulrich Herbert, Geschichte der Ausländerpolitik in Deutschland, a.a.O., S. 215
541 Vgl. Helga Reimann, Die Wohnsituation der Gastarbeiter, in: dies./Horst Reimann, Gastarbeiter. Analyse und Perspektiven eines sozialen Problems, 2. Auflage, Opladen 1987, S. 176ff.

tifunktionalität zu erkennen, obwohl das Gründungsmotiv des Vereins zunächst nur religiös-kulturell war.

Dank dieser Selbstorganisation entstand das erste türkisch-muslimische Gemeindeleben im Stadtteil. Das Gemeindeleben trug hauptsächlich dazu bei, die Normen- und Wertvorstellungen aus dem Herkunftsland aufrecht zu erhalten. Im Hinblick auf die Folgen der Migration, die zur psychosozialen Instabilität[542] führen können, stellte der Verein Orientierungshilfe und Sicherheit dar, welche auch auf die weitere Lebensplanung in Deutschland Einfluss hatte. Die Moschee bot ein kulturelles Zentrum und einen emotionalen Fluchtort. Zudem stärkte diese Eigeninitiative das anfällige Selbstbewusstsein der türkischen Migranten, da sie ohne staatliche Zuschüsse – weder aus dem Herkunfts- noch dem Aufnahmeland – das Gotteshaus in der Diaspora selbstständig gegründet hatten.

An dieser Stelle ist anzumerken, dass in der Gründung des ersten Vereins ein türkischer Akademiker maßgeblich zur Organisation beitrug. Er gehörte angeblich einem Kontingent von türkischen Arbeitsmigranten an, das im Jahre 1973 – kurz vor dem Anwerbestopp – in die Bundesrepublik einreiste. Dies ging seiner Aussage nach auf eine einmalige Regelung des türkischen Staates zurück, wonach auch Akademikern eine Arbeitsaufnahme im Ausland gestattet wurde. Dadurch erhielten die weniger gebildeten Arbeitsmigranten des Stadtteils eine wichtige Unterstützung:

„Die Gründung der Moschee hat einen großen Wandel in Hochfeld hervorgerufen. Muslime aus allen Seiten und Ecken sind dort zusammengekommen und haben sich ausgetauscht, über Probleme gesprochen. Damals gab es immer Probleme mit Ämtern. Da waren auch Freunde, einer ist jetzt Arzt (Gesundheitsberater) in Rheinhausen, der hatte auch ein Export-Geschäft in dieser Moschee. Er war für die Türken in der Moschee eine große Hilfe. Er half uns bei den amtlichen Angelegenheiten hinsichtlich der Eintragung der Einrichtung in das Vereinsregister. Danach wurden die anderen Moscheen gegründet. Die Zahl der Muslime in den Moscheen nahm zu, weil hier alles Industriegebiet war. Als die Moscheen die notwendige Kapazität nicht mehr aufbrachten, wurden die anderen Moscheen gegründet. (...) Wir haben uns dort beraten z.B. über den Bezug von Fleisch. Dort haben wir auch Gruppen organisiert, die Fleisch besorgen sollten. Wir sind dann zu deutschen Schlachthöfen gegangen und haben uns erkundigt, ob eine Schächtung möglich ist. Das war eines der wichtigsten Anliegen von uns. Ich habe z.B. damals nie Fleisch aus den Läden gekauft, sondern bin immer selbst schlachten gegangen. Und heute? Heute ist es sehr gut, wie in der Türkei. Allein auf der Wanheimer Straße gibt es fünf bis sechs türkische Lebensmittelläden und 20 andere türkische Läden, wie in der Türkei."
(Nizamettin A., 62 Jahre, Rentner: 6)

Da die Moschee unabhängig war, gab es unter den türkischen Migranten keine politisch bzw. religiös bedingten Spaltungen. So besuchten auch Muslime anderer Nationalitäten den Gebetsraum, obwohl die Moschee nur türkischsprachig war. Primär der Selbsthilfecharakter der Moschee war relevant. Dennoch sympathisierten die Mitglieder in dieser Einheitsgemeinde mit den verschiedensten politischen und religiösen Richtungen im Herkunftsland. In dieser frühen Bildungsphase der Moscheen waren diese politischen Orientierungen jedoch nur von sekundärer Bedeutung.

„Natürlich, natürlich. Auch Muslime anderer Nationalitäten kamen in die Moschee. Es gab ja keine Alternative. Nur die Osmanli Moschee. So mit der Zeit hat sich die Gemeinde in zwei ge-

---

542 Petrus Han, Soziologie der Migration, a.a.O., S. 178ff.

7.2 Das erste muslimische Gotteshaus im Quartier

teilt, in vier geteilt und so hat die Zahl der Moscheen zugenommen. Trotz allem sind es Stätten, die uns den „Huzur" (inneren Frieden, A.d.V.) geben." (İsmet Ş., 65 Jahre, Rentner: 6)

7.2.5 Politisierung und Segmentation. Von der Einheitsgemeinde zu rivalisierenden Organisationen

Die Heterogenität der Herkunftskulturen und die Herkunftsrivalitäten spielten im Vergleich zur gemeinsamen Konfession im Aufnahmeland zunächst nur eine untergeordnete Rolle. Fehlende Sprachkenntnisse, unterschiedliche soziokulturelle, politische und religiöse Wertvorstellungen sowie die fremde Gesellschaftsstruktur der Aufnahmegesellschaft ließen zunächst die möglichen, aus unterschiedlichen politischen Orientierungen resultierenden Interessenkämpfe in den Hintergrund rücken. Dass aber diese Differenzen sehr wohl wirksam werden konnten, sollte sich durch die zukünftigen Entwicklungen zeigen, die den Fortbestand der Moscheegemeinde gefährdeten.

„Zuerst gab es nicht so etwas wie eine Spaltung unter uns. In Hochfeld, also die erste Moschee in Hochfeld, da kamen Araber hin, Türken kamen dort hin, einfach alle, denn es gab nichts anderes. Es gab einfach nichts. Danach hat sich das entwickelt und die Spaltungen sind eingetreten. Die Süleymancis haben sich getrennt, die aus Milli Görüs haben sich getrennt, die Nurcus haben sich getrennt. Alle haben sich getrennt." (Enver K., 65 Jahre, Rentner: 3)

Dass organisatorische Einheitlichkeit nur auf einer gemeinsam geteilten Grundlage stattfinden kann, ist am Beispiel der spanischen und griechischen Migrantenorganisationen erkennbar, die sich in ihrer Gründungsphase jeweils durch ihre Opposition zum Franco-Regime sowie zur Militärdiktatur in Griechenland auszeichneten. Nachdem diese Regimes ein Ende fanden, kam es zwar bei der spanischen Gemeinschaft in Deutschland auch zu Spannungen, doch die Interessenvertretung nach außen wurde dadurch nicht beeinträchtigt. Bei den griechischen Migranten führten die politischen Veränderungen dazu, dass ihre Vereine in Deutschland als Einheitsgemeinde weitergeführt wurden.[543] Die Bindekraft der Gemeinden beider Migrantengruppen nährte sich zwar durch ihre Opposition, doch nach dem Wandel traten keine außerordentlichen Konflikte auf. Insbesondere die griechischen Gemeinden verdichteten ihre Organisationsstrukturen, indem sie beispielsweise eigenethnische Schulen sowie bilinguale Kindergärten gründeten, die insgesamt zu einer großen Geschlossenheit der griechischen Gruppe führten.[544]

Der gemeinsame Bezugspunkt der türkischen Muslime im Untersuchungsstadtteil dagegen reichte nach der Familienzusammenführung aufgrund diverser politisch-religiöser Orientierungen für den Fortbestand der Gemeinde nicht weiter aus. Die politischen Entwicklungen im Herkunftsland machten vor der Moscheegemeinde keinen Halt. „Die Rekonstruktion des türkischen politischen Systems lieferte auch die Muster für das soziale Netz muslimischer Organisationen in der Emigration und für die Linien politischer Konflikte im türkischen Milieu"[545]. So spitzte sich die Artikulierung der politischen bzw. einer religiösen Orientierungen in der Hochfelder Gemeinde zu und somit die Frage über die

---

543 Vgl. Dietrich Thränhardt, Einwandererkulturen und soziales Kapital, a.a.O., S. 18ff.
544 Vgl. ebd., S. 21
545 Jochen Blaschke, Islam und Politik unter türkischen Arbeitsmigranten, a.a.O., S. 306

Zugehörigkeit zu islamisch-türkischen Verbänden bzw. politischen Parteien, die bereits im Herkunftsland existierten und miteinander konkurrierten. Die türkischen Nationalisten verfolgten das Ziel, die erste unabhängige Moschee als Basis für ihre politischen Aktivitäten zu nutzen und damit weitere Sympathisanten zu gewinnen. Die Süleymancis dagegen betonten eher den religiösen Aspekt[546]. Schließlich entschied eine Wahl in der Moschee über das weitere Schicksal der Gemeinde zugunsten der letztgenannten Gruppe.

> „Die Wahlen verliefen sehr problematisch. Der Hodscha hat versucht, die Leute zu beruhigen. Die 'Ülkücüler' (Nationalisten; A.d.V.) machten den Süleymancis den Vorwurf, dass sie auch Personen aus anderen Stadtteilen zu den Wahlen mitgebracht hätten. In der Moschee wurden die Adressen nicht kontrolliert, deshalb haben sie die Wahlen gewonnen. Wie gesagt, alles verlief in einer sehr angeheizten Atmosphäre." (Özel A., 55 Jahre, Heilpraktiker: 1)

Diese „strategische" Übernahme leitete einen Segmentationsprozess ein, der zur Gründung weiterer Moscheen im Stadtteil führte. Innerhalb von zwei Jahrzehnten entstanden weitere Moscheevereine, die verschiedenen islamischen Verbänden und Orientierungen angehören. Dieses Phänomen trat fast zeitgleich auch in anderen Städten Deutschlands in Erscheinung.[547] So versuchten die verschiedenen islamischen Verbände ab dem Anwerbestopp 1973 nicht nur die Lücke in der religiösen Betreuung der Migranten zu füllen, sondern auch gleichzeitig sie für ihre Ideen zu gewinnen.[548] Sobald die anderen Gemeindemitglieder in der Lage waren, neue Räume im Stadtteil zu erwerben und auch zu finanzieren, gründeten sie eigene Gemeinden. Diese Spaltung, bedingt durch die Politisierung der Gemeinden, beklagen die Gründungsväter der ersten Moschee im Stadtteil noch heute.

> „Wenn wir uns damals nicht getrennt hätten, hätten wir das Gebäude aufkaufen und somit vor dem Abriss retten können. Hätten sich die Muslime nicht getrennt, hätten wir heute viel größere Moscheen." (Yalçın K., 63 Jahre, Rentner: 5)

Als Ergebnis dieses Spaltungsprozesses zählt der Stadtteil heute sieben Moscheevereine und andere kleinere Treffpunkte mit religiösem Charakter. Sogar ein muslimisches Schülerwohnheim gehört seit einigen Jahren zur ethnischen Infrastruktur.

> „Es gab damals gar keine Moscheen. Wir haben einen Raum im Heim bekommen, den haben wir sauber gemacht, mit einem Teppich versehen. Dort haben wir gebetet, obwohl wir das auch nicht immer konnten. Aber heute? Heute wimmelt es Gott sei Dank von Moscheen. Man kann in jede beliebige Moschee gehen und in aller Bequemlichkeit dort beten."
> (Yılmaz G., 63 Jahre, Rentner: 7)

7.2.6 Kontinuität und Entfaltung der Religiosität. Die Moschee als Sozialisationsort

Durch die Moscheegründungen sind die Zeiten der „behelfsmäßigen Imame" vorbei. Ausgebildete Theologen aus der Türkei, die wiederum den verschiedenen Verbänden angehö-

---

[546] Unter den „Ülkücüler" gab es auch Personen, die für die „Süleymancis" stimmten, weil sie der Meinung waren, dass diese die religiöse Unterweisung der Kinder besser gewährleisten können als die Nationalisten.
[547] Vgl. Werner Schiffauer, Fremde in der Stadt, a.a.O., S. 191ff.
[548] Vgl. Erhard Franz, Säkularismus und Islamismus in der Türkei, in: Kai Hafez (Hrsg.), Der Islam und der Westen, Frankfurt am Main 1997, S. 139

7.2 Das erste muslimische Gotteshaus im Quartier

ren, sind als Imame in den Moscheen tätig. Die Aufnahmegesellschaft hat zwar die Gründung politischer Vereine begünstigt, indem sie die kulturelle und soziale Betreuung der türkischen Migranten nicht ausreichend gewährleistete, doch die religiöse Betreuung hätte sie nicht übernehmen können. Diese Aufgabe haben nicht-staatliche muslimische Verbände ab der zweiten Hälfte der 1970er Jahre übernommen, indem sie u. a. ausgebildete Theologen einstellten, die von den Gemeinden bezahlt wurden. Demgegenüber hat der türkische Staat erst 1982 mit der Gründung der DITIB-Organisation damit begonnen, staatliche ausgebildete Imame einzustellen, deren Tätigkeit von den türkischen Konsulaten in Deutschland koordiniert wird. Verschiedene Ziele wie die Kontrolle außerstaatlicher türkisch-islamischer Gemeinden, die Stärkung des Nationalbewusstseins der Migranten zur Anregung des abnehmenden Devisentransfers in die Türkei sowie die Harmonisierung der Religion mit der staatlichen Politik haben zur Gründung der DITIB beigetragen.[549]

Nach Meinung der DITIB-Anhänger hätte der türkische Staat bereits in der Anfangsphase der Migration Imame zur religiösen Betreuung nach Deutschland aussenden müssen, um so der Spaltung unter den türkischen Muslimen entgegenzutreten. Durch die verspätete Betreuung und Kontrolle seitens des türkischen Staates wurde die Pluralisierung unter den türkischen Muslimen erst ermöglicht.

„Jetzt haben wir, Gott sei Dank, Hodschas. Der türkische Staat hat erst seit einigen Jahren damit begonnen Hodschas, nach Deutschland zu senden. Und davor? Ich frage den Staat, wo war der Staat? Das hätte man vorher organisieren müssen. Auf 100 oder 200 Personen hätte man einen Hodscha entsenden müssen. Dann hätte man auch die gegenwärtige Spaltung verhindert. Heute besteht keine Aussicht mehr, dass sich die Organisationen vereinigen. Die Stadt Duisburg sagt: 'Verständigt euch und wir errichten für euch eine richtige Moschee mit einer Kapazität für 5000 Personen.'[550], aber die verschiedenen religiösen Gruppen einigen sich nicht."
(Osman C., 65 Jahre, Rentner: 8)

Mit dem Anwachsen der türkischstämmigen Bevölkerung in Hochfeld, nahmen auch die Besucherzahlen der verschiedenen Moscheevereine zu. So ist heute eine Zahl von 300 betenden Muslimen in einer Moschee an den Freitagsgebeten keine Seltenheit.

„Jetzt kommen noch mehr Menschen in die Moschee. Damals wurde die Moschee an dem Freitagsgebet kaum mit Besuchern gefüllt. Und heute? Heute sind die Moscheen an jedem Freitag überfüllt." (Nizamettin A., 62 Jahre, Rentner: 7)

Die religiöse Weiterbildung der Gemeindemitglieder der ersten Generation wurde erst durch die Errichtung von Moscheen möglich. Viele haben so die Gelegenheit zur Vertiefung ihrer religiösen Kenntnisse in Hochfeld erhalten. Diejenigen Türken, die vorher kein ausgeprägtes religiöses Leben führten, machten die Pilgerfahrt und dürfen sich „Haci"[551]

---

[549] Vgl. Hasan Alacacıoğlu, Außerschulischer Religionsunterricht für muslimische Kinder und Jugendliche türkischer Nationalität in NRW. Eine empirische Studie zu Koranschulen in türkisch-islamischen Gemeinden, Münster 1999, Zugl.: Münster (Westf.), Univ., Diss., 1998, S. 129f.

[550] Am 22. März 2005 haben in Duisburg/Marxloh der Ministerpräsident Peer Steinbrück, der Oberbürgermeister Adolf Sauerland, der Städtebauminister Dr. Michael Vesper und der Präsident des Instituts für Religiöse Angelegenheiten in Ankara Prof. Dr. Ali Bardakoglu den ersten symbolischen Spatenstich für den Bau einer Moschee (DITIB) im traditionellen Baustil mit Kuppel und Minarett vorgenommen.

[551] Mekkapilger

nennen. Mit anderen Worten: In Deutschland hat man den Islam erst richtig gelernt.[552] Die internalisierten religiösen Glaubensinhalte in der Herkunftsgesellschaft erfuhren im Aufnahmeland nicht nur eine Kontinuität, sondern eine Weiterentwicklung und eine stärkere Praxis:

> „Ich habe in der Türkei zwar auch etwas religiöses Wissen erworben, aber so richtig habe ich meine Kenntnisse in Deutschland entwickelt. Nach der Arbeit sind wir meistens zur Moschee gegangen und haben am Unterricht des Imams teilgenommen." (İsmet Ş., 65 Jahre, Rentner: 4)

Durch die Institutionalisierung der Religion wurde zudem die religiöse Bildung für die nachfolgenden Generationen gewährleistet. Diese findet heute in Form von Kursen an den Wochenenden und auch in den Schulferien statt. Zudem vermittelten diese Einrichtungen für die späteren Migranten des Stadtteils eine sprachlich und kulturell vertraute Umgebung, so dass die anfänglichen Schwierigkeiten, die mit der Migration verbunden waren, kompensiert wurden und immer noch werden. Sie hatten und haben es leichter als die Pioniere des Stadtteils.

> „Nur in unserer Freizeit konnten wir diesen Ort aufsuchen. Nachdem drei Jahre bis fünf Jahre vergingen, wurden in Hüttenheim und später in Bruckhausen Moscheevereine gegründet. Das hat sich dann so weiter entwickelt, bis heute. Heute ist das so, dass ich vor lauter Moscheevereinen nicht weiß, wie viele in Duisburg existieren. Damals hat man nicht die Möglichkeit gehabt, als Schüler in den Ferien einen Islamunterricht zu besuchen. Heute hat man diese Möglichkeit. An den Wochenenden hat man diese Gelegenheit. Wir hatten diese Möglichkeit nicht." (Haydar G., 66 Jahre, Rentner: 5)

7.2.7 Kulturelles Kapital aus der Herkunftsgesellschaft zur Unterstützung der Pioniere

Wie oben bereits bemerkt, leistete ein Akademiker seinen Landsleuten wichtige Hilfestellung in diversen amtlichen Angelegenheiten. Bei der Gründung religiöser Einrichtungen spielte er eine wichtige Rolle. Durch das große Bildungsgefälle zwischen dieser Person und den Arbeitsmigranten nahm er eine besondere Stellung in der Gemeinde ein. Er war Berater und Organisator zugleich.

Der konservative Akademiker war ab der Familienzusammenführung auch der Wegweiser bei der Anmietung regulärer Wohnungen in Duisburg. Dies führte dazu, dass im Laufe der 1970er Jahre die türkischen Migranten allmählich in bestimmte unattraktive Wohngebiete mit hohem Ausländeranteil zogen, aus Gründen des Zusammengehörigkeitsgefühls, der Nähe zum Arbeitsplatz, der bereits existierenden ethnischen Infrastruktur, der ablehnenden Haltung deutscher Vermieter gegenüber türkischen Mietsuchenden und des bemerkenswerten Sparverhaltens der türkischen Migranten, so dass sie auf komfortables Wohnen zunächst verzichteten. Für die Arbeitsmigranten in den Heimen des Stadtteils Hochfeld war es eben dieses Wohngebiet, in dem man eine Wohnung suchte und auch fand. Die schlechte Wohnsituation ist darauf zurückzuführen, dass die Rückkehrabsicht zu der

---

552 In den ländlichen Gebieten vermittelten die Eltern religiöses Wissen wie beispielsweise das Auswendiglernen von Versen aus dem Qu'ran meist nur mündlich. In Deutschland dagegen eignete man sich die Rezitation der arabischen Schrift an.

7.2 Das erste muslimische Gotteshaus im Quartier

Zeit noch fest in der Lebensplanung der Menschen stand.[553] So kam es, dass die türkischen Migranten allmählich „in großer Zahl von isoliert lebenden exotischen Heimbewohnern zu einem Teil der normalen Wohnbevölkerung"[554] des Stadtteils Hochfeld wurden.

> „Die Zeit zwischen 1965 bis 1973 war eine sehr dunkle Phase für die Türken in Deutschland. Die Türken dem Alkohol und den Frauen verfallen waren und nichts mit der Religion, ihrer Kultur zu tun hatten. Es gab nur wenige Leute, die die Religion praktizierten. Im Jahre 1973 hat der türkische Staat eine einmalige Regelung getroffen, in dem Akademikern aus dem technischen Bereich erlaubt wurde, als Arbeitsmigranten ins Ausland zu reisen. Es war so was wie Schicksal. Manche sind nach München gereist, andere nach Duisburg usw. In der Gruppe dieser Akademiker waren die meisten konservativ. Als wir nun in Deutschland eintrafen, machten wir die Erkenntnis, dass die Türken sich hier nur in den Kneipen aufhielten und ihre Familien bisher nicht nach Deutschland geholt hatten. Wir, also die gebildete Schicht, ließen uns überall in Europa nieder. Die einfachen Arbeitsmigranten dagegen waren ungebildet. Sie mussten nur gesund sein, körperlich stark sein, weil keine geistige Leistung von ihnen verlangt wurde. Erst mit unserer Ankunft ab 1973 wurden verstärkt religiöse Einrichtungen errichtet. Der Austausch zwischen den Türken in Deutschland und der Türken in der Türkei begann sozusagen ab 1973. Es kam zu einer unglaublichen Entwicklung in Europa. (...) Bis dahin hatte man auch die Familien nicht nachgeholt. Zudem existierte noch das Heim-System, weil die Türken nicht wussten, wie man eine reguläre Wohnung anmieten konnte. Sie wussten auch nicht, wie man einen Antrag zur Familienzusammenführung zu stellen hatte. Wir, also die Akademiker, lebten anfangs zwar auch in den Heimen, aber nur eine kurze Zeit. Wir holten sofort unsere Familien nach Deutschland und mieteten reguläre Wohnungen. Den einfachen Arbeitern empfahlen wir: 'Verlasst die Heime und mietet Wohnungen!', es vergingen keine fünf Jahre, bis die meisten Türken die Heime verließen und in Mietwohnungen einzogen. Deshalb schloss man die Heime bzw. man funktionierte sie in Mietwohnungen um. Was haben unsere Türken gemacht? Sie zogen meist mit mehreren Familien auf dieselben Straßen oder wie im Fall Hüttenheim in eine ganze Siedlung, nahe der Industrie. Und jede türkische Familie, die in eine Mietwohnung gezogen war, motivierte andere zu demselben Schritt." (Özel A., 55 Jahre, Heilpraktiker: 2)

Die Moscheen in Hochfeld haben somit wesentlich zum religiösen Leben der türkischen Migranten beigetragen. Migranten der ersten Generation, die während ihrer Einreise den Islam nicht praktizierten, führen heute meist ein religiöseres Leben. Durch die zweite und dritte Generation hat sich folglich auch die Altersstruktur in den Gemeinden gewandelt. Sie weist eine bessere Schul- und Ausbildungsqualifikation aus als die erste Generation und aus ihren Reihen hat sich auch eine türkische Mittelschicht entwickelt. Für sie stellt der Moscheeverein eine Sozialisationsinstanz dar, in der sie die Religion nicht nur erlernen, sondern zugleich – durch eine individuelle Auseinandersetzung mit den religiösen Schriften – ihre Kenntnisse vertiefen und diese zum Teil in einem neuen Licht interpretieren. Ursula Mıhçıyazgan bezeichnet dies als „Prozeß der Hochislamisierung".[555] Daher praktiziert ein

---

553 Vgl. Faruk Şen, Probleme der Lebenssituation ausländischer Familien aus der Sicht der Ausländer, in: Uwe Andersen u.a. (Hrsg.), Ausländer in der Bundesrepublik Deutschland – Gastarbeiter oder Einwanderer? Zeitschrift Politische Bildung – Beiträge zur wissenschaftlichen Grundlegung und zur Unterrichtspraxis, Jahrgang 19/1986, Heft 1, S. 50
554 Siehe Mathilde Jamin, Fremde Heimat, a.a.O., S. 161
555 Ursula Mıhçıyazgan, Die religiöse Praxis muslimischer Migranten. Ergebnisse einer empirischen Untersuchung in Hamburg, in: I. Lohmann/W. Weiße (Hrsg.), Dialog zwischen den Kulturen. Erziehungshistorische und religionspädagogische Gesichtspunkte, Münster/New York 1994, S. 201

Teil der Jugendlichen die Religion bereits in einer früheren Lebensphase als die Elterngeneration.

> „So wie ich das sehe, leben vielmehr Türken ihre Religion als früher. Wir waren damals ungefähr 35 Jahre, 40 Jahre alt. Heute machen bereits die 18jährigen, 23jährigen die „Hadsch" (Pilgerfahrt nach Mekka; A.d.V.). Wir haben viele junge Freunde, Schüler, die bereits Haci sind."
> (Bayram Ç, 58 Jahre, Arbeitslos: 2)

Da viele Kinder sozusagen in das Moscheeleben hineinwachsen, weil ihre Väter und auch schon ihre Großväter die Moschee mit aufbauten, ist auch eine starke soziale Identifikation mit dem Verein zu erkennen. Diese Identifikation hat eine generationenübergreifende Beständigkeit:

> „Diese Moschee ist ein wichtiger Punkt in meinem Leben. Ich kenn die Moschee schon seit meiner Kindheit und habe sehr viel Zeit hier verbracht, habe meine Koranschule hier besucht und seitdem bin ich hier in verschiedenen, sämtlichen Veranstaltungen dabei. Bei Aktivitäten mit dabei, die dazu beitragen, dass die Jugendlichen, die Eltern zusammenkommen, zu verschiedenen Festen, zusammenkommen, um zu beten. Bei vielen derartigen Angelegenheiten bin ich auch dabei." (Sezai A., 31 Jahre, Assistenzarzt: 1)

Die erste Moschee war eine wichtige Einrichtung, die für den Nachzug weiterer türkischer Migranten bedeutend war. Während für die Pioniere des Stadtteils der Einzug ungeplant erfolgte, ist der spätere Nachzug von Migranten wesentlicher geordneter abgelaufen. Sofern die Neuankömmlinge des Stadtteils auch Moscheen frequentieren, schlossen sie sich je nach Wunsch einer der verschiedenen Gemeinden an. Dass die heutigen Moscheen ihren Standort in Hochfeld haben, wird auch von den nachfolgenden Generationen gutgeheißen. Die Nähe zum Wohnort begünstigt das Besuchsverhalten und den Gewinn neuer Gemeindemitglieder:

> „Es hat Vorteile, dass die Moschee sich in unmittelbarem Umfeld meiner Wohnung befindet, weil ich sie jederzeit besuchen kann. Ohne ein Transportmittel zu benutzen, komme ich spazierend zur Moschee. Wenn die Moschee jedoch in Stadtteilen wie Duissern oder Buchholz oder Sittardsberg wäre, würde ich nur jeden Freitag bzw. noch seltener als jetzt hingehen. Deshalb ist es ein großer Vorteil für uns, dass die Moschee in diesem Gebiet ist. (...) Hier leben, glaube ich, so zehn- bis zwanzigtausend Türken, meist Muslime. Deshalb ist es wichtig, einen Ort zu haben, wo man den Gottesdienst verrichten kann. Die Moscheen sind wichtige Orte. Hier hat man die Möglichkeit, sich zu treffen, sich kennen zu lernen. Es sind wichtige Orte, wo die Kinder, die Enkelkinder und die kommenden Generationen etwas lernen können. Deshalb sollten unsere Landsmänner die Moscheen sowohl materiell als auch geistig unterstützen."
> (Mustafa Z., 43 Jahre, Arbeiter: 1,2)

Auch für Imame aus der Türkei, die einen begrenzten Aufenthalt in der BRD haben und somit über keine ausreichenden Deutschkenntnisse verfügen, ist der Standort der Moschee in einer türkisch geprägten Umgebung sehr nützlich zum Einleben in ein zunächst fremdes Umfeld.

> „Wie ich bereits schon gesagt habe, leben in Hochfeld viel mehr Türken als in anderen Stadtteilen. Wenn ich nach draußen gehe und jemandem begegne, kann ich ‚Selam´un Aleykum' sagen und mich zu ihm setzen und trinke mit ihm eine Suppe oder ein Tee und höre mir das Anliegen

der Menschen an, auch was die Beziehung zwischen Türken und Deutschen angeht. Ich höre mir die Probleme der Menschen an, und das ist sehr vorteilhaft für mich. Wenn ich kann, helfe ich auch den Menschen." (Mustafa H., 53 Jahre, Imam: 2)

So haben sich seit der Gründung der ersten unabhängigen Gemeinde verschiedene Moscheevereine im Stadtteil etabliert. Durch die Moscheengründungen erfuhren die Migranten Gruppensolidarität und Selbstbewusstsein, die wichtige Voraussetzungen für ihre aktive gesellschaftliche und politische Partizipation darstellen. Auf diese Weise wird eine schrittweise Integration in die Mehrheitsgesellschaft erst möglich.

7.3 Zwischen Idealismus und lokalem Zwang: Moscheen als multifunktionale Zentren im Wohngebiet

„Wir haben den Standort Hochfeld deshalb gewählt, weil ein großer Teil unserer Freunde in Hochfeld wohnte. Wir haben auch den Stadtteil Wanheim im Visier gehabt. Da wir aber die Räumlichkeiten in Hochfeld fanden, gründeten wir den Verein dort. Durch die Gründung des Vereins haben vor allem unsere Mitglieder, die in Hochfeld wohnten, profitiert. Jeder von ihnen hat sich soweit religiöses Wissen angeeignet, dass sie nun ohne auf einen bezahlten Imam angewiesen zu sein, ihre Gebete alleine verrichten können. Auch durch die verschiedenen Veranstaltungen zum Thema islamische bzw. türkische Geschichte und türkische Literatur haben sich die Mitglieder fortbilden können. Deshalb verstehen wir diesen Ort nicht als ein Café oder nur als eine weitere Moschee im Stadtteil, sondern als eine Schule, als eine Universität, ein Gymnasium." (Rahmi H., 46 Jahre, Lehrer: 2)

„Also die Moschee hier, das ist so, wenn ich zu Hause bin, langweile ich mich, aber wenn ich hierhin komme, dann empfinde ich Frieden. Ich bin glücklich hier für die Moschee zu dienen. Ich habe beispielsweise seit der Gründung der Moschee immer bei den Bauvorhaben körperlich gearbeitet. Ich mache das noch heute und werde bis zu meinem Tod für die Gemeinde weiterarbeiten. (...) Als wir noch gebaut haben, bin ich zum Morgengebet gekommen und erst nach dem Nachtgebet nach Hause gegangen. Durchgehend." (Nizamettin A., 62 Jahre, Rentner: 11)

In der Entwicklung der Moscheengemeinden spielen seit ihrer Gründung Faktoren wie die Entwicklungen im Herkunfts- und Aufnahmeland eine Rolle, die außerhalb der Einflussmöglichkeiten der Migranten liegen. Die staatliche Migrantenpolitik, die sich durch überwiegend restriktive Regelungen auszeichnete, erschwerte es den Migranten, in der BRD eine längerfristige Perspektive zu entwickeln. In Deutschland wurde jahrelang im Parteienwettbewerb die Ausländerdebatte instrumentalisiert, um auf diesem Wege Wählerstimmen zu gewinnen. Dazu gehören u. a. organisierte Kampagnen gegen die türkische Migrantengruppe nach 1980 und das Schüren von Ausländerfeindlichkeit seitens rechtsorientierter Politiker.[556] Mit der Zunahme der Asylsuchenden, Flüchtlinge und politisch Verfolger ab ca. Mitte der 1980er Jahre gerieten allmählich die bis dahin erfolgten Fortschritte in der Integration aus dem Blickfeld, und es traten zunehmend rassistische Ressentiments in den Vordergrund.[557]

---

56 Vgl. Steffen Angenendt, Deutsche Migrationspolitik im neuen Europa, Opladen 1997, S. 101; Dieter Thränhardt, Einwanderungsland Deutschland – Von der Tabuisierung zur Realität, in: Ursula Mehrländer/Günther Schultze (Hrsg.), Einwanderungsland Deutschland. Neue Wege nachhaltiger Integration, Bonn 2001, S. 43ff.

57 Vgl. Konstantin Lajios, Die allgemeine Situation ausländischer Familien in der Bundesrepublik, a.a.O., S. 15

Eine wirkliche Integrations- bzw. Einwanderungskonzeption wurde nicht vorgelegt, trotz der starken Zuwanderung nach dem Zweiten Weltkrieg, die zwar politisch geduldet und sogar gefördert, aber nicht als Einwanderung anerkannt wurde[558]. Diese Konzeptionslosigkeit war es schließlich, welche die damalige Ausländerbeauftragte Liselotte Funcke 1991 dazu veranlasste, aus Protest zurückzutreten.[559] „Statt auf Integration und die politische wie rechtliche Gleichstellung aller Einwohner des Landes zu setzen, verfiel die herrschende Politik in völkische Überfremdungsparolen wie die vom vollen Boot und von der ‚Schicksalsgemeinschaft' des deutschen Volkes. Manchmal wurde gar der – fruchtlose – Versuch unternommen, den Gastarbeiterstatus wiederherzustellen. Das Ausländerrecht blieb trotz aller Neuerungen im Kern integrationsfeindlich."[560] Mit dieser Politik wurde den Migranten in Deutschland signalisiert, dass sie sich nicht als Einwanderer verstehen sollten. Erst durch das neue Staatsangehörigkeitsrecht ist in dieser Hinsicht ein Paradigmenwechsel festzustellen.

Andererseits bot die Herkunftsgesellschaft nach der Familienzusammenführung und dem Rückkehrförderungsgesetz[561] nie einen wirklichen Anreiz für eine Rückkehr. Die politischen Entwicklungen des Landes sorgten nicht nur in den 1980er, sondern auch in den 1990er Jahren weiterhin für Schlagzeilen. Neben der andauernden Kurdenfrage, konfessionell motivierten Auseinandersetzungen und außenpolitischen Konflikten[562] zeichnete sich dieses Jahrzehnt außerdem durch einen postmodernen Putsch (Absetzung der Regierung Necmettin Erbakans) aus.[563] Zudem gaben die wirtschaftlichen Entwicklungen keine Aussicht auf Besserung. So wurde die Türkei im Frühjahr 2001 durch eine Finanz- und Wirtschaftskrise erschüttert, die weitreichende Folgen für die Gesellschaft hatte.[564]

Darüber hinaus spielt die mit dem längeren Aufenthalt entstandene soziale Entfremdung von der Herkunftsgesellschaft eine Rolle, die eine Integration der Rückkehrwilligen erschwert. Dies betrifft insbesondere die zweite und dritte Generation, deren Sozialisation in Deutschland stattfand.[565] Hin- und hergerissen zwischen den politischen, sozialen und wirtschaftlichen Entwicklungen der Herkunftsgesellschaft und der Migrantenpolitik des Aufnahmelandes, sind die Moscheegemeinden dennoch im Begriff, sich stärker den alltäglichen Anforderungen des Stadtteils anzupassen.

Werner Schiffauer teilt die Entwicklung der Moscheegemeinden in Deutschland in drei Phasen ein, die auch für diese Untersuchungsergebnisse angenommen werden können. 1970 bis 1985 war die erste Phase in dieser Entwicklung, in der sich der Islam in Deutschland etabliert hat. Diese Phase zeichnet sich durch Moscheegründungen, Konkurrenz zwi-

---

558 Vgl. Norbert Wenning, Migration in Deutschland. Ein Überblick, Münster/New York 1996, S. 128ff.
559 Vgl. Maren Bettina Lipps, Niederlassungsrechts und Unionsbürgerschaft für Drittstaater in der Europäischen Union? Eine vergleichende Studie zur Aufenthaltsverfestigung in Deutschland, Frankreich und Großbritannien, Baden-Baden 1999, Zugl.: Berlin, Freie Univ., Diss., 1998, S. 73
560 Cem Özdemir, Currywurst und Döner. Integration in Deutschland, Bergisch Gladbach 1999, S. 192f.
561 Bernhard Santel/Albrecht Weber, Zwischen Ausländerpolitik und Einwanderungspolitik: Migrations- und Ausländerrecht in Deutschland, in: Klaus J. Bade./Rainer Münz (Hrsg.), Migrationsreport 2000. Fakten - Analysen – Perspektiven, Frankfurt am Main 2000, S. 109ff.
562 Vgl. Udo Steinbach, Die Außenpolitik der Türkei, in: Hans-Georg Wehling (Hrsg.), Türkei. Politik – Gesellschaft – Wirtschaft, Opladen 2002, S. 179ff.
563 Vgl. hierzu Hulki Cevizoğlu, 28 Şubat. Bir Hükümet nasıl devrildi, Istanbul 1998
564 Vgl. Heinz Kramer, Die Türkei im Prozess der „Europäisierung", in: Aus Politik u. Zeitgeschichte. Beilage zur Wochenzeitung: Das Parlament, 9. August 2004, S. 16; Brigitte Moser/Michael W. Weithmann, Die Türkei. Nation zwischen Europa und dem nahen Osten, Regensburg 2002, S. 330ff.
565 Wolf-Dieter Hütteroth /Volker Höhfeld, Türkei, a.a.O., S. 25

schen den Gemeinden, feindliche Moscheeübernahmen und Spaltungen aus. In der zweiten Phase, die ab der Mitte der 1980er Jahre einsetzt, beginnt eine Konsolidierung, in der die großen türkisch-islamischen Dachverbände weitgehend die Kontrolle über ihre Gemeinden sicherstellen. In diesen beiden Phasen ist der Fokus der Gemeinden primär auf die Politik der Herkunftsgesellschaft gerichtet. Ab Mitte der 1990er beginnt die dritte Phase, in der sich ein Diaspora-Islam entwickelt. Nicht mehr die Orientierung an der Herkunftsgesellschaft, sondern die Auseinandersetzung mit den Problemen der türkischen Muslime in Deutschland rückt in den Vordergrund. Dabei entwickeln sich eigene Positionen in der Interaktion mit der deutschen Öffentlichkeit.[566] Dieser Orientierungswechsel in der dritten Phase ist nicht das Ergebnis einer Politik, die von oben, d.h. von den großen Dachorganisationen ausgeht. Es ist sozusagen eine Entwicklung von unten festzustellen, auf der Basis einer stabilen Identität und durch die Herausforderungen des Alltags in den verschiedenen Sozialräumen, die sich auf die Ausweitung der Funktion der Moscheevereine auswirken. Dies gilt auch für den untersuchten Stadtteil, in der die Gemeinden sich stärker auf die Folgen der sozialräumlichen Deprivation konzentrieren. So auch die untersuchten Moscheevereine in Hochfeld.

Die Moscheen in Hochfeld gehören heute für einen Teil der türkischen Bewohner zum festen Bestandteil ihres Lebensalltags in der ethnischen Kolonie. Sie haben sich seit der Gründung der ersten Gebetsstätte im Stadtteil zu gut organisierten soziokulturellen Zentren entwickelt, wobei jede Einrichtung unabhängig von den anderen existiert. Jede Einrichtung hat ihren eigenen Mitgliederkreis mit interner Rollenzuteilung (Vorstand, Imam, Hausmeister, Nachhilfelehrer usw.). Diese Sozialvernetzung in der ethnischen Kolonie verspricht sowohl eine höhere Problemlösungsfähigkeit der Einrichtungen als auch einen besseren Zugang zum öffentlich-politischen Leben in der Aufnahmegesellschaft, der durch die kommunalpolitische Aktivität der Gemeindemitglieder realisiert wird. Allerdings ist die interne Kohäsion durch die Separierung in verschiedene Organisationen und durch die Konkurrenz zueinander nicht stark genug, um eine politische Durchsetzungskraft zu besitzen.

Trotz der Zugehörigkeit der Moscheevereine zu den großen türkisch-islamischen Dachverbänden agieren sie im lokalen Sozialraum relativ selbstständig. Der Besuch bzw. die Mitgliedschaft von Personen in einem der diversen Moscheevereine ist nicht zwangsläufig auf die Sympathie bzw. Identifikation mit dem jeweiligen Dachverband zurückzuführen, vielmehr tragen verschiedene Faktoren dazu bei. Zwar ist die Nähe der religiösen Einrichtungen zur eigenen Wohnung einer der entscheidenden Gründe, diese zu besuchen, jedoch ist der Freundeskreis ebenfalls bestimmend, so dass einige Migranten sogar aus anderen Stadtteilen anreisen, obwohl in dem eigenen Wohngebiet bereits ein Moscheeverein existiert:

„Ich komme aus Duissern. Ich kaufe immer eine Monatskarte und fahre jeden Tag mit der Bahn hier hin. (...) In Duissern ist zwar jetzt auch eine Moschee eröffnet worden, aber weil meine Arbeitskollegen, meine Freunde hier hinkommen, besuche ich diese Moschee."
(Nihat U., 66 Jahre, Rentner: 3)

---

[66] Vgl. Werner Schiffauer, Muslimische Organisationen und ihr Anspruch auf Repräsentativität: Dogmatisch bedingte Konkurrenz und Streit um Institutionalisierung, in: Alexandre Escudier (Hrsg.), Der Islam in Europa. Der Umgang mit dem Islam in Frankreich und Deutschland, Göttingen 2003, S. 147

Die verschiedenen Gemeinden sehen sich als Teil der Umma (islamische Gemeinschaft), aber jede Moschee ist dennoch für sich gesehen ein Kollektiv, in dem ein spezifisches Gemeinschaftsgefühl vorherrscht. Die täglichen Gebete in diesen Einrichtungen, die zugleich eine soziale Ordnung der Gleichheit ausdrücken, wirken identitätsstiftend und stärken zudem den Gemeinschaftsgeist. Denn aufgrund der Gebetszeiten sind Zeitpunkte festgelegt, an denen die türkischen Bewohner fünf Mal am Tag zusammenkommen, wodurch die persönliche Beziehung zu anderen Gemeindemitgliedern gefördert wird. Der Alltag trennt, die Moschee bringt wieder zusammen. Ihren Höhenpunkt finden diese Treffen beim Freitags-Gottesdienst in der in der ethnischen Kolonie.

> „Moschee sind Orte, wo man sich trifft und kennen lernt. Wo habe ich die Möglichkeit, dich kennen zu lernen? In der Moschee. Hier kommt man sich näher."
> (Osman C., 65 Jahre, Rentner: 10)

Für ältere Migranten scheint die Religion in dieser Lebensphase eine wichtigere Rolle einzunehmen.[567] Zum einen gewinnt Religiosität und gleichermaßen „Ethnizität" im fortgeschrittenen Alter eine größere Bedeutung, weil neben der gestellten Sinnfrage der schlechter werdende Gesundheitszustand das Bedürfnis nach Sicherheit und Geborgenheit weckt.[568] Zum anderen spielt der zeitliche Faktor eine Rolle, denn mit dem Ausscheiden aus dem Berufsleben wird der Alltag neu strukturiert. Der vorherige Tagesablauf als Erwerbstätiger wird nun stärker durch die zeitlich festgelegten Gebetszeiten in den Gotteshäusern der Kolonie bestimmt:

> „Die Moschee ist für mich viel wertvoller als mein eigenes Zuhause. Wenn ich zu Hause keinen inneren Frieden finde, dann renne ich hierhin in die Moschee. Zu Hause schaltet man den Fernseher ein und schaut sich viele sinnlose Sachen an, aber hier ist es anders. Hier beten wir, rezitieren den Koran. Hier verbringt man die Zeit mit ‚Huzur' (innerem Frieden; A.d.V.)."
> (Bayram Ç., 58 Jahre, Arbeitslos: 3)

Schließlich spielt die Religion eine wichtigere Rolle im Alter, weil eine stärkere Auseinandersetzung mit dem Tod einsetzt. Das Sterben von nahen Angehörigen wird in der heutigen Zeit erst ab dem 40. Lebensjahr und dann häufiger mit zunehmendem Alter erlebt. Dadurch wird der Tod zur Alltäglichkeit und die Endlichkeit des eigenen Lebens tritt in den Vordergrund.[569] Die Konfrontation mit diesem Thema tritt in den Gemeinden häufig mit dem Sterben eines Gemeindemitgliedes auf, dessen rituelle Leichenwaschung[570] und Totenfeier meist in der Moschee stattfindet, weil sie eine Gemeinschaftspflicht darstellt.[571] Derartige Ereignisse sorgen in den Teestuben der Moscheevereine noch tagelang für Diskussionsbe-

---

567 Vgl. Ulla Schuleri-Hartje, Migranten im Alter. Möglichkeiten kommunaler Altenhilfe, Berlin 1994, S. 84; 108
568 Vgl. Christina Müller-Wille, Zur Lebenssituation älterer Migranten. Lebensbiografische und familiendynamische Aspekte, in: Beauftragte der Bundesregierung für Ausländerfragen (Hrsg.), In der Diskussion: Älter werden in Deutschland. Fachtagung zu einer Informationsreihe für ältere Migranten, Nummer 11, September 2001, S. 25f.
569 Vgl. Hans-Werner Prahl/Klaus R. Schroeter, Soziologie des Alterns: eine Einführung, Paderborn 1996, S. 215
570 Einige Moscheen im Stadtteil verfügen über Kelleräume, die in eine Anlage zur Leichenwaschung umgebaut wurden.
571 Vgl. Muhammad Salim Abdullah, Islam. Muslimische Identität und Wege zum Gespräch, Düsseldorf 2002, S. 109ff.

7.3 Zwischen Idealismus und lokalem Zwang

darf mit dem Tenor, die Endlichkeit des eigenen Lebens zu akzeptieren, sich antizipierend mit dieser Thematik auseinander zu setzen und dementsprechend geistig vorzubereiten.

Der Tod wird von den Gläubigen mit der Einordnung in einen spirituellen Sinnzusammenhang bejaht, weil er als Teil der Lebensgeschichte akzeptiert und darum als Teil einer notwendigen Ordnung verstanden wird, die man im Leben bewältigen muss.[572] Mit der Bejahung des Sterbens bereiten sich die Gläubigen sozusagen geistig auf den sinnvollen Abschluss ihres Lebenskreises vor.[573] Das Ende dieses Kreises markiert für sie jedoch nur den Anfang eines neuen – ewigen – Lebens, wobei dieser Gedanke für die alten Migranten eine tröstende Wirkung bezüglich der nicht erreichten Migrationsziele darstellt. Die Aussagen der Gesprächspartner unterstreichen jedenfalls die zentrale Bedeutung ihrer religiösen Bindung bzw. der religiösen Einrichtungen in der Kolonie. Trotzdem ist davon auszugehen, dass die Religiosität im Alter nicht unbedingt als Neuorientierung zu verstehen ist, da sie meist in der frühen Sozialisation – wenn auch nur unvollständig – internalisiert wurde. Dessen ungeachtet wird die Auseinandersetzung mit der Religiosität älterer Migranten für die Altenhilfe in Zukunft unabdingbar sein, weil sie nicht nur in türkischen Familien immer noch eine bedeutende Rolle spielt, sondern beispielsweise auch in griechisch-orthodoxen Familien.[574]

„Ich gebe mal ein Beispiel. Wenn ich manchmal das Gebet nicht pünktlich verrichte, das werden dir auch die Freunde hier bestätigen, dann ist es so, als würde ich eine Last mit mir tragen. Sobald ich aber das Gebet verrichtete, fühle ich mich sehr erleichtert. Dann fürchtet man sich auch nicht vor dem Tod. Was passiert z. B. wenn ein Mensch mehrere Tage nicht gegessen hat? Er hat Hunger, oder? Genauso braucht auch der Körper die Religion. Der Muslim soll zwar auch Angst vor dem Tod haben, aber in anderer Hinsicht. Man muss sich fürchten „Cennet" (Paradies; A.d.V.) nicht zu bekommen oder man muss sich fürchten, in „Cehennem" (Hölle; A.d.V.) zu gelangen. Das irdische Leben ist dagegen nur trügerisch und schnell vergänglich."
(Enver K., 65 Jahre, Rentner: 8)

7.3.1 Das „Seniorenzentrum". Förderung der Lebensqualität und Stadtteilidentifikation

Die Moscheen im Wohngebiet erfüllen jedoch nicht nur eine spirituelle, sondern darüber hinaus eine soziale und damit profane Funktion. Sie sind keine sakralen Orte, deshalb sind sie in der Kolonie Zentren für gesellschaftliche Aktivitäten mit verschiedensten Zielsetzungen.

Die Neuorganisierung des Alltags für ältere Türken fördert – wie bereits dargestellt – die häufigere Frequentierung der Gebetstätte. Nicht nur für Rentner, auch für ältere Türken, die kurz vor der Rente stehen, sind sie zu einer bedeutenden Anlaufstelle, zu einer Art Seniorentreff in der Kolonie geworden. Besonders für ältere Migranten bzw. Rentner, die sich ehrenamtlich engagieren wollen, bieten die Moscheevereine Möglichkeiten zur Partizipati-

---

572 Vgl. Joachim Wittkowski, Erleben und Verhalten bei der Begegnung mit Sterben und Tod. Ergebnisse der Psychologie des Todes, in: Michael Schlagheck (Hrsg.), Theologie und Psychologie im Dialog über Sterben und Tod. Schriftenreihe der Katholischen Akademie, Paderborn 2001, S. 16f.
573 Vgl. Horst-Eberhard Richter, Der Gotteskomplex, 2. Auflage München 2001, S. 228ff.
574 Sylvia Hank, Religiosität, in: Kuratorium Deutsche Altershilfe (Hrsg.), Rund ums Alter. Alles Wissenswerte von A bis Z, München 1996, S. 263

on. Die soziale Beteiligung[575] der Senioren im Moscheeverein variiert, abhängig von den individuellen Ressourcen und Interessen der Rentner, obwohl sich ältere Migranten vom Bildungsniveau her nicht signifikant voneinander unterscheiden. So übernehmen sehr engagierte Türken verantwortungsvollere Aufgaben wie die des Vorstandsmitgliedes, die besonderen Zeit- und Energieaufwand erfordern. Einfachere Leistungen, wie das Führen des Aufenthaltsraumes, Reinigung u. ä., gehören ebenfalls zu den Aufgabenbereichen, die erfahrungsgemäß von pensionierten Türken wahrgenommen werden.

Durch die ehrenamtliche Tätigkeit erfahren die älteren Aktiven in der Moschee „eine Form der Selbsthilfe, des Herausfindens aus Isolation, Beschäftigungslosigkeit und drohender Krankheit. Ehrenamt kann – zeitweise – die einzig verbleibende Möglichkeit sein, sich aus der Begrenzung auf Hausarbeit, sehr belastende Erwerbsarbeit (Jobs) oder weitgehender Beschäftigungslosigkeit zu befreien. Sie kann als individuelle Strategie einer ‚Befreiung' verstanden werden, mit anderen zusammenzukommen und weitere Perspektiven zu entwickeln."[576] Die meisten Mitglieder nehmen am Vereinsleben nur in Form von kollektiver sozialer Beteiligung teil, d. h. man trifft sich mit anderen türkischen Bewohnern in den Aufenthaltsräumen der Moschee, um gemeinsam die freie Zeit zu verbringen. Somit haben die Pioniere des Stadtteils, die in den 1970er Jahren als junge Männer die ersten Moscheen gründeten, für sich selbst Einrichtungen in der heutigen ethnischen Kolonie geschaffen, in denen sie sich nun als alte Menschen treffen und immer noch engagieren können:

> „Ich komme so gegen 8 Uhr morgens hier hin und gehe erst abends wieder nach Hause. Ich bringe hier alles in Ordnung. Ich mache das alles, nur um das Wohlgefallen Gottes zu verdienen." (Yılmaz G., 63 Jahre, Rentner: 7)

Aufgrund der dargelegten sozialen Beziehungen in diesen „Seniorenzentren" haben die Migranten die Möglichkeit sich auszutauschen und auszusprechen. Wie wichtig diese Aussprachemöglichkeit über Sorgen und Probleme in der zwischenmenschlichen Kommunikation ist, zeigt sich in der Untersuchung von Leopold Rosenmayr und Franz Kolland über ältere Menschen in der Großstadt. So gab ca. ein Fünftel der Befragten im Alter von 60 bis 75 Jahren an, dass sich in ihrem Umfeld keine Person befindet, mit der sie sich aussprechen könnten. Ein Drittel dieser Befragten gab zudem an, sich einsam zu fühlen.[577] Für die Lebensqualität hat das Fehlen von Bezugspersonen negative Konsequenzen, die sich in Form von verschiedenen Krankheitsbildern äußern können.[578] Im Kontext dieser Vereinsamungstendenzen sind Sozialkontakte und soziale Beziehungen in den Moscheevereinen wichtige Unterstützungspotentiale für das Wohlbefinden älterer türkischer Bewohner in der Kolonie, in denen finden zwanglose Begegnungen stattfinden. Neben der eigenen Familie sind es vor allem andere Türken im Rentenalter, zu denen man im Quartier intensive Kontakte pflegt.

---

575 Vgl. zu den Formen der sozialen Beteiligung im Ruhestand den Aufsatz von Aleksej Bukov: Individuelle Ressourcen als Determinanten sozialer Beteiligung im Alter, in: Gertrud M. Backes/Wolfgang Clemens (Hrsg.), Lebenslagen im Alter. Gesellschaftliche Bedingungen und Grenzen. Opladen 2000
576 Siehe Reinhard Schmitz-Scherzer (u.a.), Ressourcen älterer und alter Menschen. Expertise im Auftrag des Bundesministeriums für Familie und Senioren, Band 45, Stuttgart/Berlin/Köln 1994, S. 76
577 Vgl. Leopold Rosenmayer/Franz Kolland, Altern in der Großstadt – Eine empirische Untersuchung über Einsamkeit, Bewegungsarmut und ungenutzte Kulturchancen in Wien, in: Getrud M. Backes/Wolfgang Clemens (Hrsg.), Zukunft der Soziologie des Alter(n)s, Opladen 2002, S. 258f.
578 Vgl. Wolfgang Voges, Soziologie des höheren Lebensalters. Eine Einführung in die Alterssoziologie und Altenhilfe, 2. Auflage Augsburg 1994, S. 91ff.

7.3 Zwischen Idealismus und lokalem Zwang

Durch die Konzentration der türkischstämmigen Bewohner und aufgrund des historischen Charakters des Wohngebiets als Arbeiterviertel sind auch (ehemalige) Arbeitskollegen ansässig, die man in den Gebetsstätten antreffen kann. Vor allem für Personen, die keine Familien haben oder sie nicht im Rahmen der Familienzusammenführung in die Bundesrepublik geholt haben und deshalb alleine leben, sind diese Treffpunkte wichtige Räume. Allerdings stellt diese Gruppe nur eine kleine Minderheit innerhalb der Community dar. Ob sich letztlich diese Beziehungen in den Gotteshäusern auf die Lebensqualität positiv auswirken und somit die Isolation bzw. Einsamkeit verhindern, entscheiden die Qualität der sozialen Kontakte und die Struktur der lokalen Unterstützungssysteme. Denn Einsamkeit wird nicht allein durch objektive Kontakthäufigkeit, sondern vielmehr durch subjektives Erleben bestimmt.[579]

„Ich habe hier die Möglichkeit, meine damaligen Arbeitskollegen, meine Freunde zu treffen. Ich kann mich hier mit ihnen unterhalten, meine Probleme mit ihnen teilen."
(Haydar G., 66 Jahre, Rentner: 5)

Das informelle Netzwerk in diesen Selbstorganisationen stellt für sie eine wichtige Stütze dar. Die Hilfe gestaltet sich in Form von emotionaler und materieller Unterstützung, wobei auch jüngere Gemeindemitglieder Kontakte zu diesen Menschen aufrechterhalten und ihnen bei alltäglichen Aufgaben wie Amtsgängen oder beim Einkaufen hilfreich zur Seite stehen:

„Sie helfen mir immer. So junge Männer in deinem Alter haben mir viel geholfen. Wenn ich sage ‚Ich muss morgen etwas erledigen', begleiten sie mich und helfen mir."
(İsmet Ş., 65 Jahre, Rentner: 3)

Daneben ist die Hilfestellung für ältere Migranten bei der Beschaffung wichtiger Informationen von Bedeutung. Aufgrund der besonders schlechten gesundheitlichen Situation der älteren Migranten sind vor allem Informationen zum Thema Gesundheit besonders gefragt. Aber auch Anliegen bezüglich der schlechten Wohnbedingungen und deren Auswirkungen auf die Gesundheit.[580] Sofern sich Fachkräfte als Mitglieder in der Gemeinschaft befinden, werden Auskünfte über gesundheitliche Fragen gegeben oder zu einem Attest geraten, um – wie im Falle von schlechten Wohnbedingungen (Schimmelbefall, Feuchtigkeit usw.) – gegenüber dem Vermieter eine Renovierung der Wohnung durchzusetzen.

Neben der erleichterten Artikulierung der Beschwerden ist es wichtig, dass diese kompetenten Mitglieder mit den kulturell und religiös bedingten Einstellungen zur Krankheit vertraut sind. Denn nach wie vor führt die Unkenntnis über die religiös-kulturellen Wertvorstellungen von muslimischen Patienten in deutschen Krankenhäusern und Arztpraxen zu Verständigungsschwierigkeiten und Interessenkonflikten, die einer erfolgreichen Behandlung im Wege stehen.[581]

---

[579] Vgl. Gertrud M. Backes/Wolfgang Clemens, Lebensphase Alter. Eine Einführung in die sozialwissenschaftliche Alternsforschung, Weinheim/München 1998, S. 205ff.
[580] Vgl. hierzu Heike Maria Martinez /Georgios Avgoustis, Alte Migranten und Selbstorganisation, in: Bundesarbeitsgemeinschaft der Immigrantenverbände in der Bundesrepublik e.V. Reihe: Partizipation, Heft Nr.1, Bonn 1998; Hans Günther Homfeldt/Sandra Steigelder, Gesundheitsvorstellungen und Lebenswelt. Subjektive Vorstellungen von Bewohnern benachteiligter Wohngebiete über Gesundheit und ihre Einflussfaktoren, Weinheim/München 2003
[581] Vgl. hierzu Ilhan Ilkilic, Der muslimische Patient. Medizinethische Aspekte des muslimischen Krankheitsverständnisses in einer wertpluralen Gesellschaft, Münster 2002, Zugl.: Bochum, Univ., Diss., 2001

"Jetzt z.B., ich selber bin Arzt und wenn die Leute gesundheitliche Probleme haben, wird da in erster Linie professionelle Hilfe geleistet, also es wird den Leuten erzählt, wie sie zu handeln haben." (Sezai A., 31 Jahre, Assistenzarzt: 3)

Erwähnenswert ist an dieser Stelle ebenfalls die finanzielle Unterstützung in der Gemeinschaft. Aufgrund des Zinsverbots im Islam können beispielsweise die Gemeindemitglieder von anderen Mitgliedern zinslose Kredite erhalten. Migranten mit ausreichenden Ersparnissen stellen das Geld zur Verfügung. Diese Regelung wird nicht von den Einrichtungen, sondern auf privater Basis organisiert:

"Ich bekomme hier Hilfe. Das wissen auch die Deutschen, dass die Muslime sich gegenseitig helfen. Genauso, wenn man zur Bank geht und zehntausend oder zwanzigtausend DM bekommt, also eine Hilfe erhält, ist es hier genauso. Falls jemand Hilfe braucht, Geld braucht oder Hilfe in einer amtlichen Angelegenheit braucht, erhält man es hier in der Gemeinde."
(Ömer S., 65 Jahre, Rentner: 7)

Die räumliche und zeitliche Erreichbarkeit der Gebetsstätte und ihre Verflechtung in den Alltag der Migranten sind wichtige Gründe für die stärkere Identifikation mit der Kolonie und den Verbleib im Wohngebiet. Die räumliche Konzentration von anderen Versorgungseinrichtungen trägt ebenfalls zur stärkeren Quartiersbindung bei. Die adäquate Ausstattung der Wohnumgebung ist für die Selbstständigkeit, Lebensqualität und gesellschaftliche Partizipation der älteren Türken von enormer Bedeutung. Dadurch sind ältere Türken stärker in das soziale und kulturelle Umfeld ihres Stadtteils integriert.

"Ich möchte nicht wegziehen. Weißt du auch warum? Weil ich Rentner bin. In einem anderen Stadtteil hätte ich Schwierigkeiten, mich einzuleben, neue Freunde zu suchen, ein neues Umfeld zu finden. Das wäre schwierig für mich. Und hier? Hier ist es wie in meinem Dorf. Ich kenne hier die „Cemaat" (Gemeinde A.d.V.), die Bewohner im Stadtteil."
(Enver K., 65 Jahre, Rentner: 9)

Die ausgewogenen Angebote im Wohngebiet werden auch unabhängig von der ethnischen Herkunft für alle älteren Menschen in Zukunft ein wichtiges Kriterium für die Beurteilung der Qualität des Wohngebietes bleiben, nicht zuletzt wegen der abnehmenden Mobilität im höheren Alter. Man ist häufiger zu Fuß unterwegs und deshalb stärker auf die Versorgungssituation im unmittelbaren Wohngebiet angewiesen.[582] Die oben genannten Möglichkeiten sind auch für die Attraktivität von Wohnprojekten für Senioren entscheidend, wenn es darum geht, ihre Selbstständigkeit so lange wie möglich zu erhalten. Damit stellt das soziokulturelle Umfeld mit seiner funktionierenden, gut erreichbaren Infrastruktur für die Wohnqualität und für die Aktivität für ältere Menschen einen wichtigen Faktor dar.[583]

---

582 Vgl. Joachim Scheiner/Christian Holz-Rau, Seniorenfreundliche Siedlungsstrukturen, in: Bernhard Schlag/ Katrin Megel (Hrsg.), Mobilität und gesellschaftliche Partizipation im Alter, Stuttgart 2002, S. 198ff.
583 Vgl. Hermann Glaser/Thomas Röbke, Alt werden- jung bleiben. Kultur als Herausforderung, in: dies. (Hrsg.), Dem Alter einen Sinn geben. Wie Senioren aktiv sein können- Beiträge, Beispiele, Adressen, Heidelberg 1992, S. 19; Ursula Kremer-Preiß, Betreutes Wohnen in Altenwohnheimen und Altenwohnanlagen. Analyse der Betreuungsverträge, in: Deutsches Zentrum für Altersfragen (Hrsg.), Betreutes Wohnen und Wohnen im Heim. Rechtliche Aspekte. Expertisenband 5 zum Zweiten Altenbericht der Bundesregierung, Frankfurt/New York 1998, S. 85ff.

7.3 Zwischen Idealismus und lokalem Zwang

Besonders für alleinlebende ältere Migranten ist die Nähe zu den Migrantenvereinen wichtig. Denn wenn „in der räumlichen Nähe nicht auf Hilfe aus Familien- oder Verwandtschaftsbeziehungen zurückgegriffen werden kann, können wegen bestehender Zugangsbarrieren zu professioneller Hilfe Situationen chronischer Unterversorgung bei dieser Gruppe entstehen."[584] Gerade deshalb ist die einfache Erreichbarkeit der Moscheen in der Kolonie und anderer Versorgungseinrichtungen ausschlaggebend für die Lebensqualität.

> „Hier gibt es Moscheen in der Nähe. Die Schulen, die Einkaufszentren sind auch in der Nähe. Alles sehr bequem" (Fatih A., 62 Jahre, Arbeiter: 2)

Die Angebote und das Zusammenkommen in den Vereinen sind Alternativen für türkische Rentner, die daneben kaum anderen Freizeitbeschäftigungen nachgehen. Dies gilt für alle Angebote der Altenhilfe, die im Übrigen kaum in Anspruch genommen werden. Mangelnde Informationen, Sprachbarrieren, fehlende bedürfnisgerechte Angebote sowie die Hemmschwelle der ersten Generation, Institutionen aufzusuchen spielen hierbei eine wichtige Rolle. Gleichermaßen sind auch Zugangsbarrieren für ältere Migranten vorhanden, die u. a. auf der allgemeinen Rat- und Hilflosigkeit bei der Konzeption von Angeboten und der Monokulturalität der Einrichtungen beruhen[585], obwohl der schlechte gesundheitliche Zustand der ersten Generation dafür spricht, dass eine außerfamiliäre Unterstützung in Zukunft in Anspruch genommen werden muss. Dennoch sind Ansichten gegen eine außerfamiliäre Pflege unter Muslimen keine Seltenheit, insbesondere gegen einen Aufenthalt in Altenheimen, die mit Ausgrenzung gleichgesetzt wird:

> „Ich würde einen Aufenthalt im Altenheim niemals akzeptieren. Das würde kein Muslim akzeptieren." (Osman C., 65 Jahre, Rentner: 11)

Die Lebenssituation von älteren Migranten ist im Vergleich zu den deutschen Altersgenossen nicht nur in materieller Hinsicht (Wohnen, Höhe der Renten) schlechter, auch die ausländerrechtlichen Regelungen und ihr ethnischer Minoritätenstatus tragen zur sozialen Exklusion bei. Folge dieser gesellschaftlichen Ausgrenzung ist meist der Rückzug in die eigene ethnische Gruppe.[586] Aufgrund der speziellen Lebenssituation der älteren Migranten, die sich durch Anhäufungen von Deprivationen in den verschiedenen Lebensbreichen auszeichnet und mithin eine positive Lebensgestaltung erschwert, bekommen die Begegnungsstätten in der Kolonie eine größere Relevanz.

7.3.2 Sozial- und Bildungsstätten. Kompensationsversuche sozialräumlicher Deprivation

Gegenwärtig zeichnen sich die türkischstämmigen Migranten jedoch durch ihre vergleichsweise junge Altersstruktur aus. So sind 48% aller türkischstämmigen Migranten in der Altersgruppe der unter 25-jährigen vertreten. Dies spiegelt sich wiederum in den Bil-

---

584 Siehe 3. Bericht zur Lage der älteren Generation, S. 229
585 Vgl. Suna Wölk, Luftwurzeln in der zweiten Heimat. Alte Migranten in der Bundesrepublik Deutschland. Ursachen, Ergebnisse, Perspektiven, Frankfurt am Main 1997, S. 35f.; Müller-Wille, Christina, Zur Lebenssituation älterer Migranten, a.a.O., S. 28
586 Gerda Holz/Hermann Scheib/Sükriye Altun/Ute Petereit/Jutta Schürkes, Fremdsein, Altwerden, und was dann? – Ältere Migranten und die Altenhilfe, 3.Auflage, Frankfurt am Main 1996, S. 17ff.

dungseinrichtungen wider. Über 400.000 türkischstämmige Kinder und Jugendliche besuchen deutsche Schulen. Rechnet man noch die Zahl der muslimischen Kinder und Jugendlichen anderer Nationalitäten hinzu, so erhöht sich die Anzahl auf insgesamt 540.000 Schüler an den allgemeinbildenden Schulen.[587]

In Anlehnung an verschiedene Forschungsergebnisse ist anzunehmen, dass die Religion für diese Jugendlichen eine ebenso wichtige Rolle spielen wird wie für die erste Generation. So wurde beispielsweise in der 14. Shell-Jugendstudie deutlich, dass für 46% der befragten Jugendlichen die Religiosität („Gottesglauben") „unwichtig" ist. Insbesondere Jugendliche aus den neuen Ländern sind in dieser Gruppe vertreten. Dagegen war für 38% der Jugendlichen die Religiosität durchaus „wichtig". Dieses Ergebnis ist u.a. auf die hohe Bedeutung der Religiosität bei Migrantenjugendlichen zurückzuführen.[588]

Necla Kelek beleuchtet in ihrer qualitativen Studie spezieller die Religiosität von türkischstämmigen Jugendlichen und kommt zu folgendem Ergebnis: „Unabhängig von den Differenzen in der Religiosität, wie sie aus den Interviews deutlich werden, fällt bei allen Befragten die Selbstverständlichkeit ihres Muslim-Seins auf, das für sie keiner Begründung bedarf. Auch diejenigen Jugendlichen, die ein ambivalentes Verhältnis zur Religiosität aufweisen, die keine oder nur eine stark reduzierte religiöse Praxis leben oder solche, die auch von Zweifeln in Bezug auf muslimische Glaubensvorstellungen berichten, stellen ihr unzweifelhaftes Bekenntnis zum Islam nicht in Frage."[589]

> „Viele Jugendliche sind gläubig. Auch wenn sie die vorgeschriebenen täglichen Gebete oder andere Glaubensregeln nicht einhalten, so tragen sie dennoch den Glauben in sich. Auch wenn sie in die Diskotheken gehen, in die Spielhalle gehen, trotzdem sind sie gläubig. Das zeigt sich an den Freitagsgebeten. An den Freitagsgebeten, Teravih-Gebeten oder an den Feiertagen sind die Moscheen überfüllt. Davon sind mehr als die Hälfte Jugendliche. Das macht mich glücklich." (Mustafa Z., 43 Jahre, Arbeiter: 5)

Bezüglich der verschiedenen Formen muslimischer Religiosität von männlichen Jugendlichen in Deutschland und Frankreich bringt Nikola Tietze in ihrer Untersuchung zutage, dass durch die Religiosität dem Jugendlichen bzw. dem Individuum verschiedene Dimensionen eröffnet werden, um sich als Subjekt zu entfalten und mit dieser Identität am sozialen Leben teilzunehmen.[590] Dieser neue, individuellere Zugang der Jugendlichen zu ihrer Religion ist ein Ergebnis der Migrationssituation, die ihnen neue Dimensionen eröffnet. Dies ist weder als Rückzug in die eigene religiöse Gruppe noch als Zwang zu verstehen, sich entweder für die Kultur der Majorität oder die der Migranten entscheiden zu müssen. Vielmehr findet durch eine kritische Auseinandersetzung mit beiden Systemen eine selektive Aneignung gewisser Normen und Werte statt. Dasselbe Phänomen ist ebenfalls bei der Reislamisierung von muslimischen Frauen zu beobachten, die in der Migration die Möglichkeit

---

587 Faruk Şen/Hayrettin Aydın, Islam in Deutschland, München 2002, S. 16
588 Thomas Gensicke, Individualität und Sicherheit in neuer Synthese? Wertorientierungen und gesellschaftliche Aktivität, in: Deutsche Shell (Hrsg.), Jugend 2002. Zwischen pragmatischem Idealismus und robustem Materialismus, Frankfurt am Main 2002, S. 145
589 Necla Kelek, Islam im Alltag. Islamische Religiosität und ihre Bedeutung in der Lebenswelt von Schülerinnen und Schülern türkischer Herkunft, Münster 2002, Zugl.: Hamburg, Univ. Diss., 2001, S. 172
590 Vgl. Nikola Tietze, Islamische Identitäten. Formen muslimischer Religiosität junger Männer in Deutschland und Frankreich, Hamburg 2001

7.3 Zwischen Idealismus und lokalem Zwang

erfahren, eine neue, nicht-traditionsbezogene Identität zu entwickeln und mit dieser Identität am gesellschaftlichen Leben zu partizipieren.[591]

Die Religiosität wird für einen Teil der türkischstämmigen Migranten der zweiten und dritten Generation ein fester Bestandteil ihrer Lebenswelt darstellen. Es kann angenommen werden, dass sie islamische Glaubensinhalte an ihre eigenen Kinder vermitteln werden, so dass die Religion auch bei den nachfolgenden Generationen ein Gewicht in ihrem Lebensalltag haben wird.[592] Umso notwendiger ist es deshalb, ihrem Alltag bzw. ihrer Freizeit in den religiösen Gemeinden der Kolonie, in denen sie als Hilfesuchende oder aber auch als engagierte Mitglieder auftreten, mehr Aufmerksamkeit zu widmen. Aufgrund der Individualisierungstendenzen in unserer so genannten „Risikogesellschaft" bekommt dieses Gemeinschaftsleben eine zunehmend stärkere Bedeutung für die Jugendlichen. Besonders weil die „Sozialkontrolle weitgehend entfallen ist und sich massenhaft das Gefühl von Isolierung breit macht, sind Formen des befriedigenden Gemeinschaftslebens wieder interessant geworden. Die pädagogische Chance der Jugendarbeit ist also im Wesentlichen eine kompensatorische, sie besteht jeweils darin, das anzubieten, was Jugendliche in ihrem Alltag vermissen, aber für ihre Persönlichkeitsentwicklung von Bedeutung ist."[593] Dies kann einmal darin bestehen, aus einer als zu eng empfundenen Geborgenheit zu flüchten oder aber gerade diese Geborgenheit zu suchen, in der Jugendliche sich in einer Gruppe von gleichgesinnten Personen befinden, mit denen man die gleichen Probleme zu lösen hat.[594] Für die Gruppe der jugendlichen Moscheebesucher ist es diese Geborgenheit, die sie in der Moscheegemeinschaft erleben.

Darüber hinaus ist es die Funktion der Moscheen als Bildungsstätten, die das Besuchsverhalten der Jugendlichen begünstigt. War in der Gründungszeit der Moscheen primär die religiöse Unterweisung das Hauptanliegen der Gemeinden, so gehört die allgemeine Weiterbildung der Kinder und Jugendlichen ebenfalls zu ihren heutigen Zielsetzungen. In Form von Computer-, Nachhilfe-, Sprachkursen u. a. versuchen die Migranten ihre Benachteiligung im Bildungssystem aufzufangen. Die dafür benötigte Ausstattung wie Computer usw. wird von der Gemeinde aufgebracht.

Wie der 11. Kinder- und Jugendbericht des Familienministeriums zeigt, sind Bildungserfolge und gleichberechtigte Bildungschancen der Kinder und Jugendlichen von verschiedenen Faktoren abhängig, Nach wie vor wirkt sich die sozio- und ethnisch-kulturelle bzw. sprachliche Herkunft der Kinder und Jugendlichen auf den Schulerfolg, die Lernmotivation und die intellektuelle Entwicklung der Kinder aus.[595] Dies spiegelt sich in der Verteilung der Schülerschaft auf die verschiedenen Schulformen wieder. So sind türkischstämmige Jugendliche an Sonder- und Hauptschulen überpräsentiert, so dass ihre Chancen auf dem Ausbil-

---

591 Vgl. Frauke Biehl/Sevim Kabak, Muslimische Frauen in Deutschland erzählen über ihren Glauben. Gütersloh 1999
592 Vgl. hierzu Yasemin Karakaşoğlu-Aydın, Muslimische Religiosität und Erziehungsvorstellungen. Eine empirische Untersuchung zu Orientierungen bei türkischen Lehramts- und Pädagogik-Studentinnen in Deutschland, in: Marie-Eleonora Karsten/Helga Marburger/Ulrich Steinmüller (Hrsg.), Interdisziplinäre Studien zum Verhältnis von Migrationen, Ethnizität und gesellschaftlicher Multikulturalität, Frankfurt am Main 2000. Zugl.: Essen, Univ., Diss., 1999
593 Siehe Hermann Giesecke, Einführung in die Pädagogik, 5. Auflage Weinheim/München 1999, S. 136
594 Vgl. ebd., S. 136
595 Vgl. Bundesministerium für Familie, Senioren, Frauen und Jugend (Hrsg.), Elfter Kinder- und Jugendbericht. Bericht über die Lebenssituation junger Menschen und Leistungen der Kinder- und Jugendhilfe in Deutschland, Berlin 2002, S. 156ff.

dungs- und Arbeitsmarkt sinken.[596] Zunehmend stärker in das Blickfeld tritt auch die „neue Kinderarmut", die eine Rolle bei der Eingrenzung der Lebenschancen der betroffenen Kinder und Jugendlichen spielt. „Es ist nicht so sehr der Bereich der Grundversorgung, der gefährdet ist, sondern armutsbedingt eingeschränkt sind vor allem die Bereiche des sozialen, kulturellen und bildungsmäßigen Erwerbs von Kompetenzen. Aufgrund ihrer Lebenslage bewegen sich diese Kinder im Spannungsfeld zwischen gesellschaftlichen Erwartungen und Verheißungen einerseits und ihren tatsächlichen – im Vergleich zu anderen Gleichaltrigen –, eindeutig begrenzten Möglichkeiten andererseits. Sie haben im Vergleich zum gesellschaftlichen Durchschnitt weniger Wahl- und Entfaltungsmöglichkeiten (verengte Optionen), weil ihnen der Zugang zu kulturellen, sozialen und rekreativen Ressourcen teilweise versperrt oder zumindest erschwert ist."[597]

Die Bildungsbenachteiligung dieser genannten Gruppe wird offensichtlich, wenn berücksichtigt wird, dass in Deutschland u. a. Migrantenfamilien im Zuge der neoliberalen Modernisierung bzw. Globalisierung von Armut betroffen sind. Die Kinder- und Jugendarmut („Infantilisierung der Armut") stellt dabei gegenwärtig die brisanteste Armutsform dar, darunter sind insbesondere Kinder und Jugendliche aus den (kinderreichen) Zuwandererfamilien vertreten.[598] Zudem wird die Deprivation zusätzlich durch die sozialräumliche Segregation mit ihren mangelnden kulturellen Angeboten für Kinder und Jugendliche verstärkt.[599] Im heutigen Informationszeitalter kann die kulturelle Deprivation insbesondere an der Möglichkeit der Computernutzung gemessen werden. Denn der Zugang zu elektronischen Informationen (Internet) und Wissen, entscheidet wesentlich über den weiteren Bildungsweg und damit über den Ausstieg aus der Armut. Aus sozialen und ökonomischen Gründen haben in benachteiligten Wohngebieten jedoch nur wenige Menschen Zugang zu dieser kulturellen Ressource.[600] Im Rahmen des Deindustrialisierungsprozesses und der zunehmenden Ausweitung des Dienstleistungssektors ist die Aneignung von Computerkenntnissen jedoch unabdingbar.[601] Das Aufwachsen in Armut und in einem unzureichenden Wohnumfeld beschränkt die Erfahrungs- und Entwicklungsmöglichkeiten der Kinder.[602]

Laut PISA-Studie spielt insbesondere in Deutschland der sozio-ökonomische Hintergrund der Schulen für die Bildungschancen eine wichtige Rolle. Demnach sinken die Bildungschancen für Kinder und Jugendlichen, die in benachteiligten Stadtteilen eine Schule

---

596 Vgl. Peter Bremer, Ausgrenzungsprozesse und die Spaltung der Städte. Zur Lebenssituation von Migranten, Opladen 2000, zugl. Diss., Univ. Oldenburg, 1999, S. 123ff.
597 Margherita Zander, Gesellschaftliche Ausgrenzung durch Migrationserfahrungen und Armut, in: Joachim Faulde (Hrsg.), Kinder und Jugendliche verstehen – fördern – schützen. Aufgaben und Perspektiven für den Kinder- und Jugendschutz, Weinheim und München 2003, S. 91
598 Vgl. hierzu Ursula Boos-Nünning, Armut von Kindern aus Zuwandererfamilien, in: Christoph Butterwegge (Hrsg.), Kinderarmut in Deutschland. Ursachen, Erscheinungsformen und Gegenmaßnahmen, 2. Auflage Frankfurt/New York 2000; Christoph Butterwegge u.a., Armut und Kindheit, a.a.O., Opladen 2003
599 Vgl. Andrea Breitfuss/Jens Dangschat, Sozialräumliche Aspekte der Armut im Jugendalter, in: Klocke, Andreas/Hurrelmann, Klaus (Hrsg.), Kinder und Jugendliche in Armut. Umfang, Auswirkungen und Konsequenzen. 2. Auflage. Wiesbaden 2001, S. 120ff.
600 Markus Ottersbach, Die Marginalisierung städtischer Quartiere in der metropolitanen Gesellschaft unter besonderer Berücksichtigung der Migration, a.a.O., S. 104
601 Sassen, Saskia, Dienstleistungsökonomien und die Beschäftigung von MigrantInnen in Städten, in: Klaus M. Schmals (Hrsg.), Migration und Stadt. Entwicklungen, Defizite, Potentiale, Opladen 2000, S. 110ff.
602 Vgl. Ursula Boos-Nünning/Yasemin Karakaşoğlu, Partizipation und Chancengleichheit von zugewanderten Kindern und Jugendlichen in der Jugendhilfe- Ergebnisse und Konsequenzen aus dem zehnten Kinder- und Jugenbericht, in: Sozialpädagogisches Institut im SOS-Kinderdorf e.V. (Hrsg.), Migrantenkinder in der Jugendhilfe, München 2002, S. 52f.

7.3 Zwischen Idealismus und lokalem Zwang

besuchen. Dagegen erhöhen sich die Bildungschancen für Schüler, wenn sie Schulen in gut situierten Stadtteilen besuchen.[603] Das bedeutet, dass Kinder, die ohnehin aus wirtschaftlich, kulturell und sozial benachteiligten Familien stammen, auch hinsichtlich der Bildungsqualität und Bildungschancen benachteiligt sind. Aber gerade gute schulische Bildungszertifikate sind wichtige Filterkriterien für den Zugang zum Arbeitsmarkt. Diese Kriterien werden von Kindern und Jugendlichen, die unter Armutsbedingungen aufwachsen, eher nicht oder nur mühsam erreicht, was langfristige negative Konsequenzen mit sich bringen könnte. „Misslingt aufgrund der finanziell prekären Lebenslage die (Re-)produktion von Humanvermögen der Kinder, werden diese wahrscheinlich selbst wiederum arm. So ist eine intergenerationale Weitergabe von Armutsrisiken zu befürchten."[604]

Neben der Bildungsaufgabe der Schule ist ihre Funktion als Ort der Bestätigung und als Schonraum für Kinder und Jugendliche aus Armutsfamilien wichtig, sofern die strukturellen und personellen Voraussetzungen erfüllt sind. Institutionen wie Schulen könnten von Armut betroffenen Kindern und Jugendlichen bei ihrem Bestreben, aus ihrer gesellschaftlichen Benachteiligung auszubrechen, hilfreich zur Seite stehen.[605] Aber wenn die Schule selbst ethnische Differenz herstellt und somit zur Diskriminierung beiträgt[606], kann weder die Bildungsaufgabe noch die genannte Funktion als Ort der Bestätigung und Schonraum erfüllt werden. Im Gegenteil, sie trägt dann eher zu einer misslingenden Schulkarriere und damit zur Desintegration bei.

Vor dem Hintergrund der sozialräumlichen Aspekte der Deprivation birgt die Quartierskonstellation die Gefahr, entweder längerfristig in sozialer Exklusion verhaftet zu sein oder aber diese zu überwinden oder zumindest zu reduzieren.[607] Von Armut betroffene Kinder und Jugendliche mit Migrationshintergrund sind deshalb besonders auf die vorhandenen (begrenzten) Ressourcen in der Kolonie angewiesen. Die untersuchten religiösen Einrichtungen versuchen die fehlenden Angebote im Quartier zu kompensieren bzw. zu ergänzen. Im Hinblick auf die geschilderte Situation haben diese günstigen, teils sogar kostenlosen Bildungskurse und Betreuungsmaßnahmen in den Moscheevereinen hohe Relevanz. Sie versuchen einen positiven Einfluss auf die Bildungskarrieren der Kinder und Jugendlichen auszuüben.

> „Gerade für die Kinder und Jugendliche, die es ohnehin schwer haben, biete ich demnächst Computerkurse an, um ihnen so eine Gelegenheit zu geben, die sie sonst vielleicht nicht erfahren würden. (…) Natürlich, alles, was dort angeboten wird, gerade an Nachhilfe, an Computerkursen, ist immer auf Deutsch. Das kommt auch daher, dass die Teilnehmer nicht nur aus Türken bestehen, sondern auch beispielsweise sind Bosnier und auch arabische Kinder darunter, da würde natürlich ein Türkischunterricht gar nicht erst in Frage kommen."
> (Abdullah T., 20 Jahre, Student: 4)

---

[603] Vgl. Deutsches PISA-Konsortium (Hrsg.), PISA 2000, a.a.O., S. 323ff.
[604] Siehe Andreas Lange/Wolfgang Lauterbach/Rolf Becker, Armut und Bildungschancen, a.a.O., S. 160
[605] Beate Hock/Gerda Holz (Hrsg.), „Erfolg oder Scheitern? Arme und benachteiligte Jugendliche auf dem Weg ins Berufsleben". Fünfter Zwischenbericht zu einer Studie im Auftrag des Bundesverbandes der Arbeiterwohlfahrt, Frankfurt am Main 2000, S. 170f.
[606] Vgl. Mechthild Gomolla/Frank-Olaf Radtke, Institutionelle Diskriminierung. Die Herstellung ethnischer Differenz in der Schule, Opladen 2002
[607] Vgl. hierzu Carsten Keller, Armut in der Stadt. Zur Segregation benachteiligter Gruppen in Deutschland. Opladen/Wiesbaden 1999; Martin Kronauer: Exklusion. Die Gefährdung des Sozialen im hoch entwickelten Kapitalismus. Frankfurt/New York 2002

Überdies werden Wissenschaftler, Selbstständige, Lehrer usw. in die Vereine eingeladen, um über die verschiedensten Fragen zu referieren. Bei diesen Informationsveranstaltungen handelt es sich um Themen, welche die Migranten selbst betreffen. So erleben auch gerade diejenigen den Kontakt zu den Wissenschaftlern, die ihn in ihrem beruflichen Alltag, im Bekanntenkreis oder im Stadtteil normalerweise nicht haben. Für die Kinder und Jugendlichen fungieren sie als Vorbilder, die erfolgreich Karriere gemacht haben.

„Die Wissenschaftler, die wir aus der Türkei oder aus Deutschland zu Vorträgen in unserem Verein laden, gehören den verschiedensten Richtungen an. Sie müssen nicht die gleiche politische oder kulturelle Gemeinsamkeit oder Meinung haben. Wir haben bereits viele Wissenschaftler zu Konferenzen, Symposien und anderen Diskussionsveranstaltungen eingeladen, von denen wir auch profitieren konnten. Es ist unwichtig, welcher politischen oder kulturellen Richtung sie angehören, Hauptsache wir lernen etwas." (Rahmi H., 46 Jahre, Lehrer: 2)

Grundsätzlich nehmen Akademiker die wichtigste Rolle in den Gemeinden des Stadtteils ein. Für die Kinder und Jugendlichen treten sie als Ansprechpartner hinsichtlich von Bildungsfragen auf. Sowohl der Nachhilfeunterricht als auch andere Kurse werden von ihnen geleitet und organisiert. Sie genießen ein besonderes Ansehen in den Moscheegemeinden.

„Da ich selbst Geschichtslehrer bin, erteile ich an Samstagen Unterricht. Andere junge Freunde, die islamische Theologie studiert haben, führen einen Gesprächskreis zum Thema Religion. Für uns ist diese Einrichtung eine Kulturstätte. Wir lesen dort Zeitungen, Bücher, Koran. Wir diskutieren auch über politische Entwicklungen. Da wir auch eine Satellitenschüssel haben, sehen sich die Jugendlichen im Fernsehen die Fußballspiele an. Während sich die Jugendlichen Fußball ansehen, können wir an unserem zweiten Fernseher die Nachrichten ansehen."
(Rahmi H., 46 Jahre, Lehrer: 4)

Herbert Mamat stellt als Konsequenz aus der PISA-Studie die Forderung, das allgemeine Bildungsklima zu verbessern, um so die Leistungen in den Bildungsinstitutionen zu steigern. Dabei sieht er besonders auf der Nachbarschaftsebene (Kirchengemeinden, Anwohner usw.) die Dringlichkeit, sich der Aufgabe der Begleitung der Kinder und Jugendlichen im Lernprozess zu widmen.[608] In den Moscheegemeinden der Kolonie geschieht diese Förderung durch Gespräche mit den Jugendlichen durch die älteren erfolgreichen Mitglieder. Dabei wird versucht, den hohen Stellenwert, den man der Bildung zuschreibt, den jüngeren zu vermitteln. Das erleben die Jugendlichen in ihrem Alltag, wenn sie sehen, dass erfolgreiche Mitglieder in der Gemeinde eine angesehene Position einnehmen.

Gegen Ende des 19. Jahrhunderts stellte für die Juden in Deutschland und in anderen Ländern Mitteleuropas die Universitätskarriere eine Hoffnung dar, um gesellschaftliche Anerkennung zu erlangen. Dadurch wollte man sich aus der Pariasituation befreien. Diese Motivation führte schließlich dazu, dass die Eltern aus dem Bürgertum verstärkt ihre Söhne an die Universität schickten. Das Ergebnis war die Entstehung einer jüdischen Intelligenz aus der viele namhafte Intellektuelle hervorgingen.[609] Eine ähnliche Einstellung ist bei türkischen Muslimen in den Moscheen zu verzeichnen, wenn sie Gespräche mit den Jugendlichen führen. Zwar strebt man nicht wie die damaligen Juden aus dem bürgerliche

---

608 Vgl. Herbert Mamat, PISA-Konsequenzen. Kleine Anleitung zur Verbesserung des Bildungswesens, Essen 2003, S. 169ff.
609 Vgl. Michael Löwy, Erlösung und Utopie, a.a.O., S. 44ff.

Milieu mit der akademischen Karriere gleichzeitig eine kulturelle Assimilation an, gleichwohl soll mit einer Karriere der soziale Aufstieg der türkisch-muslimischen Jugendlichen erreicht werden. In Ländern wie den USA sind die meisten muslimischen Migranten als Studenten oder Akademiker eingereist, so dass die muslimische Bevölkerung dort einen besseren sozio-ökonomischen Status aufweist. „Muslim sein heißt in Amerika Akademiker sein."[610] In Deutschland dagegen wird mit den Muslimen immer noch die Arbeiterschicht assoziiert, weil diese Menschen meist als Arbeitsmigranten eingereist sind und gegenwärtig immer noch vornehmlich diesen Status besitzen. Aus diesem Zustand will man sich befreien. Dazu wollen auch die Moscheen mit Projekten wie „Moscheen aktiv für Berufsausbildung", in der etwa 750 Imame nach ihrer Fortbildung türkische Jugendliche zu einer beruflichen Ausbildung motivieren sollen, beitragen.[611] „Der an der Kampagne beteiligte Deutsche Industrie- und Handelskammertag (DIHK) erklärte, die Kompetenz der Moscheen für die Werbung gerade bei der türkischstämmigen Jugend sei bedeutend."[612] Diese Bedeutung erkennen auch die Ehrenamtlichen in den untersuchten Moscheevereinen des Stadtteils und wollen diesbezüglich ihr Angebot ausweiten:

> „In Hochfeld gibt es z. B. keine Beratungsstelle für Jugendliche. In unserer Moschee versuchen wir unsere Erfahrungen den Jüngeren zu vermitteln. Beispielsweise raten wir allen Jugendlichen, mit denen wir sprechen, unbedingt eine gute Qualifikation zu erreichen. Natürlich kann nicht jeder studieren, nicht jeder hat die Kapazitäten für einen Universitätsabschluss. Wenn man die geistigen Bedingungen für ein Studium nicht hat, sollte man zu mindestens eine berufliche Ausbildung abschließen, dafür hat jeder die erforderliche Kapazität. Ob den Jugendlichen auch wirklich Ausbildungsmöglichkeiten zur Verfügung stehen, ist natürlich eine andere Frage."
> (Recai D., 38 Jahre, Selbständig: 3)

7.3.3 Soziale und politische Partizipation. Überwindung kommunikativer Isolation

Die soziale Beteiligung am kommunalen Leben und die Repräsentation der Gemeinde nach außen werden von den sprachlich kompetenteren Migranten übernommen. Die Moscheevereine sind meist über diese Mitglieder in diverse Integrationsmaßnahmen involviert, die den Stadtteil bzw. die Gesamtstadt betreffen. Erst durch diese Gemeindemitglieder ist auch eine Öffnung der Kolonie nach außen hin – eine Transparenz – möglich. Mit dieser Öffnung erfüllen die Moscheevereine ihre Funktion als Repräsentations- bzw. Interessenvertretungen.

> „So weit es geht, nimmt man schon daran teil, nicht nur an Freizeitveranstaltungen, sondern auch an sozialen Verpflichtungen. Wenn es z. B. um irgendwelche Probleme in Hochfeld geht, also irgendwelchen Integrationsproblemen in Hochfeld geht. Bei Veranstaltungen vom Verein ‚Lebendiges Hochfeld' oder Entwicklungsgesellschaft Duisburg nimmt man ja doch daran teil, so weit man die Zeit dafür aufbringen kann." (Sezai A., 31 Jahre, Assistenzarzt: 7)

Mit der kommunalpolitischen Partizipation von Gemeindemitgliedern im Ausländerbeirat möchte man die Interessen der Gemeinde vertreten und auf die Defizite aufmerksam ma-

---

610 Murad W. Hofmann, Der Islam im 3. Jahrtausend. Eine Religion im Aufbruch, München 2000, S. 239
611 Vgl. Islamische Zeitung, Moscheen aktiv für Berufsausbildung, 105. Ausgabe, Mai 2005, S. 15
612 Ebd.

chen, obwohl die tatsächlichen Einflussmöglichkeiten des Ausländerbeirats auf politische Entscheidungsprozesse unter den Migranten nicht unumstritten sind. Nicht selten wird der Beirat als „Alibigremium" aufgefasst:[613]

> „Ich hatte, bevor ich da angefangen hatte, die Vision, dass man mit dem Ausländerbeirat viel erreichen kann. Es ist, wie das Wort auch sagt, nur ein Beirat, es ist kein Ausschuss. Du kannst irgendwie immer etwas empfehlen, sagen ‚Das wäre gut für die Ausländer', aber entscheiden tun das die anderen, also du bist kein Entscheidungsgremium, du kannst nur Vorschläge machen. Ein Vorteil hat es vielleicht, weil man viel von der Stadt erfährt, was man eigentlich als normaler Bürger eigentlich nur über den Medien mitbekommt, da bekommt man etwas mehr internes Wissen, man kann neue Kontakte knüpfen, mit Leuten, an denen man normalerweise gar nicht rankommt, als normaler Bürger. Diesen Vorteil hätte man vielleicht."
> (Ihsan G, 28 Jahre, Student: 1.)

Trotz eingeschränkter politischer Einflussmöglichkeiten ist die kommunalpolitische Partizipation von Moscheevereinen an sich positiv zu beurteilen. Ruud Kopmans betont in diesem Zusammenhang die politische Rolle der ethnischen Selbstorganisationen für den Integrationsprozess. In einer Untersuchung in der Stadt Amsterdam konnte nachgewiesen werden, dass mit der Dichte der ethnischen Organisationsnetzwerke, auch die Partizipation an Kommunalwahlen steigt. Hier beteiligten sich die Türken, welche die stärkste Vernetzung an Selbstorganisationen aufweisen, nicht nur am häufigsten, sondern zeigten auch ein höheres Niveau an Vertrauen in lokale politische Institutionen als gebürtige Niederländer.[614] In Anlehnung an Fennema und Tillie, die in diesem Kontext die Rolle der Organisationseliten hervorheben, führt er weiterhin an: „Wenn diese über gute Verbindungen verfügen – wie dies bei den türkischen Eliten in Amsterdam der Fall ist –, erfüllen sie eine wichtige Scharnierfunktion für die Anbindung ihrer Basis an die lokalen politischen Institutionen, die bei den schwächer organisierten Gruppen fehlt."[615] Aufgrund ihrer guten Beziehungen zur Majorität tragen diese Multiplikatoren deshalb wesentlich dazu bei, dass die Bedürfnisse der eigenen Gemeinde bei diversen Veranstaltungen berücksichtigt und bekannt werden.

Stadtteile sind wichtige Orte der Teilhabe am gesellschaftlichen und politischen Leben, die besonders für Migranten bei der Durchsetzung ihrer spezifischen Interessen wichtig sind. Da aber die Bewohner benachteiligter Stadtteile eher bildungsbenachteiligt, schlechter Informiert und politisch durchsetzungsschwach sind, sind ihre erfolgreichen Partizipationschancen eingeschränkt. Denn erfahrungsgemäß setzen sich beispielsweise an praktizierten formellen Formen der Bürgerbeteiligung wie am „Runden Tisch" die sprach- sowie bildungsgewohnten und leistungsstarken deutschen Akteure durch. Wirksame Aus-

---

613 Vgl. Forschungsgruppe Kommunikation und Sozialanalysen GmbH, Ausländerbeiräte in Nordrhein-Westfalen. Situationsanalyse für ihre zukünftige Arbeit. Im Auftrag des Ministerium für Arbeit, Gesundheit und Soziales des Landes Nordrhein-Westfalen, Düsseldorf 1994, S. 145
614 Vgl. Ruud Koopmans, Integration oder Zersplitterung? Die politische Rolle ethnischer Selbstorganisationen, in: Stamatis Assimenios,/Yvette Shajanian (Hrsg.), Politische Beteiligung in der Migration: Die Herausforderung. Einbürgerung, Politische Rechte, Interessenvertretung. Eine Dokumentation des Projektes Förderung der sozialen und politischen Partizipation von MirantInnen in Deutschland. Bundesarbeitsgemeinschaft der Immigrantenverbände in der Bundesrepublik Deutschland (BAGIV), Bonn 2001, S. 93ff.
615 Ebd., S. 93

7.3 Zwischen Idealismus und lokalem Zwang

gleichsmechanismen für schwache Akteure fehlen zwar bislang[616], doch die Partizipation der Bildungseliten aus den Moscheengemeinden mildert diese Benachteiligung und schafft neue Kooperationen:

> „Der Vorteil, dass ich im Ausländerbeirat bin, für unsere Gemeinde Haci-Bayram Moschee, wo ich auch im Vorstand bin und speziell als Sprecher aktiv bin und in Bezug auf den multikulturellen Dialog zuständig bin, also wie gesagt Organisation von Tag der offenen Türen, Klassenführungen und speziell jetzt für Hochfeld Projekte zu verwirklichen mit der Stadt gemeinsam für Hochfeld. Dieses Jahr war ja das Besondere für den „Tag der offenen Moschee", dass wir den mit der Stadt Duisburg gemeinsam organisiert haben. Dass für den Duisburger Süden die Haci-Bayram Moschee ausgewählt worden, zeigt ja schon, dass wir doch einen guten Dialog machen, weil wir ausgewählt worden sind für den Duisburger Süden. Wir haben das zusammen organisiert und die Plakate von der Stadt Duisburg drucken lassen. Dieses Jahr war das Besondere, es waren nur sechs Gemeinden, die den ‚Tag der offenen Moschee' gemacht haben mit der Stadt Duisburg zusammen." (Ihsan G., 28 Jahre, Student: 7)

Türkische Studentinnen – gerade auch, wenn sie ein Kopftuch tragen – sind darüber hinaus für türkische Mädchen und Frauen besonders wichtig. Sie repräsentieren den Bildungserfolg von Migrantinnen. Türkische Frauen waren in den Vereinstätigkeiten in der Vergangenheit unterrepräsentiert, sie sind es überwiegend immer noch. Doch in den letzten Jahren zeigt sich der Wandel auch in diesem Bereich, in dem immer mehr Moscheevereine bestrebt sind, durch die Einrichtung von Frauengruppen, Frauentreffs und Bildungsangeboten diese Zielgruppe verstärkt in das Vereinsleben zu integrieren.[617] Ziel dieser Zusammenkünfte ist es, die spezifischen Probleme der Frauen zu thematisieren und gemeinsam zu bewältigen.[618] Dies geschieht beispielsweise dadurch, dass für neu eingereiste Ehepartnerinnen je nach Bedarf Sprachkurse angeboten werden. Dadurch erhalten die neuen Bewohnerinnen von den Alteingesessenen Orientierungs- und Eingliederungshilfen.

> „Bei der Nachhilfe in den Fächern Mathematik, Deutsch, Englisch wird kein Türkisch gesprochen. Eine Zeit lang haben Studentinnen für neu eingereiste türkische Frauen, die mit den jungen Mitgliedern unseres Vereins geheiratet haben, auch deutschen Sprachunterricht angeboten. Zurzeit besteht keine Nachfrage, aber wenn die Nachfrage wieder bestehen sollte, werden wir wieder Sprachkurse anbieten." (Rahmi H., 46 Jahre, Lehrer: 12)

Neben diesen Bildungsmaßnahmen werden die Moscheevereine im Quartier von Kindern und Jugendlichen als Orte der Freizeit genutzt. Durch die unmittelbare Nähe von Wohnraum und Moschee entstehen nicht nur intensive Freundschaften zwischen den Kindern und Jugendlichen in der Gemeinde, zugleich wird das Besuchsverhalten gefördert. In der Kolonie sind sie – wie ein Jugendlicher es ausdrückte – „alternative Jugendzentren", obwohl sie bei weitem nicht über dieselbe Ausstattung, Angebote sowie pädagogische Betreuung verfügen.

---

[616] Vgl. Michael Krummacher, Drehbücher für multiethnische Stadtgesellschaften: Horror- oder Abenteuerfilme?, in: Forschungsinstitut der Friedrich-Ebert-Stiftung (Hrsg.), Ghettos oder ethnische Kolonien. Entwicklungschancen von Stadtteilen mit hohem Zuwanderungsanteil, Bonn 1998, S. 55
[617] Vgl. Michael Krummacher/Victoria Waltz, Einwanderer in der Kommune, a.a.O., S. 231
[618] Vgl. Ulrike Bechmann/Sevda Demir/Gisela Egler, Frauenkulturen. Christliche und muslimische Frauen in Begegnung und Gespräch, Düsseldorf 2001, S. 25ff.

Die Angebote beinhalten beispielsweise freie Räume, die nicht pädagogisch strukturiert sind und deshalb Jugendlichen lediglich Raum zur Geselligkeit geben. In den Teestuben der Moscheevereine, in denen auch intergenerative Kontakte stattfinden, erleben die Jugendlichen ebenfalls diese Geselligkeit. Denn: „In der Geselligkeit kann der Mensch lachen, frei sein, sich erleben, sich entgrenzen. Dies sind in besonderer Weise Formen, in denen der Mensch ein emotionales Wesen sein kann. In der Geselligkeit findet der Kulturmensch gewissermaßen Enklaven der Leichtigkeit, Fröhlichkeit, des Glücks, der Zufriedenheit, Gestimmtheit, Intensität. Geselligkeit gehört zur Lebensqualität des Menschen. (...) Wenn die emotional-affektive Dimension für den Menschen und sein Handeln so wichtig ist, wenn es der Pädagogik um emotionale Erziehung geht, wenn Geselligkeit eine besondere Form der Pflege ist, dann übernimmt Jugendarbeit mit der Pflege der Geselligkeit eine für den Menschen zentrale Aufgabe."[619]

Die Bereitstellung von Räumen ist insbesondere für Kinder und Jugendliche aus Armutsverhältnissen wichtig, die aus Gründen der mangelnden Wohnraumversorgung im Besonderen auf das Raumangebot im Stadtteil angewiesen sind. Ist diese Wohnumwelt der Kinder und Jugendlichen jedoch ebenfalls infrastrukturell schlecht ausgestattet (Spielplätze, Grünanlagen usw.), so gewinnen diese Räume in den Moscheevereinen des Wohngebiets eine größere Attraktivität.[620]

Da sich das Freizeitverhalten der Jugendlichen sehr stark am kommerziellen Konsumsektor orientiert, den zu finanzieren viele nicht in der Lage sind,[621] versuchen Moscheevereine mit diesem Trend mitzuhalten und bieten moderne Medien in ihren Räumen an. So gehört der Fernseher mit Satellitenempfang und Videorekorder längst zur Ausstattung in den religiösen Einrichtungen. Zudem werden gelegentlich Videoabende veranstaltet, die besonders bei den Jugendlichen Resonanz finden.

> „Ich benutze die Moschee als Alternative für ein Jugendzentrum, und hier treffe ich auch viele Freunde. Ist eine andere Atmosphäre. (...) Ja, Kicker, Tischtennis und alles. Vieles kann man also hier machen. Hier können wir uns etwas freier bewegen, ist nicht wie im Jugendzentrum. Und hier gibt es auch keine Drogen wie im Jugendzentrum in ---[622] und so, also hier wird nicht geraucht, keine Joints." (Muhammed G., 15 Jahre, Schüler: 3)

Das Jugendhaus fungiert nach Ulrich Deinet als Ausgangspunkt dafür, dass sich Jugendliche aus diesen Einrichtungen heraus Räume im Stadtteil aneignen können. Sie gewinnt eine wichtige Funktion bei der Erschließung des ökologischen Nahraums oder von ökologischen Ausschnitten.[623] Die Moscheen können ebenfalls als Grundlage für die Erkundung des Stadtteils und für Aneinungsprozesse betrachtet werden. Zwar sind diese Prozesse keine konzeptionellen Festlegungen der Moscheevereine, aber sie ergeben sich durch das Zusammentreffen von Jugendlichen aus verschiedenen Stadtteilen. Durch die Angebote in der

---

619 Johannes Schilling, Jugend- und Freizeitarbeit, Berlin/Frankfurt am Main 1991, S. 82f.
620 Vgl. Beate Hock/Gerda Holz, Arm dran?! Lebenslagen und Lebenschancen von Kindern und Jugendlichen. Erste Ergebnisse einer Studie im Auftrag des Bundesverbandes der Arbeiterwohlfahrt, 2. Auflage, Frankfurt am Main 1999, S. 33ff.
621 Vgl. Klaus Hurrelmann, Lebensphase Jugend. Eine Einführung in die sozialwissenschaftliche Jugendforschung, 6.Auflage Weinheim/München 1999, S. 157ff
622 Eine Anspielung auf ein Jugendzentrum in einem anderen Duisburger Stadtteil, in der auch angeblich mit Drogen gedealt wird.
623 Ulrich Deinet, Sozialräumliche Jugendarbeit. Eine praxisbezogene Anleitung zur Konzeptentwicklung in de Offenen Kinder- und Jugendarbeit, Opladen 1999, S. 92

7.3 Zwischen Idealismus und lokalem Zwang

Moschee und die damit verbundene Möglichkeit, Jugendliche aus anderen Stadtteilen zu treffen, bekommt die Kolonie sowohl für Jugendliche aus dem Stadtteil Hochfeld als auch für die Jugendlichen aus anderen Stadtteilen eine besondere Bedeutung. Es ist auch der Ort, wo man einen Teil der Freizeit verbringt, auch wenn man aus besser situierten Stadtteilen wie Neudorf oder Huckingen kommt.

> „Zum Beispiel, ich kann mich hier mit guten Freunden treffen, dann gehen wir hier herum. (...) Zum Beispiel aus Wanheim, Huckingen, Hüttenheim, Neudorf auch. Dann können wir auch Kicker und Tischtennis spielen. Wir machen hier auch Videoabende. Das gefällt mir auch." (Mustafa K., 14 Jahre, Schüler: 2)

Zu den Aufgaben, zu denen sich die Moscheen selbst verpflichtet haben, gehört auch die Integrationsarbeit, z. B. der Versuch, Jugendliche aus belasteten Cliquenstrukturen herauszuholen. Mit der Vermittlung von ethischen Werten und Spiritualität will man sie vor der weit verbreiteten Kleinkriminalität im Stadtteil, der Mitgliedschaft in Jugendbanden, der Jugendgewalt und vor dem Drogenkonsum schützen. Spiritualität wird auch aus Sicht der christlichen Theologie als Möglichkeit zur Überwindung von Suchtkrankheiten gesehen. Hierbei wird die Kraft der Gemeinschaft mit Gott akzentuiert, die einen positiven Effekt auf die betroffenen Personen ausüben soll. Dabei werden die liebevolle Zuwendung zu den Betroffenen und die Vermittlung von Spiritualität mit dem Ziel, ein stabiles Selbstwertgefühl zu erreichen, als bedeutende Elemente hervorgehoben.[624]

> „Es gibt natürlich erst mal generelle Probleme, gesellschaftliche Probleme, die jetzt nicht nur für Muslime, für Türken, sondern allgemeine Probleme, die jetzt nicht nur uns betreffen, wie Drogenprobleme, Kriminalitätsprobleme. Das sind auch sehr große Probleme, die uns ebenfalls betreffen. Uns stört es genauso, wie einen deutschen Vater oder deutsche Mutter, deren Kinder jetzt z. B. Drogen, Alkohol oder mit Kriminalität zu tun haben. Das stört uns genauso. Und wir tragen auch dazu bei, dass solche Sachen nicht passieren. Das sind natürlich Sachen, die uns interessieren. Darüber hinaus möchten wir als Muslime, dass unsere Kinder, unsere Jugendlichen ihren Glauben weiterhin aufrecht erhalten können, und das sehen wir auch mit als unsere Aufgabe, um das aufrecht zu erhalten." (Sezai A., 31 Jahre, Assistenzarzt: 9)

Eine Gefahr in der Jugendarbeit liegt aber darin, dass man generell die „Jugendlichen auf der Straße" als Problemgruppe definiert. Durch den Aufenthalt der Jugendlichen an selbst gewählten und öffentlichen Plätzen und durch ihr äußeres Erscheinungsbild sowie ihr dominantes Verhalten erregen sie nicht selten Aufmerksamkeit und rufen insbesondere bei den älteren Bewohnern des Wohngebiets Ängste und Unverständnis hervor. Anscheinend werden mit den Jugendlichen im öffentlichen Raum negative Assoziationen wie Vandalismus oder Belästigungen hervorgerufen. Das ist ein Zeichen nicht nur für den Bedarf einer adäquaten Jugendarbeit in der ethnischen Kolonie, sondern auch für die Notwendigkeit, den öffentlichen Raum übersichtlicher zu gestalten.[625]

---

624 Peter Knauer, Aus der Sicht der Theologie, in: Ministerium für Frauen, Jugend, Familie und Gesundheit des Landes Nordrhein-Westfalen (Hrsg.), Fachtagung: Sucht hat immer eine Geschichte. Koordinaten der Sucht, Düsseldorf 2001, S. 50ff.
625 Vgl. hierzu Helmut Janssen/Katrin Schollmeyer, Unsicherheit im öffentlichen Raum. Eine empirische Studie zum subjektiven Sicherheitsempfinden in Erfurt, Mainz 2001, S. 63

"Das, was mir nicht gefällt ist, was mir Angst macht, sind die Jugendlichen, die sich vor den drei, vier Spielhallen auf der Wanheimerstraße aufhalten. Ich weiß nicht, warum sie da stehen." (Bayram Ç., 58 Jahre, Arbeitslos: 13)

Im Kontext der Integrationsbemühungen ist an dieser Stelle der Ansatz der sozialräumlich-gestaltenden Gewalt- und Kriminalprävention zu erwähnen, die das Ziel verfolgt, an den Ursachen dieser Delikte anzuknüpfen. Hier ist ein anderer Fokus angelegt, als bei der Kriminalprävention, die gerade nicht primär die persönlichen Lebensumstände berücksichtigt, sondern lediglich versucht, die Gewalt und Kriminalität zu unterbinden. „Das subjektive Nichtzurechtkommen mit der Welt, das sich dann in der Gewaltausübung äußern würde, bleibt. In der Zielsetzung geht die sozialräumlich-gestaltende Gewaltprävention davon aus, dass eine sozialräumliche Situation zu entwickeln ist, in der Partizipation für alle möglich ist und damit Gewalt dysfunktional wird."[626] Damit bekommt der Sozialraum in seinen unterschiedlichen Schattierungen eine besondere Bedeutung für die präventiven Maßnahmen.

Wolf-Dietrich Bukow u. a. zeigen hinsichtlich dieser Problematik in einer empirischen Studie, wie Ethnisierung und Kriminalisierung dazu beitragen, dass Jugendliche „ausgegrenzt, eingesperrt und abgeschoben" werden können.[627] Aber gerade die Berücksichtigung und die Betonung der gesellschaftlichen Faktoren und die persönliche Lebenssituation wären für die Bekämpfung der Gewaltursachen wichtig, statt die Jugendlichen selbst zu stigmatisieren. Bei der Beurteilung der Kriminalitätsentwicklung Jugendlicher mit Migrationshintergrund muss der besonderen sozialen Situation Aufmerksamkeit geschenkt werden, die durch hohe Ausbildungs- und Arbeitslosigkeit gekennzeichnet ist. Ebenso muss den Wohnumfeldbedingungen Rechnung getragen werden, die zur sozialen Exklusion beitragen. Auch bei autochthonen Jugendlichen besteht ein charakteristischer Zusammenhang zwischen sozialen Desintegrationsprozessen und Eigentumsdelikten. In diesem Rahmen formuliert Otgar Autrata folgende These: „Jugendgewalt ist eine Handlungsform Jugendlicher, die sich auf eine als mangelhaft bewertete gesellschaftliche Teilhabe bezieht."[628]

Diese fehlende Partizipation versuchen die Moscheegemeinden in der Kolonie mit der religiös-gemeinschaftlichen Einbindung zu kompensieren. Sie setzen auf den integrativen Effekt der Partizipationsmöglichkeiten der Jugendlichen. Diese Bestrebungen richten sich an jugendliche Gemeindemitglieder, die ohnehin in der Gemeinde integriert sind, aber auch an neue Mitglieder bzw. an die betroffenen „Jugendlichen von der Straße." Denn mit der Aufnahme und der Teilhabe am soziokulturellen Gemeindeleben weitet sich das soziale Netzwerk der Neuankömmlinge aus. Durch die Einbindung in die Gemeinde wird soziale Kontrolle ausgeübt und dadurch soll deviantes Verhalten frühzeitig erkannt und verhindert werden. Mit den zuvor genannten Bildungsmaßnahmen wollen die Moscheevereine auch den gesellschaftlichen Umständen, die für die persönliche Deprivation verantwortlich sind, gerecht werden. Dadurch ist freilich nicht die gesamtgesellschaftliche Partizipation mit ihrer systemischen, primär materiellen Integration (Arbeitsmarkt) gewährleistet, aber die Jugendlichen werden zunächst von einem sozialen Netzwerk aufgefangen. Die Inklusion in zentrale gesellschaftliche Bereiche, wie dem Arbeitsmarkt, hängt im Wesentlichen von

---

626 Otger Autrata, Prävention von Jugendgewalt. Nicht Repression, sondern allgemeine Partizipation, Opladen 2003, S. 217
627 Vgl. hierzu Wolf-Dietrich Bukow (u.a.), Ausgegrenzt, eingesperrt und abgeschoben. Migration und Jugendkriminalität, Opladen 2003
628 Otger Autrata, Prävention von Jugendgewalt, a.a.O., S. 41

7.3 Zwischen Idealismus und lokalem Zwang

grundsätzlicheren Strukturveränderungen ab, so dass die Anschlussfähigkeit der Individuen in diesem Bereich nicht allein durch diese Vereinsarbeit erreicht werden kann.[629] Interessant ist in diesem Zusammenhang die Initiative der Polizei in Berlin, die bei der Bekämpfung der Jugendkriminalität auf die Hilfe der muslimischen Geistlichen und der Moscheevereine zurückgreifen will. Da die bisherigen Methoden der Polizei offensichtlich nicht effektiv waren, will die Polizei stärker mit den Moscheevereinen kooperieren, damit diese über den Glauben auf die Straftäter aus muslimischen Familien positiv einwirken können. Diese Idee, die zusammen mit der Jugendgerichtshilfe und anderen Arbeitsgruppen innerhalb der Berliner Polizei entwickelt wurde, stoße bei den Moscheevereinen auf große Zustimmung.[630] Im untersuchten Stadtteil wird ebenfalls die Notwendigkeit der Kooperation mit Professionellen erkannt:

> „In Hochfeld, also, zu den Hauptproblemen der Jugendlichen in Hochfeld zählt die Arbeitslosigkeit und dadurch bedingt der Drogenkonsum und die Kriminalität. Deshalb versuchen wir als Einzelne, und auch als Verein, Kontakt zu den Jugendlichen zu knüpfen, damit sie sich aus dieser Situation befreien können. In der Moschee organisieren wir auch Versammlungen, wo wir über dieses Problem sprechen. Wir wollen Professionelle, d. h. Psychologen, Polizei usw. die Möglichkeit in unsere Moschee einladen, damit sie die Jugendlichen über diese Themen aufklären können." (Recai D., 38 Jahre, Selbständig: 5)

Die religiösen Gemeinden in der Kolonie sind wegen dieser sozialen, kulturellen, Aktivitäten und aufgrund ihrer Funktion bei der Identitätsfindung der Jugendlichen wichtige Anlaufstellen. Aufgrund dieser Unterstützungsleistungen und des Zulaufs der türkisch-muslimischen Jugendlichen ist eine Kooperation im Bereich der rechtlichen und sozialen Beratung und der kulturellen und religiösen Bildungsangebote zwischen Moscheevereine und den zuständigen staatlichen und nicht-staatlichen Behörden erforderlich.[631]

Die Untersuchungsergebnisse von Hans-Ludwig Frese über junge türkische Muslime bestätigen ebenfalls die Bedeutung der Moscheen für Jugendliche mit Migrationshintergrund, wobei die Interviewpartner in der Studie zugleich für ein neues Verständnis von islamischen Gemeinden eintreten, die sie vielmehr mit „soziale Zentren", „Orte der Freizeitgestaltung" assoziieren und als „kollektive Heimat" erfahren und dementsprechend an die Moscheen in der Einwanderungsgesellschaft höhere Leistungsanforderungen richten als an die in den Herkunftsländern. Ein weiterer wichtiger Befund dieser Untersuchung ist der Rückgang politischer Orientierung türkischer Jugendlicher an den Entwicklungen in der Türkei und gleichzeitig ein wachsendes Interesse an den politischen Entwicklungen in Deutschland. Dies zeigt sich in der Untersuchung beispielsweise dadurch, dass nicht primär die politische Orientierung der Moschee für die Jugendlichen wichtig ist. Für die Differenzen unter den Dachverbänden machten sie den Einfluss der türkischen Politik verantwortlich. Die stärkere Orientierung der Jugendlichen an der Einwanderungsgesellschaft führt Frese auf die Integrationsleistungen der Jugendlichen zurück.[632]

---

629 Vgl. Wolf-Dietrich Bukow u.a., Die multikulturelle Stadt, a.a.O., S. 344
630 http://www.tagesspiegel.de/berlin/archiv/24.07.2006/2673156.asp
631 Vgl. Hasan Alacacioglu, Deutsche Heimat Islam, Münster/New York/München/Berlin 2000, S. 98
632 Vgl. Hans-Ludwig Frese, Den Islam ausleben. Konzepte authentischer Lebensführung junger türkischer Muslime in der Diaspora, Bielefeld 2002

7.3.4 Die Rolle des Imam im Stadtteil: Psychosoziale Betreuung und Mediation

Eine besondere Rolle bei der psychosozialen Versorgung der türkischstämmigen Muslime spielen die Imame im Quartier. „Die Hodschas und Imame der Moscheen erbringen einen großen Teil ihrer Arbeit in Form von (psychosozialer) Beratung ihrer Gläubigen. (...) Soweit sie in Moscheeverbänden organisiert sind, gehen praktizierende Muslime mit ihren Problemen meist zu ihrem Hodscha oder Imam."[633]

Überdies ist der Imam damit befasst, die soziale Aussöhnung und Harmonie in der Gemeinde herzustellen. Sofern sich beispielsweise ein Bruch zwischen zwei Gemeindemitgliedern abzeichnet, besuchen andere Gemeindemitglieder die Streitparteien, um diesen Konflikt zu lösen. Der Imam, der eine Respektperson in der Gemeinde darstellt, spielt dabei eine besondere Rolle. Mit gut gemeinten Ratschlägen versucht der Imam, den Streit beizulegen. Dabei appelliert er an das „religiöse Gewissen" der Streitparteien:

> „Wenn ich von einem Streit erfahre, bilden wir in der Gemeinde eine Gruppe und gehen dann die beiden Parteien besuchen. Wir hören uns beide Seiten an und versuchen diese dann zu vertragen. Meist sind wir auch erfolgreich. Wir versuchen das Fehlverhalten beider zu ermitteln und sprechen mit ihnen darüber. Wir sagen: ,Du hast diesen und jenen Fehler gemacht'. Mit Versen aus dem Quran und mit den Aussprüchen des Propheten untermauern wir, wie wichtig es im Islam ist, sich zu versöhnen." (Zeki H., 46 Jahre, Imam: 7)

Das zeigt sich ferner in der Mediation bei Ehe- und Scheidungskonflikten, wenn die Ehepartner den Imam in seiner Vermittlerrolle akzeptieren. Mediation als „die Unterstützung einer Verhandlung durch einen neutralen Helfer, der seine Tätigkeit als schlichte Dienstleistung begreift und ausübt"[634], ist keine besondere Qualifikation der Imame, die sie sich während ihrer Ausbildung aneignen. Vielmehr suchen die Ehepaare den Imam auf, weil er denselben religiös-kulturellen Hintergrund hat wie sie und sie damit die Hoffnung verbinden, dass er sie besser versteht.

Da sowohl Gemeindemitglieder als auch andere türkische Bewohner, welche die Moschee seltener aufsuchen, mit ihrem Anliegen zum Imam kommen, reichen die Gründe für Ehekonflikte von häuslicher Gewalt bis hin zu Trink- und Glücksspielproblemen des Ehemannes. Aus den Gesprächen mit den Imamen wird deutlich, dass sich die gesamtgesellschaftliche Entwicklung (Scheidungen) auch in den muslimischen Gemeinden widerspiegelt. So beklagt man die Zunahme der Ehekonflikte und der Scheidungen vor allem bei jungen Paaren in den Gemeinden. Während andere außerfamiliäre Institutionen nicht aufgesucht werden, gehen die Paare auf die Vermittlungsbemühungen des Imams ein, auch auf Kosten der Intimität. Sicherheit und Vertrauen sind wichtige Schlüsselbegriffe für die Öffnung der „Klientel" bei derart hochgradig emotional aufgeladenen Konflikten, die in der Familienmediation üblich sind.[635]

---

[633] Ibrahim S. Rüschoff, Zur Situation der psychosozialen Versorgung der Muslime in Deutschland. Unveröffentlichtes Manuskript eines Vortrages bei der Jahrestagung der Gesellschaft Muslimischer Sozial- und Geisteswissenschaftler an der Universität Kassel am 21.01.2001, S. 2
[634] Siehe Fritjof Haft, Verhandlung und Mediation, in: ders./Katharina Schlieffen (Hrsg.), Handbuch Mediation München 2002, S. 76
[635] Claudia Niemann/Simone Bach/Claudia Wiesner, Mediation bei Trennungs- und Scheidungskonflikten, in Kai Mielke/Katharina Pietsch/Thomas Abeltshauser (Hrsg.), Mediation und interessengerechtes Verhandeln Köln/Berlin/Bonn/München 2003, S. 87

7.4 Die Entwicklung von türkischen zu deutschen Organisationen?

Mit diesen Initiativen in den Gemeinden erfahren die Migranten eine Streitkultur in der Kolonie, die zwar vorerst auf einen bestimmten Kreis begrenzt ist, sich aber durch kontinuierliche Weiterführung auf einen größeren Bewohnerkreis ausdehnen könnte. In diesem Kontext stellt Tilman Metzger für die USA und England fest, dass die ehrenamtliche Mediation bzw. Gemeinwesenmediation in den jeweiligen Ländern zur Verbreitung dieser Streitkultur geführt hat. Deshalb fordert Metzger: „Wenn wir dafür sorgen wollen, daß Mediation in Deutschland und Österreich zu einer ganz normalen Form der Streitbeteiligung wird, sollten wir in jeder Stadt und in jedem Kreis eine gemeinwesenorientierte Mediationsstelle mit ehrenamtlichen MediatorInnen gründen."[636]

> „Das gehört auch zu meinen Aufgaben, vor allem wenn es sich um Gemeindemitglieder handelt. Ich suche dann die Eheleute auf und versuche den Grund für ihren Streit herauszufinden. Ich höre mir zunächst beide Parteien an. Danach vereinbare ich mit den Eheleuten, dass sie nach meinem Entschluss ihre Fehler einsehen und akzeptieren müssen. Danach erörtere ich mit beiden, in wie weit der Ehemann das Recht seiner Ehefrau verletzt hat. Und umgekehrt lege ich dar, in wie weit die Ehefrau das Recht ihres Ehemannes verletzt hat. Wenn die Eheleute die Grenzen des jeweils anderen respektieren, vertragen sie sich und führen ihre Ehe weiter."
> (Mustafa H., 55 Jahre, Imam: 4)

In Anlehnung an eine Erhebung, die im Jahre 1995 im Auftrag des Bundesarbeitsministeriums durchgeführt wurde, weist Mehmet Tanriverdi in diesem Zusammenhang darauf hin, dass mehr als jeder zweite Migrant bei Problemen die eigene Familie und Freunde aufsucht, während nur 10% zu deutschen Beratungsstellen gehen. Dies liege nicht am Mangel an sozialpflegerischen Angeboten der kommunalen Stellen und der Wohlfahrtsverbände, die zahlreich vorhanden seien, sondern: „Weil es nicht nur um Defizite geht, sondern auch um die Legitimationsgrundlage. Wir sind es gründlich leid, daß andere uns ‚betreuen' und für uns sprechen wollen."[637] In der Bundesrepublik Deutschland wurde die soziale Versorgung der Migranten an die Wohlfahrtsverbände delegiert. So übernehmen die Kirchen die Betreuung der christlichen Migranten, „während paradoxerweise die Gewerkschaften für Einwanderer aus den übrigen Staaten, einschließlich der muslimischen, zuständig sind"[638] Damit ist die religionsneutrale(!) Arbeiterwohlfahrt gemeint, die sich mit ihren Angeboten an muslimische Migranten richtete.

7.4 Die Entwicklung von türkischen zu deutschen Organisationen? Eine Zukunftsperspektive für ethnische Kolonien

> „Die Zusammensetzung der Moschee war damals natürlich eine ganz andere. Die sogenannte erste Generation kam überwiegend aus den ländlichen Gebieten der Türkei. Sie waren nicht gebildet, sie hatten weder das deutsche noch das türkische Bildungssystem gekannt. Sie waren nicht gebildet und konnten daher für die Gemeinde nicht nützlich sein. So seit 10, 15 Jahren hat

---

[636] Tilman Metzger, Chancen der ehrenamtlichen Mediation. Ein Vergleich der Gemeinwesenmediation in Deutschland, England und den USA, in: Peter Geißler/Klaus Rückert (Hrsg.), Mediation – die neue Streitkultur. Kooperatives Konfliktmanagement in der Praxis, Gießen 2000, S. 238
[637] Mehmet Tanriverdi, Interessenvertretung und Selbstorganisation, in: Bundesarbeitsgemeinschaft der Immigrantenverbände in der Bundesrepublik e.V.. Aspekte politischer Partizipation von MigrantInnen in Deutschland. Reihe: Partizipation, Bonn 1999, S. 12
[638] Vgl. John Rex, Multikulturalität als Normalität moderner Stadtgesellschaften, a.a.O., S. 134

sich das aber geändert, durch die zweite Generation, die hier geboren ist oder aus der Türkei kam und das Abitur, die Universität absolviert haben. Sie sind gebildet, sensibler für bestimmte Probleme und dementsprechend handeln sie auch. Und solche Personen sind für die anderen Gemeindemitglieder außerordentlich nützlich." (Mustafa Z., 43 Jahre, Arbeiter: 5)
„Also ich zähle mich auch ja zur zweiten, wenn nicht sogar zur dritten Generation und daher allein meine Anwesenheit hier ist schon ein Zeichen für den Wandel selbst. Unsere Väter, Großväter haben eine ganz andere Vorstellung gehabt zu dem Leben hier, zu den Moscheen hier, zu dem Anwesen hier, als die, die wir haben, d. h. ein Strukturwandel ist auf jeden Fall da. Und unsere Denkweise ist nicht die gleiche wie die unserer Väter. Ihr Anliegen war hauptsächlich das Gebet, das Verrichten des Gebetes, aber darüber hinaus auch nicht. Und unsere Interessen gehen da natürlich weiter und unsere Probleme sind natürlich auch etwas größer geworden. Die Arbeit, die z. B. auf die Jugend zielt, die ist viel weiter als sie z. B. vor 10, 15 oder 20 Jahren gewesen ist." (Sezai A., 312 Jahre, Assistenzarzt: 3)

Türkische Moscheen waren und sind heute immer noch Orte, wo neben der religiösen Unterweisung die türkische Sprache und „Kultur" gepflegt wird. Doch wie im vorangegangen Kapitel bereits deutlich wurde, findet ein langsamer Prozess des Wandels in diesen religiösen Einrichtungen statt. Dieser Wandel zeigt sich auch darin, dass die deutsche Sprache immer mehr Eingang in diese Einrichtungen findet. Aus Rücksicht auf die erste Generation wird zwar noch überwiegend Türkisch gesprochen, aber es ist davon auszugehen, dass sich das in Zukunft ändern wird. Die unteren Ausführungen sind Perspektiven für ethnische Kolonien, die gegenwärtig nur für wenige Moscheen zutreffen.

7.4.1 Imam Yusuf U. Der deutschsprachige Sozialarbeiter

Die türkischen Imame erhalten ihre theologische Ausbildung in der Türkei. Das hat neben fehlenden Deutschkenntnissen auch mangelnde Kenntnisse über das Zielland zur Folge. Dies geht u. a. auf das Rotationsprinzip des Ministeriums für religiöse Angelegenheiten zurück, das vorsieht, dass die Imame alle vier Jahre gewechselt werden müssen. Diese begrenzte Aufenthaltsdauer erlaubt den Imamen jedoch nicht, tiefere Kenntnisse über die Situation der türkischen Muslime in Deutschland zu gewinnen. Hierzu gehören insbesondere fehlende Sensibilität und Sachkenntnisse hinsichtlich der Situation der Kinder bzw. der Jugendlichen des Wohngebietes, die in Deutschland geboren und aufgewachsen sind und über die pädagogischen Konzepte in der bundesrepublikanischen Gesellschaft. Daher findet eine adäquate Auseinandersetzung über derartige soziale Probleme weder in den Predigten noch in sonstigen Diskussionen statt.[639] Zwar weisen die Imame in den nicht-staatlichen Moscheen eine längere Aufenthaltsdauer auf, aber in der Regel sind sie ebenfalls nur türkischsprachig, weil ihre theologische Ausbildung in der Türkei stattfand. In Deutschland findet weder eine sprachliche noch eine pädagogische Weiterbildung statt.

Dieser Qualifikationsmangel zeigt sich auch in den Unterrichtsmethoden. Diesbezüglich stellt Hasan Alacacioglu fest: „Ursache dieser Beschränkung auf recht antiquierte Unterrichtsmethoden ist zumeist die unzureichende didaktische Qualifikation der Lehrkräfte, ebenso wie das begrenzte und oberflächliche inhaltliche Programm auf deren meist recht

---

[639] Vgl. hierzu den Vergleich zwischen „Entsandte Imame" und „freie" Imame von Ursula Mıhçıyazgan, Moscheen türkischer Muslime in Hamburg. Dokumentation zur Herausbildung religiöser Institutionen türkischer Migranten, Hamburg 1990, S. 18

7.4 Die Entwicklung von türkischen zu deutschen Organisationen?

geringe theologische Ausbildung zurückzuführen ist."[640] Anders der Imam Yusuf U., der in Deutschland geboren und als „freier Imam" angestellt ist. Für seinen Schulbesuch reiste er zunächst in die Türkei. Damit versprachen sich die Eltern nicht nur die Bewahrung der türkischen, sondern auch der religiösen Identität ihres Sohnes. Die Erwartungen sollten sich aber nicht erfüllen. Nach acht Jahren remigrierte er wieder in die BRD und begann später ein Studium der Sozialarbeit. Durch seinen längeren Aufenthalt und sein Studium in Deutschland spricht er nicht nur fließend Deutsch, er ist zugleich auch pädagogisch qualifiziert.

„Meine Eltern haben mich in die Türkei geschickt, um dort die Schule zu besuchen. Sie befürchteten, dass ich die türkische Sprache und die Religion in Deutschland vergessen würde. Aber um ehrlich zu sein habe ich zwar die türkische Sprache dort sehr gut erlernen können, aber meine religiösen Kenntnisse konnte ich dort nicht besonders vertiefen, nur das notwendigste habe ich gelernt. Nur in den Sommerferien habe ich Islamkurse besucht und dort nur sehr dürftig die Glaubensinhalte gelernt. Ich bin mit 16 Jahren wieder nach Deutschland gereist, mit 8 Jahren war ich in die Türkei eingereist, ich bin in Nürnberg geboren, und erst in Deutschland habe ich meine Religion wirklich gelernt. Ich konnte nicht einmal den Koran (auf Arabisch) rezitieren, das Gebet nicht korrekt verrichten. Ich habe mich am Anfang auch fremd gefühlt, aber durch die verschiedenen Organisationen, Kulturzentren konnte ich dieses Gefühl überwinden. Denn diese Organisationen sind eine große Hilfe zur Erhaltung der eigenen Identität. Ihre Funktionen sind vielfältig, auch für die Zukunft. Wenn wir z. B. mit den Deutschen Dialog-Treffen veranstalten, werden wir oft gefragt: ‚Welches ist euer Vaterland?', dann antworten wir: ‚Wir Türken gebrauchen für diesen Begriff Anavatan (Mutterland). Die Türkei ist unser Mutterland, Deutschland ist unser Vaterland.'. Also, Deutschland ist unser Vaterland geworden. Man kann das nicht voneinander trennen. Ein Mensch kann weder ohne Mutter noch ohne Vater leben, er braucht beide Elternteile. Viele Türken sind in der Türkei sozial entfremdet, sie kommen dort nicht zurecht und das zeigt ihre Integration in Deutschland. Sie sind integriert und versuchen als Gemeinschaft ihre Religion, ihre Kultur hier zu leben." (Yusuf U., 33 Jahre, Imam: 2)

Vor zwei Jahren bot sich für ihn die Möglichkeit, in Duisburg-Hochfeld als Imam zu arbeiten. Aufgrund dessen zog er mit seiner Familie in den Stadtteil und betreut seit dem die Gemeinde.

„Wenn z. B. Mitglieder unserer Gemeinde krank sind, gehen wir sie entweder im Krankenhaus oder zu Hause besuchen. (...) Das wichtigste ist, in guten und in schmerzvollen Stunden bei diesen Menschen zu sein. Ich übernehme auch die rituelle Waschung der Toten. Oder wenn jemand, der schwer krank im Krankenhaus liegt, und ich gehe sie besuchen und bete für sie, dann werden die Menschen sehr glücklich, wenn sie diesen Beistand erfahren."
(Yusuf U., 33 Jahre, Imam: 4)

Aufgrund seiner deutschen Sprachkompetenz und seiner pädagogischen Ausbildung hat der Imam eine besondere Beziehung zu den Kindern und Jugendlichen in der Gemeinde hergestellt. Die Empathie für die Probleme und Anliegen der Kinder und Jugendlichen kommt ihm bei seiner Lehrerrolle besonders zugute. Diese fühlen sich verstanden, dadurch kann er auch die Rolle des „Vertrauenslehrers" einnehmen. Für die Jugendlichen im Stadtteil ent-

---

[640] Hasan Alacacıoğlu, Außerschulischer Religionsunterricht für muslimische Kinder und Jugendliche türkischer Nationalität in NRW. Eine empirische Studie zu Koranschulen in türkisch-islamischen Gemeinden, Münster 1999, Zugl.: Münster (Westf.), Univ., Diss., 1998, S. 89

stehen somit keine sprachlichen Barrieren, wenn sie mit dem deutschsprachigen Imam in Kontakt treten. Sie können mit ihm zweisprachig kommunizieren[641].

„Als eine Person, die in Deutschland geboren ist, die deutsche Sprache spricht, ist es viel einfacher, die Mentalität der Personen, die ebenfalls in Deutschland geboren sind, zu verstehen. Zu wissen, welcher Hintergrund für bestimmte Verhaltensweisen, Handlungen verantwortlich sein kann, ist ebenfalls ein wichtiger Vorteil. Man wird nicht nur Hodscha, indem man den Koran rezitiert, sondern auch durch die Lebenserfahrung." (Yusuf U., 33 Jahre, Imam: 9)

Seine Sprachkenntnisse sind zudem bei diversen Dialog-Veranstaltungen hilfreich. Während andere Imame auf die Hilfe eines Dolmetschers angewiesen sind, kann er direkt als Ansprechpartner für Nicht-Muslime auftreten. Am so genannten „Tag der offenen Moschee", der jährlich am 3. Oktober stattfindet, ist er der einzige Imam im Stadtteil, der die Moscheeführung für die deutschen Besucher persönlich leitet. In den anderen untersuchten Moscheen hingegen übernehmen diese Aufgabe die jeweiligen Akademiker oder sprachkundige Gemeindemitglieder. Darüber hinaus ist Yusuf U. der einzige Imam, der aktiv ist im bürgerschaftlichen Entwicklungsforum „Runder Tisch", an dem Vertreter der lokalen Ökonomie, der lokalen Vereine, der Wohlfahrtsverbände usw. teilnehmen.

„Wenn wir z. B. Dialoge mit Christen veranstalten, dann ist man, falls man die deutsche Sprache nicht beherrscht, auf einen Dolmetscher angewiesen. Und dieser übersetzt nicht unbedingt alles einwandfrei. Entweder lässt er bei der Übersetzung wichtige Sachen weg bzw. ergänzt es oder interpretiert es nach seinen eigenen Vorstellungen. Somit wird nicht angemessen übersetzt, so dass es auch zu Missverständnissen führen kann. Deshalb ist es ein großer Vorteil, wenn der Imam die deutsche Sprache beherrscht. Also, ich nehme es auch den Imamen nicht übel, die für ein paar Jahre nach Deutschland kommen, arbeiten und wieder zurückreisen. Genau wie die ersten Arbeitsmigranten. Zudem gibt es in Deutschland auch eine türkische Infrastruktur. Deshalb hat man es nicht nötig, für den begrenzten Aufenthalt die deutsche Sprache zu erlernen." (Yusuf U., 33 Jahre, Imam: 14)

Durch Imame wie Yusuf U., die insgesamt zahlenmäßig noch die Minderheit unter ihresgleichen darstellen, erfahren die politischen, sozialen und kulturellen Entwicklungen des Einwanderungslandes einen größeren Eingang in die Moscheevereine, so dass die Grenzen der ethnischen Selbstorganisation nach außen hin „aufgeweicht" werden.

7.4.2 Ent-Ethnisierung der Kolonie durch konvertierte Deutsche

Der Wandel zeigt sich darüber hinaus in der ethnischen Zusammensetzung der Moscheegemeinden. Als Beispiel kann die „Internationale Moscheegemeinde" im Stadtteil angeführt werden, in der sich Muslime verschiedenster Herkunftsländer zusammenfinden. Mus-

---

641 Viele türkische Kinder haben sogar Schwierigkeiten, sich in ihrer eigenen Muttersprache zu artikulieren. Hierzu ein Lehrer für türkische Muttersprache „Ich glaube, dass die türkischen Kinder einen Wortschatz von 200, höchsten 300 Wörtern besitzen. Das wäre lächerlich dies als türkische Sprache zu bezeichnen. Es gibt sogar türkische Familien, die ihre Kinder vom muttersprachlichen Unterricht abmelden. Die meisten Kinder kennen nicht einmal den türkischen Begriff für Keller, Hauptbahnhof oder Abstellraum. Zu Hause verwendet man immer die Begriffe, die einfacher sind. Wenn man auf Deutsch gerufen wird, antwortet man beispielsweise auf Türkisch." (Rahmi H., 46 Jahre, Lehrer: 5)

7.4 Die Entwicklung von türkischen zu deutschen Organisationen?

lime türkischer Herkunft stellen zwar die Mehrheit dar, aber aufgrund ihrer Unabhängigkeit und der stärkeren Fokussierung auf das Leben in der Bundesrepublik misst die Gemeinde der Herkunftsgesellschaft und damit der türkischen Sprache in der Gemeinde weniger Bedeutung bei. Die meisten Türken, die dort beten, haben ihren eigenen Angaben zufolge den türkischen Nationalismus abgelegt. Das bindende Glied in der Gemeinde ist neben der Religion die deutsche Sprache. So werden die Freitagspredigten bzw. andere Vorträge in deutscher Sprache abgehalten. Dies ist die einzige Moschee in Duisburg, die so verfährt. Die marokkanische Moschee im Stadtteil, die nicht im Rahmen dieser Arbeit untersucht wurde, hält zwar die Freitagspredigt in arabischer Sprache, aber diese wird synchron übersetzt. Die nicht-arabischen Moscheebesucher haben die Möglichkeit mit Kopfhörern die Predigt zu verfolgen.

Während es in europäischen Ländern wie England durchaus keine Seltenheit darstellt, die Landessprache in den Gemeinden zu sprechen, ist diese Entwicklung in Deutschland noch überwiegend unüblich. Nach wie vor wird in den Moscheegemeinden, auch aus Rücksicht auf die erste Generation, Türkisch gesprochen. Das ist zunächst auf die immer noch starke Orientierung an der Herkunftsgesellschaft zurückzuführen, zudem ist der hohe Anteil der türkischstämmigen Migranten unter den Muslimen ausschlaggebend.

„Die Gemeinde hat den Vorteil, dass erst mal die Hutba (Predigt) auf Deutsch gehalten wird, was ja nicht selbstverständlich ist. Normalerweise, in türkischen Moscheen hält man es halt auf türkisch, in arabischen Moscheen auf Arabisch. Gerade hier, weil sie auch multikulturell ist und das ist ein weiterer Vorteil, muss sie auf Deutsch gehalten werden, da sonst bestimmte Gruppen sonst überhaupt nicht davon mitbekommen würden. Das ist für mich ein starker Grund, gerade diese Moschee zu bevorzugen und nicht nur die deutsche Sprache, sondern die Multikulturalität." (Celalettin O., 35 Jahre, Elektriker: 2)

Während die erste und zum Teil die zweite Generation ihre muslimische Identität mit ihrer nationalen Herkunft gleichsetzt und diese Identifikation eine stärkere Bindung an die Herkunftsgesellschaft fördert, kennzeichnen die zum Islam konvertierten deutschen Muslime in den Moscheegemeinden einen „Entkoppelungsprozess". Dadurch entstehen neue Solidaritätsformen zwischen den allochthonen und autochthonen Bewohnern in der Kolonie. Ein Ergebnis der multikulturellen, polykontextuell verfassten (post)modernen Gesellschaft[642], die ihren Mitgliedern ermöglicht, neue kulturelle Lebenswelten bzw. Lebensformen auszuprobieren. So treten Angehörige der autochthonen Gesellschaft nicht nur als Besucher in den Moscheevereinen auf, sondern wie Ahmet alias Patrick E. auch als Glaubensbrüder, die die oben erwähnte Gemeinde besuchen. Er selbst konvertierte vor sieben Jahren zum Islam, obwohl dieser Schritt nicht ganz unumstritten in der Familie war.

„Naja, meine Mutter war davon nicht so überzeugt, war nicht so glücklich darüber. Sie hat aber noch Kontakt zu mir, den Kontakt möchte sie noch halten. Jetzt akzeptiert sie es, aber trotzdem kommt sie damit nicht klar." (Ahmet/Patrick E., 24 Jahre, Azubi: 1)

Seit seinem Übertritt zum Islam besucht er regelmäßig religiöse Einrichtungen in verschiedenen Stadtteilen. Der Grund dafür, dass Ahmet E. in Hochfeld die Gemeinde des „Interna-

---

642 Vgl. Erol Yildiz, Multikulturalität und Demokratie im Zeitalter der Globalisierung, in: Christoph Butterwegge/Gudrun Hentges (Hrsg.), Zuwanderung im Zeichen der Globalisierung. Migrations-, Integrations- und Minderheitenpolitik, 2. Auflage Opladen 2003, S. 253ff.

tionalen Treff e.V." bevorzugt, liegt darin, dass dort Deutsch gesprochen wird. Obwohl er heute in einer anderen Stadt lebt, sucht er die Moschee je nach Gelegenheit wieder auf, auch weil seine Mutter mit ihrem Lebensgefährten immer noch in Hochfeld wohnt. Dadurch hält er die Beziehung zum Stadtteil aufrecht.

> „Ja, da reden sie zumindest Deutsch, was in den anderen Moscheen nicht so ist, weil da ist immer nur eine Nationalität, da sind verschiedene. Da müssen wir eine gemeinsame Sprache sprechen und das ist dann meistens Deutsch, damit wir uns dann verständigen können." (Ahmet/Patrick E., 24 Jahre, Azubi: 3)

Ein anderer deutscher Muslim, der als „Pendler" nahezu alle Moscheevereine im Stadtteil aufsucht, ist Ali/Stefan H. Vor 10 Jahren trat er zum Islam über und zog vor eineinhalb Jahren aus der Hauptstadt Berlin nach Duisburg, weil er hier einen Beruf als Programmierer fand. Durch seine Aufenthalte in den Moscheen Hochfelds konnte er sich relativ schnell in die Stadt und auch in die Kolonie integrieren, indem er sich ein neues soziales Netz aufbaute. Zudem erhofft er sich, durch die Vermittlung von Gemeindemitgliedern eine Ehefrau zu finden, um so eine Familie zu gründen. Diese Vermittlung bildet damit eine weitere Funktion der Moschee, durch die bereits andere junge Männer und Frauen ihre zukünftigen Lebenspartner bzw. Partnerinnen kennen lernten. Im Interview machte er deutlich, dass gerade dieses Gemeinschaftsleben bzw. Gemeinschaftsgefühl für ihn einen zentralen Stellenwert besitzt.

> „Ja, das sind so die engen Beziehungen unter den Leuten, die ich gut finde, weil die sich gegenseitig zum Essen einladen, nach Hause oder in die Moschee und auch die gegenseitige Unterstützung hier." (Ali/Stefan H., 40 Jahre, Softwareentwickler: 2)

Ali/Stefan möchte an diesem Gemeindeleben teilnehmen und sich ebenfalls engagieren, indem er gegen ein geringes Entgelt demnächst Computerkurse anbieten will. Für die Moscheen wäre dieses Angebot eine wichtige Unterstützung. An diesem Beispiel wird deutlich, dass die ethnische Kolonie nicht nur für Migranten eine Orientierungs- bzw. Eingliederungshilfe darstellen kann, sondern auch für die Mitglieder der autochthonen Bevölkerung, welche die Lebenswelt bzw. den Lebensstil der Migranten teilen.

> „Also, einfach so arbeiten, so einen kleinen Gruppenunterricht machen, weil ich denke, die Leute haben oft nicht genug Geld, um sich so Kurse zu leisten, die kosten einige Hundert Euro im Monat. Da werde ich demnächst als Lehrer auftreten. (...) Also, normalerweise kann sich das nicht jeder leisten." (Ali/Stefan H., 40 Jahre, Softwareentwickler: 2)

Deutsche Muslime scheinen überhaupt für die muslimischen Gemeinden in der Kolonie nützlich zu sein. Der ebenfalls zum Islam konvertierte Rechtsanwalt Ralf B., der seine Kanzlei in einem anderen Stadtteil unterhält, kennt die Bewohner Hochfelds nicht nur als Bekannte, sondern auch als Mandanten. Aufgrund seiner religiösen Identität hat er als Deutscher einen Einblick in das religiöse Leben und die dort herrschende Problematik. Die Söhne von religiös-konservativen Muslimen, die mit dem Gesetz in Konflikt geraten sind, suchen ihn auf. Ihm traut man, dadurch fällt es ihnen leichter, sich zu öffnen. Er ist sozusagen „einer von ihnen".

7.4 Die Entwicklung von türkischen zu deutschen Organisationen?

> „Meine eigene islamische Identität spielt eine große Rolle. In meiner Wahrnehmungsmöglichkeit, d. h. auch in meiner Möglichkeit einzusehen in die Szene, auf einer ganz seltsamen Art und Weise. Zu mir kommen meistens junge Männer im Alter von, sagen wir mal von 16 bis 26 oder inzwischen auch über 30, die Probleme haben mit Drogen, nicht nur als Konsument, sondern auch als Händler, Dealer oder in Konflikt geraten sind mit Sexualdelikten, sexuelle Nötigung oder Zuhälterei und ähnlichem. Die kommen zu mir, weil ich Muslim bin, obwohl ihre eigene Identität als Täter jedenfalls nicht nahe liegt, dass sie mich aufsuchen, aber es ist jedenfalls so, dass die Anbindung über die Eltern geht, d. h. die Eltern sind religiös-konservativ, biedere Bürger und die gar nicht so gut geratenen Söhne, die kommen dann zu mir. Zu mir kommen kaum kurdisch, alewitisch, politische Linke. Da ist der Markt sehr geteilt. Die bevorzugen andere Arbeitskollegen und da habe ich nur beschränkte Einsichtsmöglichkeiten, um das beurteilen zu können." (Ralf B., 51 Jahre, Rechtsanwalt: 4)

Dank seiner deutschen Abstammung und seiner islamischen Identität nimmt er die Rolle des Vermittlers ein, dadurch weist er besondere interkulturelle Kompetenzen auf.

> „Ich spreche eigentlich die Sprache beider, jetzt nicht nur linguistisch gesehen, sondern auch, was die Wellenlänge angeht. Ich verstehe die islamisch-türkische oder die marokkanische Seite, verstehe in gleicher Weise wie die normale deutsche Restbevölkerung in Hochfeld. Ich kann dadurch eine gewisse Vermittlerrolle spielen. Es ist ja ein Milieu einer ganz besonderen Prägung entstanden. Es ist ein Milieu entstanden, das nicht mehr türkisch ist, das nicht mehr deutsch ist, das auch nicht dem Milieu von Downtown New York entspricht, sondern es ist etwa ein ganz typisches, neues Milieu entstanden mit eigenen Spielregeln. Das fängt bei der Sprache an. Das in Hochfeld gesprochene Türkisch hat mit dem, was in der Türkei gesprochen wird, nicht viel gemeinsam. Auch das Deutsch, was in Hochfeld gesprochen wird, ist nicht das, was man in einem Deutschkursus für Ausländer lernen würde. Verhaltensweisen, Umgangsformen, haben ein ganz neues, eigenständiges Gepräge gekriegt." (Ralf B., 51 Jahre, Rechtsanwalt: 7)

Seine deutsche Abstammung kommt ihm besonders bei Dialog-Veranstaltungen zugute. Aber er muss immer noch die Erfahrung machen, dass der Islam in der deutschen Gesellschaft als „Ausländerreligion" verstanden wird. Seiner Meinung nach tragen die türkischstämmigen Muslime durch Selbstisolation zu diesem Bild auch selbst bei. Deshalb müsse er sich immer wieder mit der „Theorie vom türkischen Heimatverein" auseinander setzen.

Für die türkischen Muslime im Stadtteil und natürlich für die Deutschen demonstriert Ralf B., dass die islamische Identität mit der gesellschaftlichen Partizipation sehr wohl harmonieren kann. „Die durchaus nennenswerte Zahl der zum Islam konvertierten Europäer bildet ohnehin einen Bestandteil der europäischen Gesellschaften, für den die Frage nach einer ‚Integration' schon im Ansatz verfehlt wäre."[643] Daher wird die „ethnische und kulturelle Färbung" der Kolonie relativiert.

> „Also zunächst fühle ich mich voll integriert, weil ich stamme aus der deutschen Mehrheitsgesellschaft und ich habe wenig davon abgelegt und musste auch wenig ablegen, um ein sehr um den Islam, islamischen Lebensstil bemühten Menschen zu werden. Es ist mir relativ leicht gelungen, mit preußischen Tugenden ein guter Muslim zu sein und ich denke, ein bewusster Muslim hat überhaupt kein Problem, mit preußischer Mentalität klarzukommen."
> (Ralf B., 51 Jahre, Rechtsanwalt: 8)

---

643 Mathias Rohe, Der Islam – Alltagsprobleme und Lösungen. Rechtliche Perspektiven, 2. Auflage Freiburg im Breisgau 2001, S. 41

7.4.3 Symbolische Präsentation: Materieller Ausdruck der Einwanderung

Für die deutschen Bewohner des Stadtteils ist das oben skizzierte Gemeindeleben größtenteils anonym. Ein Grund hierfür ist, dass sich alle Moscheevereine des Stadtteils in den Hinterhöfen befinden. Sie sind als solche nicht erkennbar und deshalb ist es nicht verwunderlich, wenn die deutschen Bewohner nicht einmal über die Existenz dieser religiösen Einrichtungen informiert sind. Zudem führen diese ungünstigen Standorte den gesellschaftlichen Status der Muslime vor Augen, dass sie nur am Rande der Gesellschaft positioniert sind.

> „Viele unserer Nachbarn wissen nicht einmal, dass hier eine Moschee ist. Das ist das Problem. Und die jugendlichen Muslime versuchen natürlich, dazu beizutragen, das möglichst viele Deutsche erfahren, dass hier eine Moschee ist, was der Islam ist und möchten das, so weit es geht, den Menschen nahe bringen und das dadurch die Ängste abgebaut werden. (...) Bisher sind die Mauern aufgerichtet worden und die Deutschen haben bisher kein Interesse gehabt, einfach über die Mauern hinwegzuschauen. Auch die Muslime haben bisher kein Interesse daran gehabt, überhaupt jemanden über die Mauern hinweggucken zu lassen. Es gab da einfach kein Interesse. Aber das hat sich inzwischen gewandelt. Die Mauern werden zurzeit abgerissen und die Deutschen werden, so weit es geht, bei allen Möglichkeiten dazu eingeladen, in die Moscheen reinzukommen, die Moschee zu betrachten und mit den Muslimen Kontakt zu haben."
> (Sezai A., 31 Jahre, Assistenzarzt: 8)

Der unattraktive und versteckte Standort der religiösen Einrichtungen führt des Weiteren dazu, dass bei den deutschen Bewohnern eine Hemmschwelle entsteht, diese Einrichtungen aufzusuchen. Diese Situation ist für das Zusammenleben nicht gerade förderlich, weil man daraus Abschottungstendenzen der Gemeinden folgert. Das dachte auch der folgende Gesprächspartner, der seit 14 Jahren in Hochfeld wohnt und zum ersten Mal einen Moscheeverein in Hochfeld besuchte. Erst durch die Öffnung der Pforten der Moscheevereine überwand er die Hemmschwelle und nahm an einer Moscheeführung teil.

> „Ich fand das schon interessant, weil ich mir das nie so im Hinterhof vorstellen konnte, ‚Was ist da eigentlich?'. Ich mein, ich bin hier immer vorbeigegangen und nie gewusst, was befindet sich hier wirklich drin. Ich hab' mich nie reingetraut und gestern (Tag der offenen Moschee; A.d.V.) habe ich einfach die Gelegenheit genutzt, das zu sehen. (...) Weil das für mich den Eindruck gemacht hat, das ist so abgeschottet. Man will nicht, man will unter sich bleiben."
> (Volker P., 41 Jahre, Krankenpfleger : 7)

Meist hinterlassen diese Moscheeführungen einen positiven Eindruck bei den Besuchern, weil man dadurch sein Wissen über diese Einrichtungen erweitern und Vorurteile abbauen kann. Außerdem tragen sie dazu bei, dass die Kontakte zu den Moscheen weiterhin aufrechterhalten werden.[644] Die Migranten des Wohngebiets sind sich des Nachteils dieser „Hinterhofmoscheen" bewusst, so dass der Ruf nach repräsentativen Bauten in der Kolonie immer lauter wird. Dabei geht es nicht nur um Ästhetik, sondern auch um die sichtbare Präsenz einer religiösen Gemeinschaft als Teil der städtischen Gesellschaft. Nicht-muslimische Bewohner des Stadtteils sollen die Existenz der religiösen Einrichtungen wahrneh-

---

[644] Vgl. Ali-Özgür Özdil, Wenn sich die Moscheen öffnen. Moscheepädagogik in Deutschland – Eine praktische Einführung in den Islam, Münster/New York/München/Berlin 2002, S. 118f.

7.4 Die Entwicklung von türkischen zu deutschen Organisationen?

men und außerdem die Möglichkeit erhalten, an den Gottesdiensten als Zuschauer teilzunehmen.

„Die Moscheen sollten auf große Flächen, mit Kuppel und Minarett als Moscheen erkennbar und für jedermann, auch für Nicht-Muslime, zugänglich sein. Dies ist unser Wunsch. In Istanbul z. B. wie die Sultan-Ahmet- oder die Fatih-Moschee, sind sogar während der Gebetszeiten Nicht-Muslime bzw. Touristen anwesend und verfolgen das Gebet mit. Während sich die Muslime für das Gebet aufstellen, versammeln sich die Nicht-Muslime, die Touristen, sowohl Männer als auch Frauen, im hinteren Bereich und sehen zu. Ihre Anzahl ist fast genauso viel wie die Anzahl der Betenden. Sie hören dem Ezan und dem Bittgebet des Imam zu, sehen sich das Gebet an. Die Moscheen sollten nicht nur für Muslime ihre Pforten öffnen, sondern für alle Menschen offen sein. Deshalb muss die Moschee mit Kuppel und Minarett und sogar durch den Ezan (Gebetsruf, A.d.V.) wahrnehmbar sein. Ich glaube, dass dies für jeden vorteilhafter wäre."
(Mustafa H., 53 Jahre, Imam: 5)

Durch die symbolische Präsentation erwarten die Muslime, dass die Bauten nicht wie im Falle der ersten Moschee des Wohngebietes niedergerissen werden, sondern für längere Zeit erhalten bleiben. Damit sollen die historischen Spuren der Migranten nicht verwischt werden und insbesondere die nachfolgenden Generationen sollen von der Existenz dieser Bauten profitieren.

„Eine Moschee mit Kuppel und Minarett wird 300, 400 Jahre halten. Unserer jetziger Gebetsraum wird vielleicht in 50 Jahren niedergerissen, aber was will man mit dem Grundstück anfangen? Wird die zukünftige Generation hier wieder eine Moschee errichten? Das glaube ich nicht. Aber eine Moschee mit Kuppel und Minarett würde 300, 400 Jahre erhalten bleiben. Die nachfolgenden Generationen könnten dann diese Moscheen besuchen."
(Osman C., 65 Jahre, Rentner: 16)

Die symbolische Dimension spielte in der ersten Phase der Migration kaum eine Rolle. Man wollte nicht auffallen, keine großen Ansprüche stellen, weil der weitere Verbleib in der BRD ohnehin in Frage gestellt wurde. Die ersten Arbeitsmigranten hatten primär wirtschaftliche Ziele, so dass sie sich zunächst mit den provisorischen Gebetsräumen in den Sammelunterkünften zufrieden gaben. Durch die Verzögerung der Rückkehrpläne mieteten sie zunächst Räume wie Lagerhäuser oder Fabrikhallen, die man in Moscheen umfunktionierte. Doch je länger der Aufenthalt in der BRD dauerte, desto eher wuchs die Absicht, diese Einrichtungen aufzukaufen, was dann auch letztlich geschah.

Heute hat sich die Situation gewandelt. Die Muslime wollen ihre Präsenz auch anhand baulicher Merkmale demonstrieren. Das Ziel, durch repräsentative Einrichtungen im städtebaulichen Erscheinungsbild aufzutreten, spiegelt nur die gesellschaftlichen Prozesse wieder. Die materielle Sichtbarkeit der Gemeinde ist nur der Ausdruck einer inneren, gewandelten Einstellung zur Einwanderungsgesellschaft. Es ist keinesfalls als Rückzug oder als ein Indiz für einen erstarkenden „Fundamentalismus" zu interpretieren. Für die gesellschaftliche Akzeptanz und die Selbstverständlichkeit des Zusammenlebens ist diese Entwicklung förderlich, da die Migranten mit diesen Bauten signalisieren, dass sie sich als ein fester Bestandteil der Gesellschaft verstehen.[645] Wie Ömer Alan (1999) treffend formuliert „Wer Moscheen baut, möchte bleiben."[646]

> „Und wie ich das möchte. Ich würde bis ans Ende meiner Tage arbeiten, um solch eine Moschee zu bauen. Ich würde das mit aller Kraft unterstützten, vor allem hier in Hochfeld."
> (Nizamettin A., 62 Jahre, Rentner: 19)

Dass Wandlungsprozesse häufig nicht ohne Konflikte verlaufen, zeigen nicht nur Moschee bauten, sondern auch repräsentative Kirchenbauten, wenn es sich bei den Mitgliedern um „Ausländer" handelt. Dies wurde beispielsweise bei dem Versuch türkischstämmige Migranten aramäischen Glaubens deutlich, deren Bauvorhaben in einer hessischen Klein stadt durch ethnisierende Diskurse seitens der lokalen Politik skandalisiert wurde. Obwohl es sich bei der Gemeinde um Christen handelte, also eigentlich um Angehörige des allzu oft beschworenen christlichen Abendlandes, wurde deren Glaubensgemeinschaft „orientalisiert" und somit zur „Ausländerreligion" umdefiniert.[647]

Die Konflikte über die Errichtung von Moscheen in Deutschland und die damit ausgelösten Debatten u. a. in Duisburg zwischen Muslimen und der nicht-muslimischen Mehrheitsgesellschaft zeigt Thomas Schmitt in seiner Studie, die er unter raumbezogen-städtebaulichen, ethnisch-kulturellen und religionsbezogenen Aspekten darstellt. Eine wichtige Schlussfolgerung aus seiner Untersuchung ist die integrative Funktion, die er den repräsentativen Moscheebauten für die Muslime in Deutschland zuschreibt. Dies begründet er mit verschiedenen Argumenten, die zusammengefasst folgendermaßen lauten:

- Die symbolische Repräsentation ist Ausdruck der Anerkennung und Akzeptanz des Islam seitens der Mehrheitsgesellschaft.
- Durch ihre Sichtbarkeit und ein größeres Raumangebot können die Moscheen ihre Funktion als soziale und kulturelle Orte sowohl für Muslime auch als für Nicht-Muslime – z. B. im Rahmen von Dialogveranstaltungen – erfüllen.
- Die Möglichkeit einer (System-)Integration durch die Abstimmungsprozesse in der Planungs- und Bauphase, weil die Moscheevereine mit Institutionen in Kontakt treten müssen.
- Im Bauprozess der geplanten Moschee kommt es zur Kommunikation zwischen Mehrheits- und Minderheitsgesellschaft, weil es sozusagen einen Anlass dafür bietet, sich über den geplanten Bau und über die Religion zu informieren.
- Durch diverse Veranstaltungen könnten repräsentative Moscheen auch zur gesellschaftlichen Reintegration von deutschen, nicht-muslimischen Nachbarn beitragen.[648]

In Anlehnung an seine Untersuchungsergebnisse prognostiziert er für die Muslime im Idealfall nicht nur die positiven Auswirkungen auf die eigene Identität und analog die Integra-

---

645 Vgl. Barbara John, Fremde – Baumeister des neuen Berlins, a.a.O., S. 268
646 Ömer Alan, Muslime im Ruhrgebiet. Wer Moscheen baut, möchte bleiben, in: Kommunalverband Ruhrgebiet (Hrsg.), Standorte Ruhrgebiet 1999/2000, Essen 1999
647 Vgl. Susanne Spindler, Die Kirche nicht ins Dorf lassen. Rassismus und Politik in einer Kleinstadt, in: Markus Ottersbach/Erol Yildiz (Hrsg.), Migration in der metropolitanen Gesellschaft. Zwischen Ethnisierung und globaler Neuorientierung, Münster 2004, S. 153ff.
648 Vgl. Thomas Schmitt, Moscheen in Deutschland. Konflikte um ihre Errichtung und Nutzung. Deutsche Akademie für Landeskunde, Flensburg 2003, Zugl.: München, Univ., Diss. 2002, S. 359f.

7.4 Die Entwicklung von türkischen zu deutschen Organisationen?

tion in die Gesamtgesellschaft, sondern zugleich einen Wandlungsprozess von dem Moscheevereine gleichermaßen betroffen sein werden wie die jeweiligen Dachverbände.[649]

Der Wandel der türkisch-islamischen Dachverbände von einem „Gastarbeiter-Islam" zu einer deutschen Organisation, der sich im fortschreitenden Ablösungsprozess vom Herkunftsland zeigt, ist nach Udo Steinbach bereits im Gange. Daher müssten sich die diversen Vereine, denen er nach wie vor eine wichtige Rolle in Deutschland zuteilt, neu definieren und verstärkt eine integrative Funktion in Deutschland wahrnehmen.[650] Hierbei sind es vor allem die jüngeren Kräfte in den Organisationen, die diese Transformation in die Wege leiten: „Dieser Umdenkungsprozeß in den Vereinen, der von den Außenverbindungen wegführt und stärker in die Gesellschaft hineinweist, wird von einer jungen Generation von Muslimen getragen, die die hiesigen Strukturen und Entscheidungsmechanismen kennen."[651] Meist sind es auf europäischem Boden geborene Akademiker, die durch ihr Engagement tiefgreifende Veränderungen in den Einstellungen bewirken. Sie verstehen sich als Europäer und versuchen ihre Rechte geltend zu machen.[652] „Von daher gibt einen Bruch zwischen den Generationen, weil diese Jungen im Gegensatz zu den ersten Migranten offen versuchen, intellektuelles und soziales Terrain zu besetzen."[653]

Aus einer Mehrthemenbefragung des Zentrums für Türkeistudien hinsichtlich des Grades und der Perspektiven der Integration aus Sicht der türkischen Migranten wird insgesamt ersichtlich, dass – trotz bestehender Defizite im Vergleich zur deutschen Gesellschaft und ambivalenter Bewertungen der Integrationsperspektiven seitens der Befragten – die Integration der Migranten in Bereichen wie Bildung/Ausbildung, dauerhafte Niederlassung in Deutschland, interkulturelle Freizeitbeziehungen, Nutzung deutscher und türkischer Medien, Vereinsmitgliedschaft etc. fortschreitet. Hinsichtlich der Mitgliedschaft in Vereinen gaben beispielsweise 15% der Befragten an, nur in rein deutschen Vereinen Mitglied zu sein. 15,5% der Interviewten waren sowohl Mitglied in einem deutschen als auch in einem türkischen Verein. 23,1% der Befragten dagegen weisen eine Mitgliedschaft in rein türkischen Vereinen auf, wobei dies mit der Einbindung in religiöse und kulturelle Vereine begründet wird, da deutsche Organisationen diesen Bedarf nicht abdecken können. Allerdings zeigen die Angaben zu den Diskriminierungserfahrungen, dass der Integrationsprozess störanfällig ist. Insbesondere nach dem 11. September 2001 hat sich nach Ansicht der Migranten das Verhältnis zwischen Türken und Deutschen verschlechtert. Diese Entwicklung nahmen 38% der Befragten wahr. 26,5% der Migranten verspürten nach den Anschlägen ein zunehmendes Gefühl der Fremdheit. Jeder zwölfte Befragte hat sogar sowohl von Bekannten als auch Unbekannten Anfeindungen und Pöbeleien erlebt.[654] Diese Erfahrungen auf der lokalen Ebene sind insbesondere auf Themen zurückzuführen, die auf globaler Ebene diskutiert und

---

[649] Vgl. ebenda, S. 360
[650] Vgl. Udo Steinbach, Die Akzeptanz des Islam in Deutschland, in: Islamrat für die Bundesrepublik Deutschland (Hrsg.), Islam im Schulbuch. Dokumentation zur Fachtagung: „Das Bild des Islam in Deutschen Schulbüchern". Veranstaltet vom Islamrat für die Bundesrepublik Deutschland, 3. bis 5. April 2001 in Bonn, Schwarzwald 2001, S. 77ff.
[651] Ebd., S. 78
[652] Vgl. Tariq Ramadan, Die europäischen Muslime – Wandlungen und Herausforderungen, in: Thomas Harmann/Margret Krannich (Hrsg.), Muslime im säkularen Rechtsstaat. Neue Akteure in Kultur und Politik, Berlin 2001, S. 92
[653] Ebd.
[654] Vgl. Andreas Goldberg/Martina Sauer, Perspektiven der Integration der türkischstämmigen Migranten. Zusammenfassung der vierten Mehrthemenbefragung 2002 im Auftrag des Ministeriums für Gesundheit, Soziales, Familie und Frauen des Landes Nordrhein-Westfalen, Essen 2002, S. 12ff.

dann Gegenstand der öffentlichen Aufmerksamkeit auf lokaler Ebene werden. Dazu gehört die verzerrte mediale und politische Diskussion um den 11. September wie auch die Diskussion um den „Kampf der Kulturen", die jeweils die kulturellen Differenzen hervorheben und zu einem gesellschaftlichen Problem erklären.[655] „So betrachtet, üben die in diesen Debatten inszenierten Pseudo-Wirklichkeiten einen Einfluß auf die Alltagswelten und damit auch auf die alltäglichen Primärerfahrungen der Individuen aus."[656]

> „Gerade im schulischen Umfeld. Ich war gerade beim Abitur, als das passiert ist. Da hat sich doch die Meinung einiger gewaltig gewandelt. Besser gesagt, das, was sie vorher im Stillen für sich behalten haben, konnten sie mittlerweile problemlos artikulieren. Das was sie vorher, wofür sie vorher, vielleicht eine Schelte dafür gekriegt hätten, das war nach dem Datum, nach dem 11.September, plötzlich überhaupt kein Problem mehr. Das durfte mittlerweile jeder sagen."
> (Abdullah T., 20 Jahre, Student: 12)

Indem die Moscheen sich öffnen, entwickeln sie sich stärker zu Orten, in denen interreligiöse Begegnungen und mithin interkulturelles Lernen – und das nicht nur in Konfliktsituationen – stattfindet. Dialogveranstaltungen werden bereits in mehreren Städten erfolgreich durchgeführt. Dabei gehen die Initiativen nicht selten von den Kirchen selbst aus, die sich dadurch ein besseres Verständnis erhoffen und mit Moscheebesuchen positive Erfahrungen machen.[657] Wie Beispiele aus den verschiedenen Städten Deutschlands zeigen, wird der Besuch von Moscheen durch Nicht-Muslime sogar durch repräsentative Bauten gefördert. So hat beispielsweise die in islamischen Architekturformen gebaute „Yavuz-Sultan-Selim-Moschee" in Mannheim seit ihrer Errichtung (1995) 100.000 Besucher empfangen.[658] Zudem hat sich diese repräsentative Moschee dank ihrer praktischen, sozialen und wissenschaftlichen Betätigungsfelder (christlich-islamischer Gemeinschaft, alltägliche Moscheebesuche durch nicht-muslimische Bewohner, wissenschaftlicher Beirat usw.) in ihrem Umfeld zu einem wichtigen integrativen Bestandteil des städtischen Lebens entwickelt, so dass sie nicht umsonst als „Gläserne Moschee" tituliert wird.[659]

Diese Veranstaltungen in den Moscheen könnten auch den Charakter von metakommunikativen Verfahren zur Problemlösung in ethnischen Kolonien einnehmen, welche für die Herstellung des praktischen urbanen Multikulturalismus unabdingbar sind. Aufgrund der zunehmenden gesellschaftlichen Ausdifferenzierung in der postmodernen Gesellschaft wird die Entwicklung von Kompetenzen, die solch eine Regelung eines selbstverständlichen Zusammenlebens zum Ziel haben, in Zukunft notwendiger denn je werden.[660] Allerdings sind auch diese Bestrebungen durch Einflüsse aus der Makroebene störanfällig:

---

655 Vgl. Claudia Nikodem/Erika Schulze/Erol Yildiz, Städtischer Multikulturalismus – Eine neue Leseart, in: Wolf-Dietrich Bukow/Markus Ottersbach (Hrsg.), Der Fundamentalismusverdacht. Plädoyer für eine Neuorientierung der Forschung im Umgang mit allochthonen Jugendlichen, Opladen 1999, S. 290
656 Claudia Nikodem/Erika Schulze/Erol Yildiz, Städtischer Multikulturalismus – Eine neue Leseart, a.a.O., S. 289
657 Vgl. Hans-Christoph Goßmann, Interreligiöses Lernen im Konfirmandenunterricht. Ein Moscheebesuch und seine Folgen, in: ders (Hrsg.), Zwischen Kirche und Moschee. Muslime in der kirchlichen Arbeit, Hamburg 1994, S. 38ff.; Hauke Faust/Nigar Yardim, Aufeinander zugehen, Miteinander leben. Pilotstudie – Situationsanalyse zum christlich-muslimischen Dialog in Duisburg. Evangelisches Familienbildungswerk, Duisburg 1998, S. 50ff.
658 Vgl. Ali-Özgür Özdil, Wenn sich die Moscheen öffnen, a.a.O., S. 17
659 Vgl. Bekir Alboga, Symbole der Integration türkischer Kultur in die Stadt – der Moscheenbau in Mannheim, in: Joachim Brech/Laura Vanhuè (Hrsg.), Migration. Stadt im Wandel, Darmstadt 1997, S. 216ff.
660 Vgl. Wolf-Dietrich Bukow u.a., Die multikulturelle Stadt, a.a.O., S. 102ff.

7.4 Die Entwicklung von türkischen zu deutschen Organisationen?

„Ich denke, zwischen den Gemeinden ist da nicht das große Problem. Man hat den Tag der offenen Tür und es gibt Austausch zwischen christlichen und muslimischen Gemeinden, die ich auch kenne. Das große Problem sehe ich eher in der breiten Gesellschaft, die halt diese Vorurteile hat und die auch von den Medien bestärkt werden, die nicht so leicht abgebaut werden können. (...) Das, was die Gemeinden aufgebaut haben, wird durch diese großen medialen Ereignisse total zunichte gemacht. Die große Bevölkerung sieht nämlich nur diese medialen Ereignisse. Die Aktionen, die auf dem kleinen Raum gemacht werden, werden nicht wahrgenommen."
(Sezai A., 31 Jahre, Assistenzarzt: 14)

Ein Hindernis in diesem Öffnungs- bzw. Integrationsprozess stellt nach wie vor die bislang verwehrte Anerkennung von muslimischen Gemeinschaften in Deutschland als Körperschaften des öffentlichen Rechts dar. „Zwar ist die Ausübung des Islam in Deutschland keine illegale Aktivität, doch die Organisationsform, worauf die religiösen Gemeinden gezwungenermaßen zurückgreifen müssen, ist die einer Privatkirchengesellschaft ohne Rechtsfähigkeit. Das schafft zwar im Vergleich zu den anerkannten Kirchen eine gewisse Freiheit. Dies führt jedoch nicht zu der gewünschten gesellschaftlichen Integration, die der Körperschaftsstatus ermöglichen würde."[661] Heiner Bielefeldt weist in diesem Zusammenhang darauf hin, dass eben diese fehlende rechtliche Gleichstellung der muslimischen Bevölkerungsgruppe mit dem Prinzip der Religionsfreiheit im Widerspruch stehe. Deshalb postuliert er: „Es ist an der Zeit, ein Zeichen zu setzen. Bei allen unleugbaren Schwierigkeiten und trotz vieler ungeklärter Fragen gibt es prinzipiell keine Alternative dazu, Muslimen die Chance zur Mitgestaltung an dieser Gesellschaft zu geben, und zwar nach Maßgabe gleicher Freiheit. Wer darin eine Gefahr für die säkulare Rechtsordnung sieht, hat nicht verstanden, worin der Sinn der rechtsstaatlichen Säkularität besteht."[662]

Im städtischen Alltag hat bereits eine „stillschweigende Integration" stattgefunden, die jedoch in restriktiv und abwertend geführten öffentlichen und politischen Diskursen meist ignoriert wird.[663] Durch die Verschmelzung des Islamdiskurses mit dem Einwanderungsdiskurs setzt sich die „Leugnung des Islam als einer hier, heute und vor Ort im ganz normalen Alltag lebendigen Religion, als einer im urbanen Zusammenleben verankerten religiösen Orientierung fort."[664] Nach Bukow wird durch die Rekonstruktion eines „Islam-Mythos" die Religion der Muslime in Deutschland als Integrationsbarriere gesehen. Diese Verleugnung und das Unverständnis gegenüber dem Islam auf der theoretischen Ebene sei jedoch ein Widerspruch zum alltagspraktisch eher selbstverständlichen Umgang. In diesem Zusammenhang plädiert er für einen Perspektivenwechsel, um ein angemessenes und realistischeres Bild zu erhalten. Dabei legt er in diesem „Normalisierungs-Prozess" ein besonders Gewicht auf die Offenheit der Mehrheitsgesellschaft.[665] Allen voran geht es um die Anerkennung der bereits existierenden kulturellen und religiösen Vielfalt in deutschen Städten, die erst auf der Basis einer pluralistisch angelegten Verfassung möglich geworden ist. Des-

---

[661] Gerdien Jonker, Die islamischen Gemeinden in Berlin, in: Hartmut Häußermann/Ingrid Oswald (Hrsg.), Zuwanderung und Stadtentwicklung, Opladen/Wiesbaden 1997, S. 349
[662] Heiner Bielefeldt, Muslimische Minderheiten im säkularen Rechtsstaat, in: Wolf-Dietrich Bukow/Erol Yildiz (Hrsg.), Islam und Bildung, Opladen 2003, S. 35
[663] Vgl. Wolf-Dietrich Bukow, Islam – ein bildungspolitisches Thema, in: Wolf-Dietrich Bukow/Erol Yildiz (Hrsg.), Islam und Bildung, Opladen 2003, S. 59ff.
[664] Siehe ebd., S.65
[665] Vgl. ebd., S. 65ff.

halb sind Bestrebungen, weiterhin durch Selbsthomogenisierung einen völkischen Nationalismus zu konstruieren, zum Scheitern verurteilt, weil dadurch die Realität verkannt wird.[666]

Dass die lebenspraktische Integration des Islams fortschreitet, wurde an den Bestrebungen der Moscheenvereine, sich mit den Bedingungen und Herausforderungen des städtischen Alltags auseinander zu setzen, exemplifiziert. Sie sind multifunktionale Einrichtungen in der ethnischen Kolonie, deren Leistungen in der Segregationsdebatte meist unbeachtet bleiben, wenn nicht sogar als Integrationshindernis aufgefasst werden. Zwar sind Moscheevereine noch von dem gewünschten Ideal entfernt, dennoch sind das Engagement und die Öffnungsprozesse positiv zu bewerten. Die dargestellten Dienstleistungen deuten auf Perspektiven hin, welche Rolle Moscheen in benachteiligten Stadtteilen einnehmen könnten. Sie würden eine andere Qualität für diese Quartiere mit sich bringen.

Die Gemeinden selbst erhoffen sich mit dem Wandel der sozialen und baulichen Struktur größere Erfolge in der Kolonie und eine adäquatere Präsentation nach außen hin.

„Bei Gott, was die Zukunft betrifft, bin ich sehr optimistisch. Die Zahl der Muslime mit guten Deutschkenntnissen und einer guten Bildung steigt, dadurch werden sich auch unsere Probleme reduzieren, aber dafür müssen wir uns auch den Menschen öffnen bzw. vorstellen. Das muss intensiver geschehen." (Recai D., 38 Jahre, Selbständig: 10)

---

666 Vgl. Dieter Oberndörfer, Das Ende des Nationalstaates als Chance für die offene europäische Republik, in Christoph Butterwegge/Gudrun Hentges (Hrsg.), Zuwanderung im Zeichen der Globalisierung. Migrations- Integrations- und Minderheitenpolitik, 2. Auflage Opladen 2003, S. 199

8 Das Café-Milieu. Zwischen Tradition und Wandel

Die türkischen Cafés[667] sind wichtige Orte des geselligen Lebens in der ethnischen Kolonie, in denen viele der männlichen Bewohner täglich mehrere Stunden ihrer Freizeit verbringen. Hier trifft man sich, trinkt Tee, Kaffee und spielt Karten. Neben den Moscheen sind es diejenigen Orte, in denen am häufigsten außerfamiliäres Leben im Stadtteil stattfindet. Aufgrund des regen Lebens sind diese Räume zugleich Orte der Information, die die Situation und die Vielfältigkeit des Stadtteillebens dokumentieren. Die Café-Tradition in den Städten mit hohem Anteil an Bewohnern türkischer Herkunft ist ein Import aus dem Herkunftsland der Migranten. Ihre Entstehung reicht bis in das Osmanische Reich zurück. Sie war entsprechenden Einrichtungen und Gebräuchen in westeuropäischen Ländern sehr ähnlich.

8.1 Die Entstehung der Cafés im Osmanischen Reich

Das Café hat im 16. Jahrhundert Eingang in die damalige osmanische Gesellschaft gefunden. Es war ein Treffpunkt, der zunächst in die Moscheen integriert war. Hier verbrachten die männlichen Besucher ihre Zeit, während sie auf das nächste Gemeinschaftsgebet warteten. Durch die anhaltende Resonanz unter der männlichen Bevölkerung wurden mit der Zeit zunehmend Cafés in zentraleren und bevölkerungsreicheren Orten eröffnet, die einen wichtigen Beitrag zum soziokulturellen Leben im damaligen Osmanischen Reich leisteten.[668] Die neuen Einrichtungen fanden in allen gesellschaftlichen Schichten Anklang, auch unter den osmanischen Soldaten im damaligen Kairo: „Aus dem Jahre 1567 stammt ein Sultansschreiben, in dem darüber geklagt wird, die in Kairo stationierten Soldaten befänden sich nicht auf ihren Posten. Wenn sie gebraucht würden, müsste man sie erst aus den Kaffeehäusern herbeiholen."[669]

Die Cafés wurden aber auch von Teilen der Gesellschaft zunächst mit Argwohn betrachtet. Nicht nur, weil sie als sinnlose und zeitraubende Verweilorte galten, sondern zugleich wegen der Gleichsetzung mit den gesellschaftlich verpönten Kneipen. Die Gründung dieser nur schwer kontrollierbaren Lokale zog auch den Unmut der Herrschenden auf sich, da sie dort auch politische Diskussionen mit subversiven Inhalten vermuteten.[670] Deshalb wurden im Osmanischen Reich Gesetze zur Schließung der Cafés erlassen.[671] Bei der Erlassung der Verbote spielte in den damaligen Debatten unter den Gelehrten der „Qahwa" eine wesentliche Rolle, jenes Getränk, dessen Anbau seit dem 15. Jahrhundert eine arabi-

---

667 Der türkische Begriff „Kahve" bzw. „ Kahvehane" wurde von mir nicht wie gewohnt mit „Teestube" sondern mit Café übersetzt.
668 Vgl. Burçak Evren, Eski İstanbul´da KAHVEHANELER, Istanbul 1996, S. 47ff.
669 Suraiya Faroqhi, Kultur und Alltag im Osmanischen Reich. Vom Mittelalter bis zum Anfang des 20. Jahrhunderts, München 1995, S. 241
670 Vgl. Klaus Thiele-Dohrmann, Europäische Kaffeehauskultur, Düsseldorf/Zürich 1997, S. 8
671 Vgl. Taha Toros, Kahvenin Öyküsü, İstanbul 1998, S. 30f.

sche Spezialität war und allmählich durch die Türken und Perser entdeckt wurde.[672] Wegen der anfänglichen Ablehnung des neuen Getränks wurden zum Teil Kaffeehäuser niedergerissen und Kaffeekonsumenten strafrechtlich verfolgt. Die Repressalien erfolgten bis zur Regierungszeit des Sultans Mehmet IV, der das Kaffee-Getränk schließlich legalisierte.[673] Mit der Zeit befreiten sich die Einrichtungen von ihrem negativen Ruf und fanden als „Şarapsız Meyhane" (Kneipe/Schenke ohne Wein- bzw. Alkoholausschank) Anerkennung, so dass die muslimischen Bewohner ohne die Befürchtung, stigmatisiert zu werden, diese Cafés aufsuchen konnten.[674] Diese Akzeptanz führte dazu, dass sich fortan eine vielfältige Kaffeehaus-Kultur für Musiker, Intellektuelle, Künstler und Arbeiter entwickelte.

In den großen Städten wurden diese Einrichtungen als kulturelle Schulen[675] bekannt, die überwiegend von den männlichen Bewohnern frequentiert wurden. Dies ist u. a. darauf zurückzuführen, dass Kaffee zunächst nur von Männern getrunken wurde, da die Frauen durch den Konsum Nebenwirkungen befürchteten.[676] Darüber hinaus spielte die strikte Geschlechtertrennung im öffentlichen Leben eine Rolle. Daher konzentrierte sich die Geselligkeit unter den Frauen auf gegenseitige häusliche Besuche oder, wie bei gut situierten Frauen, auf den „Hamam" (türkisches Bad) oder auf Ausflüge ins Freie.[677]

8.2 Der Orient im Okzident. Die Kaffeehauskultur in Europa

Mit dem Einzug des Kaffee-Getränks im Laufe des 16. und 17. Jahrhunderts nach Europa entstand hier ebenfalls eine Kaffeehauskultur mit unterschiedlichen Ausprägungen. Aus den kleinen Cafés entwickelten sich Künstlercafés, politische Cafés, Lesecafés usw., die wie im damaligen Osmanischen Reich das soziokulturelle Leben bereicherten.[678]

Nach der Gründung der ersten Cafés in Paris und Marseille erfüllten diese vielfältige Funktionen, wobei insbesondere die enge Verflechtung zwischen Literatur und Café hervorzuheben ist. Im Laufe des 17. und 18. Jahrhunderts erlangten die Lokale nicht nur innerhalb des Pariser Alltagslebens eine besondere Bedeutung, sondern entwickelten sich zugleich zum kulturellen Treffpunkt der Intellektuellen, die zugleich ein Gegengewicht zu den geistigen Zentren des Königshofes und der Salons darstellten. Entsprechend den gesellschaftlichen Entwicklungen vor Beginn der französischen Revolution hatten die Cafés eine starke politische Funktion inne. Je nach politischer Gesinnung versammelte sich die Kundschaft in verschiedenen Lokalen.[679]

---

672 Vgl. Klaus Thiele-Dohrmann, Europäische Kaffeehauskultur, a.a.O., S. 7
673 Während einige Religionsgelehrten in Anlehnung auf den Quranvers 5/90, in der das Verbot von berauschenden Getränken (arab. „hamr" oder „muskir" festgelegt ist, auch den Kaffee-Genuss als verwehrt ableiteten, stand ihnen eine Vielzahl von Gelehrten gegenüber, die diese Meinung nicht teilten. (vgl. zum Thema berauschende Getränke u. Rauschmittel im Islam Hayrettin Karaman: Erlaubtes und Verwehrtes. Ankara/Istanbul 1993: S. 44ff.).
674 Vgl. Ulla Heise, Kahve ve Kahvehane, Ankara 2001, S. 21
675 Vgl. Nurhan Atasoy, Türkische Kaffeehaus-Tradition, in: Leibniz-Gesellschaft für kulturellen Austausch (Hrsg.), Türkisches Leben. Kunst und Kultur: Musik, Kaffeehaus, Basar, Brauchtum, Feste. Mozaik, Band 2, Berlin 1987, S. 65
676 Vgl. Taha Toros, Kahvenin Öyküsü, a.a.O., S. 73ff..
677 Vgl. Suraiya Faroqhi, Kultur und Alltag im Osmanischen Reich, a.a.O., S. 123f.
678 Vgl. Klaus Thiele-Dohrmann, Europäische Kaffeehauskultur, a.a.O., S. 7ff.
679 Vgl. Bettina Grosse, Das Café-théâtre als kulturelles Zeitdokument. Geschichte – Gattung – Rezeption, Tübingen 1990, Zugl.: Berlin, Techn. Univ. Diss.

Auch in anderen Ländern Europas erfreuten sich die Kaffeehäuser großer Beliebtheit. Einige Kaffeehäuser, wie das „Caffè Florian" in Venedig, wurden rasch berühmt und fungierten für viele namhafte Personen als wichtiger Ort der Geselligkeit. Doch das neu entdeckte Kaffee-Getränk war in Europa ebenfalls nicht ganz unumstritten.[680] Auch in Europa zogen die Kaffeehäuser anfangs den Unmut der Regierenden auf sich. Das Verbot des Getränks im Marseille des 17. Jahrhunderts durch Mediziner, die ablehnende Haltung des englischen Königs oder das Verbot im Jahre 1732 seitens des Preußen-Königs Friedrich des Großen zeugen von dieser Abneigung.[681] Zudem florierten nach der Gründung der Kaffeehäuser das Glücksspiel und die Prostitution in diesen Einrichtungen. Aus diesem Grunde sahen sich die Zensurbehörden wie in Venedig dazu gezwungen, gegen den neuen Trend vorzugehen. Das führte zeitweise dazu, dass Frauen aus allen Gesellschaftsschichten der Eintritt in das Café verboten wurde. „Um die Mitte des 18. Jahrhunderts wurden deshalb mehrere Cafés in Venedig geschlossen, weil sie, wie es in der amtlichen Verlautbarung hieß, ‚skandalöse Orte' waren, wo Militärpersonen und sogar Geistliche diesem Laster frönten."[682] Das Treiben in anderen, privilegierten Cafés dagegen wurde geduldet, oder der Café-Inhaber widersetzte sich heimlich diesem Verbot.[683] Die Prostitution in europäischen Cafés kam nicht nur in Edelcafés vor. In Griechenland beispielsweise sind in der Zeit von 1890 bis 1930 ebenfalls kleinere Cafés festzustellen, in denen sich einfache Arbeiter wie Bootsmänner bzw. Bootsbauer und Prostituierte aufhielten. Daher war die Nähe dieser Einrichtungen zum Hafen wichtig.[684] Die Kaffeehäuser hatten damit trotz aller anfänglichen Widerstände in Europa Fuß gefasst. Zu Beginn des 20. Jahrhunderts zählte allein die Stadt Wien 600 Kaffeehäuser, andere europäische Städte wiesen ähnliche hohe Zahlen auf.[685]

8.3 Tradition in der Migration. Die türkischen Cafés in Duisburg

Die Cafés sind heute für viele Türken ein fester Bestandteil ihrer Freizeit, sowohl in der Türkei als auch in der Diaspora. Laut einer türkischen Zeitschrift existieren allein in der Türkei ca. 350.000 „Kahvehane".[686] Diese sind sowohl in den Dörfern als auch in den Städten des Landes anzutreffen. Im Gegensatz zu den europäischen Kaffeehäusern handelt es sich bei diesen Einrichtungen zum größten Teil um „Mahalli Kahvehaneleri" d. h. um lokale/örtliche bzw. Stadtviertel-Cafés, die vornehmlich den türkischen Männern vorbehalten sind. Einrichtungen wie das Café am zentralen Beyazid-Platz in Istanbul, das Ausgangspunkt der Untersuchungen von Günter Seufert war und wo sich Personen verschiedener politischer Orientierungen und Lebensstile treffen[687] oder das nach dem französischen Journalisten Pierre Lotti benannte Café in Eyüp/Istanbul sind vergleichsweise in der Minderheit. Die unterschiedliche Nutzung des öffentlichen Raumes ist auch heute noch in vielen Stadtteilen zu beobachten. Typische Männerräume sind neben Moscheen und Kulträumen in Hinterhöfen, Gewerberäume, Vereinsräume, Sportplätze sowie andere Freiflächen zum

---

680 Vgl. Ulla Heise, Kahve ve Kahvehane, a.a.O., S. 61ff.
681 Vgl. Taha Toros, Kahvenin Öyküsü, a.a.O., S. 30
682 Klaus Thiele-Dohrmann, Europäische Kaffeehauskultur, a.a.O., S. 18f.
683 Vgl. ebd., S. 19ff.
684 Vgl. Elias Petropoulos, Yunanistan'da türk Kahvesi, Istanbul 1995, S.37
685 Vgl. Klaus Thiele-Dohrmann, Europäische Kaffeehauskultur, Düsseldorf/Zürich 1997, S. 11
686 Vgl. Zafer. Bilim araştırma dergisi, Şubat 2003, Sayı 314, S. 47
687 Vgl. Günter Seufert, Café Istanbul, a.a.O., S. 12f.

Sitzen. Dagegen sind Frauen in für Hausfrauen typischen Räumen wie Kindergarten, Stadtteilmärkten oder auf Spielplätzen anzutreffen.[688]

Durch die Migration der türkischen Arbeitnehmer wird die Café-Kultur in Deutschland weitergeführt. Nach den Schätzungen des Ordnungsamtes existieren in der Stadt Duisburg ca. 150 solcher „Mahalli Kahvehaneleri". Insbesondere unser Untersuchungsraum Hochfeld ist nach Schätzungen des Ordnungsamtes durch viele Lokale geprägt:

> „Ich weiß nicht. Viele sind so schwarz, auch so in Hinterhöfen. 30, 50. Mindestens."
> (Ute G., Ordungsamt*: 2)

Das wären fast ein Drittel aller geschätzten Cafés in der gesamten Stadt. Eine außergewöhnlich hohe Zahl für einen einzigen Stadtteil, welche die Bedeutung dieser Treffpunkte im Quartier untermauert. Deshalb war der Einschluss dieser Einrichtungen in das Forschungsvorhaben unentbehrlich. An dieser Stelle muss angemerkt werden, dass diese nicht unter dem Namen Café, sondern meist als (Deutsch-Türkischer) Kultur- oder Sportverein geführt werden. Diese Praxis hat eine lange Tradition im Quartier und in anderen Stadtteilen bzw. Städten Deutschlands. Im Vergleich zu den Moscheen, die aufgrund des fehlenden Rechtsstatus gezwungenermaßen als Vereine eingetragen sind, hat diese Praxis bei den Cafés einen anderen Hintergrund. In der Vergangenheit haben zwar die restriktiven Festlegungen im Ausländergesetz in Bezug auf die Eröffnung von Gewerbebetrieben und Lokalen eine starke Rolle gespielt. Doch gegenwärtig sind eher finanzielle Vorteile ausschlaggebend, da beispielsweise ein eingetragener Sportverein keine Steuern für alkoholische Getränke zu entrichten braucht. Dazu die für den Stadtteil zuständige Beamtin:

> „Ja, das sind alles deutsch-türkische Kulturvereine. Die sind alle im Vereinsregister eingetragen. Die haben in der Regel ihre sieben Mitglieder und haben einen Verein gegründet. So formal ist alles in Ordnung." (Ute G., Ordungsamt: 2)

Das türkische Café konnte sich im Laufe der Geschichte als ein Freizeitort für die türkische Männerwelt etablieren. Im Zuge der Migration in den untersuchten Stadtteil wurde diese Café-Kultur, die sich von der europäischen unterscheidet und am ehesten mit den griechischen Cafés zu vergleichen ist, weitergeführt. Für die Cafégänger im untersuchten Stadtteil sind diese Einrichtungen neben der eigenen Wohnung die wichtigsten Aufenthaltsorte. Hier haben sie die Möglichkeit, andere türkischstämmige Bewohner zu treffen und sich mit ihnen auszutauschen.

8.4 Vom „Verein für LKW-Fahrer" zu den ersten Cafés in der ethnischen Kolonie

> „Die hier haben kein Caféleben gehabt, deshalb kennen sie auch Adems Café nicht. Ich kannte es. In der Zeit von Adems Café haben wir Rommé und Kartenspiele gespielt. Dorthin sind Türken aus allen Städten der Türkei gekommen, z. B. aus Sivas, aus Kırşehir, aus Nevşehir usw. Dort sind wir alle zusammengekommen." (Fazıl A., 39 Jahre, Arbeitslos: 3)

---

688 Vgl. Viktoria Waltz, Sozialraumanalyse aus der Sicht sozial engagierter Raumplanung – am Beispiel Migration, a.a.O., S. 126
* Alter wurde nicht erfasst

8.4 Vom „Verein für LKW-Fahrer" zu den ersten Cafés in der ethnischen Kolonie

Wie bereits dargelegt wurde, ist das türkische Café ein wichtiges Zentrum im urbanen Zusammenleben. Zudem wird aus der Charakterisierung der untersuchten Lokale (Kap. 5.7) deutlich, dass jedes Café eine ganz spezifische Besucherstruktur aufweist und somit ein Indiz für Segregation auch innerhalb der eigenen ethnischen Kolonie darstellt. Dass diese Binnendifferenzierung nicht immer existierte, werden wir im Folgenden sehen, wenn die Historie des ersten Cafés im Quartier rekonstruiert wird.

8.4.1 Adems Café. Das erste Café als Kompensation für die fehlende ethnische Infrastruktur im Stadtteil

Das erste Café des Stadtteils wurde im Jahr 1975 gegründet. Der Inhaber Adem[689], der selbst in Köln lebte, informierte sich in der Café-Szene vor Ort über die Möglichkeiten zur Eröffnung eines Vereins. Das Ergebnis dieser Recherchen war die Gründung eines Lokals in Duisburg-Hochfeld, das als „Verein für LKW-Fahrer" bekannt werden sollte. Die Auswahl des Standortes beruhte im Wesentlichen darauf, dass im Wohngebiet konzentriert türkische Migranten lebten, aber noch kein türkisches Café existierte. Adem erkannte diese Lücke und gründete das erste Café im Quartier.

Die Nachfrage nach Freizeitgestaltung für die türkischstämmigen Bewohner war damals in dem Stadtteil mit überwiegend deutsch geprägter Infrastruktur sehr hoch. Deshalb wurde dieser Treffpunkt nach seiner Gründung sehr stark frequentiert, sowohl von Jugendlichen als auch von Erwachsenen. Denn zu den in der Migration entstandenen Veränderungen des Tagesrhythmus gehörten nicht nur die Essenszeiten und Schlafgewohnheiten, sondern auch die freie Zeit im außerbetrieblichen Leben.[690] Überhaupt war der Mangel für türkischsprachige Personen in allen Bereichen der Freizeit zu spüren. Zu der Zeit gab es beispielsweise noch keine türkischen Fernsehkanäle in Deutschland, und in den öffentlich rechtlichen Programmen wurden nur begrenzt zweisprachige Unterhaltungsprogramme für Türken in Deutschland, wie die Sendungen „Sizin Ülkeniz – Bizim Ülkemiz" (Eure Heimat, unsere Heimat) oder „Türkiye Mektubu" (Briefe aus der Türkei), ausgestrahlt.[691]

Obwohl in den 1970er Jahren in Hochfeld andere Freizeitstätten wie Kneipen oder Discos existierten, besuchten die Türken aufgrund der türkischsprachigen Besucherstruktur überwiegend Adems Café. Nach der subjektiven Wahrnehmung der Gesprächspartner trug auch die Diskriminierung seitens der Majorität dazu bei, dass die freie Zeit isoliert von der deutschen Gesellschaft verbracht wurde. Allerdings ist anzunehmen, dass es in dieser Zeit auch schon so etwas wie Selbstethnisierung gab. Hinzu kam, dass die Migranten bestrebt waren, ihre Werte und Traditionen zumindest in der Freizeit weiterzuführen.[692]

---

[689] Adem war leider für ein Interview nicht aufzufinden. Die Informationen über das erste Café basieren auf den Aussagen der Gesprächspartner, die ihn und das Café kannten.
[690] Vgl. Konstantin Lajios, Die allgemeine Situation ausländischer Familien in der Bundesrepublik, in: ders. (Hrsg.), Die ausländische Familie. Ihre Situation und Zukunft in Deutschland, Opladen 1998, S. 14
[691] Vgl. Gülay Durgut, Tagsüber Deutschland, abends Türkei. Türkische Medien in Deutschland, in: Claus Leggewie/Zafer Şenocak, Deutsche Türken/Türk Almanlar. Das Ende der Geduld/Sabrın sonu, Hamburg 1993, S. 120f.
[692] Vgl. Verena McRae, Gastarbeiter. Daten, Fakten, Probleme, München 1981, S.79f.

„Es ist lebendig hier, es gibt Bewegung. Die Deutschen können hier ihre Ausländerfeindlichkeit nicht öffentlich demonstrieren, weil wir hier eine große Gruppe sind. Die können es nicht öffentlich zeigen, das ist nicht möglich. So große Naziaufmärsche und so was können die hier nicht machen. Vielleicht gibt es so vereinzelt welche, die was sagen, aber weil sich die Menschen hier, Gott sei dank, sich nahe stehen, kann man sich ohne Angst zu haben frei bewegen. Ich weiß noch, wie es hier vor zwanzig Jahren aussah. Hier haben einige deutsche Kneipen keine Türken reingelassen, so in deutsche Cafés hat man sie auch nicht reingelassen. Das stand an der Türe. Stell dir vor, es gab Plätze, wo eigentlich Hunde keinen Zutritt haben sollten, aber reingelassen wurden. An der Türe stand das Schild ‚Türken verboten', hier auf der Wanheimer Straße, so vor zwanzig Jahren. Diese Zeiten habe ich erlebt. Heute sehen wir, dass sie viel nachgiebiger geworden sind, aber diesmal, weil die Gruppe der Ausländer zunahm, sind die Deutschen von hier weggezogen." (Hamid A., 45 Jahre, Arbeiter: 3)

Die Altersstruktur der Cafébesucher war recht jung, da die ersten Arbeitsmigranten in jungem Alter in die Bundesrepublik immigrierten. In der Anwerbungsphase wurden für die Einreise nach Deutschland bestimmte Altersgrenzen gesetzt. So durften beispielsweise qualifizierte männliche Arbeiter nicht das 40. und die weiblichen Arbeiter nicht das 45. Lebensjahr überschritten haben. Für Bergarbeiter lag die Grenze des Einreisealters bei 35 und für unqualifizierte Arbeiter bei 30 Jahren.[693] Zudem reisten im Zuge der Familienzusammenführung zunehmend auch die Kinder der so genannten Gastarbeiter nach, so dass die Zahl der türkischen Wohnbevölkerung in Deutschland zwischen 1973 bis 1981 um 436.500 Personen anstieg[694] und mithin auch die Anzahl der ausländischen Schüler in deutschen Bildungseinrichtungen. Allein im zweiten Halbjahr 1980 sind über 1.000 türkische Schülerinnen und Schüler als Seiteneinsteiger in Duisburger Schulen aufgenommen worden.[695]

Mit der Einwanderung der türkischen Kinder und Jugendlichen sahen sich die deutschen Behörden nun mit den sozialen Folgen der Migration konfrontiert. Die sprachlichen Probleme[696] der jungen Migranten und ihre schulische und berufliche Integration stellten eine Herausforderung dar. Dementsprechend wurden Maßnahmen wie Vorbereitungsklassen in die Wege geleitet.[697] Zudem ging man davon aus, dass die „Gäste" in ihre Heimat zurückkehren würden. Die ökonomischen, politischen und demographischen Entwicklungen in der Türkei ließen jedoch die Gedanken einer frühen Rückkehr vorerst ruhen.[698] Der größte Teil der eingereisten zweiten Generation wuchs „in dem Widerspruch von Rückkehrorientierung der Eltern und gewachsenen Bindungen zu der Gesellschaft hier auf."[699]

---

693 Vgl. Aytaç Eryılmaz, Wie geht man als Arbeiter nach Deutschland?/İşci olarak Almanya'ya nasıl gidilir?, in: Aytaç Eryılmaz/ Mathilde Jamin: Fremde Heimat/Yaban, Sılan olur. Eine Geschichte der Einwanderung aus der Türkei/Türkiye'den Almanya'ya Göçün Tarihi, Essen 1998, S. 103
694 Vgl. Faruk Şen, 1961 bis 1993. Eine kurze Geschichte der Türken in Deutschland, in: Claus Leggewie/ Zafer Şenocak (Hrsg.), Deutsche Türken/Türk Almanlar. Das Ende der Geduld/Sabrın sonu, Hamburg 1993, S. 19
695 Vgl. Numan Kemal Şahin/Manfred Heyden, Seiteneinsteiger. Zum besseren Verständnis einer Schülergruppe, in: Helmut Birkenfeld (Hrsg.), Gastarbeiterkinder aus der Türkei. Zwischen Eingliederung und Rückkehr, München 1982, S. 112
696 Vgl. hierzu Rudolf Hoberg (Hrsg.), Sprachprobleme ausländischer Jugendlicher. Aufgaben der beruflichen Bildung, Frankfurt am Main 1983
697 Vgl. Faruk Şen/Andreas Goldberg, Türken in Deutschland. Leben zwischen zwei Kulturen, München 1994, S. 22
698 Vgl. Draußen vor der Tür. Zur Situation der ausländischen Jugendlichen, in: Kunstamt Kreuzberg (Hrsg.), Morgens Deutschland, Abends Türkei, Berlin 1981, S.280f.
699 Siehe Werner Schiffauer, Migration und kulturelle Differenz, a.a.O., S. 17

8.4 Vom „Verein für LKW-Fahrer" zu den ersten Cafés in der ethnischen Kolonie

Die neu eingereisten Jugendlichen machten einen wesentlichen Teil der Kundschaft in Adems Café aus. Was diese Jugendlichen vor allem gemeinsam hatten, waren ihre mangelnden Deutschkenntnisse. Daher bevorzugten sie das türkische Café im Wohngebiet, anstatt andere Freizeitorte aufzusuchen. Für die Eltern dagegen stellte das Café primär eine vertraute Atmosphäre da. Denn die mit der Migration hervorgerufene Isolation und Verunsicherung veranlasste die Familien dazu, die Flexibilität und Freiräume ihrer Kinder einzuschränken.[700] Vor diesem Hintergrund war das Café eine alternative Freizeiteinrichtung im Wohngebiet, wurde es doch von eigenen Landsmännern geführt und besucht. Wegen der geringen türkischsprachigen Angebote im Stadtteil für die türkische Bevölkerung, übernahm das erste Café verschiedene Funktionen. So wurden z. B. türkische Musiker oder Bauchtänzerinnen in das Café eingeladen, die für Unterhaltung sorgten. Für die eingeladenen Musiker aus der Türkei war die Einreise nach Deutschland eine willkommene Finanzquelle. Sie kamen manchmal als eine große Gruppe. Davon kehrte häufig nur ein Teil nach dem Auftritt wieder in die Türkei zurück. Der Rest versuchte, einige Monate als „overstayer" Geld zu verdienen.

Als sich zu Beginn der 1980er Jahre das Videogerät verbreitete, nutzten vor allem die Caféinhaber Videogeräte als Einnahmequelle. So führten sie beispielsweise in den Abendstunden Erotikfilme auf und kassierten dafür Eintrittsgelder. Da nicht jeder türkische Haushalt ein Videogerät hatte, besuchten die Bewohner im Stadtteil auch die Nachbarn, um gemeinsam Filme aus der Heimat zu sehen. Als die privaten türkischen Kanäle zu Beginn der 1990er Jahre auf Sendung gingen, wurde auch das Videoverleihgeschäft[701] nicht mehr weitergeführt. Mittlerweile besteht ein dichtes Netz türkischer Medien, wobei ihre Entwicklung nicht zuletzt auf das Versäumnis der deutschen Medien zurückzuführen ist, die türkischen Migrantengruppe nur sehr beschränkt als Zielgruppe anzusprechen.[702] Derzeit sind türkische Pay-TVs in den Cafés populär, in denen die Spiele der großen türkischen Fußballmannschaften gezeigt werden. Dies sind besondere Ereignisse in den Cafés, die an diesen Abenden besonders gut besucht werden und für die Caféinhaber zusätzlichen Gewinn einbringen.

In den Gesprächen mit den Interviewpartnern wurde der Einzug der modernen Medien in die türkischen Haushalte bedauert. In den 1970er bis in die 1980er Jahre habe man intensivere Beziehungen gepflegt. Das soziale Leben, das die Migranten aus den Dörfern des Herkunftslandes kannten, führten sie zunächst im Aufnahmeland weiter. Das zeigte sich beispielsweise darin, dass sie bei gegenseitigen Besuchen, obwohl die Bekannten nur in anderen Stadtteilen wohnten, dort übernachteten. In der Herkunftsgesellschaft sind Übernachtungen bei Bekannten im selben Dorf bzw. in Nachbardörfern vermutlich damit zu erklären, dass man den Heimweg nicht in der Dunkelheit antreten konnte. Dieses Besuchsverhalten wurde eine Zeitlang in Deutschland weitergeführt. Nach der Einführung der neuen Medien und der Verbesserung der wirtschaftlichen Situation hat nach Auskunft der Gesprächspartner die Intensität der Beziehungen abgenommen.

---

700 Vgl. Konstantin Lajios, Die allgemeine Situation ausländischer Familien in der Bundesrepublik, a.a.O., S. 14
701 Die deutsche Videothek in Hochfeld hat sich mittlerweile auf die türkischen Kunden eingestellt, in dem sie auch türkische Filme im Angebot hat.
702 Vgl. Barbara John, Fremde – Baumeister des neuen Berlin, in: in: Heinz Fassmann/Josef Kohlbacher/Ursula Reeger (Hrsg.), Zuwanderung und Segregation. Europäische Metropolen im Vergleich, Klagenfurt 2002, S. 111

„Die Beziehungen waren damals sehr gut. Super. Wir wohnen heute auf der Nummer 24 und nebenan die Nummer 26 wohnen drei türkische Familien. Von den drei Familien kennst du vielleicht zwei gar nicht. (...). Die 70er und 80er waren leichter und fröhlicher. Früher, die Nachbarschaft, die Freundschaft war alles viel besser. Vielleicht hatte man früher keine 20 Kanäle im Fernsehen, hatte nicht jedes Haus zwei Autos oder hatte kein Telefon zu Hause, keine Heizung, keine Badewanne gehabt. Man hat in einer einfachen Wanne gebadet, aber das Leben war fröhlicher und besser." (Şahin Y., 41 Jahre, Lebensmittelhändler: 8)

Für einige Männer wurde Adems Café zunehmend neben der eigenen Wohnung und gegen den Willen vieler Ehefrauen zum Hauptaufenthaltsort in der Freizeit. Frauen lebten zur der Zeit, falls ihre Männer sie bereits nach Deutschland geholt hatten, isolierter als heute. Außer den wenigen Kontakten zur Außenwelt, wie bei Behördengängen oder ärztlichen Untersuchungen, lebten sie im Verwandtschafts- und Bekanntenkreis.[703] Der Analphabetismus und die Sprachbarrieren unter diesen Frauen, die zumeist aus den ländlichen Gegenden der Türkei stammten und nur über eine geringe Schulbildung verfügten, trugen wesentlich zu ihrer Isolation bei.[704] Gegen die Café-Gewohnheit ihrer Männer konnten diese Frauen nur wenig unternehmen. Davon weiß auch der folgende Interviewpartner zu berichten, der in seiner Kindheit als Kellner im Café seines Schwagers arbeitete:

„Fabrikarbeiter kamen vor Arbeitsbeginn in die Cafés. Sie saßen erst mal für einige Stunden und gingen dann zur Arbeit. Nach der Arbeit kamen sie wieder ins Café und saßen wieder einige Stunden, bis sie nach Hause gingen. Die Frauen konnten sich nicht durchsetzen. Manchmal kamen sie vor das Café, um ihre Männer nach Hause zu bestellen oder baten meinen Schwager, ihre Männer nicht mehr in das Café zu lassen" (Tuncay A., 31 Jahre, Student: 3)

Noch heute kommt es vor, dass Mütter ihre Kinder in das Café schicken, um den Ehemann nach Hause zu bestellen:

„Ein Bekannter hat mal Besuch aus den Niederlanden bekommen. Die Mutter schickte den jüngsten Sohn, um den Vater aus dem Café nach Hause zu holen. Der aber sagte dem Kind, dass es zu Hause erzählen solle, er sei nicht im Café. Als das Kind aber zu Hause ankam, erzählte es, dass der Vater ihm aufgetragen habe, nicht zu erzählen, dass er im Café sitzt (lacht)."
(Murat Y., 43 Jahre, Dolmetscher: 3)

8.4.2 (Schein-)Harmonie und politikfreie Geselligkeit

Wie bereits gesagt förderte die fehlende türkische Infrastruktur das häufige Frequentieren des ersten türkischen Lokals im Wohngebiet. Zwar existierte in der Gründungszeit des Cafés eine Moschee im Wohngebiet, aber nicht jeder Migrant besuchte sie. Dies ist darauf zurückzuführen, dass es z. B. Migranten gab, die sich zwar als Muslime verstanden, aber die Religion nicht praktizierten. Auch spielten konfessionelle Unterschiede eine Rolle. So

---

703 Vgl. hierzu Andrea Baumgartner-Karabak/Gisela Landesberger, Die verkauften Bräute – Türkische Frauen zwischen Kreuzberg und Anatolien, Hamburg 1978
704 Vgl. hierzu Sadi Üçüncü, Die Ausländerbeschäftigung und die sozioökonomische Situation der türkischen Frauen in der Bundesrepublik, Frankfurt/Main 1980; Reyhan Kalaclar, Meine Welt sprang aus dem Gleis. Türkische Frauen in der Bundesrepublik Deutschland. Belastungen – Leiden – Chance, Zugleich Diss. an der Ludwig- Maximilians-Universität zu München 1993

8.4 Vom „Verein für LKW-Fahrer" zu den ersten Cafés in der ethnischen Kolonie

gab es Alewiten im Stadtteil, für die der Besuch des Gotteshauses tabu war, da sie eigene Vorstellungen von Gotteshäusern haben und andere religiöse Riten durchführen.[705] Darüber hinaus konnte eine Moschee nicht dieselbe Geselligkeit (Kartenspiele, Musik usw.) bieten wie das Café mit seinen verschiedenen Angeboten. Im Vergleich zum ersten Moscheeverein des Stadtteils war die Zusammensetzung der Besucherschaft daher noch heterogener. Während es sich bei den Besuchern des ersten Gotteshauses ausschließlich um türkischstämmige Sunniten handelte, besuchten das Café Personen mit verschiedenen Lebenswelten und -stilen. Alewiten und Sunniten, Moscheegänger und keine Moscheegänger, praktizierende Muslime und nicht-praktizierende Muslime, Linke und Rechte, Glücksspieler und Nicht-Spieler gehörten zur Kundschaft. Noch gab es keine Separation nach Herkunftsregion, Konfession oder politischer Anschauung, trotz der gewalttätigen politischen Auseinandersetzungen zwischen den linken und rechten Gruppierungen im Herkunftsland. Die Politisierung in den Moscheevereinen dagegen setzte früher ein.

Gegen Ende der 1960er bis in die späten 1970er Jahre spitzte sich die Konfrontation zwischen linken und rechten Gruppen in der Türkei zu, die sich besonders an Tagen wie dem „Kanlı Pazar" (Blutiger Sonntag) 1969 oder am Überfall auf die Teilnehmer einer Maikundgebung im Jahre 1977 zeigten. Diese Dauerkrise lieferte schließlich den Vorwand für das Militär 1980 zum dritten Mal in der Geschichte der Republik einen Putsch durchzuführen, mit dem Ziel, die öffentliche Ordnung wieder herzustellen. Dieses Vorhaben wurde u. a. dadurch umgesetzt, dass die neue Staatsmacht eine Phase der Entpolitisierung in allen gesellschaftlichen Bereichen einleitete und politische Feinde verfolgte.[706] Diese Politisierung sollte jedoch an anderen Orten wieder aufleben. Wie wir noch sehen werden, war dies in den Cafés in Deutschland der Fall.

Die Entwicklungen bis zum dritten Militärputsch schlugen sich jedoch im Stadtteil zunächst nicht nieder, obwohl anzunehmen ist, dass Sympathien mit verschiedenen politischen Richtungen bei den Besuchern des Cafés vorherrschten. Bei den Jugendlichen dagegen scheint es sogar so, dass kein ausgeprägtes politisches Bewusstsein vorhanden war. Dies gilt auch für die konfessionelle Orientierung, die für einen Teil der neu eingereisten Jugendlichen nicht nur irrelevant war, sie waren nicht einmal mit den verschiedenen Konfessionen in der türkischen Gesellschaft vertraut.

> „Alle kamen dort hin, vor allem Jugendliche. Es gab keine Unterschiede, sowohl Alewiten als auch Sunniten kamen dort hin. Wir Jugendlichen wussten noch nicht einmal was ein Alewite oder ein Sunnite ist." (Aziz M., 45 Jahre, Arbeiter: 1)

Die Konfrontation mit einer neuen gesellschaftlichen Ordnung kann zum Rückgriff auf vertraute kulturelle Muster und zur Verstärkung der Herkunftsidentität führen. Das Bedürfnis nach Orientierung und Sicherheit, wird dann mit der Bildung neuer gemeinschaftlicher Strukturen befriedigt.[707] Für die Cafébesucher hatte daher die gemeinsame Freizeit mit anderen Landsleuten Priorität, so dass latent vorhandene Diskrepanzen nicht artikuliert

---

[705] Alewiten bezeichnen ihre Gotteshäuser als „Cem-Evi". In den letzten Jahren hat auch die Zahl dieser Einrichtungen zugenommen.

[706] Vgl. Şehmuz Güzel, Türk Usulü Demokrasi. Ankara 1997, S. 172ff.; Udo Steinbach, Stationen der Innenpolitik seit 1945, in: Türkei. Informationen zur politischen Bildung. Heft 277, 4. Quartal 2002, S. 13f.

[707] Vgl. Günter Seufert, Was ist ein „Türke": Nation und nationale Identität in der Türkei, in: Türkei-Programm der Körber-Stiftung (Hrsg.), Was ist ein Deutscher? Was ist ein Türke. Deutsch-Türkisches Symposium 1997. Ed. Körper-Stiftung, Hamburg 1998, S. 227

wurden. Zudem war das Zusammengehörigkeitsgefühl unter den Cafégängern aufgrund der Tatsache, dass man das gleiche „Schicksal" teilte, stark. Alle hatten eins gemeinsam: Sie waren „Gurbetci" (in der Fremde Lebende). Zu dieser Zeit waren die Rückkehrwünsche der Türken aktuell, obwohl viele den vorher geplanten Zeitpunkt ihrer Rückreise für eine unbefristete Zeit hinausgezögerten hatten.[708] Dementsprechend fanden die Diskussionen rund um das Thema Arbeiten und Rückkehr statt.

Auch die als gering empfundene Präsenz der Türken im Stadtteil trug wesentlich dazu bei, obwohl der Anteil der Migranten im Jahre 1976 genau so hoch wie gegenwärtig war. So waren von den 23.090 Einwohnern des Stadtteils Hochfeld 5.952 Ausländer, wobei hier anzumerken ist, dass die verschiedenen Migrantengruppen nicht speziell erfasst wurden.[709] Das Amt für Statistik hatte alle unter der Kategorie „Ausländer" ermittelt. Diese Vorgehensweise macht die damalige Sichtweise der deutschen Behörden deutlich, die ebenfalls an dem temporären Aufenthalt der Migranten festhielten, so dass eine Binnendifferenzierung nicht als notwendig erachtet wurde.

> „Natürlich gab es auch damals nicht so viele Türken. Wenn wir mal einen Türken antrafen, dann war es für uns eine große Freude." (Ahmet C., 71 Jahre, Rentner: 11)

Auch in anderen Interviews äußerten sich die Gesprächspartner ähnlich. Dies könnte zunächst daran liegen, dass andere Migrantengruppen damals einen höheren Anteil unter den Migranten ausmachten. Eine andere Begründung wäre vielleicht die noch nicht entstandene türkische Infrastruktur im Stadtteil, welche die Wahrnehmung der Türken wie bei dem folgenden Gesprächspartner verzerrte:

> „Das Hochfeld in den 70er war eher gemischt, heute sind 80 % Türken und die restliche Bevölkerung sind Deutsche." (Cengiz Y., 39 Jahre, Arbeiter: 6)

Dass die Infrastruktur einen wesentlichen Einfluss auf die Wahrnehmung hat, wird heute ersichtlich, wenn sowohl türkischstämmige als auch deutsche Bewohner den Anteil der türkischstämmigen Bewohner weit überschätzen.

> „Wenn ich mal einen Professor aus ihrer Richtung zitieren darf: ‚Der Anteil der Türken ist gar nicht mal so hoch, der liegt unter 30%.', wobei man hier differenzieren muss. Wenn ich von Ausländern spreche, dann meine ich auch den Ausländer mit deutschem Pass, aber türkischer Abstammung (...). Mein Eindruck, der ist jetzt hier aber nicht repräsentativ, weil ich nur einer gewissen Blickwinkel habe. Wir haben hier 80% Türken, weil ich nur das Stück dieser Einkaufsstraße sehe und da bewegen sich also wirklich mehr als 80% an türkischen Mitbürgern, wobei ich jetzt nicht immer unterscheiden kann, ist das jetzt ein arabischer Landsmann oder Albaner." (Michael S., 57 Jahre, Techniker: 4)

Adems Café bot in der zweiten Hälfte der 1970er Jahre ein geselliges Zusammensein, eine politikfreie Geselligkeit, die eine alternative Alltagsfreizeit im Wohnort darstellte und da

---

708 Vgl. Ursula Mehrländer, Rückkehrabsichten der Türken im Verlauf des Migrationsprozesses 1961-1985, in Werner Meys/Faruk Şen (Hrsg.), Zukunft in der Bundesrepublik oder Zukunft in der Türkei? Eine Bilanz de 25jährigen Migrationsgeschichte, Schriftenreihe des Zentrums für Türkeistudien, Frankfurt am Main 1986, ؟ 53f.
709 Vgl. Einwohnerstatistik der Stadt Duisburg. Einwohner nach Deutschen und Ausländern, nach Ortsteilen ur Stadtbezirken am 31.12.1976

gesellschaftliche Leben der türkischen Männer bereicherte. Ähnlich haben es deutsche Einwanderer in den USA bei der Gründung von diversen Vereinen in der Diaspora empfunden, wie es im Abschnitt einer Festrede anlässlich des 50-jährigen Bestehens eines deutschen Vereins in den Vereinigten Staaten zu lesen ist: „Mitten in dem öden, monotonen Meere des sozialen Lebens, wie dieses zur Zeit der Gründung des Vereins, und viele Jahre lang danach hier gestaltet war, bildeten die Vereinsräume eine Insel, geschmückt mit den Blüten und Blumen deutscher Musik und Geselligkeit."[710] Genau in diesem Sinne etablierte sich auch das erste türkische Café in Hochfeld zu einem festen Treffpunkt für die Bewohner des Stadtteils.

8.4.3 Die ersten Glücksspiele im Café

Adems Café war jedoch nicht nur ein Ort, in dem man seine Zeit mit Kartenspielen oder Teetrinken verbrachte. Mit dem Einzug von Spielautomaten hatte zugleich das Glücksspiel im Lokal Fuß gefasst. In den Hinterzimmern des Cafés wurden bereits damals Pokerabende organisiert, also zu einer Zeit, in der die finanzielle Situation der ersten Generation aufgrund des ausgeprägten Sparverhaltens gut war. So erinnert sich Can Y. an einen Abend, als er seinen älteren Bruder nach Hause beordern sollte:

> „Weiß ich noch ganz genau, wo mich meine Mutter dahin geschickt hat, um nach meinem Bruder zu gucken. Wenn er nicht zu Hause war, bin ich hingegangen. Dat war auf der Blücherstraße war das Café gewesen. Blücherstraße, sogar, also die Nummer weiß ich auch noch, 92 hieß die Nummer. Wir haben nämlich auch auf der Blücherstraße gewohnt. Das war ein Café gewesen mit an die sieben, acht Räumen. Das ist mittlerweile, was weiß ich, ein albanischer Kulturverein. Bin ich reingegangen, erster Raum, zweiter, Raum, dritter Raum, ja dann war ich in einem Raum drin gewesen, war ein runder Tisch, waren vier, fünf Mann am Kartenspielen gewesen, und der Tisch war ein Berg von 100ern, 500erten, 1000ern. Sagen wir mal 20 cm hoch war der Berg gewesen. Haben die gesagt: ,Was willst du denn hier Kleiner?'. Habe ich gesagt: ,Ich such nach meinem Bruder. Und, ist er hier?'. – ,Nein, hier hast du einen 100er und kannst gehen.'. Habe ich 100 Mark von denen bekommen und durfte gehen. Daran kann ich mich noch erinnern. Das war damals auch angemeldet als Verein für LKW-Fahrer, obwohl das ein Zockerverein war." (Can Y., 39 Jahre, Arbeiter: 14)

Adem war praktisch der erste Cafébesitzer, der das illegale Glücksspiel unter den Türken im Quartier einführte. Die unterschiedliche Zusammensetzung der Besucherschaft erlaubte es ihm, in den nächtlichen Stunden diese Spiele zu veranstalten, weil sich auch Spieler unter den Besuchern befanden. Durch diese Pokerabende sind viele Personen mit dem Glücksspiel in Kontakt gekommen. In der Phase der Rückkehrförderung kam es sogar vor, dass es unter den Rückkehrwilligen Personen gab, die ihre ganzen Abfindungen in den Cafés verspielten. Das konnten hohe Summen sein, da die Rückkehrhilfe 10.500 DM und für jedes Kind 1.500 DM zusätzlich betrug. Zudem bestand die Möglichkeit, die Arbeit-

---

10 Dietmar Kügler, Die Deutschen in Amerika. Die Geschichte der deutschen Auswanderung in die USA seit 1683, Stuttgart 1983, S. 248

nehmerbeiträge zur Rentenversicherung ohne Wartezeit in Anspruch zu nehmen.[711] Durch die Glücksspielszene in seinem Lokal wurde Adem ebenfalls zu einem Spieler. Er erlitt hohe finanzielle Verluste und musste schließlich nach 1984 sein Café aufgeben.

> „Er ist es, der uns das Glücksspiel, das Kartenspiel beibrachte. Danach hat sich das verbreitet. Die anderen Spieler haben das Verfahren zur Eröffnung eines Cafés (Vereinsgründung) auch von ihm kennen gelernt. Adem war eigentlich nicht jemand, der an Glücksspielen teilnahm. Aber in diesen Kreisen wurde er auch allmählich zu einem Spieler. Eigentlich wollte er mit seinen Ersparnissen nach einigen Jahren in die Türkei zurückkehren. ‚Ich werde etwas verdienen und dann gehen', sagte er. Er hat aber sein ganzes Geld im Glücksspiel verspielt."
> (Selman G., 42 Jahre, Arbeiter: 6)

8.5 Separation im Café-Milieu: Reproduktion regionaler, konfessioneller und ethnischer Strukturen aus dem Herkunftskontext

> „In Hochfeld herrscht eine Café-Kultur. Und jedes Café hat seine eigene Kultur."
> (Metin C., 41 Jahre, Arbeitslos: 1)

> „So was gab es damals nicht in den Cafés. Erst nach 1980, nach dem Putsch in der Türkei hat es angefangen. Erst nachdem viele politische Flüchtlinge nach Deutschland eingereist sind, hat sich vieles in Hochfeld verändert. Die Organisierung der Türken, die Meinungsverschiedenheiten haben sich erst dann richtig gezeigt." (Şahin T., 60 Jahre, Arbeiter: 2)

Seit der Gründung des ersten Cafés von Adem, deren Besucher nach außen hin wie eine homogene Gruppe wirkte, erhöhte sich die Anzahl der Lokale im Laufe der Quartiersgeschichte. Vor dem Segmentationsprozess stellte für die Migranten die türkische Sprache die einzige Gemeinsamkeit dar, auf die sich alle Bewohner stützen konnten. Auch für Außenstehende galt die türkische Sprache als einziges Identifikationsmerkmal dieser Gruppe. „In den ersten Jahren der türkischen Migration nach Westeuropa fiel es den Migranten leicht, sich meist positiv auf die gemeinsame Herkunft aus der Türkei zu beziehen, und politische, konfessionelle und sprachliche Differenzen traten erst mit der Vergrößerung der Gruppe hervor, die Raum für innere Differenzierung gab."[712] Ein ähnlicher Prozess ist bei den italienischen Migranten festzustellen, die im Laufe der Migration eine heterogene Organisationsstruktur in Berlin aufbauten. Hier sind die ideologischen Spaltungen vor allem in den 1970er eingetreten, die eine gemeinsame Interessenvertretung verhinderten. Darüber hinaus stellten persönliche Animositäten und Konkurrenzgebaren ein Hindernis für eine kollektive Interessenartikulation dar.[713] „Die Betonung dieser Differenzierungen verhinderte häufig eine notwendige Zusammenarbeit der entweder, katholisch, sozialistisch oder kommunistisch geprägten Organisationen."[714] Dasselbe Problem ist noch heute bei den türkischen Organisationen zu beobachten.

---

711 Vgl. Jürgen Kühl, Zur Bedeutung der Ausländerbeschäftigung für die Bundesrepublik Deutschland, in: Helga u. Horst Reimann (Hrsg.), Gastarbeiter. Analyse und Perspektiven eines sozialen Problems, 2. Auflage Opladen 1987, S. 26
712 Günter Seufert, Was ist ein „Türke?", Nation und nationale Identität in der Türkei, a.a.O., S. 227
713 Vgl. Edith Pichler, Migration, Community-Formierung und Ethnische Ökonomie, a.a.O., S. 55
714 Ebd., S. 97

8.5 Separation im Café-Milieu

Durch den Wegzug der deutschen Geschäftsinhaber wurden zudem Räumlichkeiten im Wohngebiet frei, in die zunehmend türkische Cafés einzogen, so dass das bunte Mosaik in Adems Café begann, sich allmählich aufzulösen. Nicht mehr türkische Migranten mit verschiedenen Lebensstilen kamen in einem Raum zusammen, sondern Migranten mit ähnlichen Lebenswelten bzw. Merkmalen in verschiedenen Räumen.

Mit andauerndem Aufenthalt der Migranten wurde der Idylle des ersten Cafés ein Ende bereitet. In den 1980er Jahren nahm die Zahl der Cafés im Stadtteil kontinuierlich zu. Nach den Aussagen der Gesprächspartner ist die Zahl der Cafés insbesondere nach 1983, also nach dem Rückkehrförderungsgesetz, angewachsen[715]. Diese Expansion hängt demzufolge mit der Einsicht in der türkischstämmigen Bevölkerung zusammen, dass eine schnelle Rückkehr in die Heimat in absehbarer Zeit nicht möglich erschien. Nach den Aussagen der Gesprächspartner begannen die Spaltungen zunächst mit der Politisierung der Cafés nach dem Putsch in der Türkei,[716] obwohl in Hochfeld die meisten Cafés nur als Treffpunkte gegründet wurden und eigentlich keinen politischen Hintergrund beanspruchten. Hinsichtlich der politischen Spaltungen der türkischstämmigen Bewohner spielten offensichtlich politische Akteure aus dem Herkunftsland eine entscheidende Rolle, die aufgrund ihrer politischen Überzeugungen das Land verlassen mussten, sich in der Bundesrepublik niederließen und sich innerhalb der türkischen Community politisch engagierten. Ein Wendepunkt, nicht nur für die türkischstämmigen Bewohner, sondern auch für den Stadtteil, da zunehmend Unterscheidungskriterien wie regionale Herkunft an Relevanz gewannen.

Die Konflikte mit diasporapolitischem Bezug wurden ebenso in der deutschen Öffentlichkeit und Politik thematisiert. „Unter dem Ausdruck Diasporapolitik sollen hier Aktivitäten von Vereinen oder zumindest Argumentationen von Vereinsrepräsentanten zusammengefasst werden, die sich in irgendeiner Weise auf das Herkunftsland beziehen, sei es, daß Einfluß auf die deutsche Politik und Öffentlichkeit zugunsten des Heimatlandes oder bestimmter politischer Konstellationen dort gesucht wird, sei es, daß auf staatliche Stellen des Herkunftslandes Einfluß genommen werden soll, um die Lage der hiesigen Migranten zu verbessern, sei es, daß ohne Bezug zum deutschen politischen System die Politik im Herkunftsland Thema und ggf. auch Gegenstand versuchter Einflußnahme oder jedenfalls der Kritik wird, sei es, daß es innerhalb der Migrantengruppe zur Austragung politischer Konflikte des Herkunftslandes kommt."[717] Je weniger diese Konflikte im Herkunftsland wie beispielsweise im türkisch-kurdischen Fall friedlich gelöst werden, desto eher spiegeln sich diese in der Diaspora wider. Für Minderheitengruppen wie die Kurden können diese Konflikte eine zusätzliche Exklusion und mithin zum Rückzug in die eigenethnische Gruppe führen. Ähnlich können sich Türken verhalten, wenn sie den deutschen Behörden unterstellen, sie nicht ausreichend gegen die Übergriffe seitens kurdischer Gruppen zu schützen.[718]

---

715 Während der Phase der Rückkehrförderung 1983 und in der ersten Hälfte des Jahres 1984 machten etwa 250.000 Ausländer – der größte Teil Türken – von diesem Gesetz gebrauch. vgl. Şen 1993: 21

716 Die Separation zeigt sich natürlich auch in Bezug auf die Beziehungen zu anderen Migrantengruppen, wobei hier nach Aussage des Stadtteilpolizisten das Verhältnis zwischen den griechischen und italienischen Cafébesuchern eher positiv ist: „Die Griechen und die Italiener sind die beiden Bevölkerungsgruppen, die miteinander gut auskommen. Die sind befreundet. Man sagt halt ‚Das beruht auf der Nachbarschaft.' Und mit den anderen, mit den Türken und die noch sonst so in der Gegend sind, will man nichts zu tun haben. Die sagen: ‚geographisch gesehen, das sind unsere Nachbarn, mit denen kommen wir gut klar', die sitzen auch gemischt im Café." (Stadtteilpolizist II: 13)

17 Jürgen Fijalkowski/Helmut Gillmeister, Ausländervereine – ein Forschungsbericht, a.a.O., S. 245f.

18 Vgl. ebd., S. 246ff.

In der lokalen Ökonomie im untersuchten Stadtteil sind diese Konflikte längst kein Geheimnis mehr:

> „Wir unterscheiden zwischen den Kurden und den Türken. Wir haben mehr kurdische Kundschaft, die nicht bei den Türken einkaufen gehen, die da Wert darauf legen, d. h. wir wissen es von manchen Kurden, die sagen das auch nur, wenn der Laden leer ist. Und wir haben halt dann paar türkische Leute, die dann kommen, wenn wir vom Preis wirklich alle geschlagen haben."
> (Stefan L., 39 Jahre; Obst- und Gemüsehändler: 7)

Anders als in der lokalen Ökonomie ist diese Separation im Café-Milieu noch vielfältiger ausgeprägt. Wie anfangs bemerkt, spielen gegenwärtig nicht nur politische und konfessionelle, sondern auch regionale Unterschiede eine Rolle.

> „Du hast Cafés, wo die Leute sich z. B. von grauen Wölfen abgeben. Es gibt Cafés, wo nur die verkehren, die von dem inneren Teil der Türkei kommen. Dann hast du Cafés, da sitzen einfach nur Leute aus dem südostanatolischen Bereich oder kurdischen Bereich. Dann hast du Cafés z. B. wo nur die Leute aus dem Schwarzmeerbereich kommen. Die sind auch schon untereinander gesplittet, weil man sich da einfach unter diesen Leute wohler fühlt, weil man dann sagt: ‚O. K., mein Gott, der kommt ja aus dem Nachbardorf, ja, oder was weiß ich, was ja, mit dem kann ich mich auch mal über andere Sachen unterhalten, nicht nur über Fußball oder irgendwelche Kartenspiele.' Politische, kulturelle, also das ist alles gemischt."
> (Mikail Ç., 31 Jahre, Arbeiter: 7)

Für Sami U., der sich seit einem Jahr illegal in Deutschland aufhält, sind diese Verhältnisse aus der Türkei bekannt. Derzeit arbeitet er in einer griechischen Firma im Baugewerbe und ist, wie er sagt, mit großen Hoffnungen in die Bundesrepublik eingereist.[719] Seit seiner Ankunft in Deutschland wohnt er im untersuchten Stadtteil, den er, sobald sich sein Aufenthaltsstatus und seine finanzielle Situation geändert haben, verlassen will. Er denkt daran, in Zukunft einen Asylantrag zu stellen, um seinen Status zu legalisieren. Seine Migration ist zwar ökonomisch motiviert, jedoch spielen ebenso politische Gründe eine Rolle. Denn trotz seiner akademischen Ausbildung konnte er in der Türkei aufgrund seiner politischen (sozialistischen) Überzeugung keine Arbeit finden. Dass die politische Orientierung bei der Besetzung von Arbeitsplätzen – insbesondere bei Beamten – Relevanz hat, ist in der Türkei durchaus gängig. Während der Regierungszeit von Süleyman Demirel (1979) kündigte man beispielsweise Beamten, oder sie wurden einfach versetzt.[720] Die Politisierung des Staats-

---

[719] Über illegale Inlandsaufenthalte in der BRD gibt es verschiedene Schätzungen, die von 100.000 bis 1 Million Personen reichen (Ende der 1990er Jahre). Die widersprüchlichen Angaben machen deutlich, dass keine konkreten Informationen über die Zahl dieser Menschen vorliegen. Meist sind es die Migranten-Netzwerke, die diese Menschen aufnehmen und ihnen eine Tätigkeit in Aussicht stellen. Das Baugewerbe gehört zu den Branchen, in denen diese Personengruppe häufig Arbeit finden kann (vgl. Klaus J. Bade, Die „Festung Europa" und die illegale Migration, in: ders. (Hrsg.), Integration und Illegalität in Deutschland. Rat für Migration e.V. . Institut für Migrationsforschung und Interkulturelle Studien, Osnabrück/Weinheim 2001, S. 68). Personen wie Sami, die trotz akademischer Ausbildung körperliche Arbeiten verrichten, sind keine Seltenheit. Hier besteht die Gefahr, dass diese Gruppe – ungeachtet einer eventuell späteren rechtmäßigen Aufenthaltserlaubnis – längerfristig gering bezahlte Arbeiten nachgehen könnte, da sie längere Zeit nicht dem gelernten Beruf nachgehen kann.

[720] Vgl. Hakki Keskin, Die Türkei. Vom Osmanischen Reich zum Nationalstaat, Berlin 1981, S. 263

8.5 Separation im Café-Milieu

apparates, die sich durch die Postenvergabe nach parteipolitischen Gesichtspunkten auszeichnet, ist auch gegenwärtig eine häufige Praxis.[721]

> „Die türkische Republik besteht seit fast 80 Jahren. Bis zum heutigen Tag wurden fünfundfünfzig bis sechzig Regierungen gebildet. Das heißt, dass jede Regierung eine Lebensdauer von durchschnittlich ein bis zwei Jahren hatte. Und wenn jede Regierung ihren eigenen Kader überall positioniert, dann verrichten acht Person die Arbeit, die eigentlich für eine Person gedacht ist. Dadurch entsteht ein großer Schaden. Also, jede Regierung positioniert seine Leute in bestimmten Ämtern. Und da ich mich diesen Verhältnissen nicht anpassen wollte, wurde ich arbeitslos."
> (Sami U., 37 Jahre, Bau-Ingenieur: 6)

Aufgrund seiner eigenen Betroffenheit weiß der Gesprächspartner nur all zu gut, wie sich die diversen Orientierungen in der türkischen Gesellschaft auf das Zusammenleben auswirken:

> „In der Türkei zeigt sich die Separierung bei politischen Ansichten, konfessionellen Ausrichtungen, bei Sympathien für eine Fußballmannschaft. Wenn man irgendwo hin geht, dann gehen unsere Türken zunächst zu den Leuten hin, die aus derselben Herkunftsregion stammen und stehen bei irgendwelchen Vorkommnissen geschlossen hinter ihnen."
> (Sami U., 37 Jahre, Bau-Ingenieur: 7)

Diese seit etwa zwei Jahrzehnten zunehmende Tendenz innerhalb der türkischstämmigen Migranten in Deutschland „ist eine Differenzierung, die sich nach Selbstbeschreibungen vollzieht, und zwar nach jenen, die üblicherweise als ethnische Selbstbeschreibungen gelten. (...) Denn diese Selbstbeschreibungen sind nicht erst in Deutschland entstanden bzw. wurden hier nicht neu erfunden. Sie sind schon vom Herkunftsland her weitgehend bekannt. (...) Neu ist aber, dass sie auch in Deutschland mehr und mehr zum Gegenstand von Kommunikation werden."[722] Nicht zuletzt kann diese Reaktualisierung von Selbstbeschreibungen aus den Exklusionserfahrungen im Herkunfts- und Aufnahmeland resultieren, deren Kompensation die Betroffenen schließlich in der sozialen Inklusion in andere sozialen Systemen ersuchen. Je nach systemischem Kontext wird dabei ihre regionale, nationale oder konfessionelle Herkunft akzentuiert.[723] Die Akzentuierung dieser Separation in diesem Kapitel bedeutet für den städtischen Alltag nicht, dass das Zusammenleben unter den türkischstämmigen Bewohnern heute durch einen offenen Konflikt geprägt ist. Die Auseinandersetzungen waren vielmehr in der Phase der Politisierung der Cafés verstärkt vorhanden und haben gegenwärtig nicht dieselbe Relevanz. Aber die Hintergründe für diese Heterogenität entscheiden darüber, in welches Café man geht und welche man eher vermeidet.

Im Folgenden wird an drei Beispielen aufgezeigt, wie durch Selbstbeschreibungen das eigene Stammlokal von anderen Cafés abgegrenzt wird. Jede Gruppe nimmt für sich (konstruierte) Differenzen in den anderen Cafés wahr, die letztlich dazu führen, diese Orte nicht zu frequentieren. Positive Selbstbilder und negative Fremdbilder führen zu Abgrenzungen.

---

721 Vgl. Erhard Franz, Wie demokratisch ist die Türkei, in: Hans-Georg Wehling, Türkei. Politik, Gesellschaft, Wirtschaft. Opladen 2002, S. 103
722 Siehe Enver Muti, Zur Beschreibung ethnischer Binnendifferenzierung der türkischen Bevölkerungsgruppe in Deutschland. Eine differenztheoretische Beobachtung, Frankfurt am Main 2001, S. 14
723 Vgl. ebd., S. 82ff.

8.5.1 Das Café Stadyum. Türkische Nation und Kultur als Bindungsglied

Das Café Stadyum ist im Stadtteil auch als Treffpunkt der Sportfans bekannt. Der Name rührt aus dem Interesse der Kundschaft am Fußballsport her. Zuvor hatte der Besitzer des Cafés auch Alkohol im Angebot, aber nach einem Handgemenge zwischen zwei alkoholisierten Kunden und aufgrund des Widerstandes von einem Teil der Kundschaft gegen den Alkoholkonsum setzte er den Alkoholausschank wieder ab. Aygün A., der seit 23 Jahren in Hochfeld lebt, gehört zum Kundenkreis, der sich gegen den Alkoholkonsum im Café aussprach. Seit mehreren Jahren besucht der Gesprächspartner ausschließlich das Sport-Café, weil sich sein Bekanntenkreis in diesem Café aufhält. Da er derzeit ledig ist, könne er sich den längeren Aufenthalt im Café leisten. Zudem habe er in einem türkischen Café im Gegensatz zu anderen Freizeiteinrichtungen die Möglichkeit, sich mehrere Stunden aufzuhalten, ohne ein Getränk zu bestellen. Aus diesem Grund stellt das Café nicht ein konventionelles Lokal dar, die Aneignung dieser Räumlichkeit bekommt vielmehr eine besondere Bedeutung. Es ist zugleich öffentlicher und privater Raum, sozusagen das zweite Wohnzimmer im Stadtteil.

> „Aber ich mein, was soll man machen jeden Tag? Man kann mit Kollegen in deutsche Cafés gehen oder Bistros, wo man was trinken kann. Das wäre auch eine Alternative, nur erstens sieht man nicht so viele Kollegen und zweitens kann man sich da nicht von morgens bis abends aufhalten über einen längeren Zeitraum." (Aygün A., 30 Jahre, Elektriker: 4)

Obwohl Aygün A. seit seiner Geburt in der Bundesrepublik lebt, fühlt er sich als Türke und zeigt dementsprechend im Interview seine starke Verbundenheit mit dem Herkunftsland. Im Café wird diese Verbundenheit gestärkt, wenn er sich mit seinen türkischen Freunden trifft. Aufgrund dieser besonders ausgeprägten emotionalen Bindung hat er bisher nicht die deutsche Staatsbürgerschaft beantragt. Dennoch denkt er an diesen Schritt, weil er sich damit die Beendigung rechtlicher Nachteile verspricht.

> „(...) Ansonsten liegt mir nicht viel da dran." (Aygün A., 30 Jahre, Elektriker: 5)

Diese pragmatische Entscheidung für die deutsche Staatsbürgerschaft ist darin begründet, dass der Gesprächspartner sich innerlich nur der „türkischen Kultur" verantwortlich fühlt. So legt er beispielsweise großen Wert darauf, die türkische Sprache beizubehalten. Zu Hause spricht die Familie auch nur Türkisch, weil es ihre Muttersprache sei. Deshalb sei es auch wichtig, sie später den eigenen Kindern zu vermitteln. Auf die Frage, was denn die türkische Kultur auszeichne, antwortet er:

> „Die türkische Kultur ist für mich sehr, sehr wichtig. (...) Dass wir Türken sehr stark zusammenhalten.". (Aygün A., 30 Jahre, Elektriker: 7)

Das von ihm hervorgehobene Merkmal des starken Zusammenhalts unter den türkischen Migranten habe sich zwar in Deutschland abgeschwächt, dennoch sei sie vorhanden, besonders unter den Freunden im Café. Aygün A. nimmt starke Differenzen zwischen der deutschen und türkischen Kultur wahr, so dass er daher kaum Kontakte zur Majorität unterhält. Einen deutschen Freund habe er zwar, der aber habe sich durch die Kontakte zu ihm

8.5 Separation im Café-Milieu

partiell in die türkischen Lebensgewohnheiten assimiliert, so dass er gar kein „richtiger Deutscher" mehr sei.

> „Es sind eher solche Bekanntschaften von der Schule, von der Arbeit. Ich hab zwar mal einen Freund gehabt, einen Deutschen, mit dem ich sehr oft zusammen war, nur der ist weit weggezogen. Wir haben zwar immer noch Kontakt, aber ich muss dazu sagen, dass zwar nicht deswegen, aber er hat sich auch so ein bisschen unserer Kultur angepasst. Das habe ich zwar nicht verlangt, das hat keiner von ihm verlangt, nur dieses Zusammenhalten, das Zusammenhalten ist eine Stärke für mich. (...) Wenn z. B., ich weiß nicht, bei uns ist es ja so, wie soll ich sagen, ist jetzt ein blödes Beispiel, aber zum Beispiel, wenn man irgendwohin geht mit einem Kollegen, dann zahlt einer, das ist jetzt ein blödes Beispiel, dann zahlt vielleicht einer und gut ist. (...) Es geht jetzt nicht darum, dass um dieses Zahlen oder so. Aber das ist ja dieses, das da kein Interesse ist. Das Finanzielle sage ich mal jetzt. Oder wenn einer jetzt finanziell nicht gut ist, versucht der Andere ihn zu finanzieren oder wenn der keine Möglichkeiten hat, sagen wir mal am Wochenende wegzugehen, dann nehmen wir ihn einfach mit, und das ist bei den Deutschen nicht so."
> (Aygün A., 30 Jahre, Elektriker: 9)

Turgut K. ist ebenfalls ein Stammkunde in diesem Café. Er gehört eher zu der Gruppe der Cafégänger, für die der Besuch eine Abwechslung darstellt. Dementsprechend verbringen sie weniger Zeit in diesen Lokalen als andere Besucher. Für ihn ist es die „türkische Atmosphäre" im Café, die ihn in das Lokal lockt. In deutschen Cafés sei das „anders". Turgut fühlt sich in der Café-Gesellschaft aufgenommen, deshalb besucht er ausschließlich diesen Ort in seiner Freizeit. Gegenseitige familiäre Besuche finden jedoch zwischen den Freunden nicht statt. Die Kontakte beschränken sich auf die Begegnungen im Café. Das eigene Café, das er anderen Einrichtungen in der Kolonie vorzieht, beschreibt Turgut wie folgt:

> „In diesem Café treffen sich überwiegend junge Menschen. Hinzu kommt, dass sich die Leute hier für Sport interessieren. Hier gibt es auch niemand, der sich in schlechten Kreisen bewegt. Man nimmt hier auch keine Drogen[24] zu sich, trinkt kein Alkohol. Es gibt hier viele Ältere, die wir uns hier als Vorbilder nehmen können. Sie sind auch immer hilfsbereit. Deshalb habe ich dieses Café gewählt. Bei den Deutschen findet man dieselbe herzliche Geselligkeit nicht."
> (Turgut K., 26 Jahre, Student: 2)

In diesem Zitat tritt die Tatsache hervor, dass man in der ethnischen Kolonie zwischen „guten" und „schlechten" Cafés unterscheidet. Die schlechten Cafés zeichnen sich für Personen wie Turgut K. durch Alkohol- und Drogenkonsum aus. In „guten" Cafés ist dieser Konsum jedoch verschmäht. Das Glücksspiel dagegen, das in diesem Lokal in Form von Wettspielen und stattfindet, wird nicht als verwerflich gewertet. Der Wunsch, in der Freizeit mit Landsmännern zusammen zu sein und die starke Verbundenheit mit der Herkunftsgesellschaft lassen sich auf die politische Orientierung von Turgut K. zurückführen, die ein typisches Merkmal der Besucherstruktur des Cafés darstellt. Er bezeichnet sich als türkischer Nationalist, obwohl auch eine kleine Gruppe türkischer Kurden das Lokal aufsucht.

> „Meine Familie stammt ursprünglich aus Aserbaidschan. Wir sind Milliyetci (Nationalisten, A.d.V.) und wir lieben unser Vaterland (Türkei, A.d.V.). (...) Wir leben zwar in Deutschland, aber gewisse Traditionen haben wir nicht vergessen. Bei Festen gehen wir die Hand der Ältern

---

24 Anspielung auf einige Cafés im Stadtteil, in denen Drogen konsumiert werden.

küssen, beim Opferfest gehen wir schächten. Die deutsche Staatsbürgerschaft habe ich aber auch beantragt. (Turgut K., 26 Jahre, Student: 5)

Die traditionelle Orientierung zeigt sich ebenfalls in seinen Erziehungsvorstellungen:

„Manche sagen, dass man dem Kind schon sehr früh Deutsch beibringen sollte. Ich bin anderer Meinung. Ich habe z. B. kein Kindergarten besucht. Habe ich etwa deswegen Schwierigkeiten bekommen? Konnte ich dadurch nicht die Universität besuchen? Dieser Zusammenhang ist falsch. Jeder muss es in sich haben (etwas im Leben erreichen zu wollen). Ich würde z. B. nie im leben, wie manche türkische Familien es tun ‚Komm her mein Schatz' (auf Deutsch) sagen, so was werde ich nie sagen." (Turgut K., 26 Jahre, Student: 6)

Trotz dieser politischen Gesinnung sei er in die deutsche Gesellschaft bestens integriert. Das Aufwachsen mit zwei Kulturen sieht er für sich nicht als Belastung, sondern eher als Bereicherung in seinem Lernprozess.

„Manche sagen: ‚Der ist in Deutschland aufgewachsen. Er steht zwischen zwei Kulturen und so. Deshalb sind die türkischen Kinder nicht integriert.' Eigentlich ist das Quatsch. Wir sind Türken, wir sind mit der türkischen Kultur aufgewachsen, wir sind auch mit der deutschen Kultur aufgewachsen, was wir haben ist eine Bereicherung. Von wegen Ahmet, Mustafa usw. konsumiert Drogen, weil er zwischen zwei Kulturen schwankt, alles nur leeres Gerede. Wir täuschen uns nur selbst damit. Denn wir sprechen Türkisch, wir lesen türkische Zeitungen, sehen türkisches Fernsehen. Je mehr Kulturen wir kennen lernen, desto kultivierter werden wir."
(Turgut K., 26 Jahre, Student: 7)

Wie in dem obigen Zitat deutlich wird, nimmt Turgut K. das Aufwachsen zwischen zwei Kulturen als Bereicherung war. Die türkische Kultur in der Bundesrepublik werde jedoch von deutscher Seite nicht als eine Bereicherung empfunden. Die Gegenwehr vieler Deutscher gegen einen EU-Beitritt der Türkei, die man vielen Studien entnehmen könne, sei ein Indiz dafür. Diese Opposition zeigt für Turgut K. nur den Ausdruck einer bereits latent vorhandenen Abneigung der Deutschen gegen die Türken. Im weiteren Interviewverlauf versucht er für diese ablehnende Haltung der Deutschen eine Erklärung zu finden und erkennt dann schließlich die Ursache in der ersten Migrantengeneration:

„Dass die Deutschen uns nicht akzeptieren, ist verständlich. Die erste Generation hatte höchstens einen Grundschulabschluss oder auch nicht. Das waren Menschen, die praktisch vom Dorf in die Stadt siedelten. Deshalb haben sie bei den Deutschen einen schlechten Eindruck hinterlassen. (Turgut K., 26 Jahre, Student: 9)

Turgut K. fühlt sich also den türkischen Normen und Werten verpflichtet, die er versucht in seinem Alltag einzuhalten. Bei vielen seiner Landsmänner müsse er jedoch feststellen, dass diese keine Gültigkeit mehr besäßen. Dies habe er nicht nur durch eigene Wahrnehmung, sondern auch in Gesprächen mit Nicht-Türken erfahren müssen:

„Vor sechs Monaten sind wir zu einem Fußballspiel nach Holland gefahren und ein Holländer fragte mich: ‚Ist das eure Kultur?'. Ich fragte ihn: ‚Warum?'. Er antwortete: ‚Ja, die türkische Jugendlichen pfeifen jedem Mädchen hinterher. Schreibt euch das eure türkisch-osmanisch Kultur vor?'. Vallahi, ich habe mich geschämt, als er das gesagt hat. Wenn wir von türkische Kultur sprechen, dann heißt es Fleiß, Ehrlichkeit, also die türkischen Menschen sind in der Ge

schichte mit diesen Tugenden bekannt geworden. So müssten wir eigentlich auch sein."
(Turgut K., 26 Jahre, Student: 10)

Die Deutschen dagegen seien ihrer Kultur und Nation treu. Dies zeige sich insbesondere darin, dass die Deutschen nur Güter konsumierten, die aus deutscher Produktion stammen.

„In der deutschen Kultur gibt es zunächst einmal Fleißigkeit. Also, man liebt sein Vaterland. Man legt Wert darauf, nur deutsche Produktionen, wie z. B. elektronische Geräte und Autos, zu kaufen, obwohl sie teurer sind. (...) Aber bei uns Türken ist es nicht so. Zum Beispiel, wenn in einem türkischen Laden das Kilo der Tomaten zwei Euro beträgt und in einem deutschen Laden ein Euro fünfundneunzig, dann bevorzugt man das deutsche Geschäft. (...) Man denkt nicht etwa: ,Ja, die 5 Cent soll wenigstens mein Landsmann verdienen, damit er Gewinn macht.'. Man gönnt ihm das einfach nicht." (Turgut K., 26 Jahre, Student: 12)

Diese von ihm postulierte Solidarität unter den Türken hält er im städtischen Alltag jedoch selbst nicht ein. Dies zeigt sich beispielsweise darin, dass er im größten türkischen Lebensmittelladen der Kolonie nicht einkaufen geht, da dieser von kurdischen Alewiten geführt wird. Er befürchtet, dass er dort kein nach islamischem Ritus geschächtetes Fleisch erwerben kann. Dieser Konflikt mit der Mehrheitsethnie kann – wie in diesem Fall – bei der religiösen Minderheit der Alewiten zur Distanzierung von dieser Gruppe und auch zur Geschäftsgründung in anderen Stadtteilen mit geringer türkischstämmigen Bewohnern führen, um neue Konsumentengruppen zu erschließen.[725]

„Wenn ich einkaufen gehe und ich auch Fleisch benötige, gehe ich nicht zu Tepe (Name d. Lebensmittelgeschäfts, A.d.V.), weil ich weiß, dass das Fleisch dort nicht helal ist. Deshalb gehe ich dort nicht hin." (Turgut K., 26 Jahre, Student: 16)

8.5.2 Das Café West-Thrakien. Die „etwas anderen" Türken in der Kolonie

Das Café West-Thrakien, welches seit 1995 im Quartier besteht, wird ausschließlich von Türken aus West-Thrakien frequentiert. Diese stellen eine besondere und eigenständige Gruppe in der ethnischen Kolonie dar, an der sich nicht nur das Separationsphänomen unter den türkischstämmigen Bewohnern, sondern zugleich am Beispiel der Kettenmigration die Entstehung von ethnischen Kolonien verdeutlichen lässt.

Die West-Thrakientürken bilden mit einer Bevölkerungszahl von etwa 150.000 eine Minderheit in Griechenland, die überwiegend in der Landwirtschaft tätig ist. Ihre Geschichte ist durch soziale Isolation und politische Diskriminierung gekennzeichnet. Dieses Gebiet war ehemals dem Osmanischen Reich angegliedert, bis es nach dem 1. Weltkrieg an Griechenland abgetreten werden musste. Mit dem damaligen Ministerpräsidenten Venizelos wurde in den Verhandlungen von Lausanne ein „Bevölkerungsaustausch" mit der Türkei vereinbart, der das weitere Schicksal der West-Thrakientürken besiegeln sollte. Demnach mussten griechische Bewohner auf dem Gebiet der neu entstehenden Türkischen Republik und türkische Bewohner des neuen Staates Griechenland das Land verlassen und in ihre ‚Herkunftsländer' zurückkehren. Hunderttausende Menschen auf beiden Seiten mussten ihr Siedlungsgebiet verlassen. Mit dieser Vereinbarung versuchten beide Länder, möglichen

---

[725] Vgl. Ismail H. Yavuzcan, Ethnische Ökonomie, a.a.O., S. 194

zukünftigen ethnischen Spannungen in der Bevölkerung entgegenzutreten.[726] Eine Ausnahme stellten das orthodoxe Ökumenische Patriarchat und die griechischen Bewohner Istanbuls dar, denen die Türkei den weiteren Aufenthalt gewährte. Im Gegenzug erklärte sich Griechenland dazu bereit, den Aufenthalt der türkischen Minderheit in West-Thrakien zu erlauben.[727] Seit diesen Verhandlungen ist die türkische Minderheit Griechenlands politisch von der Türkei separiert. Am Beispiel der DDR und der BRD wird deutlich, wie zwei Bevölkerungen gleicher Herkunft, die in unterschiedlichen politischen und wirtschaftlichen Systemen leben bzw. lebten, im Laufe der Zeit eine andere soziale und kulturelle Entwicklung aufweisen.[728] Für die West-Thrakientürken, die jahrzehntelang in Griechenland als dortige Staatsbürger lebten, sind im Vergleich zu den Türken aus der Türkei ähnliche Unterschiede festzustellen, die in den folgenden Ausführungen dargestellt werden. Hierbei werden die Auto- und die Heterostereotypen in Anlehnung an die Aussagen der Gesprächspartner herausgearbeitet, die auf die unterschiedlichen Wahrnehmungs- bzw. Deutungsmuster zurückzuführen sind.

Als Arbeitsmigranten treten die West-Thrakientürken in Europa später als die türkischstämmigen Migranten aus der Türkei auf. Erst in den 1970er Jahren emigrierten viele aus der Heimat in Richtung Zentral- und Westeuropa. Wegen der Strukturkrise in der griechischen Tabakindustrie verlor damals fast jeder zweite West-Thrakientürke seinen Arbeitsplatz. In Deutschland leben etwa 15.000 West-Thrakientürken.[729] Im untersuchten Stadtteil sind seit ca. 15 Jahren verstärkt Personen aus West-Thrakien in das Wohngebiet gezogen. Sie verteilen sich überwiegend auf einen Straßenzug. In der ethnischen Kolonie gelten sie als eine eigenständige Gemeinschaft, die auch als „Yunan Türkleri" (griechische Türken) bekannt ist. Ihren Treffpunkt haben die männlichen Thraker im Café.

> „Das Café hier besteht seit sieben Jahren. Seit 1995 kommen die Türken aus West-Thrakien hier hin. Seit 1995 kommen wir hier hin und gehen auch nicht irgendwo anders hin. (...) Wir fühlen uns wie Verwandte hier, weil der Besitzer dieses Cafés wie ein Verwandter, wie ein Bruder für uns ist, fühlen wir uns hier zugehörig. Alle West-Thraker kommen hierhin, weil wir Landsmänner sind." (Bülent K., 46 Jahre, Arbeiter: 1)

Aufgrund ihrer Minderheitenposition und Diskriminierung in Griechenland sind ihnen die gesellschaftlichen Aufstiegsmöglichkeiten im Herkunftsland verschlossen geblieben. Deshalb sind in Griechenland kaum Türken in höheren beruflichen Positionen vertreten. Die meisten von ihnen waren im Herkunftsland in der Landwirtschaft tätig. In den Interviews mit ihnen weisen sie immer wieder auf ihre schlechte wirtschaftliche Situation im Herkunftsland hin. Die wirtschaftliche Misere war für viele ein Grund, die Schulausbildung abzubrechen und frühzeitig in das Berufsleben einzusteigen, um die eigene Familie finanziell zu unterstützen. Zudem förderte die Diskriminierung der West-Thrakientürken durch die griechischen Behörden ihre bestehende schwierige Situation. So erschwerte man bei-

---

726 Vgl. Brigitte Moser/Michaela W. Weithmann, Die Türkei. Nation zwischen Europa und dem nahen Osten, Regensburg 2002, S. 97
727 Vgl. ebd.
728 Vgl. Peter Voigt, Gesellschaft der Deutschen Demokratischen Republik (DDR) von 1949-1990, in: Bernhard Schäfers/Wolfgang Zapf (Hrsg.), Handwörterbuch zur Gesellschaft Deutschlands, Opladen 1998, S. 241ff. Reiner Geißler, Die Sozialstruktur Deutschlands, 3. Auflage Wiesbaden 2002, S. 49ff.
729 Vgl. Michael Ackermann, Die türkische Minderheit in West-Thrakien. Geschichte und Gegenwart, Südost Studienreihe, Ulm 2000, S. 57ff.

5 Separation im Café-Milieu

...ielsweise den in der Landwirtschaft tätigen West-Thrakientürken den Zugang zu einem ...raktor-Führerschein, um so ihre Landaufgabe zu erzwingen.[730] Da ein Großteil der West-...hrakientürken ihren Lebensunterhalt durch die Landwirtschaft bestreitet, bedeuteten diese ...estriktionen erhebliche Einschnitte in die wirtschaftlichen Möglichkeiten. Mit diesem ...erbot wurde die Lebensgrundlage dieser Minderheit entzogen. Im Falle eines Verstoßes ...gen das Verbot mussten die West-Thrakientürken hohe Geldstrafen zahlen.[731]

„Bei uns sind z.B. 70 % aus dem Volk nach der Grundschule abgegangen, aus finanziellen Gründen. Höchstens 30 % gehen weiter zur Schule, auch als Studenten in die Türkei. Aber das ist auch irgendwo nicht gut. Denn die Abschlüsse aus der Türkei werden nicht überall anerkannt, weder in Griechenland noch in Deutschland." (Mehmet T., 39 Jahre, Arbeitslos: 3)

...ie schlechten wirtschaftlichen Verhältnisse führten letztendlich zur Migration in die Bun...esrepublik. In der Hoffnung, ein besseres Leben führen zu können. Zudem erleichterte für ...iele der Status des EU-Bürgers (griechische Staatsbürgerschaft) die Ausreise nach ...eutschland. Durch ihren Rechtsstatus genießen sie im Vergleich zu den Migranten mit ...irkischer Staatsbürgerschaft Privilegien wie beispielsweise das Kommunalwahlrecht oder ...as unbefristete Aufenthaltsrecht. Darüber hinaus haben sie die Sicherheit, im Falle einer ...ückkehr nach Griechenland, wieder in die Bundesrepublik einreisen zu können.

„Es gab kein Heu, kein Gras. Womit sollte ich die Tiere verpflegen? Deshalb haben viele ihr Hab und Gut verkauft und sich gesagt: ‚Was soll ich noch hier? Ich gehe hier weg, fahre lieber nach Deutschland, fahre nach Deutschland und verdiene mein Brot dort und lebe dort weiter.' Deshalb sind wir alle hier." (Bülent K., 46 Jahre, Arbeiter: 2)

...er Beschluss zur Migration wurde durch die bereits existierende Community der „Yunan...ürkleri" in der Kolonie bestärkt. Diese Kettenmigration hat für die Migrationswilligen den ...orteil, dass die Ausreise gut vorbereitet und im Zielland mit der Unterstützung durch ...ekannte und Verwandte gerechnet werden kann. Dadurch wird die Hemmschwelle zur ...usreise abgebaut. Diese sozialen Netzwerke spielen neben den ökonomischen Faktoren ...ne wesentliche Rolle für die Migrationsentscheidung.[732] Aufgrund dieser Kettenmigration ...nd viele West-Thrakier aus demselben Dorf in der Kolonie ansässig. Die sozialen Beziehungen im Herkunftsland werden im Aufnahmeland weiter gepflegt. Ihre eigene Infrastruk...r beschränkt sich jedoch nur auf das Café und auf einen Förderverein im Wohngebiet, in ...em diverse kulturelle Veranstaltungen stattfinden. Ansonsten wird die türkische Infra...ruktur im Stadtteil wie Lebensmittelläden oder Moscheevereine frequentiert.

Während sich die West-Thrakientürkinnen in den Wohnungen treffen, finden sich die ...änner in der Freizeit im Café zusammen. Unter den Besuchern bestehen sehr enge Beziehungen, da sie sich auch gegenseitig familiäre Besuche abstatten. Sie fühlen sich wie eine ...roße Familie in der Kolonie, so dass ein intensiver Austausch zwischen den Mitgliedern ...tattfindet.

---

30 Vgl. Bülent H. Demirbaş, Batı Trakya sorunu, İstanbul 1996, S. 129
31 Vgl. Baskın Oran, Türk-Yunan ilişkilerinde Batı Trakya sorunu, Ankara 1986, S. 110
32 Vgl. Petrus Han, Soziologie der Migration, a.a.O., S. 12f; Sonja Haug, Soziales Kapital und Kettenmigration, a.a.O., S. 15ff.

"Wie gesagt, in Hochfeld leben viele Ausländer und jeder versucht, nach seiner Kultur zu lebe[n]. Man trifft sich in einem bestimmten Café oder an einem bestimmten Ort, wo man seine L[e]bensweise gestaltet und gemeinsam Probleme bewältigt. Wir z. B., die West-Thrakier, sind a[ll] über die Situation der anderen West-Thrakientürken informiert. Auch wenn die ganz intim[e] Probleme nicht bekannt sind, so kennt man dennoch die allgemeinen Probleme des andere[n]." (Aydın D., 32 Jahre, Arbeitslos: 2)

Die engen Beziehungen unter den West-Thrakientürken werden noch dadurch geförde[rt], dass sie in unmittelbarer Nachbarschaft wohnen:

"Unser Vorteil ist, dass sich hier alle Familien aus West-Thrakien über die ganze Strasse verte[i]len. Wir sind also wie eine Familie und es gibt ein Café, wo wir uns treffen. Es gibt bestimm[te] Dinge, die wir gemeinsam haben. Unser Brauch, unsere Kultur bringt Vorteile für das Zusam[m]enleben, z. B. streiten wir zwar, aber wir richten uns keine Waffen, wie die Türken das m[a]chen." (Mehmet T., 39 Jahre, Arbeitslos: 3)

Innerhalb des Cafés sitzen jedoch wiederum meist die Personen zusammen, die aus dem[s]elben Dorf in West-Thrakien stammen. Dies ist auch in einigen türkischen Cafés der Fa[ll], wo die regionale Herkunft die Sitzordnung bestimmt.

"Hier kommen nur West-Thrakientürken hin. Und noch etwas. Es macht auch einen Unte[r]schied, aus welchem Dorf man stammt. Zwei Personen aus demselben Dorf verstehen sich u[n]tereinander viel besser, auch wenn man sich mit den anderen gut versteht. Wenn einer ins Ca[fé] kommt und da sitzen drei Kunden an drei verschiedenen Tischen, dann setzt er sich zu dem hi[n], der aus dem gleichen Dorf stammt." (Aygün I., 27 Jahre, Café-Inhaber: 6)

Trotz der unterschiedlichen Sitzverteilung im Café kennen sich die Landsmänner an de[n] anderen Tischen und pflegen nach eigenen Aussagen gute Beziehungen zu allen. Sie di[s]tanzieren sich, so wie z. B. Saim M., von den konfliktreichen politischen und religiöse[n] Meinungsverschiedenheiten der Türken:

"In den Cafés unserer Landsmänner aus der Türkei sitzen an jedem Tisch nur bestimmte Me[n]schen, weil sie politisch zerstritten sind. Manche sind Nationalisten, manche sind Kommuniste[n], der eine ist Sunnite, der andere Alewite. Es besteht zwar keine so großartige Feindschaft, ab[er] diese Kriterien führen dazu, dass die Menschen an verschiedenen Tischen sitzen und so wir[d] auch nicht über die gemeinsamen Probleme diskutiert, sondern an jedem Tisch, wenn z. B. für[f] Personen sitzen, sprechen sie nur über die eigenen Angelegenheiten. Unsere Gemeinsamkeit be[steht] steht darin, dass wir alle aus der gleichen Region kommen, deshalb gehören die Menschen a[n] jedem Tisch zu uns, und wir kümmern uns um die Probleme des anderen. Hier gibt es zwische[n] jedem Tisch eine Beziehung, und das ist gut so. Das wollen wir hier in Deutschland weiter au[f]rechterhalten. Wir versuchen unsere Lebensweise aus Griechenland hier weiter zu leben." (Sai[m] M., 31 Jahre, Student: 5)

Interessanterweise bestehen die Kontakte nicht nur zu den West-Thrakiern im Quartie[r], sondern ebenso zu jenen in anderen Städten bzw. in anderen Bundesländern. Allein i[n] Duisburg leben laut der Aussage eines Gesprächspartners ca. 150 Familien aus West-Thra[-] kien. Diese Familien stammen entweder aus dem gleichen Heimatdorf oder aus Nachbar[-] dörfern:

8.5 Separation im Café-Milieu

> „Wir kennen so 90 % der West-Thrakier in Deutschland, so 90 %. (...) Frankfurt, München usw.. Wir sind keine allzu große Bevölkerungsgruppe, deshalb kennen wir uns untereinander. Beispielsweise kenne ich im Umkreis von hundert Kilometern meine Freunde aus West-Thrakien. Ich kann sagen, woher sie kommen. Diese Freunde hier wohnen beispielsweise fünf Kilometer von meinem Dorf entfernt." (Bülent K., 46 Jahre, Arbeiter: 7)

Dass unter den West-Thrakientürken keine ähnlichen politischen Konflikte herrschen wie unter den Türken in der Türkei hängt auch mit ihrer Minderheitensituation im Herkunftsland zusammen. Sie mussten zusammenhalten, um den Repressalien der griechischen Majorität Stand zu halten. Zudem unterband das Verbot jeglicher politischer Aktivitäten die großen Meinungsverschiedenheiten untereinander. Sie hatten sozusagen einen gemeinsamen politischen Feind. In den Interviews wurde dieses Bewusstsein stärker von den älteren Informanten wie Raif C. artikuliert, der insbesondere auf das Jahr 1974 (Zypernkrise) hinwies. Nach einem Militärputsch der Faschisten in Zypern intervenierte damals das türkische Militär und besetzte große Teile der Insel. Nach der Zypernkrise verschlechterte sich die Situation der West-Thrakientürken und eine Reihe weiterer Einschränkungen wurden seitens der griechischen Majorität beschlossen.[733] Darüber berichtet auch Salih A.:

> „Bis 18.00 Uhr konnte man Zigaretten kaufen, dann galt eine Ausgangssperre für unser Dorf. Dann machten die griechischen Wächter ihren Rundgang. Einmal sind wir genau zu der Zeit rausgegangen, um Luft zu schnappen, um zu spielen. Dann sind wir mit den Griechen zusammengestoßen und es gab Ärger. Aber Gott sei dank, durch die Unterstützung der Türkei haben wir überlebt." (Salih A., 42 Jahre, Arbeiter: 14)

Die gemeinsame Pariasituation im Herkunftsland und die damit einhergehenden intensiven Beziehungen hält man im neuen „Dorf" Hochfeld weiterhin aufrecht.

Vor allem betonen sie, dass trotz aller Repressalien und der verfolgten Assimilationspolitik Griechenlands die türkisch-muslimische Identität bewahrt wurde. Deshalb verstehen sie sich immer noch als Türken und nicht als Griechen. Das sei eine Leistung, die ihrer Auffassung nach nur die türkische Minderheit in West-Thrakien erbrachte. In Ländern wie Bulgarien dagegen, wo die Türken slawische Namen annehmen mussten und sogar infolge der anti-türkischen Politik Moscheen geschlossen und türkische Tänze und Hochzeiten verboten waren,[734] war man nicht so erfolgreich. Der Vergleich scheint für den Gesprächspartner plausibel, war man doch selbst nach dem Zusammenfall des osmanischen Reiches zu einer Minderheit in den bis zu diesem Zeitpunkt osmanisch verwalteten Gebieten geworden und der staatlichen Gewalt der neuen Regierungen ausgesetzt.

> „Aydın, Salih, Osman, Yaşar, Mehmet. Die Namen wurden beibehalten. In einem anderen Staat kann man so etwas nicht antreffen. Nur in West-Thrakien ist es so geblieben. (...) In Jugoslawien wurden die geändert, bei den türkischen Bulgaren auch. Egal wo es eine türkische Minderheit gibt, deren Namen haben sich im Laufe der Zeit geändert." (Salih A., 42 Jahre, Arbeiter: 15)

Obwohl sich die West-Thrakier als türkische Muslime definieren und Stolz auf ihren Widerstand gegen die Assimilationsversuche sind, grenzen sie sich paradoxerweise im Inter-

---

733 Vgl. Michael Ackermann, Die türkische Minderheit in West-Thrakien. A.a.O., S. 51ff.; Baskın Oran, Türk-Yunan ilişkilerinde Batı Trakya sorunu, Ankara 1986, S. 111ff.
734 Vgl. Klemens Ludwig, Ethnische Minderheiten in Europa. Ein Lexikon, München 1995, S. 209ff.

viewverlauf von den anderen türkischstämmigen Bewohnern der Kolonie ab. Aufgrund wahrgenommener Differenzen in der Lebensführung besuchen die meisten West-Thrakientürken nicht die Cafés ihrer Landsmänner aus der Türkei. Genauso wenig besuchen die meisten türkischstämmigen Personen aus der Türkei das Café der West-Thrakientürken.

> „Es gibt welche hier, die sagen: ‚Oh, das ist ein türkisches Café, da gehe ich nicht hin'. Es gibt auch Türken, die sagen: ‚Oh, das sind Thrakier. Das ist ein griechisches Café, da gehe ich nicht hin'." (Aygün I., 27 Jahre, Café-Inhaber: 8)

Eine wichtige Differenz zwischen der eigenen und den türkischen Gruppen im Stadtteil, die die Interviewpartner betonten, sind die losen und konfliktreichen Beziehungen unter den türkischstämmigen Café-Besuchern. Eine andere ist der Alkoholkonsum, der für das Fernbleiben der West-Thrakientürken von den türkischen Cafés entscheidend ist. In den Interviews definierten sich die West-Thrakientürken als ein Volk, das die Musik und das Feiern liebe. Dazu gehöre auch der Alkohol, der aber in den türkischen Cafés nicht zu beziehen sei:

> „In den türkischen Cafés ist das so, dass man kein Alkohol bekommt, nur Tee, deshalb bevorzugen wir unser Café." (Bülent K., 46 Jahre, Arbeiter: 12)

Doch nicht nur der Alkohol und die „lockere" Art trennen nach Meinung der Informanten die beiden Gesellschaften, sondern auch die ablehnende Haltung der Türken aus der Türkei gegenüber den West-Thrakiern. Dies wird festgemacht an West-Thrakiern, die in die Türkei seien. Die Auswanderer seien nach einem kurzen Aufenthalt wieder nach West-Thrakien zurückgekehrt, weil sie in der Türkei diskriminiert worden seien.

> „Die Türken sehen uns als Türken zweiter Klasse" (Raif C., 60 Jahre, Arbeiter: 7)

In den Gesprächen in türkischen Cafés sprachen sich die Interviewpartner sehr unterschiedlich gegenüber den Thrakiern aus. Entweder unterschieden sie zwischen den „Dunkelhäutigen", die sie als „Çingene" (Zigeuner) bezeichneten und den „Hellhäutigen", die ein besseres Ansehen genießen. Der bessere Ruf der letzteren resultiere daraus, dass die „Hellhäutigen" sich eher an die türkischen Traditionen oder religiösen Praktiken hielten. Insgesamt warfen sie ihnen jedoch vor, sich von den Türken bewusst zu distanzieren und eine geschlossene Gruppe im Wohngebiet zu bilden.

> „Sie sind ein Ghetto in einem Ghetto." (Selman G., 42 Jahre, Arbeiter: 22)

Tatsächlich hoben die West-Thrakientürken für sich ganz wichtige Unterscheidungsmerkmale hervor. Zum einen akzentuierten sie die Beibehaltung der eigenen Tradition, die bei den Türken in Deutschland bereits Anzeichen einer Abnahme zeige. Sie seien auf dem besten Wege, in die deutsche Gesellschaft assimiliert zu werden. Dies machten sie beispielsweise an der Freizügigkeit der türkischen Mädchen fest, die sich in türkischen Discos aufhielten. Zum anderen betonten sie gewisse Diskrepanzen in der Tradition, die typisch für die Türken seien und die als sittenwidrig erachtet werden.

8.5 Separation im Café-Milieu

> „In der Türkei heiratet man z. B. mit Verwandten. Deshalb meine Frage: Warum heiratet man in der Türkei mit Verwandten? Wir sehen das oft im Fernsehen, dass dadurch behinderte Kinder geboren werden. Gott soll dies nicht einmal meinen Feinden bescheren. In West-Thrakien gibt es so etwas nicht. Dass ein Cousin mit seiner Cousine heiratet, ist nicht zu akzeptieren. Das gibt es in West-Thrakien nicht. Diese Heiratsform existiert nur in der Türkei."
> (Salih A., 42 Jahre, Arbeiter: 14)

Wie wir oben gesehen haben, machten die Gesprächspartner in türkischen Cafés den Thrakern den Vorwurf, sich nicht an religiöse Gebote und Verbote zu halten. Derselbe Vorwurf wird von den Thrakern vorgebracht. Ein wichtiger Punkt der Kritik war hierbei die Trauung in der laizistischen Türkei, die sie für religionswidrig halten.[735] In West-Thrakien gehe man erst nach der Trauung zum Standesamt, so dass der religiösen Trauung Vorrang gewährt werde. Etwaige Regelungen wie bei den Türken mache die Ehe nichtig. Man müsse sich vorher scheiden lassen, um noch mal heiraten zu können. Die Bestimmungen in der Türkei seien daher sündhaft. Obwohl die Besucher des Cafés keine praktizierende Muslime sind, werden doch bestimmte religiöse Elemente immer wieder hervorgehoben, die man im Vergleich zu den Türken noch einhalte. Ein weiterer Unterschied, den sie immer wieder in den Interviews ansprachen, war das Streitverhalten der Türken. Nach der Meinung der Informanten habe man eine disziplinierte Streitkultur als die Türken. Die Türken würden ihre Konflikte eher mit der Waffe regeln, selber bereinige man Kontroversen aller Art rein verbal.

> „Wenn ich mit einem Türken streiten sollte, dann greift er sofort zur Waffe, zum Messer, verstehst du?" (Bülent K., 46 Jahre, Arbeiter: 8)

Bevor die Interviews im Café West-Thrakien stattfanden, wurde in Gesprächen mit türkischstämmigen Bewohnern darauf hingewiesen, dass es sehr schwierig sei, Mädchen aus West-Thrakien zu heiraten. Erhan E., der selbst jahrelang als Cafébesitzer arbeitete, machte in einem Interview folgende Aussage:

> „Die griechischen Türken sind sehr nationalistisch. Sie gehen nie in türkische Cafés. Also, sie würden nicht so einfach in türkische Cafés gehen. (...) Hier hat mal eine griechische Türkin gearbeitet (in der Spielhalle, A.d.V.). Sie hat mal zu mir gesagt: ‚Wir verheiraten keinen Mädchen von uns mit einem Türken aus der Türkei'. Das hatte mich sehr gestört. Daraufhin habe ich gesagt: ‚Sei nicht zu vorlaut. Wenn irgendetwas in Griechenland mit euch passiert, dann ruft ihr die Türkei zur Hilfe, und trotzdem verheiratet ihr eure Mädchen nicht mit Türken'. Auch bei den Alewiten und Sunniten ist das der Fall. Die Alewiten sagen: ‚Ich verheirate meine Tochter nicht mit einem Sunniten' und die Sunniten sagen: ‚Ich gebe meine Tochter nicht einem Alewiten'."
> (Erhan E., 42 Jahre, Spielhallenbetreiber: 15)

Als dieser Punkt mit den West-Thrakiern erörtert wurde, bestätigte sich diese Heiratspraxis. Sie begründeten dies wiederum mit kulturellen Unterschieden zwischen den West-Thrakientürken und den Türken aus der Türkei. So seien z. B. die Mädchen aus West-Thrakien eher an die traditionellen Normen und Werten gebunden als die türkischen Mädchen.

---

735 In der Türkei ist laut Gesetz die religiöse Trauung (Imam Nikahi) verboten und wird strafrechtlich verfolgt. In der Praxis ist dieses Verbot jedoch nicht relevant, da es häufig umgangen wird.

„Wir verheiraten unsere Mädchen nur mit West-Thrakiern. Fremde passen nicht zu uns. Obwohl die Jugendlichen heutzutage das auch vereinzelt machen. Wir aus West-Thrakien sind es gewohnt, dass beispielsweise die Braut den alten Personen Kaffee serviert, für sie kocht usw. Eine Fremde würde das nicht machen." (Aydın D., 32 Jahre, Arbeitslos: 9)

8.5.3 Café Konya. Treffpunkt der Religiösen

Das Café Konya ist im Stadtteil auch als Café der Religiösen bekannt. Hier wird der gemeinsame Glaube als bindende Kraft unter der Kundschaft betont. Daher ist die Herkunftsregion aus der Türkei irrelevant. Am Wochenende ist das Café, wie die anderen Cafés auch, sehr gut besucht. Die technische Ausstattung des Cafés mit einem Großbildfernseher, Pay-TV und DVD-Anlage sorgt für die Unterhaltung. Einige Sendungen, wie z. B. Musikvideos mit erotischen Inhalten werden wegschaltet. Für die praktizierenden Muslime steht ein kleiner Gebetsraum zur Verfügung. Wie in der kurzen Charakterisierung der untersuchten Cafés bereits erwähnt wurde, ist dieses Café nicht in ein Moscheegebäude integriert. Daher besteht die Kundschaft nicht ausschließlich aus praktizierenden Muslimen, sondern ebenfalls aus vielen nicht praktizierenden Jugendlichen. Auch die Altersstruktur ist sehr gemischt. Sowohl Jugendliche als auch ältere Personen, sogar Rentner, gehören zur Stammkundschaft. Andere Cafés in der Kolonie dagegen werden gemieden, weil man die Kundschaft für nicht-religiös hält. Bei den Besuchern handelt es sich um Personen, die entweder nach einer „schlechten Karriere" den Sprung aus der Café-Szene verwirklicht haben oder um Personen wie Osman G., die nie in Kontakt zu den Cafés im Stadtteil getreten sind. Die sei eine Tradition in seiner Familie, da diese Einrichtungen sündhafte Orte darstellten.

„Nein, ich besuche sonst kein anderes Café. Nur in die Moschee und in das Café hier. Nirgendwo sonst. (...) Seitdem ich Deutschland bin, bin ich nie in Cafés gegangen. Aus religiösen Gründen bin ich nicht hingegangen. In die anderen Cafés gehen meistens die Leute hin, die keine Beziehung zu Moscheen haben, die pokern" (Osman G., 58 Jahre, Arbeiter: 2)

Wie oben bereits angemerkt, nimmt die Kundschaft eine abweisende Haltung gegen die Cafés im Stadtteil ein. Für sie existieren keine „guten" oder „schlechten" Cafés, sie sind – bis auf das eigene – alle schlecht:

„Das kulturelle Niveau der Cafégänger ist sehr sehr gering. Hier ist ein großer Teil der Jugendlichen entweder Student oder Schüler. In den anderen Cafés dagegen befinden sich nur Arbeitslose oder Arbeiter, die nichts zu tun haben, die ihre Freizeit mit Kartenspielen verbringen, die ihre Zeit nicht sinnvoll nutzen. Aber das ist hier nicht der Fall. Hier sitzen wir und unterhalten uns. Hier kommen Menschen aus allen Herkunftsregionen der Türkei."
(Levent S., 35 Jahre, Arbeiter: 3)

Sie vermeiden diese Orte und die dortige Kundschaft, weil sie nach eigener Auffassung nicht dieselben Interessen teilen. Die illegalen Machenschaften in einigen Cafés im Stadtteil bestätigen ihre ablehnende Haltung gegenüber diesen Einrichtungen:

„Das Umfeld passt nicht zu uns. Wir haben dort keine gleichgesinnten Freunde. Wir halten uns z. B. vom Alkohol fern. Weil wir uns an ruhigeren, sauberen Orten aufhalten wollen, kommen wir hier hin. Im Café gibt es alles Mögliche, Glücksspiele, alles, von A bis Z. Es gibt dort Pros-

8.6 Riskante Problemlösungen: Das Café als Mobilitätsfalle

titution, es gibt dort Alkohol, es gibt dort Glücksspiele, schlechte Sachen, Heroin, Haschisch, einfach alles. Aber hier nicht. Die Cafés in der Türkei sind Orte, wo man nur Karten spielt oder sich einfach unterhält, aber hier geschieht das Gegenteil. In den türkischen Cafés in Deutschland gibt es alles, alles von A bis Z." (Ali Ü., 37 Jahre, Arbeitslos: 6)

Aber nicht nur der Alkohol, auch vulgäre Ausdrücke sind ein Grund für das Fernbleiben von diesen Cafés:

„Dort flucht man auch sehr häufig. Hier werden sie von keinem unserer Freunde obszöne Wörter hören. Also, hier ist es viel friedfertiger, viel ruhiger." (Cengiz C., 39 Jahre, Arbeiter: 5)

Das eigene Café verstehen sie daher als Alternative, weil dort weder Alkohol ausgeschenkt, noch Glücksspiele ausgeführt werden. Es ist sozusagen eine „Insel" im Stadtteil, auf die man sich retten kann, um vor dem ganzen „Übel" zu flüchten. Die moralische Exklusion anderer Personengruppen im Café wird mit der eigenen moralischen Überlegenheit begründet. Diese Differenzierung kann jedoch zu Konflikten im Quartier führen und das Konfliktpotential mit der erzwungenen räumlichen Immobilität zunehmen.[736] Denn: „Die dadurch induzierte kommunikative Verdichtung im sozialen Brennpunkt intensiviert nicht nur die wechselseitigen milieuspezifischen Beobachtungen in der Nachbarschaft und den Außenräumen. Sie forciert auch die moralische Grenzziehung der exkludierten Personengruppen durch die Differenz von Binnen- und Außenmoral. (...) Der soziale Brennpunkt ist somit nicht nur räumlich, sondern auch moralisch ein paradoxer Ort der Zuflucht für sich untereinander achtende und der Flucht vor sich gegeneinander verachtende Personengruppen. Indem Teile von ihnen, sich offen wechselseitig diskreditieren und diskriminieren und zusätzlich auf physische Gewalt zurückgreifen, machen sie nicht nur die Streitnähe der Moralkommunikation deutlich, sondern kopieren zugleich im sozialen Brennpunkt diejenigen Mechanismen der räumlichen und moralischen Exklusion, von denen sie selbst im lokalen Inklusionsbereich betroffen sind."[737]

„Hier ist man in jeder Hinsicht weit entfernt von einer Gefahr. Wir sind hier solidarisch. Wir unterstützen uns geistig und materiell. Wir besitzen Sittlichkeit und Moral."
(Fazıl A., 39 Jahre, Arbeitslos: 7)

8.6 Riskante Problemlösungen: Das Café als Mobilitätsfalle

„Ein Freund von mir wohnt in der Nähe der Cafés. Der sagt ‚Wenn ich mittags zur Arbeit gehe, dann sehe ich Kerle, die in das Café kommen und sich auf einen Stuhl hinsetzen. Wenn ich dann abends wieder reinschaue, dann sitzt dieser Kerl immer noch da. Habe ich das deutlich gemacht? Diese Leute haben keine Arbeit und keine Pflichten. Für manche ist es, von Hochfeld nach Stadtmitte zu gehen, wie ins Ausland zu fahren. Das gilt auch für einige Deutsche. Die Stadtmitte ist Ausland für diese Leute, weil der Kerl außer in Hochfeld nirgendswo lebt. Er geht morgens in das Café und kehrt – wenn überhaupt – abends wieder nach Hause zurück."
(Selman G., 42 Jahre, Arbeiter: 12)

---

736 Vgl. Hans-Jürgen Hohm, Urbane soziale Brennpunkte, Exklusion und soziale Hilfe, Opladen 2003, S. 72ff.
737 Ebd., S. 73

„Sie sehen ja, man kommt hier aufgrund lauter Spielhallen und Cafés nicht durch. Obwohl man für die Jugendlichen, wir lassen mal uns, die erste Generation, beiseite, die hat man sowieso verloren, aber für die Jugendlichen der zweiten und dritten Generation muss die Stadt sinnvolle Freizeitangebote schaffen, wo sie ihre Zeit auch sinnvoll verbringen können. Hier gab es mal eine Bücherei, die hat die Stadt aber geschlossen. Daraus haben sie eine Videothek gemacht, obwohl die Stadt für die Jugendlichen etwas anderes hätte machen müssen. Sie haben aber nichts unternommen." (Lehrer, 61 Jahre: 13)

In der theoretischen Einführung wurde darauf eingegangen, dass in den Untersuchungen in US-Ghettos meist die ungewöhnlichsten und extremsten Aspekte akzentuiert werden. Zugleich wurde aber auch darauf hingewiesen, dass das Ghetto nicht mit Desorganisation gleichgesetzt werden kann, sondern nach anderen, spezifisch lokalen Prinzipien organisiert ist. Die Gewohnheiten und Lebensformen der Ghettobewohner müssen vor dem Hintergrund ihrer aktiven Auseinandersetzung mit den externen und internen Bedingungen des Wohngebiets bewertet werden. Es ist wichtig, die örtliche soziale Rationalität der Formen sozialer Handlungen und Organisationsprinzipien zu erkennen. Dies gilt auch für die ethnische Kolonie, in der soziale Phänomene zu beobachten sind, die aus der Außensicht als kulturelle Andersartigkeit und aus der Innensicht, durch andere Bewohner – selbst von Migranten –, als sinnlose Handlungen interpretiert werden könnten.

In diesem Kontext ist es wichtig hervorzuheben, dass ethnische Kolonien meist in segregierten und in benachteiligten Stadtteilen entstehen. Im Gegensatz zu den US-Ghettos geht in diesen Wohngebieten zwar die deutliche Mehrheit der Erwerbsfähigen einen Beruf nach,[738] doch existiert eine nicht zu unterschätzende Anzahl von gering entlohnten Personen, Arbeitslosen und Sozialempfängern, so dass zurecht von einer „räumlichen Dimension städtischer Armut"[739] gesprochen werden kann. Gemäß Pierre Bourdieu, werden in segregierten Wohngebieten „die Kapitallosen gegenüber den gesellschaftlich begehrtesten Gütern, sei es physisch, sei es symbolisch, auf Distanz gehalten. Sie sind dazu verdammt, mit den am wenigsten begehrten Menschen und Gütern Tür an Tür zu leben. Der Mangel an Kapital verstärkt die Erfahrung der Begrenztheit: er kettet an einen Ort."[740] Mit dem Wohnen in solchen Wohngebieten werden die Partizipationsmöglichkeiten exkludierter Personengruppen durch Mobilitätshindernisse eingeschränkt und zugleich benachteiligende soziale Lebenslagen für ihre Bewohner hervorgerufen. Mit zunehmendem Grad der Benachteiligung des Wohngebiets können sich dabei die negativen Auswirkungen auf die Bewohner stärker zeigen, indem beispielsweise ihr Aktionsradius abnimmt, die Netzwerke kleiner werden oder die Billigung devianter Verhaltensweisen auf größere Zustimmung trifft.[741] Schließlich können einzelne Exklusionsrisiken in Form von Exklusionsverkettungen das Entstehen von randständigen Milieus in diesen Quartieren fördern, deren Lebenssituation in mehrfacher Hinsicht belastet ist.[742]

---

738 Vgl. Rolf Keim/Rainer Neef, Ausgrenzung und Milieu: Über die Lebensbewältigung von Bewohnerinnen und Bewohnern städtischer Problemgebiete, in: Annette Harth/Gitta Scheller/Wulf Tessin (Hrsg.), Stadt und soziale Ungleichheit, Opladen 2000, S. 257
739 Vgl. Malte Friedrich, Die räumliche Dimension städtischer Armut, in: Jens S. Dangschat, Modernisierte Stadt – Gespaltene Gesellschaft. Ursachen von Armut und sozialer Ausgrenzung, Opladen 1999, S. 263ff.
740 Siehe Pierre Bourdieu, Ortseffekte, a.a.O., S. 164
741 Vgl. Jürgen Friedrichs/Jörg Blasius, Leben in benachteiligten Wohngebieten, a.a.O., S.47ff.
742 Vgl. Hans-Jürgen Hohm, Urbane soziale Brennpunkte, Exklusion und soziale Hilfe, a.a.O., S. 43ff.

8.6 Riskante Problemlösungen: Das Café als Mobilitätsfalle

Diese Quartierseffekte haben für die Bewohner zur Folge, dass sie ihre eigene Überlebenskunst im Stadtteil entwickeln müssen und bestrebt sind, ihre Selbstachtung zu bewahren.[743] „Die Kultur der Armut, verstanden als Kunst, ist also zunächst einmal die Überlebenskunst der Armen unter widrigen sozialen Verhältnissen."[744] Die Wahrnehmung dieser Überlebenskunst kann aus der Außensicht von normativen Vorstellungen und Projektionen geleitet sein, so dass Verhaltensweisen bzw. Lebensstile in einem negativen Licht erscheinen können, sofern sie nicht dem Bild der postulierten Lebensweisen entsprechen und dadurch als defizitär abgestempelt werden.[745] Wie bereits Klaus Lompe zuvor, postuliert Rolf Keim deswegen „ein Verständnis von den materiellen und immateriellen Bedingungen der Lebensweisen zu entwickeln, die Einzelne wie auch Bewohnergruppen innerhalb der räumlichen, ökonomischen, sozialen und kulturellen Strukturen zur Gestaltung ihrer Existenz vorfinden und auch tatsächlich nutzen."[746]

In dieser Untersuchung soll die Überlebenskunst der türkischstämmigen Migranten in den Cafés dargestellt werden. Zeichnete sich das erste Café primär durch seine Funktion als Freizeitstätte aus, nimmt es heute eine vielfältigere Funktion ein, indem es für die türkischstämmigen Kunden, je nach persönlicher Situation, verschiedene Problemlösungen bietet. Das Café hat sich, wie die Moscheen, in den städtischen Alltag integriert, mit dem Unterschied, dass es andere Lösungsmöglichkeiten bietet. Im Hinblick auf die Bewältigungsstrategien der Betroffenen im Café sind mit ihrer Mehrfachexklusion sowohl riskante Problemlösungen, als auch Chancen verbunden. Entweder können die Problemlösungen zu einer Verfestigung der Deprivation oder aber zu einer prekären Stabilisierung ihrer Situation im Wohngebiet oder sogar zu einem Ausstieg aus dieser Deprivation führen. Entscheidend ist in diesem Zusammenhang, wie die Personengruppen die ihnen aufgrund eingeschränkter Selektionsfreiheiten zur Verfügung stehenden materiellen, sozialen und kulturellen Ressourcen durch Selbstselektion nutzbar machen. Wird in prekären Lebenslagen auf regressive Lösungsmittel wie Sucht, Gewalt, unkontrollierte hedonistische Konsumbedürfnisse oder Illegalität zurückgegriffen, so können sich diese beispielsweise destruktiv auf das Familienleben auswirken und ein negatives Verlaufsmuster der Lebenskarriere in Gang setzen, das die Exklusion verstärkt.[747]

Im untersuchten Stadtteil haben die Cafébesucher auch ihre eigene Lebenskunst entwickelt. So hat z. B. für Raşit B. das Café primär die Funktion, seine Scheidung zu verarbeiten. Raşit B. reiste 1980 in die Bundesrepublik im Rahmen der Familienzusammenführung ein. Im Jahre 1982 heiratete er seine Ehefrau. Aus dieser Ehe sind eine Tochter (19 Jahre) und ein Sohn (18 Jahre) hervorgegangen. Nachdem er 15 Jahre in einer Fabrik als ungelernter Arbeiter angestellt war, verließ er diese, weil er einen Lebensmittelladen gründete. Das Geschäft verkaufte er später und musste von nun an geringfügig bezahlte Arbeit wie die des Metzgers in einem türkischen Lebensmittelladen ausüben. Dass er keinen besser bezahlten Beruf ausüben konnte, hat nur einen wichtigen Hauptgrund: die fehlende Ausbildung. Denn mit zunehmenden Einreisealter sinkt auch die Möglichkeit, einen ange-

---

743 Vgl. Rolf Keim, „Über-Leben" im Problemquartier, in: Institut für soziale Arbeit e.V. (Hrsg.), Soziale Praxis. Im Dickicht der Städte – Soziale Arbeit und Stadtentwicklung, Münster 2001, S. 68
744 Rolf Lindner, Was ist „Kultur der Armut? Anmerkungen zu Oskar Lewis, in: Sebastian Herkommer (Hrsg.), Soziale Ausgrenzungen. Gesichter des neuen Kapitalismus, Hamburg 1999, S. 174
745 Vgl. Rolf Keim, „Über-Leben" im Problemquartier, a.a.O., S. 68
746 Siehe Rolf Keim, „Über-Leben" im Problemquartier, a.a.O., S. 68
747 Vgl. Hans-Jürgen Hohm, Urbane soziale Brennpunkte, Exklusion und soziale Hilfe, a.a.O., S. 61ff.

messenen Schul- oder Ausbildungsabschluss zu erwerben.[748] In der ersten Phase der Migration bestand für die Arbeitsmigranten die Aussicht, trotz fehlender Qualifikation Zugang zum Arbeitsmarkt zu erlangen. Die heutige Arbeitsmarktsituation erlaubt es aber nicht mehr, ohne entsprechende Abschlüsse einen regulären und sozialversicherungspflichtigen Beruf auszuüben.[749] Deshalb war auch Raşit bis zum Jahre 2002 bei diversen türkischen Arbeitgebern beschäftigt. Durch sein Café ist er wieder selbständig.

Mit der Scheidung von seiner Frau im Jahre 2000 endete nicht nur die Beziehung zu ihr, auch das Verhältnis zu den Verwandten verschlechterte sich. Um die Scheidung und ihre Folgen zu kompensieren, eröffnete er zwei Jahre später schließlich ein Café und gewann damit eine neue Gesellschaft, in deren Gegenwart er seine Probleme zu vergessen hofft. Obwohl er während seiner Ehe kein ausgeprägtes Caféleben hatte, verbringt er derzeit seinen ganzen Tag im Lokal, so dass er eigentlich keine Zeit hat, sich gedanklich mit seiner Scheidung auseinanderzusetzen. Eine professionelle Hilfe für sein Problem hat er nie in Erwägung gezogen, deshalb versucht er mit eigenen Mitteln, diese Krise zu bewältigen.

„Bei der Auseinandersetzung mit psychischen belastenden oder bedrohlichen Situationen mehr oder weniger bewusst bzw. willkürlich einsetzende Bewertungs- oder Verhaltensstrategien, die aufkommende Angstreaktionen oder Konflikte eindämmen bzw. lindern und mit adaptiven Abwehrmechanismen in enger Beziehung stehen."[750] – so lautet die Definition von Copingstrategien in der Psychologie, und in diesem Sinne versucht Raşit B., Einfluss auf seine belastende Situation auszuüben, wobei zugleich das Wissen über die Handlungserfolge dieser strategischen Handlung tatsächlich bewältigende Effekte haben kann.[751] Eine Hauptbewältigungsform bei schweren seelischen Krisen kann hierbei das Alltagsgespräch mit nahestehenden Personen wie Freunden darstellen. Zwar können Laien nicht die professionellen Psychotherapeuten ersetzen, dennoch haben Menschen offenbar auch ohne eine akademische Ausbildung die Fähigkeit, fördernde Gespräche bei seelischen Belastungen zu führen.[752] Für Raşit B. scheint jedenfalls diese Bewältigungsform zumindest eindämmend zu wirken:

> „Da ich im Stress bin, mein Kopf, also es gibt sogar Zeiten, wo man fast verrückt wird. Hier kommen alle meine Freunde hin. Wir lachen gemeinsam und unterhalten uns. Das Café habe ich deshalb aufgekauft, weil ich mir ein neues Umfeld suchte. Schau, ich bin heute z. B. um 12.00 Uhr aufgewacht und in das Café gekommen, und ob ich jetzt (Nachts) um 1.00 Uhr gehe, um 2.00 gehe, um 3.00 gehe, ich habe gar keine Lust, nach Hause zu gehen. Damals sahen die Bedingungen anders aus. Abends bin nicht so oft ins Café gegangen. Ich hatte nicht so ein Caféleben." (Raşit B., 44 Jahre, Café-Inhaber: 11)

Das neue soziale Netz im Café-Milieu übernimmt somit eine komplementäre Funktion für die verloren gegangene Beziehung zu seiner Ehefrau und den Verwandten. Der Stadtteil fungiert für ihn nicht nur als ein Ort der Existenzsicherung, sondern auch als ein Ort des sozialen Austauschs. Durch die Möglichkeit zwischenmenschlichen Austauschs wird der Verstärkung der psychischen Belastung von Raşit B. entgegengewirkt und eine soziale

---

748 Vgl. Klaus Schweikert, Ausländische Jugendliche in Berufsausbildung, Berlin 1993, S. 20
749 Vgl. Peter Bremer, Ausgrenzungsprozesse und die Spaltung der Städte, a.a.O., S. 123
750 Werner D. Fröhlich, Wörterbuch Psychologie, München 2000, S. 94
751 Vgl. ebd.
752 Vgl. Reinhard Tausch, Hilfreiche Gespräche im Alltag und in der Psychotherapie, in: Heiner Keupp/Klaus Weber (Hrsg.), Psychologie. Ein Grundkurs, Hamburg 2001, S. 370ff.

Isolation vermieden. Die Beschränkung auf dieses „Laien-Hilfssystem" kann aber eine professionelle Intervention nicht ersetzen. Zudem kann sich mit zunehmender Dauer die Abhängigkeit vom Café-Milieu verfestigen, so dass die Wahrscheinlichkeit des Aufsuchens einer institutionellen Hilfestellung außerhalb der ethnischen Kolonie vollständig verloren gehen kann. Indem sich Raşit B. aus der Rolle des Hilfsbedürftigen und damit dem System der sozialen Hilfe entzieht, ist er auf die individuelle Selbsthilfe angewiesen, die er in der Schaffung eines sozialen Umfeldes zu verwirklichen sucht. Dadurch hat das Café-Milieu eine sozial stützende und zugleich eine einschließende Wirkung auf den Probanden. Trotz der Ambivalenz scheint sein Café die Identifikation mit dem Stadtteil zu fördern, da er nun Freunde gewonnen hat.

> „Mein Café besuchen Menschen, die mich lieben." (Raşit B., 44 Jahre, Café-Inhaber: 12)

Für Migranten mit illegalem Aufenthalt wie Sami U. spielen die Cafés ebenfalls eine wichtige Rolle für ihre Lebenskunst im Stadtteil. Es sind die einzigen Freizeitstätten, in denen sie sich in ihrer Muttersprache unterhalten und sich relativ sicher fühlen können. Denn aufgrund der Sorge, entdeckt und abgeschoben zu werden, sind die papierlosen Migranten wie Sami U. gezwungen, permanent ihre Wohnung zu wechseln und in Privatwohnungen als Untermieter eine Unterkunft zu finden. Hierbei kann das soziale Netzwerk kurzweilige Übernachtungsmöglichkeiten zur Verfügung stellen. Bedingt durch den fehlenden Aufenthaltsstatus sind diese Menschen zudem hinsichtlich medizinischer Versorgung, materieller Absicherung gegen Lebensrisiken sowie ihrer körperlichen und materiellen Unversehrtheit benachteiligt.[753] Doch zugleich sind sie Überlebensexperten, die stets versuchen die Begrenzungen ihrer Möglichkeiten auf der persönlichen, sozialen und politischen Ebene zu überwinden.[754] Die Möglichkeit, die Begrenzungen auf der kulturellen Ebene zu überwinden, findet Sami U. in den zahlreichen Hochfelder Cafés. Dort kann er sein Bedürfnis nach Geselligkeit befriedigen:

> „Ich komme in das Café, um die türkischen Sendungen zu sehen, um die sportlichen Ereignisse, die Fußballspiele, die Nachrichten zu sehen. Aus diesem Grund komme ich in das Café. Auch um Zeit zu vertreiben, um Karten zu spielen. Ein Vorteil ist, da ich selber kaum Deutsch spreche, dass hier Menschen sind, die meine Sprache verstehen und sprechen. Das Bedürfnis mit Menschen zu sprechen, die mich verstehen und Menschen aus unserem Land, von unserer Natur hier aufzufinden, das ist positiv. Die gemeinsame Kultur ist mir wichtig."
> (Sami U.: 37 Jahre, Bau-Ingenieur: 3)

Für Sami U. erweitert die ethnische Kolonie und damit das Café-Milieu infolge seines illegalen Aufenthaltes sein Handlungsraum. Er kann sich unauffällig im Stadtteil und im Café aufhalten und bewegen. Zwar bietet das Wohngebiet nicht die gewünschte soziale und kulturelle Infrastruktur, dennoch bewahren die Cafés ihn im Rahmen seiner eingeschränkten Selektionsfreiheit vor einer sozialen Isolation. Seine Partizipationsmöglichkeiten werden sich erst dann ausweiten können, wenn sein Rechtsstatus sich legalisieren sollte. An-

---

[753] Vgl. Peter Kühne, Fluchtmigrant(inn)en auf dem Arbeitsmarkt, in: Christoph Butterwegge/Gudrun Hentges (Hrsg.), Zuwanderung im Zeichen der Globalisierung. Migrations-, Integrations- und Minderheitenpolitik, 2. Auflage Opladen 2003, S. 221

[754] Gerda Heck, Illegalisierte Migranten in Deutschland: Zwischen Opfermythos und organisierter Kriminalität, a.a.O., S. 133ff.

sonsten wird er sein Leben für unbestimmte Zeit im Untergrund verbringen, und damit wird auch die ethnische Kolonie ihre Bedeutung vorerst nicht verlieren. Mit der Illegalität und der Verfestigung im Milieu besteht jedoch die Gefahr, dass seine Qualifikation als Ingenieur mit der Zeit verfällt. Weil er insgesamt mit der Migration und dem Wohnen in Hochfeld beruflichen und sozialen Abstieg verbindet, bewertet er das Wohngebiet, ohne zu differenzieren, negativ:

> „Wenn ich hier zwei Straßen weiterlaufe, kann ich an den Gebäudetypen und der Kleidung der Menschen den Unterschied hier erkennen. Es ist so, als hätte der Stadtteil eine Heuschreckenplage wie in Afrika erlebt. Und wir, die Türken, sind wie diese Heuschrecken. Wir sind hierhin gekommen, und die Deutschen haben alles liegen gelassen und sind weggegangen. Was soll ich mir noch für den Stadtteil wünschen? Hochfeld hat sich bereits von alleine gewandelt. Hier gibt es eine internationale Zusammensetzung und die, die sich dadurch gestört fühlten, haben es verlassen." (Sami U., 37 Jahre, Bau-Ingenieur: 14)

Die Erfahrung der deprivierten Bewohnergruppen von den städtischen Ressourcen und damit von den Konsummöglichkeiten ausgeschlossen zu sein, kann zur Steigerung des Konfliktspotentials in den Städten führen.[755] Gerade bei arbeitslosen Migrantenjugendlichen kann ihre Exklusion aus dem Arbeitsmarkt und ihre objektiv bzw. subjektiv eingeschränkte Lebensperspektive zu kriminellen Handlungen verleiten. Dies wird bei Armutsfamilien deutlich, wenn Jugendliche um jeden Preis eine persönliche finanzielle Einnahmequelle haben wollen, um bestimmte Konsumprodukte (Statussymbole: Markenjeans usw.) zur Vermeidung des subjektiven Armutsbefindens in Peergruppen zu erwerben.[756] Um in der Clique mithalten zu können, wird auch auf kriminelles Verhalten wie Diebstahl zurückgegriffen. Mit dieser auch als „sozialer Überlebenswille" bezeichneten Handlung riskieren die Jugendlichen zugleich eine weitere Ausgrenzung.[757] So ist es auch im untersuchten Stadtteil, in dem wiederum das Café die nötigen geschützten Räumlichkeiten für das Überleben der Betroffen liefert. Die Lokale haben sich zu einer Anlaufstelle für Kleinkriminelle entwickelt, die gestohlene Waren dort anbieten. Die zuletzt genannte Gruppe bildet sich vor allem durch deutsche Drogenabhängige des Quartiers, die entwendete Autoradios oder Handys für günstige Preise verkaufen, um ihren Drogenkonsum finanzieren zu können.

> „Warte hier noch paar Stunden, dann wirst du Uhrverkäufer sehen, dann wirst du Lederjackenverkäufer sehen. Wenn du tagsüber hier bist, dann wirst du z. B. hier sehr viele Junkies sehen, die irgendwelche Kassettenrecorder von irgendwelchen Autos geklaut haben oder irgendwelche Parfums geklaut haben, die für ihre Drogen, ich sag mal, irgendwelche Sachen verkaufen. Also, wenn du dich, wenn du irgendetwas haben möchtest, CDs oder DVDs oder irgendwelche Fernseher, Parfums oder Kassettenrecorder, dann stell dich auf die Wanheimer Straße, ich glaub, das würdest noch an dem gleichen Tag bekommen." (Mikail Ç., 31 Jahre, Arbeiter: 22)

Thomas Schweer zeigt in seiner Analyse der illegalen Märkte, dass die organisierte Kriminalität eine wichtige Sündenbockfunktion einnehmen kann, „sowohl hinsichtlich der Ent

---

755 Vgl. Susanne Karstedt, Der urbane Raum als Zentrum sozialer Prozesse – Kriminalität in der polarisierten Stadt, in: Wolfgang Ludwig-Mayerhofer (Hrsg.), Soziale Ungleichheit, Kriminalität und Kriminalisierung, Opladen 2000, S. 23ff.
756 Andrea Breitfuss/Jens S. Dangschat, Sozialräumliche Aspekte der Armut im Jugendalter, a.a.O., S. 122
757 Siehe Gabriele Kawamura, Kriminalisierung durch Armut?, in: Theorie und Praxis der Sozialen Arbeit 4 (1994), S. 127

8.6 Riskante Problemlösungen: Das Café als Mobilitätsfalle

schuldbarkeit individuellen Fehlverhaltens als auch im Hinblick auf den inneren Zusammenhang des komplexen sozialen Systems Gesellschaft."[758] Dies wird dann deutlich, wenn die organisierte Kriminalität als Ausländerproblem eingestuft und vom eigenen Fehlverhalten der autochthonen Bevölkerung abgelenkt wird.[759] Der Autor kommt jedoch zur der Schlussfolgerung, dass die organisierte Kriminalität kein importiertes Problem, sondern ihre Entstehungsbedingungen vielmehr innerhalb einer Gesellschaft zu suchen ist, wegen der Doppelmoral, mit der man diesem Phänomen entgegentrete:[760] Demnach hält nur eine Nachfrage aus der „Oberwelt" nach Waren und Dienstleistungen der „Unterwelt" diese Strukturen aufrecht. Die durch die soziale und ökonomische Ausgrenzung entstandene Kluft zur Konsumgesellschaft wird von den Deprivierten dadurch überwunden, dass sie ihre Bedürfnisse auf den illegalen Märkten befriedigen und durch ihre Nachfrage die organisierte Kriminalität fördern. Die Abfederung von ökonomischen und sozialen Ausgrenzungsprozessen durch die ungesetzlichen Märkte lassen illegitime Handlungen als legitim erscheinen.[761] In Duisburg-Hochfeld erhält die Nachfrage nach illegalen Handlungen in manchen Cafés diese Strukturen aufrecht, um eben jene Konsumgüter erwerben zu können, die benachteiligte Personen sich auf dem legalen Markt nicht leisten können. Dies haben auch Mitarbeiter größerer Firmen erkannt, die das Café als Absatzmarkt für entwendetes Firmeneigentum nutzen.

„Ich habe z. B. gerade, vor einer halben Stunde oder so, einen Siemens S 55, das erst nächsten Monat auf dem Markt kommen soll, das Mitarbeiter von der Firma Siemens einfach mitgenommen haben, haben sie mir angeboten. Was nächsten Monat für 500 Euro auf dem Markt kommen soll, haben sie mir jetzt schon für 250 angeboten. Man braucht nur zu wollen, man kriegt alles hier. Man kann an alles rankommen, ob das jetzt gebraucht ist, neu ist, man muss das nur, nach der Tasche her. Wenn die Tasche gut da ist, dann kann man sich was Neues erlauben. Wenn die Tasche bisschen knapp ist, muss man mit was Gebrauchtem zufrieden sein."
(Can Y., 39 Jahre, Arbeiter: 23)

In diesem Zusammenhang ist die Aufmerksamkeit besonders der Freizeit der Jugendlichen zu widmen, denn dieses „ausfüllungsbedürftiges Vakuum bietet eine Vielzahl bisher noch nicht oder nicht genügend genutzter Ansatzpunkte, wobei es zunächst darauf ankommt, die Betroffenen anders als bisher nicht als Problemgruppe, sondern als gesellschaftliche Ressource anzusehen."[762] Können die Jugendlichen jedoch nicht erreicht werden, so besteht die Wahrscheinlichkeit, dass dieses Vakuum mit destruktiven Handlungen im Quartier gefüllt wird. Wie Hans-Jürgen Hohm dies in Anlehnung an das Deutsche Jugendinstitut treffend formuliert: „Wird die zur Verfügung stehende freie Zeit nicht durch Jobben oder andere Karrieremöglichkeiten – wie Sportkarriere, Selbständigmachen oder späteres Nachholen des Schulabschlusses – mit Sinn gefüllt, kann es zu weiteren Risiken durch Anschluss an lokale Szenen kommen. Diese können als Einstieg in Lernprozesse fungieren, welche die

---

[758] Siehe Thomas Schweer, Der Kunde ist König. Organisierte Kriminalität in Deutschland, Frankfurt am Main 2003, Zugl.: Duisburg, Univ., Diss., 2002, S. 191
[759] Vgl. ebd.
[760] Ebd., S. 201
[761] Vgl. 190ff.
[762] Siehe Joachim Jäger, Elemente einer Gesamtkonzeption der Kriminalprävention (I): Ich-Stärkende Alternativen der Freizeit- und Lebensgestaltung, Stand 5/91, in: Institut für Landes- und Stadtentwicklungsforschung des Landes NRW (Hrsg.), Mehr Sicherheit in der Stadt. Stadtentwicklungspolitische Aspekte der Kriminalprävention, Duisburg 1993, S. 20

Konsumansprüche durch illegale Aktionen im oder außerhalb des sozialen Brennpunktes realisieren, wenn das Elternhaus nicht über entsprechende monetäre Mittel verfügt."[763]

Im Untersuchungsgebiet hat ein Teil der exkludierten Migrantenjugendlichen Anschluss an die lokale Café-Szene gefunden, in der Rauschmittel verkauft und konsumiert werden. Überwiegend handelt es sich um türkischstämmige Jugendliche, die in diesen Lokalen ihre Drogen erwerben und in den dortigen Räumlichkeiten konsumieren. Mit dem Rückgriff auf derart regressive Lösungsmittel ist für den Verkäufer die Befriedigung von Konsumansprüchen verbunden, für den Konsumenten dagegen die Flucht aus der als belastend erlebten Situation. Dabei können äußere (soziale Umwelt) und innere (Depressionen, Langeweile usw.) aversiven Reize den Drogenkonsum verstärken, in der Hoffnung, den Problemen zu entfliehen. Aber auch die mit dem Drogenkonsum selbst entstehenden sozialen Folgen können verstärkend auf das Suchtverhalten wirken.[764]

> „Drogen? Wie eine Trinkhalle. Nicht jetzt Gras und das braune Zeug, sondern so Tablettenmäßig, also ich kenn mich jetzt da nicht so genau aus, aber das sind so Tabletten. Fünfzehn-, Sechzehn-, Siebzehnjährige kaufen sich das Zeug, als ob sie zu einer Trinkhalle gehen würden. (...) Ich kenne z. B. so fünf, sechs Cafés in denen die Drogen verkauft werden. Das wissen die meisten. Weiß es einer, wissen es alle hier. Also, in meinem Bekanntenkreis gibt es viele, die das machen." (Selçuk G., 22 Jahre, Arbeitslos: 2)

Die Inanspruchnahme der zur Verfügung stehenden Ressourcen, wie informelle Ökonomie oder Kleinkriminalität, kann den Grad der Bindung an die Rolle des Hilfsbedürftigen schwächen, da sie „im Hinblick auf die Abhängigkeit vom lokalen System sozialer Hilfe als funktional äquivalente Problemlösung"[765] fungieren können, aber auch als Selbsthilfe für diejenigen Personen, die die Rolle des ihnen zugewiesenen Hilfsbedürftigen nicht hinnehmen wollen.[766] Vor diesem Hintergrund kann mit der Exklusion aus dem Arbeitsmarkt und mit dem Anschluss an die Drogenszene im Café-Milieu begonnene Drogenkonsum zu einem Suchtverhalten führen, das wiederum eine Reihe weiterer Exklusionsverkettungen hervorrufen kann, die einen endgültigen Ausschluss aus der Mehrheits- und Minderheitsgesellschaft zur Folge haben. Multiple Deprivationen in den materiellen, sozialen und individuellen Ressourcen können somit abweichende Karrieren einleiten und sich im sozialen Raum bzw. in den Lebenswelten von Jugendlichen mit einer bestimmten Regelmäßigkeit festsetzen.[767] Sollte also das Café-Milieu, wie in unserem Falle, eine einschließende Wirkung auf ihre Mitglieder ausüben, so könnte es zu Anomie und zur Verfestigung ihrer sozialen Deprivation führen. „Milieu ist hier gekennzeichnet durch die kumulative Wirkung von Armut, sozialem Rückzug und abweichendem Verhalten. Der soziale Abstieg der Bewohnerinnen und Bewohner zerstört ihre Handlungsfähigkeiten und führt zusammen mit der Stigmatisierung und Ausgrenzung schließlich zum Verfall von Qualifikationen und Potentialen."[768]

---

763 Hans-Jürgen Hohm, Urbane soziale Brennpunkte, Exklusion und soziale Hilfe, a.a.O., S.47f.
764 Vgl. Wolfgang Schmidbauer/Jürgen vom Scheidt, Handbuch der Rauschdrogen, München 1996, S. 569f.
765 Siehe Hans-Jürgen Hohm, Urbane soziale Brennpunkte, Exklusion und soziale Hilfe, a.a.O., S. 78
766 Vgl. ebd., S. 78
767 Vgl. Karin Holm, Armut – Datenlage und Forschungsansätze, in: Christoph Butterwegge u.a., Armut und Kindheit. Ein regionaler, nationaler und internationaler Vergleich, Opladen 2003, S. 35f.
768 Rolf Keim/Rainer Neef, Ausgrenzung und Milieu, a.a.O., S. 253

8.6 Riskante Problemlösungen: Das Café als Mobilitätsfalle

Zwar vermeiden die türkischstämmigen Jugendlichen den Drogenkonsum in der Öffentlichkeit. Trotz der heimlichen Einnahme der Drogen im Café können sie ihre Sucht jedoch nicht verheimlichen. Dadurch erhöht sich die Gefahr ihrer Stigmatisierung im Stadtteil:

> „Ich habe zwei Schüler, die sich auf den Straßen aufhalten, ich bin traurig, sie sind Drogensüchtig. Ihr Anblick ist nicht auszuhalten, weil sie nie nicht in der Lage sind, aufrecht zu gehen. Sie taumeln nur noch." (Lehrer, 61 Jahre: 15)

Aufgrund der sozialen Deprivation der arbeitslosen Cafébesucher spiegelt ihr Freizeitverhalten ihre ungleichen Lebensbedingungen wider. Denn mit der Abnahme der durchschnittlichen Arbeitszeit der Berufstätigen gewinnt der Bereich Freizeit für die Lebensziele und Interessen der Menschen eine besondere Bedeutung, zugleich werden die Ungleichheiten in den Freizeitchancen offenkundiger.[769] Unter Freizeit ist in diesem Kontext diejenige Zeit zu verstehen, „die weitgehend frei ist von notwendigen Tätigkeiten wie Schlafen, Essen, Behördengänge, Hausarbeiten etc. und daher mehr oder minder der freien Gestaltung offensteht. (...) Freizeit in diesem Sinne haben Menschen in Form von Tagesfreizeit (nach Feierabend), Wochenendfreizeit, Urlaubsfreizeit und Lebensfreizeit (nach der Pensionierung)."[770] Entscheidende Kriterien wie Umfang, Regelmäßigkeit, Zeitpunkt sowie die eigenständige Gestaltbarkeit der Freizeit und andere Voraussetzungen, wie finanzielle Ressourcen, Informationen, landschaftliche Umgebung, kulturelle und sportliche Einrichtungen, entscheiden über die Vor- und Nachteile der Freizeitchancen und führen zu ungleichen Freizeitbedingungen für das „Freizeitproletariat".[771] Da materielle Ressourcen eng mit den Konsumchancen verbunden sind und diese wiederum einen starken Einfluss auf das Freizeitverhalten ausüben, ist ein Teil der Migranten angesichts des höheren Armutsrisikos der Kategorie „Freizeitproletariat" zuzuordnen.[772]

Eng mit den begrenzten materiellen Ressourcen und der begrenzten räumlichen Mobilität ist zudem eine starke Fokussierung auf das Leben in der eigenen Wohnung verbunden. Die Verhäuslichung im Binnenraum der Wohnung kann aber zu Folgeproblemen führen, so dass bestimmte Räume im Quartier für diese Personen eine besondere Bedeutung gewinnen. „Es sind nur mehr die Randzonen und Zwischenzonen der Straßen, die Plätze, Hinterhöfe oder Freiflächen zwischen den Wohngebäuden, Kioske, Kneipen und Billig-Supermärkte, welche als Orte kommunikativ verdichteter Treffs und Begegnungen fungieren. Je nach Lebenslage und Phasen der Lebenskarriere der jeweiligen Personengruppe kommen diesen Lebensräumen unterschiedliche Funktionen zu. Dienen sie den einen als Orte dauerhafter Zuflucht, näräumiger Stabilisierung und Identifizierung, sind sie für Andere Orte erhöhten Risikos, des Austragens verbaler und körperlicher Konflikte und der Wahrnehmung und Kommunikation feiner bis großer Unterschiede – also Orte, die eher zur Flucht als zur Zuflucht einladen."[773] So auch die Cafés, die sowohl für Erwachsene als auch für Jugendliche zu einer Fluchtstätte im Stadtteil geworden sind, in denen sie sich stundenlang aufhalten. Dadurch werden ihre Lern- und Erfahrungsräume im Wohngebiet nur auf

---

69 Vgl. Stefan Hradil, Soziale Ungleichheit in Deutschland, Opladen 1999, S. 311
70 Siehe ebd.
71 Vgl. ebd., S. 312
72 Vgl. Hans-Werner Prahl, Soziologie der Freizeit, Paderborn 2002, S. 271ff.
73 Hans-Jürgen Hohm, Urbane soziale Brennpunkte, Exklusion und soziale Hilfe, a.a.O., S. 43

das Café und somit ihre Informations- und Interaktionschancen beschränkt. Da sie sich nur auf ein benachteiligtes Milieu konzentrieren, wird das soziale Netzwerk dieser Personen zunehmend homogener.

„Ich bin seit dreißig Jahren hier in Deutschland und seit dreißig Jahren arbeite ich hier als Lehrer. Hier sind alle, sagen wir mal fast alle, die Kinder eingeschlossen, waren bzw. sind meine Schüler. Alle kennen mich und ich kenne sie alle. Das Problem der Jugend ist, dass sie keine Ausbildung machen können, keinen Ausbildungsplatz finden, deshalb vertrödeln die Jugendlichen ihre ganzen Tage in den Cafés und in den Spielhallen. Die Konsequenz ist, dass wir sie verlieren. In der Zukunft werden diese Jugendlichen für die Gesellschaft sehr heikel sein."
(Lehrer, 61 Jahre: 14)

Die adäquate Nutzung dieser Freizeiteinrichtungen hängt aber nicht unbedingt nur mit dem Bildungsniveau oder beruflichem Status zusammen, da in den Cafés auch Arbeiter sind, die nur an den Wochenenden zu den Fußballspielen kommen. Gleichwohl existiert eine Personengruppe, die ein suchtähnliches Besuchsverhalten zeigt. Dieses abhängige Verhalten „ist gekennzeichnet durch ein chronisches Ausweichen vor unlösbaren Konflikten."[774] Dies kann sich in einem starken Drang zeigen, mit einem bestimmten Verhalten aus einer unerwünschten Situation in eine erwünschte zu flüchten.[775] Diese Gruppe rekrutiert sich aus der Arbeiterschicht und insbesondere aus einem Teil der Arbeitslosen, für die die Cafés die einzigen Freizeitorte im Quartier darstellen. Sie zeichnen sich durch ihre besonders belastende Lebenssituation aus. Denn mit der Arbeitslosigkeit beginnt für viele meist auch die Armut, wobei sich die Folgen der neu eintretenden Lebenssituation nicht ausschließlich auf die materielle Versorgung begrenzen, sondern verschiedene Lebensbereiche des Betroffenen tangieren: „Die traumatische Erfahrung des Arbeitsplatzverlustes setzt eine depressive Dynamik in nahezu allen Lebensbezügen frei; je weniger diese Dynamik aufgefangen und ausgeglichen wird, zum Beispiel durch kollektive Interessenvertretungen, desto schwerwiegender sind die individuellen Folgen der Verkapselung ins Arbeitslosenschicksal. Damit verknüpft ist eine Art Öffentlichkeitsentzug, vielfach auch Realitätsverleugnung, Verdrängung und Verschiebung von Triebimpulsen. In der Beschädigung der eigenen Lebenswelt durch die Gewalt des Arbeitsplatzverlustes, die zum Krankheitsbild einer Sozialpathologie werden kann, wird eine eigentümliche Balance von Arbeitslosen erkennbar, in der viel Energie dafür aufgewendet wird, den Spannungszustand, den die Gesellschaft durch ihre Hochleistungshierarchie von Wertigkeiten vorgibt, überhaupt auszuhalten."[776]

Zwar muss eine langjährige Arbeitslosigkeit nicht in soziale Isolation münden, aber die soziale und gesellschaftliche Integration leidet durch die anhaltende Erwerbslosigkeit. Scheidungen von dem Lebenspartner oder mangelnde Partizipation am kulturellen Leben wie in Organisationen oder Vereinen infolge des geringen gesellschaftlichen Ansehens sind nur einige Erscheinungsbilder.[777] Auch besteht ein enger Zusammenhang zwischen Alkoholismus und Arbeitslosigkeit, der infolge der psychosozialen Auswirkungen auf den Ar-

---

774 Werner Gross, Sucht ohne Drogen. Arbeiten, Essen, Spielen, Frankfurt am Main 2003, S. 27
775 Vgl. ebd.
776 Oskar Negt, Arbeit und menschliche Würde, 2. Auflage Göttingen 2002, S. 257
777 Vgl. Thomas Bongartz/Klaus Gröhnke, Soziale Isolation bei Langzeitarbeitslosen? Eine netzwerkanalytische Betrachtung, in: Gabriele Klein/Hermann Strasser (Hrsg.), Schwer vermittelbar. Zur Theorie und Empirie de Langzeitarbeitslosigkeit, Opladen 1997, S. 197ff.

8.6 Riskante Problemlösungen: Das Café als Mobilitätsfalle

beitslosen und damit dem Statusverlust in der Gesellschaft in Erscheinung treten kann.[778] Die durch die eingeschränkten Lebenschancen hervorgerufene Frustration führt bei den Arbeitslosen nicht etwa zu einer Mobilisierung nach außen hin, sondern vielmehr zu einer so genannten Ich-Einschränkung, die wiederum die Angstdynamik weiter vorantreiben kann. Diese krank machende Entwicklung der Arbeitslosigkeit übt somit nicht nur einen negativen Einfluss auf die finanzielle Situation, sondern ebenso auf die wichtigen individuellen Ressourcen aus.[779] Vor diesem Hintergrund glauben einige Informanten wie Can Y., eine Strategie der Caféinhaber zu erkennen, bewusst die Arbeitslosen als Zielgruppe anzusprechen und als Geldquelle auszuschöpfen:

> „Und die ganzen Leute, die die ganzen Cafés aufmachen, die wissen ganz genau, was macht ein Arbeitsloser? Entweder geht er in die Spielhalle. Es gibt 17, 18 Cafés, aber dafür gibt' auch an die 8 oder 10 Spielhallen hier auf der Wanheimerstraße nur. Ich mein, zurzeit dürfen keine Spielhallen mehr aufgemacht werden, laut Stadt Duisburg. Die Leute, die das eröffnen, die wissen ganz genau, was macht ein Arbeitsloser? Der hockt nicht jeden Tag zu Hause rum. Der kann nicht in der Kälte irgendwo in den Park hingehen. Entweder muss er ins Café oder in die Spielhalle. Also was bleibt die andere Möglichkeit für Türken? Ein Café."
> (Can Y., 39 Jahre, Arbeiter: 18)

Das Armutsrisiko besteht jedoch nicht nur für die Arbeitslosen, sondern auch für die gering entlohnten Erwerbstätigen, die so genannten working poor, die an der Schwelle zur Armut leben.[780] Hierbei sind wiederum die Migranten besonders betroffen, deren Äquivalenzeinkommen aufgrund soziodemographischer und sozioökonomischer Faktoren, aber auch wegen Diskriminierung weit unter dem gesamtgesellschaftlichen Durchschnitt liegen und zudem eine geringe Einkommensmobilität aufweisen, so dass die Gefahr einer dauerhaften Verfestigung dieser Deprivation besteht.[781] Diese ökonomische Deprivation ist zudem eine wichtige Ursache von Stress. Zwar spielen bei der Kompensation dieser Belastung Bildungs- und Altersmerkmale eine wesentliche Rolle, doch können sich Schamgefühle des Betroffenen beim Bewältigungsversuch destruktiv auswirken und somit die Mobilisierung hemmen.[782]

Die oben beschriebene depressive Dynamik wird im Café-Milieu ebenso wenig erfolgreich kompensiert wie bei einem Teil der betroffenen Einheimischen durch diverse Institutionen der Mehrheitsgesellschaft. Denn ein wesentliches Paradox liegt in der Konfrontation der exkludierten Personengruppen mit der Zwangslage, ihre Selbstachtung in einem stigmatisierten Wohngebiet aufrechtzuerhalten und dadurch mit der Vermeidung der Umwandlung von Fremdverachtung in Selbstverachtung.[783] Dabei können die Betroffenen im Umgang mit dieser Situation auf verschiedene Strategien zurückgreifen, z. B. auf die im Vergleich zu anderen exkludierten Personengruppen betonte Überlegenheit der eigenen Binnenmoral oder Rückzug in die Binnenräume der Wohnung und des Wohnblocks mit gleichzeitig

---

[778] Vgl. ebd., S.221ff.
[779] Vgl. ebd., S. 257f.
[780] Vgl. Thomas Schweer, Entstehungs- und Verhaltensformen von Alkoholkarrieren Arbeitsloser, a.a.O., S. 258
[781] Vgl. Walter Hanesch u.a., Armut und soziale Ungleichheit in Deutschland. Der neue Armutsbericht der Hans-Böckler-Stiftung, des DGB und des Paritätischen Wohlfahrtsverbands, Hamburg 2000, S. 390ff.
[782] Vgl. Kurt Salentin, Armut, Scham und Stressbewältigung. Die Verarbeitung ökonomischer Belastungen im unteren Einkommensbereich, Wiesbaden 2002
[783] Vgl. ebd., S. 75

eintretenden negativen Folgen für die betroffene Person (z. B. Suchtkarrieren) und die Familie (z. B. Gewalt).[784]

Der Öffentlichkeitsentzug und die Realitätsverleugnung sind bei den Migranten dadurch festzustellen, dass ihr Alltag nur noch im Café stattfindet. In diesen Räumen sind sie dem Druck der Leistungsgesellschaft und der ethnischen Kolonie nicht ausgesetzt, weil die Betroffenen eher mit Menschen derselben Lebenslage/-welt zusammenkommen, und deren Gegenwart eine entlastende Wirkung haben kann. Dagegen wird die Gesellschaft derer vermieden, deren Lebensweise und Konsumverhalten sie nicht führen können. Ansehensverlust, Schamgefühle und der Spannungszustand, der aufgrund der Arbeitslosigkeit zu befürchten ist, treten in den freien Räumen seltener auf. Wie in den folgenden Ausführungen noch darzustellen ist, werden die inneren Enttäuschungen durch Glücksspiele, Prostitution, Drogen oder auch nur durch stundenlange Aufenthalte in den Lokalen gelindert. Aufgrund der starken Milieubindung werden die Cafés jedoch zu Mobilitätsfallen, da die Betroffenen einen Großteil ihrer Zeit in diesen Einrichtungen verbringen. Gleichzeitig ist die Möglichkeit der Nutzung von Räumen sehr wichtig, da stundenlange Aufenthalte an öffentlichen Plätzen bzw. mit Spirituosen vor Büdchen die Stigmatisierung innerhalb der türkischstämmigen Bewohner verstärken könnten. An öffentlichen Plätzen sind daher kaum deprivierte türkischstämmige Migranten anzutreffen, sondern eher Deutsche, wobei dies wiederum für die Wahrnehmung Konsequenzen hat, wenn man nur von „asozialen" Einheimischen spricht:

> „Ich find' schon mal gut, dass hier viele Bevölkerungsschichten leben und da gibt es eigentlich von Seiten der Polizei absolut keine Probleme. Bei ausländischen Leuten einzuschreiten, das ist absolut kein Thema, die respektieren die Polizei, da kommt man super klar. Schwieriger sind schon die Deutschen, die hier wohnen, jetzt nicht die älteren Menschen, sondern die Jugendlichen und Erwachsene, die halt hier aufgewachsen sind, wo meines Erachtens ein größeres, also wenn man das so in Anführungsstrichen sagen will, wenn es darum geht, was man so als „asozial" bezeichnet, dann sind es nicht die Ausländer, die haben hier ihren eigenen Kulturkreis, leben es so, wie sie es von zu Hause gewohnt sind, die haben ihren eigenen Kulturkreis, aber wer sich hier asozial verhält, dass sind eigentlich die Deutschen, das sage ich mal so."
> (Stadtteilpolizist II, 46 Jahre: 17)

Der ehemalige Cafébesitzer Erhan, der fast 10 Jahre ein Café in Hochfeld besaß und danach eine Spielhalle eröffnete, sieht in dem Besuchsverhalten eine wichtige Funktion zur individuellen Problemlösung der Arbeitslosen. Er spräche aus Erfahrung, da er viele Bekannte im Café-Umfeld habe, die aufgrund ihrer Arbeitslosigkeit in den Lokalen verharren würden. Der Aufenthalt dieser Personen in den Lokalen und das Spielen würden nicht nur Konflikte in den eigenen Familien verhindern, sondern auch zur inneren Entspannung beitragen:

> „Der Typ steht vom Bett auf und geht sofort ins Café. Und wenn er müde wird, geht er nach Hause. Was soll ein Arbeitsloser sonst tun? Er kann nicht den ganzen Tag zu Hause vor dem Fernseher verbringen. Der Kerl ist sowieso depressiv. Zu Hause würde er auf die Frau oder auf die Kinder losgehen. Was macht er also? Er sitzt lieber 10, 11 Stunden oder er spielt 11, 12 Stunden Karten im Café und baut so Stress ab. So verbringt er seine Zeit, so tötet er seine Zeit."
> (Erhan E., 42 Jahre, Spielhallenbetreiber: 17)

---

784 Vgl. Hans-Jürgen Hohm, Urbane soziale Brennpunkte, Exklusion und soziale Hilfe, a.a.O., S.75f.

8.6 Riskante Problemlösungen: Das Café als Mobilitätsfalle

Die Lebensführung randständiger Milieus zeichnet sich u.a. dadurch aus, dass keine längerfristige Lebensplanung vorgenommen wird, sondern ein starker Gegenwartsbezug zu verzeichnen ist. Ein wesentliches Merkmal scheint dabei zu sein, dass die Gegenwart nicht etwa durch Bestrebungen zur Reinklusion bestimmt ist, sondern durch Strategien zur Vermeidung eines weiteren Abdriftens in eine Subkultur der Armut im Quartier oder in Institutionen wie Sonderkliniken usw.[785] oder wie bei dem folgenden Cafégänger zur Kompensation seiner psychosozialen Belastung. Ender M., der aus einem anderen Duisburger Stadtteil kommt, besucht erst seit sechs Monaten die Cafés in Hochfeld. Die Zunahme seiner längeren Caféaufenthalte fällt wie bei Raşit B. zeitlich mit der Scheidung von seiner Ehefrau und mit seiner Arbeitslosigkeit zusammen, denn bis vor einem halben Jahr habe er kein Caféleben gehabt und diese nur gelegentlich besucht. Durch seine persönliche Umbruchsituation habe das Café für ihn jedoch eine andere Bedeutung gewonnen. Seitdem verbringt er seine Tage in den türkischen Lokalen, um seinen Belastungen zu entfliehen.

„Für mich hat das Café nur eine Bedeutung: den Tag umkriegen, zu füllen."
(Ender E., 36 Jahre, Arbeitslos: 2)

Wie Thomas Kieselbach u.a. zeigen, sind mit einer länger andauernden Ausgrenzung aus dem Arbeitsmarkt psychosoziale Belastungen verbunden. Hierbei kann insbesondere für die Betroffenen das ständige Zuhausesein, die Selbstvorwürfe, die Langeweile und das Gefühl, dass andere Personen auf einen herabblicken, als sehr belastend empfunden werden.[786] Im Umgang mit diesen Belastungen können die Betroffenen auf Bewältigungsstrategien wie Ablenkung setzen, auf das Reden mit Vertrauenspersonen oder auf das Zusammentreffen zurückgreifen, um ihrer Situation einigermaßen gerecht zu werden.[787] Aufenthalte von bis zu 14 Stunden für Personen wie Metin C. oder Aydın D., der teilweise sogar die ganze Nacht im Café verbleibt, sind vor diesem Hintergrund keine Ausnahmeerscheinung im Milieu.

„5 Stunden, 10 Stunden, bis in die Morgenstunden." (Aydın D., 32 Jahre, Arbeitslos: 12)

Eine eigene Erklärung für dieses suchtähnliche Verhalten, welche die Betroffenen selbst nannten lautete: Langeweile. Dieser Faktor scheint für das Phänomen eine wichtige Erklärung zu liefern, denn mit dem Ausscheiden aus dem Arbeitsmarkt verlieren die meisten zugleich ihre Produktivität, die sie aber nicht in anderen Bereichen wie Vereine, Hobbys usw. wieder aufleben zu lassen. Für Erich Fromm stellt die Langeweile, ob man sie nun zu kompensieren versteht oder nicht, eines der wesentlichsten psychopathologischen Phänomene in unserer heutigen technotronischen Gesellschaft dar.[788] Diese chronische Langeweile veranlasst die betroffene Person, Strategien zu suchen, um sie zu kompensieren. Hierbei unterscheidet Fromm drei Menschen-Typen:

---

785 Vgl. Hans-Jürgen Hohm, Urbane soziale Brennpunkte, Exklusion und soziale Hilfe, a.a.O., S. 54
786 Vgl. Thomas Kieselbach u.a., „Ich wäre ja sonst nie mehr an Arbeit rangekommen!" Evaluation einer Reintegrationsmaßnahme für Langzeitarbeitslose, Weinheim 1998, S. 94ff.
787 Vgl. ebd., S. 103f.
788 Vgl. Erich Fromm, Anatomie der menschlichen Destruktivität, a.a.O., S. 274

1. „Menschen, die die Fähigkeit besitzen, auf einen aktivierenden Reiz zu reagieren, langweilen sich nicht.
2. Menschen, die ständig das Bedürfnis haben ‚seichte' Reize zu wechseln, sind chronisch gelangweilt; aber da sie ihre Langweile zu kompensieren verstehen, kommt sie ihnen nicht zum Bewusstsein.
3. Menschen, die nicht in der Lage sind, sich von einem normalen Reiz in einen Zustand der Erregung zu versetzen zu lassen, sind krank; zuweilen sind sie sich ihres Seelenzustandes akut bewusst, manchmal sind sie sich der Tatsache auch nicht bewusst, dass sie leiden."[789]

Die oben dargestellten Cafébesucher sind der zweiten und dritten Gruppe zuzuordnen, denn in beiden Fällen fehlt es den Menschen an Produktivität. Sie rekrutieren sich, wie oben bereits erwähnt, aus einem Teil der Arbeiterschaft[790] und insbesondere den Arbeitslosen, die kaum an anderen Freizeitaktivitäten – beispielsweise als Ehrenamtliche – am kulturellen Leben des Stadtteils partizipieren. Um ihrer Langweile zu entfliehen, bedient sich diese Personengruppe der einfachen Reize, die nur eine mechanische Einweg-Beziehung (Reiz-Reaktion) darstellen. Dieser Reiz erfordert von seinem Empfänger keine besondere Anstrengung bzw. Konzentration. Er empfängt schlicht den Reiz und reagiert dementsprechend darauf. Zu diesen Reizen zählen z. B. Glücksspiele oder die sexuellen Abenteuer mit stets wechselnden Partnern, welche die chronische Langeweile zu vergessen versprechen.[791]

Ein Unterschied zu den genannten produktiven Reizen besteht noch darin, dass einfache Reize einen Sättigungspunkt haben. Nach der Befriedigung sucht man nach anderen Reizen oder man steigert die Intensität der Reize wie z. B. durch höhere Einsätze beim Glücksspiel, häufigeres Aufsuchen von Prostituierten oder auch durch die Steigerung der Stunden in den Cafés. Das Problem dieser Stimulation und die Langeweile haben für Fromm einen nicht zu unterschätzenden Anteil an der Erzeugung u. a. von Destruktivität.[792] Für die Gruppe der Kahveciler, die nicht in der Lage ist, ihre chronische Langeweile zu kompensieren, scheint die Situation noch bedrückender zu sein, obwohl sich in der Qualität des Problems keine wesentlichen Unterschiede zeigen. Die berufstätigen Cafébesucher gleichen die Symptome aus, die Ursachen bleiben aber trotzdem erhalten. Sie gehören zu den Menschen, die es sich finanziell leisten können, vor der Langeweile zu fliehen: „Acht Stunden am Tag sind sie eifrig damit beschäftigt, ihren Lebensunterhalt zu verdienen; wenn dann nach Geschäftsschluss die Gefahr auftaucht, dass ihnen ihre Langeweile bewusst werden könnte, verhindern sie dies mit Hilfe zahlreicher Mittel, die verhüten, dass die Langeweile manifest wird: mit Trinken, Fernsehen, Autofahren, Parties besuchen, sexueller Betätigung oder dem Einnehmen von Drogen. Schließlich überkommt sie dann ihr natürliches Schlafbedürfnis, und der Tag geht erfolgreich zu Ende, wenn ihnen in keinem Augenblick ihr Gelangweitsein zum Bewusstsein gekommen ist. Man kann sagen, dass heutzutage eines der Hauptziele der Menschen darin besteht, ‚ihrer Langeweile zu entfliehen'. Nur wer die Intensität der Reaktionen auf nicht kompensierte Langeweile richtig einschätzt, kann sich eine Vorstel-

---

789 Ebd., S. 273
790 Nach Fromm ist die Langeweile – im Gegensatz zum mittleren und gehobenen Bürgertum – der Arbeiterschaft viel bewusster, weil ihnen die Befriedigung nicht in dem Maße und Vielfalt möglich ist wie den Personen auf dem höheren sozialen Niveau (vgl. ebd., S. 275). Man muss annehmen, dass die chronische Langeweile bei den arbeitslosen Cafébesuchern sogar noch ausgeprägter ist.
791 Vgl. Erich Fromm, Anatomie der menschlichen Destruktivität, a.a.O., S. 270ff.
792 Vgl. ebd., S. 272

8.7 Die Organisation des Glücksspiels

lung von der Macht der von der Langeweile erzeugten Impulse machen."[793] Die andere Gruppe der Kahveciler ist jedoch nicht einmal in der Lage, hier spielen vor allem materielle Voraussetzungen eine Rolle, die Symptome ihrer Langeweile zu beseitigen.[794]

8.7 Die Organisation des Glücksspiels

> „Meine einzige Absicht ist nur, in den Cafés Geld zu verdienen. Wenn ich das Haus verlasse ist mein einziger Gedanke ‚Wie kann ich Geld verdienen? Geld verdienen, egal wie.'"
> (Timur Y., 40 Jahre, Erwerbsunfähig: 2)

> „Ich bin eigentlich ja, wenn ich mir meinen ganzen Freundeskreis mal nehme, Ausnahmen haben natürlich immer statt gefunden, aber die meisten von denen hocken einfach in den Teehäusern und ob man es will oder nicht will, geht man auch teilweise in die Teehäusern rein, z. B. war ich mit 19, 20, 21 eigentlich sehr oft in den Teehäusern gewesen. Ich habe z. B. viele negative Sachen gesehen. Ich habe in Teehäusern gesehen z. B. das Haschisch geraucht wurde, dass in den Hinterzimmern z. B. gekokst wurde. Das waren so meine ganzen Freunde gewesen, die ich noch aus der Grundschule oder aus der Hauptschule kannte. Ich weiß noch ganz genau, und das weiß auch jeder in Hochfeld, dass ab einer bestimmten Uhrzeit, das stattfindet, was in Las Vegas stattfindet. Dass hinter verschlossenen Türen irgendwelche Glücksspiele gespielt werden wie z.B. Poker oder Rommé, das natürlich für großes Geld. Da fragt man sich natürlich: ‚Woher kriegen die Leute das ganze Geld?'. Weil, die arbeiten nicht, die haben kein vernünftiges Leben. Dann kommt man automatisch dahin, dass sie das Geld einfach nur mit Drogen oder mit irgendwelchen schwarzen Geschäften auf die Beine bringen." (Mikail Ç., 31 Jahre, Arbeiter: 19)

Das Glücksspiel ist in allen bekannten Kulturen der Weltgeschichte anzutreffen. In vergangenen Zeiten wurde mit dem Spiel nicht nur das Glück verbunden, sondern auch der Aberglaube, übernatürliche Mächte übten Einfluss auf das Spiel. Je nach Ausgang des Spiels wurde dies als ein Zeichen für Tugendhaftigkeit oder aber als eine Strafe infolge einer Sünde bzw. eines Vergehens gewertet.[795] Ein Blick in die Geschichte reicht jedoch auch, um die ambivalente moralische Bewertung des Glücksspiels zu erkennen. Während in der Predigt- und Moralliteratur um 1700 das Glücksspiel als Verführung und sündige Erniedrigung propagiert wird, verknüpften andere wiederum mit dem Spielen Lust und Lebensfreude.[796] Die gegensätzliche Haltung dem Glücksspiel gegenüber ist auch in den verschiedenen Konfessionen zu erkennen. „Moralische Bedenken, den Wohlstand nicht durch Arbeit, sondern durch pures Glück zu mehren, das Falschspiel, die Spielleidenschaft und Folgekriminalität ließen das Spiel mit dem Glück als etwas Verwerfliches, als Sünde erscheinen."[797] Während der strenge Protestantismus und insbesondere der Islam[798] das Glücksspiel strikt ablehnen, ist im Judentum eine stillschweigende Zustimmung und in der katholischen Sittenlehre sogar eine gewisse Toleranz festzustellen. Im Katholizismus wird beispielsweise

---

[793] Ebd., S. 275
[794] Vgl. ebd., S. 274
[795] Vgl. Hans Zeier, Arbeit, Glück, Langeweile, Psychologie im Alltag, Bern 1992, S. 129f.
[796] Vgl. ebd.
[797] Gerhard Meyer/Meinolf Bachmann: Spielsucht. Ursachen und Therapie, Berlin/Heidelberg 2000, S. 7
[798] Vgl. Walter M. Weiss, Islam, Köln 1999, S. 44

Spielschulden der Status eines legalen Vertrages beigemessen, dessen Einhaltung verbindlich ist.[799]

Aus der Perspektive des Staates war diese Aversion zu allen Zeiten mit einer gewissen Tolerierung und sogar Förderung begleitet, weil man sich steuerliche Erträge versprach.[800] An dieser ambivalenten moralischen Bewertung der staatlichen Position hat sich bis heute nichts geändert. Wie auch zum Alkohol und Nikotin, vertritt der Staat nach wie vor eine widersprüchliche Einstellung dem Glücksspiel gegenüber. Das Glücksspiel gilt solange als unerwünscht, bis der Staat am Gewinn des Glücksspiels beteiligt wird.[801] Dass der Gewinn aus dieser Branche beachtlich ist, belegen die Bilanzen. So wurden für das Jahr 2000 die Umsätze der offiziellen Glücksspielanbieter mit ca. 4 Mrd. Euro angegeben. Bezieht man die geschätzten Gewinne aus dem illegalen Glücksspiel mit ein, so steigert sich der Umsatz auf etwa 5,5 Mrd. Euro. Mit dem Glücksspiel sind allerdings nicht nur schwarze Zahlen verbunden, sondern zuweilen ebenso rote. Dies gilt weniger für die Betreiber als vielmehr für die Spielsüchtigen. Die Schätzungen über die Zahl dieser Personen belaufen sich in Gesamtdeutschland auf 130.000 und in Nordrhein-Westfalen auf ca. 30.000, wobei sich der größte Teil der Spieler aus Männern aller sozialen Schichten rekrutiert. Im Vergleich zu anderen Suchtformen ist mit der Schuldenaufnahme zur Finanzierung des Glücksspiels eine stärkere wirtschaftliche Notlage verbunden, die bis zur sozialen Verelendung führen kann.[802] Insgesamt gaben Bundesbürger im Jahre 2000 etwa 26 Mrd. Euro für Glücksspiele aus, wobei der Staat von diesem Betrag mehr als 4,3 Mrd. erhielt.[803] Zur Zeit wird in Duisburg ein großes Spielkasino geplant, um finanzielle Anreize zu schaffen und dem Standort eine gewisse Attraktivität zu verleihen.

Im untersuchten Stadtteil haben sich dagegen die Bewohner längst ihre eigenen „Spielkasinos" geschaffen, ohne den Staat am Gewinn zu beteiligen. Neben legalen Orten wie Spielhallen oder Wettbüros haben sich im Laufe der Quartiersgeschichte Bedingungen (Armut, Räumlichkeiten usw.) ergeben, die die Etablierung von illegalen Strukturen und illegale Orte des Glücksspiels begünstigt haben. Die Cafés haben sich dieser Entwicklung angepasst und stellen in der Kolonie die Räumlichkeiten für diese Spiele zur Verfügung. Mit der Zunahme des Glücksspielangebots in den letzten Jahren ist auch die Zahl derer angestiegen, für die das Spielen einen zentralen Stellenwert im Wohngebiet eingenommen hat. Das illegale Glücksspiel reicht von Würfel- bis hin zu Wettspielen. Dieser Bereich ist meist nur schwer einzusehen, da die Spiele im Verborgenen wie in den Hinterzimmern von Gaststätten, im Rotlicht-Milieu[804] oder aber, wie in unserem Falle, in den türkischen Cafés abgehalten werden.

In einem dieser Hinterzimmer wiederholt sich samstagnachmittags regelmäßig die gleiche Szenerie. Die Kunden des Cafés diskutieren lebhaft miteinander und machen sich Notizen auf ihre Zettel. An einem Tisch sitzt ein Mann, der im Zentrum des Geschehens ist

---

799 Vgl. Hans Zeier, Arbeit, Glück, Langeweile, a.a.O., S. 130
800 Vgl. Gerhard Meyer, Spielsucht – Theorie und Empirie, in: Stefan Poppelreuter/Werner Gross (Hrsg.), Nicht nur Drogen machen süchtig. Entstehung und Behandlung von stoffungebundenen Süchten, Weinheim 2000, S.1f.
801 Vgl. Werner Gross, Sucht ohne Drogen, a.a.O., S. 53
802 Vgl. Ministerium für Frauen, Jugend, Familie und Gesundheit des Landes Nordrhein-Westfalen (Hrsg. Landesprogramm gegen Sucht, Teil 2. Tabak, Glücksspiel, Exkurs: Essstörungen. Eine Gemeinschaftsinitiative, Düsseldorf 2001, S. 22
803 Vgl. Werner Gross, Sucht ohne Drogen, a.a.O., S. 53
804 Vgl. Gerhard Meyer/Meinolf Bachmann, Spielsucht, a.a.O., S. 19

Er führt ein Gespräch nach dem anderen und macht sich ebenfalls Notizen. Zwischendurch nimmt er Telefongespräche entgegen. Die Letzten im Café stehen auf und geben die ausgefüllten Zettel bei ihm ab. Er signiert diese kurz mit den Anfangsbuchstaben des Vor- und Zunamens und gibt die Durchschrift wieder zurück. Zwischendurch wird schnell das Geld eingesammelt.

Dadaş, so wird Timur Y. auch genannt, ist eine bekannte Person im Café-Milieu, denn seit einigen Monaten organisiert er die Wettspiele im Quartier, bei denen jedes Wochenende ein Dutzend Wettzettel abgegeben werden. In Hochfeld sind die Wettspiele relativ neu, bis dahin spielte man nur in den illegalen Untergrund-Kasinos. Das Wett-Geschäft ist sehr lukrativ, zumal der Arbeitgeber von Timur Y. keine Steuern zu entrichten braucht, denn die Spiele werden illegal veranstaltet. Zwar existiert im Stadtteil bereits ein eingetragenes Wettlokal, das von einem türkischstämmigen Bewohner geführt wird, aber durch seine sozialen Beziehungen im Quartier braucht sich Timur Y. keine Sorgen um seine Kundschaft zu machen. Trotz der Konkurrenz kann der Inhaber des Wettlokals es sich nicht leisten, die illegalen Wettgeschäfte von Timur Y. an die zuständigen Behörden weiterzuleiten, da dies gegen die Milieugesetze verstoßen würde. In diesem Fall müsste er mit negativen Konsequenzen rechnen:

„Er kann mich nicht verpfeifen, das würde ihm mein Spielerkreis nicht verzeihen".
(Timur Y., 40 Jahre, Erwerbsunfähig: 3)

Den Grund für Timurs neue Tätigkeit im Stadtteil kann man nachvollziehen, wenn man sich seine Biografie vergegenwärtigt. Seine Migration nach Deutschland begann als er 16 Jahre alt war. Sein Vater, der damals alleine in Deutschland lebte und arbeitete, holte ihn nach, damit er in Deutschland als ältester Sohn Geld verdienen konnte. Wie sein Vater lebte er bis zu seiner Einreise in einem Dorf im kurdischen Gebiet der Türkei und dementsprechend eingeschränkt waren seine Aussichten auf eine angemessene Bildungs- und Berufskarriere. Wie die meisten angeworbenen Arbeitskräfte, hat auch Timur Y. das städtische Leben erst in der BRD kennen gelernt, da er im Herkunftsland überwiegend in den dörflichen Umgebungen lebte und arbeitete. Seine Mutter und seine anderen Geschwister leben bis heute dort.

In Deutschland angekommen begann Timur Y. zunächst in einer türkischen Bäckerei zu arbeiten. Da die Mutter nicht im Hause war, musste er nach einem harten Arbeitstag oft den Haushalt führen und die Gäste seines Vaters bedienen. Nachdem sein Vater ein Jahr nach seiner Ankunft in Rente ging und in die Türkei zurückkehrte, lebte er allein. Ohne eine Ausbildung abgeschlossen zu haben, begann er durch diverse Tätigkeiten, seinen Lebensunterhalt zu verdienen. Bevor er wegen eines Rückenleidens vorzeitig aus dem Berufsleben ausschied, arbeitete er in der Baubranche. Mittlerweile ist er 40 Jahre alt und Vater von fünf Kindern. Die Familie muss er von seiner geringen Rente unterhalten.

Durch den Einzug der Privatsender und damit des türkischen Fußballs in die Cafés hat sich für ihn eine neue Geldquelle aufgetan. Aus zunächst privaten Wetten formierte sich später die Wett-Szene, die nun gut organisiert im ganzen Stadtteil verbreitet ist. Aufgrund seiner guten Kontakte in der Café-Szene ist Timurs Position als Betreiber der Wettspiele etabliert. Der Arbeitgeber ist auf ihn angewiesen, so dass er sogar bei Meinungsverschiedenheiten jederzeit zu einem anderen Geldgeber wechseln kann:

> „Die Sponsoren sind auf mich angewiesen, weil ich die besten Kontakte hier habe. Und wenn ich mal mich mit einem nicht verstehe, wechsele ich einfach den Geldgeber. Aber auf jedem Fall braucht man Geld, um diese Wetten zu organisieren."
> (Timur Y., 40 Jahre, Erwerbsunfähig: 5)

Ein Blick in seine Wettzettel zeigte, dass viele Spieler Summen über 50 € einsetzen. Dementsprechend hoch sind seine Einnahmen. Bei besonders wichtigen Spielen, beispielsweise in der Champions League, erhöht sich sein Einkommen. Vor allem sein Auftraggeber, der außerhalb von Duisburg wohnt, profitiert von diesen Meisterschaften. Die Wettspiele beschränken sich nicht nur auf Fußball, sondern erstrecken sich auch auf andere Sportarten, wie z. B. Eishockey. Erstaunlicherweise setzen Spieler auch dann auf diese Sportart, wenn sie mit den Regeln des Spiels nicht vertraut sind und somit ihre Gewinnaussichten gar nicht einschätzen können. Sie setzen und verlieren auch meistens, ganz im Gegensatz zu Timur Y.:

> „Ich verliere niemals. Ich bekomme immer meine 10 %. Die Verlierer sind fast immer die Spieler." (Timur Y., 40 Jahre, Erwerbsunfähig: 7)

Timur Y. ist hinsichtlich der Organisation von Glücksspielen kein Pionier im Milieu, denn das Glücksspiel hat bereits eine lange Tradition unter den türkischstämmigen Bewohnern in Hochfeld. Dies wurde bereits in der Historie des ersten Cafés des Stadtteils aufgezeigt. Dabei traf man auch Vorsichtsmaßnahmen, um bei eventuellen Razzien der Polizei nicht auf frischer Tat ertappt zu werden. Davon berichtet auch Selman G., der in seiner Jugend als „Spion" im Stadtteil arbeitete:

> „Ich habe in meiner Jugend als „Erkete" gearbeitet. Wir hatten vor der Türe Ausschau nach der Polizei gehalten. Die Polizei hatte damals immer Razzien gemacht. Die Spieler haben uns 50, 100 DM gegeben und wir haben vor dem Fenster, vor der Türe aufgepasst, ob ein Unbekannter sich nähert. Schau mal, alle Cafés sind im Grunde genommen „Kumarhane" (Kasinos). Die meisten Cafés sind eigentlich als Vereine für die Belange von Fernfahrern, Deutsch-Türkischer Kulturverein usw. eingetragen. Das ist nur vorgeschoben, ja, das heißt nur so. Ich möchte ein Erlebnis von mir erzählen. Es gab hier mal ein Verein für LKW-Fahrer[805]. Also, einmal kam ein Fernfahrer aus der Türkei. Weil er die deutsche Sprache nicht beherrschte, konnte er sein Anliegen nicht mitteilen. Er hatte Probleme mit einer Firma. Und die dort, eine deutsche Behörde, die Polizei hat ihn zum, weil sie es als Verein für die Belange der Fernfahrer hielten, hier hin geschickt. Aber so ein Verein existierte gar nicht. Da war niemand, der sich um das Anliegen des Mannes hätte kümmern können. In Wirklichkeit steckt hinter dem Ganzen das Glücksspiel. Wirklich das Glücksspiel. Alle diese Cafés sind Kasinos. Das sind Orte, die vielen die Existenz zunichte machen. Ich kenne z. B. eine türkische Familie, die fünf Töchter hatten, davon landeten zwei im Bordell. Alle (Töchter) sind von zu Hause abgehauen. Kerle, die sich von ihren Frauen haben scheiden lassen." (Selman G., 42 Jahre, Arbeiter: 21)

Auch heute noch gehört das Glücksspiel zum festen Inventar vieler Cafés. Die Spiele finden in den Abend- und Nachtstunden statt. Meist wird die Türe verschlossen, um ungebetene Gäste davon abzuhalten, in das Café einzutreten. Auch weitere Vorsichtsmaßnahmen werden getroffen:

---

805 Hierbei handelt es sich um Adems Café.

8.7 Die Organisation des Glücksspiels

> „Es gibt Cafés, wo es bis morgens früh gezockt wird. Einer steht vor der Tür, guckt, ob da keiner kommt, der Rest ist am Zocken. (...) Es gibt auch z. B. andere Räume, wo sie zocken. Es gibt auch z. B. Leute die zocken, die nehmen sich einfach Dominosteine, tun kein Geld dahin und falls mal irgendwie Kontrolle ist, dann heißt das: ‚Wir spielen nur zum Spaß Poker'.
> (Can Y., 39 Jahre, Arbeiter: 20)

Während in den Cafés Kriterien wie Konfession oder Herkunftsregion für die Zusammensetzung der Kundschaft bestimmend sind, trifft diese Separation für die „Kumarcılar" (Glücksspieler) nicht zu. Tagsüber halten sie sich im Stammcafé auf und in den Abendstunden besuchen sie die Pokerrunden in den Cafés, ohne Rücksicht auf die Konstellation der dortigen Kundschaft. Denn nicht die Konfession oder die politische Orientierung, sondern der Kumar (das Glücksspiel) ist das Bindeglied dieser Spieler-Gruppe:

> „Unter den Glücksspielern wird kein Unterschied gemacht. Jeder ist hinter dem Geld her."
> (Timur Y., 40 Jahre, Erwerbsunfähig: 9)

Der Ort, an dem die wirklich großen Spiele veranstaltet werden, ist ein Café, das sich in einem Hinterhof im Untergeschoss eines Hauses befindet. Tagsüber ist das Café geschlossen, nachts ist es im Vollbetrieb. Nicht nur Spieler aus dem Umkreis, sondern auch von außerhalb des Stadtteils kommen zu den Spielen. Die Kundschaft setzt sich sowohl aus selbständigen türkischstämmigen Personen als auch aus einfachen Arbeitern zusammen. Ein „Spion" auf der gegenüberliegenden Straßenseite und eine Kamera sichern den Eingang des Lokals, um ungebetene Gäste abzufangen. Das Lokal ist auch unter dem Namen „Keller" – nicht nur bei den Spielern – bekannt:

> „Ja, wir haben also hier vorne, unten im Keller, wissen wir, da wird gespielt. Da geht es um Beträge von bis zu 100.000 Euro. Mehr kann ich dazu nicht sagen. Wir haben dazu geschrieben, und unsere Fachdienststelle observiert und guckt und macht auch, aber dass wir jetzt da so einen tiefen Einblick haben als Bezirksbeamter, nee. Finde ich auch, da soll sich unsere Fachdienststelle drum kümmern, da muss ja auch nachgewiesen werden. Wir wissen, dass es in den Teestuben teilweise gespielt wird, aber das wird immer so geschickt gemacht, dass es nicht auffällt. Wir haben hier letztens auf der Wanheimer Straße eins zugemacht, wo dann nachgewiesen werden konnte, dass da illegale Glücksspiele passieren. Um das aber tatsächlich hieb- und stichfest zu machen für's Gericht, da müssen wir auch Beweise an die Hand bringen, und wenn wir da einfach so reinkommen, ist das nicht machbar für uns, dass so adäquat festzuhalten, dass man denen nachweisen kann, die haben tatsächlich illegal gespielt." (Stadtteilpolizist I, 57 Jahre: 16)

Mit der Etablierung und Ausweitung des Glücksspiels hat sich im Stadtteil eine Spielerszene entwickelt. Spieler wie Turgut, die materiell abgesichert sind, gehören zwar auch zur Spielerszene, aber für ihn stellt das Spielen in den Cafés vielmehr eine Abwechslung dar. Das Glücksspielverhalten ist nicht monokausal zu begründen, da es sich um ein komplexes Phänomen handelt. Daher muss mit dem Spielen nicht unbedingt immer eine krankhafte Spielsucht verbunden sein, es kann sich auch als eine abwechslungsreiche Freizeitbeschäftigung darstellen, mit der diverse Bedürfnisse wie Spannung, Nervenkitzel, Flucht aus dem

Alltag usw. befriedigt werden können.[806] Es sind auch die Kontrollstrategien hinsichtlich des Finanzmanagements, die ein Abdriften der Spieler in die Abhängigkeit verhindern.[807]

> „Ich wette jede Woche 5-10 Euro auf die Wett-Spiele, weil das für mich nur ein Vergnügen ist".
> (Turgut K., 26 Jahre, Student: 19)

Für Bünjamin S. geht es ebenfalls nicht primär um den Gewinn. Im Glücksspiel hat er für sich eine Strategie in der ethnischen Kolonie gefunden, um seinen Stress zu kompensieren. Ihm sei sein Leben seit seinem Rentenbeginn zu monoton berichtet er. Weder partizipiert er an ethnischen Vereinen, noch an sonstigen Freizeitangeboten der Altenhilfe außerhalb des Stadtteils. Die Glücksspiele sind deshalb eine Abwechslung in seinem Leben, auch wenn sein Gewissen ihn aufgrund seiner religiösen Überzeugung und der negativen Einstellung seiner Familie zum Glücksspiel plagt und sich negativ auf seine Selbstbeobachtung auswirkt. Dennoch hält er an seiner Strategie fest. Pierre Bourdieu interpretiert solche Verhaltensweisen im Kontext von Entmutigungen und Perspektivlosigkeiten: „Was sich aus (...) all den von Meinungsforschern als ‚irrational' qualifizierten Verhaltensweisen (...) preisgibt oder verrät, ist das Gefühl des im Stichgelassenseins, der Hoffnungslosigkeit, ja der Absurdität, das sich diesen Menschen allesamt aufzwingt, die (...) auf die nackte Wahrheit ihrer Lage zurückgeworfen sind."[808] In diesem Sinne kann gesagt werden, das „Glücksspiel ist nur eines unter vielen Mitteln wie Alkohol, eine Vielzahl von Medikamenten etc., die unsere Gesellschaft für die kurzfristige Erleichterung von Ängsten, Unsicherheiten usw. bereitstellt. Dies hat zur Folge, daß eigene Bewältigungsstrategien für Streßsituationen nicht ausreichend entwickelt werden."[809] Für Bünjamin ist es eben diese „Ventilfunktion" des Glücksspiels, daher bleibt er von den großen Spielen fern:

> „Ich schäme mich dafür, aber ich kann meinen Stress nur auf dieser Weise abbauen. Immer wenn ich z. B. ins Café gehe kritisiere ich mich selber: ‚Du bist schon alt, warum geht's du noch ins Café? Dein Platz ist in der Moschee, bei der Familie, bei deinen Freunden. Geh doch einfach nur spazieren'. Aber wenn man im Stress ist, kann man das nicht erreichen, was man eigentlich will. So ist das mein Sohn. Man setzt ein paar Euro, wenn du richtig getippt hast, gewinnt man dreitausend, fünftausend Euro. Anstatt beim Glücksspiel dreihunderttausend, fünfhunderttausend Euro zu verlieren, setze ich lieber fünf Euro auf dieses Spiel und baue Stress ab. Das ist meine Meinung. Man entspannt sich dabei, wenn man richtig tippt."
> (Bünyamin S., 65 Jahre, Rentner: 5)

Durch das Spielen mit Geldeinsätzen und die damit verbundene Hoffnung bzw. das Risiko können beim Spieler Gefühle wie Erregung, Wohlbefinden, Stimulation sowie Euphoriegefühle, Machtphantasien und Erfolgserlebnisse hervorgerufen werden. Indem sich die Spieler in diesen Zustand versetzen, gelingt es ihnen für eine kurze Zeit die als belastend empfundene Außenwelt abzuschalten und sich auf das Spiel zu konzentrieren. Auch wenn die Spieler mit der Zeit immer höhere Verluste erleiden sollten, halten sie dennoch an diese

---

806 Vgl. Hans Zeier, Arbeit, Glück, Langeweile, a.a.O., Bern 1992, S. 131ff.
807 Vgl. Carola Schmid, Glücksspiel. Über Vergnügen und „Sucht" von Spielern, Opladen 1994, S. 64ff.
808 Pierre Bourdieu, Der Tote packt den Lebenden, Hamburg 1997, S. 143f.
809 Gerhard Meyer /Meinolf Bachmann, Glücksspiel. Wenn der Traum von Glück zum Alptraum wird, Berl Heidelberg/New York 1993, S. 56

Strategie fest.[810] „Eine Reihe kognitiver Prozesse, die sich durch eine verzerrte Wahrnehmung der Realität auszeichnen, sind auf eine Fortführung des Glücksspiels – trotz steigender Verluste – ausgerichtet : die Kontrollillusion, unrealistische, nicht an tatsächlichen Wahrscheinlichkeiten orientierte Gewinnerwartungen, die wechselnde Zuweisung der Verantwortlichkeit bei Gewinn und Verlust und die Gefangennahme durch die einmal gewählte Strategie."[811] Hat sich erst einmal eine Spielsucht entwickelt, so ist der Weg in die Schuldenfalle nicht weit, denn das „Spiel wird immer wichtiger im Leben eines Spielers. Es nimmt mehr Zeit, mehr Raum, mehr Geld ein. Schulden werden gemacht, damit der Spieler weiterspielen kann. Indem er das Geborgte verspielt, fährt der Spieler neue Verluste ein. Schulden und Verluste müssen nun eingespielt werden."[812]

In der Suchtforschung wird das Suchtverhalten längst nicht mehr nur auf die Einnahme von Drogen reduziert, auch die sogenannte stoffungebundene Sucht wird in der Sucht-Definition mitberücksichtigt: „Unter Sucht ist also (mit Stanton Peele und Klaus Wanke) ein bis zur Existenzgefährdung übersteigertes, verstandesmäßig unbeherrschtes und immer wiederkehrendes Verlangen nach einer (sinnlichen, gefühlsmäßigen) Erfahrung zu verstehen, das alle anderen Werte und Aktivitäten des Individuums in den Hintergrund drängt."[813]

Die Existenzgefährdung der Spieler tritt meist durch die Schulden auf, die sie bei der Finanzierung des Glücksspiels machen. Um dem Bild des Familienvaters zu entsprechen, der gewöhnlich Konsumansprüche nur mit erspartem Kapital begleicht oder nur bezahlbare Kredite aufnimmt, wird die private Verschuldung zunächst verheimlicht. Spätestens mit der Überschuldung ist eine Verheimlichung nicht mehr möglich, so dass mit dem Publik werden die Gefahr besteht, dass der Schuldner und meist auch die Familie zum gesellschaftlichen Außenseiter wird.[814] Insbesondere unter den türkischstämmigen Migranten, bei denen die traditionelle Rolle des Ehemannes als Familienoberhaupt noch gängig ist, kann die Verletzung der Wertvorstellungen durch Überschuldung weitreichende Konsequenzen haben. Trotz dieser negativen Folgen scheinen Süchtige an ihrem Verhalten festzuhalten. „Der kurzfristige ‚subjektiv belohnend' Effekt ist unter bestimmten Bedingungen stärker verhaltenssteuernd als der mittelfristig zu erwartende aversive Effekt."[815]

> „Beim Glücksspiel ist das so, dass man sein Hab und Gut verliert. Dann geht man zur Bank, um einen Kredit aufzunehmen. Wenn die Bank eines Tages die Türen für dich verschließt, gehst du zu deinen Verwandten, zu Bekannten. Die nimmst du dann auch aus und am Ende bist du fertig. Dann bist du richtig pleite. Entweder begeht man Selbstmord oder kriecht nur noch auf dem Boden. So viele Menschen, z. B. der hier (zeigt auf Kemal), er hatte Millionen verdient. Heute hat er keine fünf Cents in seiner Tasche, verstehst du?" („Mercedes Baran", 65 Jahre, Rentner: 2)

„Mercedes Baran" gehört zu den ältesten Stammkunden im „Keller". Im Jahre 1961 reiste er zunächst als Schüler nach Schweden, um die Gewerbeschule abzuschließen. Später arbeitete er in der Montage, wo er für den Bau von Pipelines zuständig war. Mit dem Glücks-

---

810 Vgl. Gerhard Meyer, Spielsucht a.a.O., S. 2ff.
811 Gerhard Meyer, Spielsucht a.a.O., S. 4f.
812 Vgl. Ministerium für Frauen, Jugend, Familie und Gesundheit des Landes Nordrhein-Westfalen (Hrsg.), Suchtvorbeugung in Nordrhein-Westfalen – Lexikon der Süchte, Duisburg 2001, S. 49
813 Sebastian Scheerer, Special, Sucht, Hamburg 1995, S. 36
814 Vgl. Peter Schruth, Konsum und Überschuldung, in: Johannes Münder u.a. (Hrsg.), Schuldnerberatung in der sozialen Arbeit, 4. Auflage Münster 1999, S. 131
815 Iver Hand, Zwangs-Spektrum-Störungen" oder „Nicht-stoffgebundene Abhängigkeiten"?, in: Studium Generale der Ruprecht-Karls-Universität Heidelberg (Hrsg.), Sucht, Heidelberg 1999, S. 11

spiel wurde er erst in Deutschland konfrontiert. Dass er mit dem Glücksspiel in Berührung kam, hängt vor allem mit der Bekanntschaft mit Kemal zusammen. Bei einem abendlichen Cafébesuch mit Kemal nahm er das erste Mal an einem Würfelspiel teil und kam durch seinen ersten Gewinn in den Genuss des Spielens. Eine Spielerkarriere beginnt meist mit solch einem positiven Anfangsstadium, in dem der Spieler positive Erfahrungen macht. Durch die ersten erzielten Gewinne kann das Selbstwertgefühl gesteigert werden und bei psychischen Problemen sogar zur Entspannung und Entlastung führen.[816] „Kontakte zur Spielerszene, die Anerkennung und Statusgewinn vermittelt, verstärken sich. Verluste werden immer wieder ausgeglichen und es entwickeln sich regelmäßige Besuche der einschlägigen Einrichtungen. Die Risikobereitschaft wächst."[817]

> „Der da (zeigt auf Kemal) war damals neu angekommen und hat sich nach einem Café erkundigt. Gemeinsam sind wir nach Wanheimerort zu einem Café gefahren. Als ich reingegangen bin, habe ich gesehen, dass fünf, sechs Leute am Tisch saßen und spielten. Das Geld, was auf dem Tisch lag, wechselte immer den Besitzer. Mal hatte der eine gewonnen, mal ein anderer. Ich dachte mir: ‚Kann Geld verdienen so einfach sein?'. Ich fragte, ob ich mitspielen kann und man stimmte zu. So spielte ich und gewann auf einen Schlag 1.500 DM. Ich fragte: ‚Gehört das Geld jetzt mir?' – ‚Ja', antworteten sie. ‚Darf ich jetzt aufstehen und gehen?' – ‚Natürlich'. So hatte ich das erste Mal beim Würfelspiel 1.500 DM gewonnen." („Mercedes Baran", 65 Jahre, Rentner: 4)

Sein erster Gewinn verstärkte den Wunsch immer wieder an den Spieltisch zurückzukehren, was für ihn fatale Folgen haben sollte. Denn mit der Steigerung der Spielintensität beginnt zugleich die zweite Phase, das kritische Gewöhnungsstadium, in dem sich allmählich die Folgen des Glücksspiels auf das Individuum und sein familiäres Umfeld bemerkbar machen und das Spielverhalten eine Eigendynamik entwickelt. Um das Glücksspiel bei zunehmenden Verlusten noch finanzieren zu können, werden Schulden bei der Bank und bei Verwandten gemacht, weil das Geld nur noch auf seine Funktion als Spielkapital reduziert wird. Weitere negative Erscheinungsbilder im Karriereverlauf sind das Lügen zur Verheimlichung des Spielverhaltens, Konflikte in der Partnerschaft, Vernachlässigung der Ausbildung und des Berufes sowie die ersten Anzeichen von Unzuverlässigkeit und Kritikschwäche.[818] Schließlich ist der Übergang zum Suchtstadium dann erreicht, wenn der Spieler endgültig die Kontrolle über sein Spielverhalten verliert. „In diesem Stadium beherrscht das Glücksspiel sein Leben."[819] Dieser Kontrollverlust kann weitreichende Konsequenzen für den Spieler in Form von Persönlichkeitsveränderungen und sozialem Abstieg haben, so dass ein Ausstieg aus der Sucht sich zunehmend erschwert.[820]

> „Ich habe Geld verloren, viel Geld verloren. So 1973 habe ich damit angefangen. Als sogar damals die meisten Türken keinen Wagen hatten, fuhr ich den neusten Mercedes. Deshalb nennt man mich auch Mercedes Baran. Unter meinem eigentlichen Namen Baran kennt mich niemand (...) Ich kann sagen, so eine Mio. kann ich sagen, eine Mio. DM habe ich bis zum heutigen Tag verspielt. Ich habe sehr viel Geld in Deutschland verdient. Mein Lohn betrug manchmal achttau-

---

816 Vgl. Gerhard Meyer/Meinolf Bachmann, Glücksspiel. Wenn der Traum zum Alptraum wird, Berlin/Heidelberg 1993, S. 31
817 Siehe ebd., S. 33
818 Vgl. Gerhard Meyer/Meinolf Bachmann, Glücksspiel, a.a.O., S. 31
819 Siehe S. 34
820 Vgl. ebd.

8.7 Die Organisation des Glücksspiels

send, manchmal zehntausend DM. Wir hatten Pipelines gebaut. Das ist der Betrag, den ich in vierzig Jahren verspielt habe." („Mercedes Baran", 65 Jahre, Rentner: 7)

Mit dem Beginn des Spielerverhaltens von „Mercedes Baran" zeigten sich nach einiger Zeit die Auswirkungen innerhalb der Familie. Infolge des zunehmenden Geldverlustes verschärften sich die Konflikte mit seiner Ehefrau, die schließlich die Scheidung einreichte. Mittlerweile ist „Mercedes Baran" 65 Jahre alt, doch von seiner alten Obsession, dem Glücksspiel, hat er sich nicht trennen können:

„Heute spiele ich zwar immer noch, aber nicht mehr so viel. Es ist eine Krankheit, sonst säße ich nicht hier." („Mercedes Baran", 65 Jahre, Rentner: 11)

Die eigentlichen Gewinner der Pokerrunden oder der Würfelspiele sind die Caféinhaber, da sie immer ihr „Mano" einkassieren. Das heißt, jeder Tisch muss beim Poker eine bestimmte Summe pro Stunde an den Cafébesitzer auszahlen. Je nach der Höhe der Einsätze steigt auch der „Mano". Dazu kommen noch die Getränke, die in diesen Nächten verkauft werden, so dass der Cafébesitzer eigentlich immer als Gewinner aus dem Café geht, es sei denn, er ist auch ein Spieler. Die gesicherten Einnahmen in diesen Pokernächten bilden die Motivation für die Café-Inhaber, das Risiko einzugehen, die illegalen Glücksspiele zuzulassen. „Auch wenn es die Spieler nicht merken – gleichgültig ob an Automaten oder beim Roulette –, Glücksspiel ist ein abgekartetes Spiel. Die Gewinner stehen von vornherein fest: Es sind Spielbank und Spielhalle – und die Nichtspieler."[821] In den 1970er Jahren und in den 1980er Jahren, in denen bei den türkischen Migranten statt eines ausgeprägten Konsumverhaltens eher das Sparverhalten dominierte, waren die Einsätze bei den Glücksspielen dementsprechend sehr hoch. Aufgrund der finanziellen Misere spielen die Spieler nicht mehr um hohe Summen. Diese haben sich nach Aussagen der Spieler drastisch verringert.

An den Spielenächten halten sich auch die „Tefeciler" (Zinswucherer) in den Cafés auf, die berüchtigten Geldverleiher in der Glücksspielszene. Wenn ein Verschuldeter neue Schulden bei den „Tefeciler" machen will, kommt es immer wieder zu dramatischen Szenen. Dass die Spieler von diesen Personen trotz der hohen Zinsen immer wieder Kredite aufnehmen, hat verschiedene Gründe. Zum einen kann man nach einem verlorenen Spiel sofort wieder Geld für eine weitere Partie bekommen, ohne aus dem Spiellokal zu gehen. Zum anderen sind einige Spieler nicht mehr kreditwürdig, so dass sie auf die informellen Geldverleiher angewiesen sind. Denn nicht einmal im engen Verwandten- und Bekanntenkreis ist es mehr möglich, sich Geld zu borgen, da man weiß, wofür das Geld gebraucht wird.

„Wenn man ihn von außen her betrachtet sagt man sich: ‚Ein respektabler junger Mann'. Aber wenn er beim Glücksspiel verliert, dann stürzt er sich vor die Füße des Typen, der nichts wert ist und bettelt: ‚Borg mir Geld, borg mir bitte Geld.' Er zerstört sein Familienleben durch die Spielerei. Sie arbeiten dann in der Montage, um die Schulden, besser gesagt, um die Zinsen abzubezahlen." (Erhan E., 42 Jahre, Spielhallenbetreiber: 17)

Bei sehr hoher Überschuldung eines Spielers wird manchmal die sogenannte „Açılış" (Eröffnungsspiel) organisiert, eine Art „Sozialsystem" unter den Spielern, das den verschulde-

---

821 Werner Gross, Sucht ohne Drogen, a.a.O., S. 53

ten Personen zu Gute kommen soll. Beim „Açılış" erhält die Person, der diese Spielnacht gewidmet ist, die gesamten Einnahmen der Spielerkasse, so dass er mit einer hohen Summe beschenkt wird. Das Geld soll dazu dienen, die Schulden abzubezahlen und zugleich eine gewisse Solidarität unter den Spieler zu erzeugen. Dieses Verfahren ist oft ein Verfahren mit temporärem Charakter, da die Spielabhängigkeit die Menschen immer wieder an den Spieltisch bringt.

Wenn man berücksichtigt, dass nur eine geringe Anzahl an deutschen Betroffenen erreicht werden kann und für Süchtige keine ausreichenden Hilfsangebote bestehen[822], dann kann angenommen werden, dass der Zugang zu der Gruppe der Migranten sich noch schwieriger erweist und Hilfsmaßnahmen noch mangelhafter ausfallen. Dies gilt im Übrigen auch für die Drogensucht bei Migranten und Aussiedlern, für die trotz steigender Tendenz kein ausreichendes Hilfssystem existiert.[823] Der Ausbau des lokalen Hilfsangebots für süchtige Migranten wird im Zuge der Verschärfung der sozialräumlichen Segregation zunehmend wichtiger, da sich lokale Alltagspraktiken entwickeln, die das Suchtverhalten der Bewohner fördern. Der Zugang zu dieser Risikogruppe für eine professionelle Betreuung dürfte sich auch deshalb schwierig gestalten, da Verleugnungsmechanismen der Sucht wegen des Selbstwertschutzes bzw. Schuld- und Schamgefühle zur Selbstisolierung der Spieler führen können[824]. Bei den türkischstämmigen Spielern ist die Wahrscheinlichkeit höher, dass sie weniger bereit sind, über diese intimen Probleme zu sprechen:

> „Der Stolz spielt bei den Spielern eine große Rolle. Deshalb wollen sie darüber nicht sprechen".
> (Timur Y., 40 Jahre, Erwerbsunfähig: 21)

Aufgrund der Zunahme der Glücksspiele und ihrer Konsequenzen für die Familien fühlt sich ein Teil der türkischstämmigen Bewohner beunruhigt. In den Interviews wurde immer wieder der Unmut über diese Situation zur Sprache gebracht. Insbesondere betonte man, von den zuständigen Behörden im Stich gelassen worden zu sein. Es herrscht die Auffassung, dass die Polizei über die illegalen Aktivitäten in den Cafés informiert sei und dennoch tatenlos zusehe. Andere wie Mikail Ç. behaupten sogar zu wissen, dass die Behörden aus gutem Grund bewusst einige Cafés nicht kontrollieren:

> „Es gibt definitiv Leute, da weiß man ganz genau, die arbeiten mit den Polizisten zusammen, d. h. der Ladenbesitzer arbeitet mit der Behörde zusammen. Der verrät, der ist der Spitzel, z. B darf er alles machen, aber auf der anderen Seite verrät er z. B. zehn andere, die das Geschäft machen. (...) Dafür durfte er dann halt seinen Laden betreiben, dafür durften die anderen Leute in seinem Teehaus da z. B. Haschisch rauchen oder Koks sich reinziehen oder Kartenspielen, Glücksspiele spielen. Das war halt seine Freiheit da gewesen. Ja, unglaublich aber wahr, aber das ist Hochfeld. Das ist jetzt, man will es nicht übertreiben, aber ich seh das schon so und ich bin ja auch viel in der Materie drin, also man sieht wirklich, dass das wie in den amerikanischen Filmen, diese Ghettobildung, zurzeit sich auch hier bildet."
> (Mikail Ç., 31 Jahre, Arbeiter: 23)

---

822 Vgl. Ministerium für Frauen, Jugend, Familie und Gesundheit des Landes Nordrhein-Westfalen (Hg.): Landesprogramm gegen Sucht, Teil 2. Tabak, Glücksspiel, Exkurs: Essstörungen. Eine Gemeinschaftsinitiative Düsseldorf 2001, S.22
823 Vgl. Ministerium für Frauen, Jugend, Familie und Gesundheit des Landes Nordrhein-Westfalen (Hrsg.) Landesprogramm gegen Sucht. Eine Gemeinschaftsinitiative, Düsseldorf 1999, S. 25ff.
824 Vgl. Jörg Petry, Psychotherapie der Glücksspielsucht, Weinheim 1996, S. 58ff.

8.7 Die Organisation des Glücksspiels

Eine andere, nicht weniger dramatische Version ist von Metin C. zu hören:

> „Ich habe bei der Kripo einen Freund. Einmal, also wo ich wegen meinem alten Beruf häufig zum Staatsanwalt, Rechtsanwalt, Kripo usw. gegangen bin, sprachen wir über diese Sachen. Und die wussten Bescheid. Ich fragte: 'Wieso schließt ihr nicht die Cafés? Das ist doch eine Last für den Staat. Sie bezahlen keine Steuern usw. Alles Mögliche dreht sich hier ab'. Der Polizist antwortete: ‚Wenn wir die Cafés schließen würden, wo sollten wir dann die Personen finden, nach denen wir fahnden?'." (Metin C., 41 Jahre, Arbeitslos: 20)

Das Vertrauen in die Behörden sinkt, und ein Gefühl der Isolation und Deprivation verbreitet sich unter den türkischstämmigen Bewohnern. Verschwörungstheorien fallen unter diesen Bedingungen in der ethnischen Kolonie auf fruchtbarem Boden. Die Verantwortlichen würden den Stadtteil bewusst vernachlässigen, weil dort überwiegend Ausländer lebten.

> „Die Stadt weiß das. Hier weiß man auch, dass die Stadt bewusst nichts unternimmt. Warum? ‚Lang lebe diejenige Schlange, die nicht mich, sondern andere beißt', denkt man sich. ‚Die schaden sich ja sowieso nur selber', sagt man. Den Jugendlichen hat man keine Perspektiven, also sowieso keine sinnvollen Werte vermittelt. ‚Wenigstens sind sie unter sich und peitschen sich gegenseitig aus, fressen sich gegenseitig auf'. Was macht man deshalb? Man ignoriert einfach die Situation." (Lehrer, 61 Jahre: 23)

Die für den untersuchten Stadtteil zuständige Sachgebietsleiterin des Ordnungsamtes bestätigte im Interview, dass die Behörden über die Praktiken in den Cafés informiert sind. Um diese ordnungswidrigen Handlungen zu unterbinden, sei es die Aufgabe der Behörde, diese Cafés zu kontrollieren. Dabei werde überprüft, ob es sich wirklich um einen Verein oder einen illegalen Gaststätten- bzw. Glücksspielbetrieb handele. Aus diesem Grund würden u. a. die Preislisten und Umsätze der Vereine abgefragt und die Personalien der dortigen Kunden aufgenommen und mit den Namen der Mitglieder in den Vereinslisten verglichen. Laut der Sachgebietsleiterin dauern die Kontrollen pro Betrieb in der Regel zwei bis drei Stunden. Aufgrund der personal- und arbeitsintensiven Kontrollgänge könnten diese Maßnahmen nicht kontinuierlich und effektiv durchgeführt werden:

> „Ganz ehrlich? Je nach dem, wie viel Personalkapazitäten ich habe. Also, ich muss wirklich, ehrlich sagen, wir kommen nicht nach. Wir machen eine Teestube hier zu, da ist dann zwei Straßen weiter eine Teestube wieder auf. Oder es wechselt, pro forma, der Vorstand des Vereins, und es fängt wieder alles von vorne an." (Ute G., Ordnungsamt: 16)

Neben den zeitaufwendigen Kontrollen erleben die Beamten nach Aussage der Sachgebietsleiterin beiläufig Beschimpfungen und Vorwürfe durch die türkischstämmigen Kunden. Dass diese Untersuchungen trotz aller Unannehmlichkeiten notwendig sind, bestätigen ihre Erfahrungen in diesem Milieu. Denn bei dem einen oder anderen Kontrollgang hat auch die Beamtin die Erfahrung machen müssen, dass in diesen Lokalen nicht nur Tee getrunken und Rommé gespielt wird:

> „Also ich hab schon Spielhöllen gesehen, also das ist zum Abwinken. Mit allen Schikanen ausgestattet, im Hinterhof, mit riesigen Spieltischen, Würfeltischen, gesichert wie ein Bunker, also da kommen sie auch nicht so plötzlich rein. Wir konnten die gar nicht erwischen. Bis wir drin waren, an den ganzen Videokameras und Spionen vorbei, war ja kein Geld mehr auf den Ti-

schen. Es ist schwer, da rein zu kommen, also sie können da kaum Undercover Leute einsetzen."
(Ute G., Ordnungsamt: 16)

Eine wichtige Informationsquelle für die Behörden sind die Frauen der Glücksspieler, die das Ordnungsamt aufsuchen, um sich über das Spielverhalten ihrer Männer in den Cafés zu beschweren:

> „Manchmal kommen auch Frauen und zeigen ihre Männer an, weil die ihr ganzes Geld verspielen in den, in den Teestuben, Haus und Hof verspielen, dass die Frauen in ihrer Not kommen und ihre eigenen Männer anzeigen. Ist auch schon passiert." (Ute G., Ordnungsamt: 17)

Dieselben Erfahrungen werden vom Stadtteilpolizisten bestätigt, wenn Frauen der Spieler trotz der häuslichen Gewalt und des Schuldenberges ihrer Männer eine große Opferbereitschaft zeigen, um ihre Ehe aufrechtzuerhalten:

> „Was ich aber persönlich immer wieder feststelle, bei häuslicher Gewalt oder wenn ich Haftbefehle vollstrecke und das speziell auch bei türkischen Familien, wenn es darum geht, dann Geld(-strafe) und so weiter, dass sich dann oftmals die Frauen darüber beschweren, über die Spielsucht ihrer Männer. Wobei ich dann andersrum wieder feststelle, dass die Frauen alles für ihre Männer machen. Ich habe hier schon einmal einen Haftbefehl vollstreckt, da ist die Frau dann hingegangen und hat ihren Goldschmuck im „Hochfelder Leihhaus" versetzt, nur damit die Geldstrafe bezahlt werden kann." (Stadtteilpolizist I, 57 Jahre: 18)

Um diese Zustände im „Café-Dschungel" angemessen zu ordnen wünscht sich die Beamtin des Ordnungsamtes die Einstellung von mehr Personal. Doch die Zukunftsaussichten sehen nach der Einschätzung der Beamtin nicht vielversprechend aus, so dass zu erwarten ist, dass in absehbarer Zeit die Illegalität in der ethnischen Kolonie nicht zu unterbinden sein wird:

> „Die Stadt ist so was von pleite, also ich kann eher davon ausgehen, dass ich weniger Leute haben werde. Ich kann nur noch Notstoppen machen. Also ich kann nur sehen, das ich die größten Ausschreitungen beschneide. Also, da wo der Druck am größten wird. (...) Manchmal habe ich Angst, wir kriegen amerikanische Verhältnisse, manchmal habe ich die. Ich weiß auch nicht, wo ich den Hebel ansetzen soll. Wir haben ja viel Aufklärungsarbeit versucht, mit Merkblättern und gibt ja mittlerweile alles in Türkisch. Manchmal denke ich, da fehlt ein Funken Bereitschaft. Auch so zu sagen: ‚Okay, wir leben in diesem Land und da wenden wir auch die Gesetze an.'. Ich weiß nicht, woran es liegt. Ich will da keine Vorurteile schüren, aber manchmal meine ich, es fehlt so ein Stück Bereitschaft. Ich mein, ich hab's ja auch in Marxloh erlebt. Die gut situierten Deutschen ziehen weg und dann kann man so sehen, wie Stadtteile verslumen, ne? Also, wie gesagt, ich hab ja auch gut situierte türkische Freunde, die auch aus dem selbständigen Bereich kommen, die viel schaffen und die unendlich ja sauber sind und machen und tun, aber woran liegt es, wenn da plötzlich ganze Stadtteile verslumen, ne? Und dann türkische Selbständige sagen: ‚Ich ziehe aus Hochfeld raus'." (Ute G., Ordnungsamt: 17)

Wie Gerhard Meyer und Meinolf Bachmann verdeutlichen, herrscht nicht nur gegen das legal definierte Glücksspiel eine Normflexibilität, sondern ebenfalls gegen die unter nichtstaatlicher Kontrolle durchgeführten Glücksspiele wie in unserem Falle in den türkischen Cafés. Dies zeigt sich in der Normdurchsetzung bzw. -anwendung, da das illegale Glücksspiel nur in seltenen Fällen strafrechtlich verfolgt und sanktioniert wird, so dass durch diese Norminkonsequenz dem Spieler erschwert wird, „den Zeitpunkt der Übertretung einer

Norm zu erkennen."[825] Diese Norminkonsequenz hat in der ethnischen Kolonie nicht nur für den Spieler Folgen, sondern für den ganzen Stadtteil. Die Vorgehensweise der Behörden wird nicht selten als Doppelmoral aufgefasst, da sie mit den ineffektiven Kontrollen im Stadtteil rechtsfreie Zonen fördern, welche das Image des türkisch geprägten Stadtteils negativ prägen und zugleich die Hemmschwele bei den autochthonen Geschäftsleuten zu gesetzeswidrigen Handlungen niedriger setzen.

> „Weil sie, weil diese Cafés letztendlich dokumentieren, ich muss mich nicht an Gesetze halten. Wir können machen, was wir wollen. Und das wird auch sehr deutlich transportiert und, und hat dann auch 'ne Wirkung auf andere Läden. Auch, also andere sagen dann: ‚Also gut, wenn die Türken dat nicht tun müssen, muss ich das auch nicht. (...) Die Türken dürfen alles, an die Türken geht keiner ran, weil die (Behörden) Angst haben'." (Ute G., Ordnungsamt: 18)

Daher lassen diese Zustände die Stimmen aus der deutschen Bevölkerung lauter werden, welche die Beziehungen zwischen den Türkischstämmigen und Deutschen belasten können. Auch sie glauben, dass die Behörden bei den Türken „ein Auge zudrücken":

> „Meine persönliche Meinung, zumindestens bisher: ja, ganz deutlich. Kann ich nur unterstreichen. Es wird nicht selten damit argumentiert, wenn ich das zur Sprache bringe, sagt man: ‚Wir haben keine Handhabe.'. Wenn das so stimmt, was ich nicht glaube, es gibt immer Ansatzpunkte bei vielen dieser Teestuben, es sei den sie werden so geschickt geführt, dass es nicht auffällt, dann soll man welche schaffen. Denn wenn es die Mehrheit dieser Bevölkerung als sehr unangenehm empfindet, muss man handeln. Dann ist die Politik hier gefragt, zu handeln."
> (Michael S., 57 Jahre, Techniker: 11)

Die türkischen Bewohner des Stadtteils interpretieren diese von der Beamtin ausgedrückte Machtlosigkeit so, dass die zuständigen Behörden bewusst nichts unternehmen und somit vor allem die ordnungsgemäß eingetragenen Konkurrenten im Cafébereich schädigen. Während also die Beamtin die Illegalität in den Cafés auf die fehlende Bereitschaft der Migranten sich an die Gesetze zu halten zurückführt und die autochthone Bevölkerung die Illegalität als Begünstigung der türkischen Migranten interpretiert, fassen die türkischstämmigen Migranten die Nicht-Intervention des Ordnungsamtes als reine Willkür auf. Ordnungsgemäße Existenzgründungen würden nicht gefördert, dafür aber die Illegalität im Wohngebiet. Daher schlagen Cafégänger wie Selman G. vor, drastische Mittel anzuwenden:

> „Wenn es nach mir gehen würde, dann würde ich die meisten Cafés schließen. Weil sie schädlich sind, für die Jugend sind sie auch schädlich. Es gibt keine sinnvollen Freizeitorte für die Jugendlichen, sag ich dir." (Selman G., 42 Jahre, Arbeiter: 24)

8.8 Die „Bedienung" in den Cafés: Das Rotlicht-Milieu der Habe-Nichtse

> „Ich werde nicht im Café arbeiten. Nur das weiß ich, ich werde nicht im Café arbeiten. Ich möchte das nicht. Ich verbringe täglich bis zu fünfzehn Stunden hier." (Deniz, 29 Jahre: 4)

---

825 Siehe Gerhard Meyer/Meinolf Bachmann, Spielsucht, a.a.O., S. 81

„Es gibt welche, die zum Alkohol gehen, zu Drogen gehen. Es gibt auch welche, die zu den Frauen gehen". (Metin C., 41 Jahre, Arbeitslos: 13)

In jeder Großstadt sind soziale Polarisierungstendenzen zu verzeichnen, die ihren Niederschlag auf räumlicher Ebene haben. Neben attraktiven und gut situierten Wohngebieten, existieren parallel Wohngebiete mit einer sozial schwächeren Struktur. Entsprechend dieser Sozialstruktur in den jeweiligen Stadtteilen fallen die räumlichen Dienstleistungen aus. Die Angebote in den benachteiligten Sozialräumen orientieren sich an der Kaufkraft der dortigen Zielgruppe. Dies zeigt sich beispielsweise in von Sukzessionsprozessen betroffenen Stadtteilen, wenn die kaufkräftigen Bewohner wegziehen und immer mehr weniger Kaufkraftschwache nachziehen, so dass allmählich ein Bevölkerungsaustausch stattfindet. Dieser Wandel hat Konsequenzen auf die dortigen Versorgungseinrichtungen: Groß- bzw. Kleinhandelsunternehmen ziehen weg, und es entstehen immer mehr so genannte Billigläden. Der Wandel im Dienstleistungsangebot weitet sich allmählich auf den gesamten Konsumsektor des Stadtteils aus.

Mit der quantitativen und qualitativen Veränderung der Infrastruktur entstehen auch neue berufliche Möglichkeiten. Wenn z. B. Selbständige es verstehen, sich auf die neue Situation und die Bedürfnisse der Bewohner anzupassen, können sie einen finanziellen Nutzen aus der Lage ziehen. Parallel erhalten die Mitarbeiter die Chance, überhaupt einen Beruf zu erlangen, unabhängig davon, dass sie zu Opfern illegaler Arbeitsbedingungen werden könnten.[826] So beispielsweise gering qualifizierte bzw. illegale Migranten oder türkische Ehemänner bzw. Ehefrauen, die im Rahmen der Familienzusammenführung eingereist sind und zum Teil trotz hoher beruflicher Qualifikation und fehlender Arbeitserlaubnis eine Anstellung in der ethnischen Ökonomie finden.

Im Zuge der Globalisierung entstehen besonders für Frauen neue Beschäftigungsmöglichkeiten im Dienstleistungsbereich, wobei sich die Erwerbschancen vor allem auf sozial ungeschützte Beschäftigungsverhältnisse konzentrieren. Aufgrund des großen Wirtschaftsgefälles zwischen den Ausreise- und Aufnahmeländern, sind die Migrantinnen auch bereit, arbeitsintensiveren und geringer entlohnten Berufen nachzugehen. So konzentrieren sich Migrantinnen überwiegend in den Bereichen des „Domestic Service", dem Niedriglohnsektor sowie der Sexindustrie. Eine geschlechtsspezifische Form der Migration ist auch der Frauenhandel, wobei in dieser Branche die Grenze zwischen Freiwilligkeit und Zwang fließend ist. Wenn berücksichtigt wird, dass ein großer Teil der Migrantinnen illegal in den jeweiligen Aufnahmeländern lebt, dann wird ersichtlich, dass die Gefahr gerade für diese Frauen, mit Restriktionen und Abhängigkeiten zu leben, höher ist.[827] Die ist z. B. bei philippinischen Frauen der Fall, die als „Exportartikel" in den Mittelschichtshaushalten Europas als Dienstmädchen unter sehr schwierigen Bedingungen arbeiten müssen. Ihre Anfälligkeit für Ausbeutung durch die Arbeitgeber wird zusätzlich durch Anwerbestopps und viele Restriktionen für die Einreise gefördert, so dass oft nur ein illegaler Aufenthalt in Frage kommt.[828] Für diese Migrantinnen können paradoxerweise von Umstrukturierungsprozessen betroffene Stadtteile einen Migrationsanreiz darstellen. Dies ist für unseren Un-

---

826 Vgl. Susanne Karstedt, Der urbane Raum als Zentrum sozialer Prozesse – Kriminalität in der polarisierten Stadt, in: Wolfgang Ludwig-Mayerhofer (Hrsg.), Soziale Ungleichheit, Kriminalität und Kriminalisierung Opladen 2000, S. 38
827 Vgl. Annette Treibel, Migration als Form der Emanzipation?, a.a.O., S. 99f.
828 Vgl. Zum Beispiel Dienstmädchen. Die unsichtbaren Dienerinnen der Welt, Göttingen 1995, S. 83ff.

tersuchungsstadtteil im Bereich des Frauenhandels festzustellen, wo immer mehr Frauen nach der Schaffung neuer krimineller Gelegenheitsstrukturen infolge der politischen sowie wirtschaftlichen Umbrüche in den osteuropäischen Staaten[829] Verdienstmöglichkeiten in den türkischen Cafés finden. Da fast alle lokalen Gegebenheiten mit globalen Prozessen verzahnt sind, gehen globale Entwicklungen auch an der ethnischen Kolonie nicht vorbei. Sie sind keine geschlossenen Räume.

Die Nachfrage seitens der Caféinhaber, das Kundenpotential sowie die Rahmenbedingungen des Stadtteils sorgen dafür, dass die in der Bundesrepublik als weniger angesehen betrachtete ethnische Kolonie eine starke Anziehungskraft auf diese Frauen ausübt. Daher hat der Frauenhandel seine Abnehmer nicht nur in wohlhabenden Mittelschichtshaushalten, sondern gleichfalls in den Arbeiter-Cafés der ethnischen Kolonie. Denn diese bordellähnlichen Cafés sind für die Behörden nur schwer kontrollierbar und daher bevorzugte Anlaufstellen für die Menschenhändler[830]. Durch die sozialen Beziehungen der Menschenhändler zum Café-Milieu etablierte sich dieser Trend rasch in den Lokalen des untersuchten Stadtteils. Die Anstellung der Frauen ist eine Werbe-Taktik des Caféinhabers, um mehr Kunden in das Café zu locken. Je attraktiver die Frauen, desto größer die Anzahl der Kundschaft im Café. Das jedenfalls versprechen sich die Café-Inhaber. Aufgrund der hohen Konkurrenz unter den türkischen Lokalen möchten sie sich vom Angebot her unterscheiden.

> „Das ist hier Mode geworden. Man sagt: ‚In diesem Café arbeitet ein attraktives Mädchen' und dann geht man in das Café." (Metin C., 41 Jahre, Arbeitslos: 15)

Eine ähnliche Situation schildert Regina Schulte am Beispiel des prostitutiven Charakters des Kellnerinnenberufes in bestimmten deutschen Städten des 19. Jahrhunderts. Sowohl in den so genannten Animierkneipen als „auch in den ‚normalen' disponierte ihre Tätigkeit die Kellnerinnen dazu, ihr Geschlecht als Dienstleistung anzubieten und anbieten zu müssen."[831] Der Zwang dazu beruhte im Wesentlichen darauf, dass trotz der physischen Ausbeutung durch hohe Arbeitsstunden die Kellnerinnen nicht angemessen entlohnt wurden, so dass sie auf die Trinkgelder angewiesen waren.[832] „Da die Existenz der Kellnerinnen, sowohl was die Anstellung im Interesse des Wirtes als auch was die Höhe der Trinkgelder in ihrem eigenen anbetraf, von ihrer Attraktivität abhing, mußte sie sich ständig um das Wohlwollen des Gastes bemühen – in den Animierlokalen mit Methoden, die der Prostitution ähnlich waren."[833] Je nach Seriosität der Lokale setzten die Kellnerinnen ihre Weiblichkeit subtiler oder offener ein. In den Animierlokalen, in denen die Grenze zum Bordell fließend war, wurde dies beispielsweise offenkundiger getan.[834]

Wie beim Glücksspiel und dem Alkohol auch, spielt bei der Einstellung dieser Frauen die Nachfrage der Kunden und die Einstellung der Café-Inhaber eine Rolle. Während ein

---

29 Vgl. Richard Karl Mörbel, Organisierte Kriminalität in der Bundesrepublik Deutschland, in: Reinhard C. u.a. (Hrsg.), Organisierte Kriminalität. Bestandsaufnahme, Transnationale Dimension, Wege der Bekämpfung, München 1999, S. 45f.
30 Vgl. Dagmar Heine-Wiedenmann/Lea Ackermann, Umfeld und Ausmaß des Mädchenhandels mit ausländischen Mädchen und Frauen, Stuttgart/Berlin/Köln 1992, S. 163.
31 Siehe Regina Schulte, Sperrbezirke und Prostitution in der bürgerlichen Welt, Frankfurt am Main 1984, S. 102f.
32 Vgl. ebd. 103f.
33 Ebd., S. 104
34 Vgl. ebd., S. 105

Teil der Cafébesitzer in den Frauen eine lukrative Geschäftsidee sieht, weigert sich ein anderer Teil, weibliche Kellnerinnen zu beschäftigen und hält am traditionellen Charakter des Cafés fest:

> „Dann heißt dat immer: ‚Komm gehen wir da ins Café, da sind hübsche Mädels'. Da wird da hingegangen. Manche tun auch generell keine einstellen, weil die meisten, also das sind immer die, die verkaufen sich sehr leicht, und deswegen, manche Cafébesitzer sagen dann: ‚Ne, mein Café ist ein Café und ist kein Puff'. Aber manche machen halt, oder wissen ganz genau, dass sie sich auch verkaufen. (...) Sie bieten auch Sex an, und manche Cafébesitzer profitieren sogar davon. Weil, wenn die Leute wissen, dass die Mädels Sex anbieten, dann kommt mehr Kundschaft dahin." (Can Y., 33 Jahre, Arbeiter:14)

Der Cafébesitzer Raşit B. gehört zu denjenigen, die sich für eine Einstellung von Kellnerinnen aussprechen. Sowohl der Absatz im Café als auch sein privates Interesse an den Frauen stellen für ihn eine Motivation dar. Deshalb stellte er für ein halbes Jahr eine dreißigjährige polnische Hilfskraft ein, die für einen Tageslohn von zwanzig Euro arbeitete. Wie in der Café-Szene üblich, hatte sich der Kontakt zur der Kellnerin durch einen Bekannten ergeben. Bei diesen Bekannten handelt es sich um Personen, die gezielt ins Ausland fahren, um Frauen für berufliche Zwecke in die BRD zu holen.

Die bereits bestehenden Beziehungen der Frauenhändler zu Kneipen – oder zu Cafébesitzern oder anderen Arbeitgebern – garantieren ihre Einstellung. Sind sie einmal vermittelt, so besteht die Wahrscheinlichkeit, dass sie in ein persönliches und materielles Abhängigkeitsverhältnis zum Café-Inhaber geraten. Denn dieser bietet der Angestellten seinen persönlichen Schutz an und sorgt vor Übergriffen oder sonstigen Problemen:

> „Ich habe sie folgendermaßen kennengelernt: Sie hatte einen bulgarischen Freund, bei dem sie als Babysitter tätig war, und durch diesen Freund ist sie zu mir gekommen. Und ich hatte das hier neu übernommen, zu dieser Zeit ist sie gekommen und hat dann angefangen hier zu arbeiten. Sie hat eine Woche bei mir gewohnt, als ich bemerkte, dass die (Kunden) hier Schmutziges machen werden, habe ich dann gesagt: ‚Komm, lass uns zusammen sein, niemand kann dich dann belästigen." (Raşit B., 44 Jahre, Café-Inhaber: 22)

Die Beziehungen mit den Caféinhabern haben zudem einen ökonomischen Hintergrund, da die weiblichen Migranten eine Unterkunft finden und dadurch die täglichen Ausgaben so gering wie möglich halten können. Mit der Untermiete der Kellnerin entsteht zugleich für den Caféinhaber die Gelegenheit, eine kurzweilige (Zweck-)Partnerschaft einzugehen, wobei mit diesem Verhältnis zugleich die mögliche Prostitutionstätigkeit der Frau ausgeschlossen wird. So hatte Raşit B. mit der Einstellung der Dame nicht nur eine billige Arbeitskraft, sondern auch gleichzeitig eine Partnerin gewonnen, die sowohl für den Haushalt zuständig war als auch seine sexuellen Bedürfnisse befriedigte.

> „Mit einer habe ich ein halbes Jahr zusammengelebt. Ich habe sie bei mir arbeiten lassen und habe sie nach Hause gebracht und gefickt. Das sage ich ganz offen. Daraus habe ich kein Geheimnis gemacht. Sie hat auch meine Wäsche gewaschen und das Geschirr gespült."
> (Raşit B., 44 Jahre, Café-Inhaber: 22)

Nach einem halben Jahr hat sich Raşit B. jedoch nach einem Konflikt im Café von ihr getrennt. Die Trennung von ihr fiel ihm nicht schwer, da sie wegen ihrer funktionalen Reduk-

8.8 Die „Bedienung" in den Cafés: Das Rotlicht-Milieu der Habe-Nichtse

tion mit anderen potentiellen Kellnerinnen jederzeit austauschbar ist. Daher ist er derweil auf der Suche nach einer neuen Dame. Nicht nur wegen der „Sonderdienste":

> „Wenn ich eine Kellnerin finde, dann würde ich wieder eine einstellen. Ich suche zur Zeit eine weibliche Bedienung. Eine männliche Bedienung lass ich sowieso nicht arbeiten. Wenn jemand z. B. einen Tee trinken möchte, ist es etwas anderes, wenn er von mir einen bestellt oder von einer Frau bestellt. (...) Und unsere Leute sagen sich untereinander: ‚Hast du gesehen, bei Raşit B. arbeitet eine hübsche Frau, kommt lass uns dort hingehen'. Dann zeigt man das Geld, was man in der Tasche hat. Um bei ihr anzukommen, tun die Gäste alles mögliche."
> (Raşit B., 44 Jahre, Café-Inhaber: 23)

Frauen wie die ehemalige Kellnerin von Raşit B gehen entweder in einem anderen Stadtteil arbeiten oder sie wechseln das Café innerhalb der ethnischen Kolonie. Sofern es sich um eine Person handelt, die auch gegen Bezahlung sexuelle Dienstleistungen erbringt oder einfach nur zu „haben" ist, wird das im Café-Milieu publik. Aufgrund des Kundenpotentials im Café-Milieu verschließt sich daher ihre Einnahmequelle nicht, auch wenn sie kurzfristig gekündigt werden sollte:

> „Also, weiß du, wo man das hört? Einige von denen haben hier in den Teehäusern gearbeitet. So, dann spricht sich das automatisch rum. Wenn sich, ich sag ma hier an einem Tag kommen hier hundert Leute rein und raus, in einem Teehaus. Ja dann spricht sich das dann natürlich rum. Dann hat der Besitzer irgendwas mit ihr zu tun gehabt, der dann gesagt hat: ‚Hör mal, ich kannte sie und sie hat dann auch irgendwo zugegeben, dass sie das auch fürs Geld macht'. So etwas sprichst sich dann automatisch herum." (Mikail Ç., 31 Jahre, Arbeiter: 26)

Deniz (29 Jahre), ist eine bulgarische Türkin, die sich seit ihrer Ankunft in der ethnischen Kolonie auf ihre Arbeit im Café konzentriert und bisher keine Beziehungen mit Männern eingegangen ist. Sie arbeitet mit ihrer ebenfalls aus Bulgarien stammenden Freundin seit drei Wochen illegal im Café Antalya. Die Hoffnung auf einen guten Verdienst und eine bessere Zukunft motivierten sie zur Migrationsentscheidung, die sie mit einem Touristenvisum antrat.

Deniz ist ledig und hat auch sonst keine Familienmitglieder in Deutschland. In Bulgarien absolvierte sie das Abitur. Nach dem Schulabschluss arbeitete sie in einer Textilfabrik für einen Monatslohn von ca. 75 Euro. Das Einkommen reichte jedoch für die Familie nicht aus, da sie als einziges Familienmitglied im Haushalt berufstätig war. Aufgrund der schlechten finanziellen Situation, ging sie auf das Angebot eines Freundes ein, der bereits in Deutschland ansässig war. Bevor sie im Café Antalya als Kellnerin eingestellt wurde, arbeitete sie in der Pizzeria des genannten Freundes. Hier war nicht nur die Bezahlung besser, sie hatte auch geringere Arbeitszeiten. Finanzielle Schwierigkeiten in der Pizzeria führten jedoch zu ihrer Entlassung, was keinesfalls einer Arbeitslosigkeit gleichkam. Denn bereits kurze Zeit später wurde sie wiederum von Bekannten in ein Café als Kellnerin vermittelt. Waren die Bezahlung und die sonstigen Arbeitsregelungen (freie Tage etc.) in der Pizzeria angemessen, so musste sie sich fortan auf schlechtere Bedingungen einstellen. Während ihr Lohn sich reduzierte, nahmen zugleich ihre Arbeitsstunden zu, insbesondere an Sonn- und Feiertagen. Trotz der hohen Arbeitsstunden und der geringen Bezahlung ist sie dennoch mit ihrem Lohn zufrieden, da sie dies in Relation zu ihrem Einkommen in Bulgarien setzt. Im Stadtteil teilt sie sich eine kleine Wohnung mit ihrer Freundin. Zudem kann sie im Café essen und trinken, so dass sie nur geringe Ausgaben hat. Nicht der Lebensstandard in Deutschland ist somit Maßstab ihrer Beurteilung, sondern die des Herkunftslandes. Ein typisches Merkmal für rückkehrorientierte Migranten.

> „Natürlich bin ich zufrieden. In Bulgarien habe ich 75 Euro, weißt du, 75 Euro im Monat verdient. Hier sind es 20 Euro am Tag. Das Geld reicht aus, außerdem komme ich sowieso den ganzen Tag über vom Café nicht weg." (Deniz, 29 Jahre: 2)

Aufgrund der hohen Arbeitsstunden verbringt sie die restliche Freizeit im Wohngebiet. Die ausgeprägte türkische Infrastruktur im Stadtteil mit ihrer multifunktionalen Ausrichtung gleicht ihren eingeschränkten Aktionsradius aus. Da sie vorher in Siegen wohnte, kenne sie sich zudem in den anderen Stadtteilen Duisburgs nicht aus. Ihr Migrationsziel ist es, ihre Familie im Herkunftsland finanziell zu unterstützen. Daher überweist sie regelmäßig 300 Euro nach Bulgarien. Dass sie die Hälfte ihres Monatslohnes als monatliche Hilfen für die Familie entbehren kann, ist nur aufgrund ihres enormen Sparverhaltens möglich:

> „Ich bin hierhin gekommen um Geld zu verdienen, nicht um Geld auszugeben."
> (Deniz, 29 Jahre: 5)

Für Deniz stellt die ethnische Kolonie nur eine vorübergehende Geldquelle dar. Hat sie einmal ihr Sparziel erreicht, möchte sie das Wohngebiet und somit Deutschland verlassen. Für ihre Zukunft plant sie eine Familie zu gründen, dazu möchte sie sich aber in der Türkei niederlassen.

> „Für immer nach Bulgarien? Ich kann es nicht sagen. Aber ich will versuchen in die Türkei zu kommen. Nach Bulgarien will ich nicht zurück." (Deniz, 29 Jahre: 11)

Mit dem Eintritt der weiblichen Hilfskräfte in die Cafés hat sich die illegale Prostitution in der ethnischen Kolonie etabliert. Diese werden von bulgarischen Türken im Stadtteil organisiert, die gleichzeitig als Zuhälter fungieren. Die Prostituierten aus Bulgarien erhalten wie die Kellnerinnen meist ein Touristenvisum für die Einreise und sind somit zunächst nicht von der Illegalität betroffen. Ihre verdeckte Arbeit in Deutschland treibt sie jedoch allmählich in Abhängigkeitsverhältnisse.[835] Ihre Abhängigkeit vom Zuhälter kann sich insbesondere dann verstärken, wenn nach Ablauf des Touristenvisums die Frauen in Deutschland bleiben. Durch ihren dann illegalen Status erhöht sich ihre Schutzlosigkeit.

Für die Bundesrepublik werden die Zahlen der Prostituierten auf bis zu 400.000 geschätzt. Die Schätzungen über die jährlichen Umsätze in dieser Branche belaufen sich auf 6 Mrd. Euro.[836] Trotz der großen gesellschaftlichen Nachfrage ist die Prostitution immer noch ein Tabuthema, so dass Frauen in diesem Berufszweig mit einem gesellschaftliches Stigma leben müssen.[837] Anders sieht es mit den Freiern aus, deren Verhalten moderater beurteilt wird[838], obwohl ihre Nachfrage nach sexuellen Dienstleistungen das Angebot bestimmt.[839]

---

835 Vgl. agisra (Hrsg.), Frauenhandel und Prostitutionstourismus. Eine Bestandsaufnahme, München 1990, S. 10
836 Vgl. Marcel Feige, Das Lexikon der Prostitution. Das ganze ABC der Ware Lust – die käufliche Liebe i Kultur, Gesellschaft und Politik, Berlin 2003, S. 9
837 Vgl. Ministerium für Frauen, Jugend, Familie und Gesundheit: Schritt für Schritt – Wege aus der Prostitutio Düsseldorf 2001, S. 11f.
838 Vgl. Thomas Schweer, Der Kunde ist König, a.a.O., S. 148f.
839 Vgl. Tamara Domentat, Laß dich verwöhnen. Prostitution in Deutschland, Berlin 2003, S. 84ff.

8.8 Die „Bedienung" in den Cafés: Das Rotlicht-Milieu der Habe-Nichtse

Etwa 200.000 Frauen aus dieser Branche sind Migrantinnen, wobei ihre regionale Verteilung in Deutschland je nach Nationalität variiert. So sind beispielsweise Frauen aus Mittelosteuropa nach dem Fall des eisernen Vorhanges verstärkt in Hamburg, Berlin und im Ruhrgebiet anzutreffen.[840] Mittlerweile geht man davon aus, dass durch den stetigen Zuwachs der Prostituierten aus den ehemaligen Ostblockstaaten auf dem deutschen Sexmarkt, die Zahl der Frauen aus den traditionellen Herkunftsländern der Prostitution – z. B. Südamerika –, überschritten wurde.[841]

Für die jungen Frauen aus Osteuropa, die der Prostitution nachgehen, ist Deutschland ein beliebtes Migrationsziel, weil sie sich hier Reichtum und Wohlstand versprechen. Neben diesem Pullfaktor, spielen bei der Migration dieser Frauen ebenso die schlechten Berufsaussichten in den ehemals sozialistisch regierten Herkunftsländern eine wesentliche Rolle, da sie noch heute mit dem Umstellungsprozess von der Plan- zur Marktwirtschaft kämpfen.[842] Die Anhäufung von Kapital dient jedoch in vielen Fällen nicht dem Eigenzweck, sondern dazu, die die eigene (Groß-)Familie im Herkunftsland zu versorgen.[843] Denn trotz der Migration fühlen sich die Frauen emotional und materiell ihren Familien gegenüber verantwortlich und unterstützen sie dementsprechend. Da mit der Migration des weiblichen Familienmitgliedes für die Familien ein sozialer Aufstieg verbunden ist, wird die Prostitution meist stillschweigend hingenommen.[844]

Für die Menschenhändler ist Deutschland attraktiv, weil sie u. a. über ein soziales Netz verfügen. „Immer wieder fliegen in Deutschland Menschenhändler- und Zuhälterringe auf, die Frauen aus Asien, Südamerika und Osteuropa in großem Stil nach Deutschland schleusen und hier als Prostituierte nach allen Regeln des Milieus ausbeuten."[845] Die persönlichen Kontakte zwischen den Zuhältern und den Menschenhändlern begrenzen die Gefahr, durch Kontaktpersonen der Polizei ermittelt zu werden.[846] Meist gehören sowohl die Tätergruppen im Menschenhandel als auch die von ihnen eingeschleusten Personen derselben Nationalität an.[847] Es sind Kontaktpersonen, die legal in Deutschland leben, die sowohl Täter als auch Opfer einladen können.[848]

Nicht alle Migrantinnen gehen der Prostitution „unfreiwillig" nach, dennoch ist davon auszugehen, dass ein nicht unwesentlicher Teil der Frauen Opfer der Menschenhändler geworden ist. Denn auch bei der „freiwilligen" Prostitution findet nicht nur die Erstanwerbung über Menschenhändler statt, auch die negativen Konsequenzen mit denen die Frauen konfrontiert sein werden, werden von den Organisatoren zunächst verschwiegen.[849] Laut Schätzungen der EU-Kommission waren bis 1998 etwa 500.000 Frauen aus Osteuropa

---

840 Vgl. Marcel Feige, Lexikon der Prostitution, a.a.O., S. 428
841 Vgl. ebd., S. 484
842 Vgl. ebd.
843 Vgl. Christiane Drössler/Jasmin Kratz, Prostitution: ein Handbuch, Marburg 1994, S. 189
844 Vgl. Ministerium für Frauen, Jugend, Familie und Gesundheit: Schritt für Schritt – Wege aus der Prostitution, a.a.O., S. 99ff.
845 Joachim Rieker, Ware Lust. Wirtschaftsfaktor Prostitution, Frankfurt am Main 1995, S. 137
846 Vgl. Marion Bögel, Strukturen und Systemanalyse der organisierten Kriminalität in Deutschland, Berlin 1994, Zugl.: Würzburg, Univ., Diss., 1994, S. 157
847 Vgl. ebd., S.163
848 Vgl. Manfred Paulus: Frauenhandel und Zwangsprostitution. Tatort: Europa, Hilden/Rhld. 2003, S. 78
849 Vgl. Ilse Lenz/Norma Ramil-Weiss/Heidi Thiemann, Internationaler Frauenhandel. Eine Untersuchung über Prostitution und Heiratshandel in Nordrhein-Westfalen und die Interventionsmöglichkeiten von Institutionen und Frauengruppen, Dokumente und Berichte 25. Herausgegeben vom Ministerium für die Gleichstellung von Frau und Mann des Landes Nordrhein-Westfalen, Düsseldorf 1993, S. 16

Opfer des Menschenhandels geworden. Nach dem § 180 b Abs. 1 des Strafgesetzbuches wird Menschenhandel mit Zwangsprostitution gleichgesetzt.[850]

Die Menschenhändler „stellen die Verbindungen zu den Ausbeutern im Rotlichtmilieu her oder sie haben sich bereits selbst im Milieu etabliert und sich eigene Aktionsräume für die kriminelle Ausbeutung geschaffen."[851] In diesem Rotlicht-Milieu mit seinen eigenen Normen und Werten sind die ausländischen Prostituierten meist unten angesiedelt und sind daher gezwungen, an den unattraktivsten Plätzen zu arbeiten und ebenso die unangenehmsten Freier zu bedienen. Ein Ausstieg scheint aufgrund des Milieuzwanges nur sehr schwer zu gelingen, denn es „gibt informelle Normen und informelle Sanktionen, die helfen, die Prostitution und ihr Umfeld funktionsfähig zu machen und zu erhalten."[852]

Ähnlich wie bei den Kellnerinnen, scheint die ethnische Kolonie ein beliebtes Ziel von Menschenhändlern zu sein. Insbesondere durch die expandierende Café-Szene haben die Frauenhändler im Milieu adäquate räumliche Bedingungen gefunden, in der sie die Prostitution organisieren können. Die Cafés als Kontakträume und die Gäste als potentielle Kunden, verleihen dem Stadtteil seinen besonderen Reiz. Der Milieu-Effekt übt zugleich eine Haltekraft aus und erschwert für die Prostituierten einen Ausstieg aus dieser Szene.[853] Besonders ausländische Frauen, die über organisierte Menschenhändler eingeschleust werden, sind betroffen, da eine Einreise mit hohen Schulden verbunden ist, die sie erst abzahlen müssen. Am Ende sind es meist die Schlepper oder Zuhälter, die von der Ausbeutung der Frauen profitieren, so dass die Frauen eigentlich für ihre „Leistungen" nicht angemessen entlohnt werden. Ihre mangelhaften Sprachkenntnisse führen darüber hinaus dazu, dass die sozialen Kontakte sich nur auf das Milieu beschränken und sich ihr Verbleib in der Szene verfestigt.[854]

> „Wenn jemand mit ihr Verkehr hatte, dann kennt man sie alle. Dann sagt man: ‚Ja, mit ihr habe ich geschlafen, sie arbeitet als Prostituierte.'. Dann erzählst du das deinem Freund, er erzählt es seinem Freund, die kennt man halt. Sie gehen ja nicht aus Hochfeld raus. Sie sind auf der Strasse, sitzen in den Cafés, sie sitzen z. B. in dem kleinen Café dort drüben, dort vor der ---. Aber nicht nur dort, sie halten sich --- auf, sie geben auch ihre Telefonnummern."
> (Erhan E., 42 Jahre, Spielhallenbetreiber: 25)

Der Stadtteil bietet den Frauen zugleich Wohn- und Arbeitsmöglichkeiten. Denn beim Absatz der „Ware" werden insbesondere Kontaktpersonen in sozial- und finanzschwachen Wohngebieten wie Duisburg-Hochfeld angeworben, die eine Wohnung zu Verfügung stellen und sogar gegen Entgelt eine Scheinehe schließen, um der Prostituierten einen legalen Aufenthaltsstatus zu sichern.[855] „Sie brauchen dann nicht die Kontrollen der Polizei und Ordnungsämter zu befürchten, da scheinbar alles legal ist."[856] Durch die sozialen Netze der

---

850 Vgl. Marcel Feige, Lexikon der Prostitution, a.a.O., S. 428
851 Siehe Manfred Paulus, Frauenhandel und Zwangsprostitution, a.a.O., S. 78
852 Siehe ebd.
853 Vgl. Ministerium für Frauen, Jugend, Familie und Gesundheit: Schritt für Schritt – Wege aus der Prostitution, a.a.O., S. 19
854 Vgl. Joachim Riecker, Ware Lust, a.a.O., S. 138
855 Vgl. Marion Bögel, Strukturen und Systemanalyse der organisierten Kriminalität in Deutschland, Berlin 1994 Zugl.: Würzburg, Univ., Diss., 1994, S. 163
856 Ilse Lenz/Norma Ramil-Weiss/Heidi Thiemann, Internationaler Frauenhandel. Eine Untersuchung über Prostitution und Heiratshandel in Nordrhein-Westfalen und die Interventionsmöglichkeiten von Institutionen un

8.8 Die „Bedienung" in den Cafés: Das Rotlicht-Milieu der Habe-Nichtse

Frauenhändler in der ethnischen Kolonie sind die Frauen zudem nicht nur Berufstätige im Wohngebiet, sondern zugleich Bewohnerinnen des Stadtteils. Dadurch scheint ein „Untertauchen" eher möglich zu sein.

Abgesehen von den physischen und psychischen Folgen, die allgemein mit der Prostitution eintreten können,[857] erhöht sich aber mit der illegalen Tätigkeit in der ethnischen Kolonie das Risiko für Infektionskrankheiten. Denn da türkische Freier weniger bereit sind, beim Geschlechtsverkehr zu verhüten, erhöht sich nicht nur die Erkrankungsgefahr für die bulgarisch-türkischen Prostituierten, sondern auch für die Freier in der ethnischen Kolonie. Dies geht aus einer Studie zum Sexualverhalten und zur Kondomverwendung von türkischen und deutschen Freiern hervor. Demnach kam der ungeschützte Sex bei türkischen Freiern häufiger vor als bei deutschen.[858] Mit dieser Praxis muss jedoch keineswegs ein höherer Verdienst für türkische Prostituierte verbunden sein, da die Einnahmen für die Frauen in den so genannten „Türkenpuffs" relativ gering ausfallen. Dies hat zur Konsequenz, das Freier nicht nur empfangen werden müssen, um das eigene Einkommen zu sichern, sondern auch um den Zuhälter zu bezahlen.[859]

> „Im Stadtteil sieht das so aus, dass viele als Touristen getarnt sich hier aufhalten. Also, im Stadtteil wohnen vielmehr als sie amtlich bei der Stadt angemeldet sind. Ich habe hier ein Beispiel, wo ich letztens eine Aufenthaltsermittlung machen sollte, bei einem, der auch hier ein Geschäft (Gaststätte) hat und den ich auch vor der Wohnung angetroffen habe. In der Wohnung befanden sich 9 Leute, alle (sagten): ‚Wir Touristen.' Wobei ich wiederum weiß, dass der sie hier illegal beschäftigt und arbeiten lässt, für sich. Aber das eine sagen und das nachweisen ist das andere. Sprachen alle kein Wort Deutsch, nichts. Das waren beispielsweise Türken. (...) Wir wissen, dass sie hier arbeiten und Geld verdienen." (Stadtteilpolizist I, 57 Jahre: 16)

Wie bei den Kellnerinnen auch, scheint trotz der Resonanz die Prostitution nicht in jedes Café Zugang zu finden. Diesbezüglich ist die Café-Szene gespalten. In traditionelle Cafés oder in Cafés mit familiären Strukturen wie im Café West-Thrakien erhalten sie keinen Einlass. Diese Erfahrung mussten die Frauenhändler machen, als sie versuchten, den Inhaber des Cafés als Helfer für ihr Geschäft zu rekrutieren:

> „Wie gesagt, hier sind Musiker gekommen und wir haben sie hier für zwei, drei Tage untergebracht. Als sie dann eine Wohnung bezogen haben, sind sie weiterhin in dieses Café gekommen, weil sie hier Freundschaft erfahren haben. Und als das auch die anderen Bulgaren erfahren haben, haben sie zwei Frauen mitgebracht, weil die dachten, dass sich die türkischen Bulgaren hier treffen. Sie haben jemanden gefragt und dieser sagte ihnen, dass sich die Bulgaren hier treffen würden. ‚Wir sind türkische Bulgaren, komm helfe uns. Wir haben Frauen', sagten sie. ‚Du verkaufst Frauen an meine Kunden, und ich soll dir dabei helfen?' fragte ich. Weißt du, was passieren würde, wenn ich auf das Angebot eingegangen wäre? Die vertraute Atmosphäre wäre hin, wenn die Familien erfahren würden, dass hier im Café „Fuhuş" (Prostitution) wäre. Wer käme dann noch hier hin?" (Aygün I., 27 Jahre, Café-Inhaber: 19)

Frauengruppen. Dokumente und Berichte 25. Herausgegeben vom Ministerium für die Gleichstellung von Frau und Mann des Landes Nordrhein-Westfalen. Düsseldorf 1993, S. 17
857 Vgl. Cecile Hoigard/Liv Finstad, Seiten Strassen. Geld, Macht und Liebe oder der Mythos von der Prostitution, Hamburg 1987, S. 149ff.
858 Vgl. Kleiber, Dieter/Velten, Doris, Prostitutionskunden. Eine Untersuchung über soziale und psychologische Charakteristika von Besuchern weiblicher Prostituierter in Zeiten von AIDS, Baden-Baden 1994, S. 122
859 Vgl. Leopold, Beate/Steffan, Elfriede/Paul, Nikola, Dokumentation zur rechtlichen und sozialen Situation von Prostituierten in der Bundesrepublik Deutschland, 2. Auflage Stuttgart/Berlin/Köln 1997, S 69

Wie Günter Gutsche am Beispiel der Kriminalitätseinstellungen in den sozialen Milieus der neuen Bundesländer aufzeigt, waren die Probanden aus den so genannten traditionellen Milieus eher über die Kriminalitätsentwicklung beunruhigt und ihre persönliche Kriminalitätsfurcht mit der gleichzeitigen Ablehnung von deviantem Verhalten stärker ausgeprägt. In den modernen Milieus dagegen waren entgegengesetzte Tendenzen zu erkennen.[860] Diese Ergebnisse legen nahe, dass gewisse Wertorientierungen der verschiedenen Milieus auf die Wahrnehmungen und Handlungen im Quartier Einfluss ausüben. Bei den türkischstämmigen Migranten im Stadtteil kann ebenfalls davon ausgegangen werden, dass die eigene Lebenssituation und Wertorientierung in die Bewertung der Prostitution im Stadtteil mit einfließt. In diesem Rahmen sprachen sich die eher religiös orientierten Gesprächspartner gegen die Prostitution aus. Für sie ist diese Entwicklung eine weitere Bestätigung für den Niedergang des Wohngebiets. Neben dem baulichen Verfall des Stadtteils wird ein moralischer Verfall attestiert, der allmählich den ganzen Stadtteil erfasse. Nichts sei mehr wie früher, dass erkenne man auch an den Jugendlichen, bei denen sich ebenfalls bereits Symptome des moralischen Verfalls zeigten:

> „Als man zu unserer Zeit jemand als Zuhälter bezeichnete, dann galt das als Beleidigung. Wenn man jetzt manche Jugendliche als Zuhälter beschimpft, ist das ein Kompliment für sie".
> (Selman G., 42 Jahre, Arbeiter: 29)

Entgegen der moralischen Einwände der anderen türkischstämmigen Bewohner akzentuieren Interviewpartner wie Erhan E. dagegen die wirtschaftliche Situation im Heimatland der Frauen und zeigen vor diesem Hintergrund Verständnis für ihre Berufswahl. Die materielle Situation zwinge die Frauen zu dieser Tätigkeit und nicht der Gefallen an diesem Beruf:

> „In der Heimat haben sie umgerechnet einen Monatslohn von 100, 150 Euro. Die Frauen kommen nach Deutschland, legen sich unter einen Typen und bekommen 30 Euro dafür. Wenn sie mit zwei, drei Männern schlafen, haben sie schon ihr Monatseinkommen raus."
> (Erhan E., 42 Jahre, Spielhallenbetreiber: 27)

Bezüglich der Akzeptanz der illegalen Prostitution von einem Teil der türkischstämmigen Bewohner scheint der Bezug auf die bestehende Kluft zwischen Volks- und Staatsmoral hilfreich zu sein. „Im Zuge anomischer Prozesse, bedingt durch einen tiefgreifenden soziostrukturellen Wandel sowie einen Bedeutungsverlust traditionell sinnstiftender Institutionen, kann sich diese Kluft vergrößern, und zwar dahingehend, dass kriminelle Verhaltensmuster, welche früher lediglich in Subsystemen akzeptiert wurden, nun Legitimation in der breiten Bevölkerung finden."[861] In der ethnischen Kolonie hat sich diese Kluft, aufgrund der Abwärtsentwicklung des Stadtteils und des „Versagens" der zuständigen Behörden in gewissen Kreisen vergrößert, so dass deviante Verhaltensweisen in einem anderen Licht bewertet werden. Freilich wird diese Meinung bisher nur von einem Teil der türkischstämmigen Bewohner vertreten. Darüber hinaus gehen sicherlich ebenso die Meinungen an der Art der Devianz (Betrug, Diebstahl usw.) auseinander, doch bei denjenigen, die besonders von der

---

860 Vgl. Günter Gutsche, Kriminalitätseinstellungen im Kontext von Wertorientierungen und gesellschaftlichen Leitbildern am Beispiel sozialer Milieus in den neuen Bundesländern, in: Wolfgang Ludwig-Mayerhofer (Hrsg.), Soziale Ungleichheit, Kriminalität und Kriminalisierung, Opladen 2000, S. 119ff.
861 Günter Gutsche, Kriminalitätseinstellungen im Kontext von Wertorientierungen und gesellschaftlichen Leitbildern am Beispiel sozialer Milieus in den neuen Bundesländern, a.a.O., S. 202

8.8 Die „Bedienung" in den Cafés: Das Rotlicht-Milieu der Habe-Nichtse

Umstrukturierungsprozessen betroffen sind, ist von einer größeren Legitimation und Verständnis für die illegale Handlungen auszugehen. So beispielsweise Timur Y., der aus finanziellen Schwierigkeiten Glücksspiele organisiert. Der ganze Stadtteil wird vernachlässigt, warum sollte man sich aufregen, wenn ein paar Prostituierte ihr Geld verdienen?

> „Ich habe Verständnis für diese Frauen. Sie arbeiten für ihren Lebensunterhalt, deshalb sind sie nicht zu verachten" (Timur Y., 40 Jahre, Erwerbsunfähig: 29)

9 Zusammenfassung und Schlussfolgerungen

Der Fokus der Untersuchung richtete sich darauf, in Form einer alltagsnahen Darstellung einen Beitrag zum Verständnis des Binnenlebens der ethnischen Kolonie zu leisten. Das Innenleben der ethnischen Kolonie wurde aus der Mikroperspektive d.h. aus dem alltäglichen Erfahrungsraum der türkischstämmigen Bewohner heraus dargestellt. Die Migranten selbst kamen zu Wort, um aus ihrer Perspektive bzw. Lebenswelt heraus die Historie, die Potentiale, die Defizite, die soziale Organisation sowie die konstruktiven und destruktiven Entwicklungen in der Kolonie zu erfassen. Exemplifiziert wurde das Forschungsziel an der lebenspraktischen Bedeutung der Moscheen und Cafés, indem der Verfasser die Funktion sowie den Wandel beider Institutionen seit ihrer Gründung im untersuchten Wohngebiet darlegte. Die zentralen Forschungsergebnisse werden im Folgenden anhand eines Phasenmodells zusammengefasst und diskutiert. Die Konstruktion des Phasenmodells beruht zwar auf der Erforschung der Entwicklung eines Duisburger Stadtteils, die unter spezifischen regionalen und soziohistorischen Bedingungen stattfand. Dennoch können aus den Forschungsergebnissen Tendenzen abgeleitet und somit über die Untersuchungssituation bezogene Gültigkeit hinaus und ohne Anspruch auf Vollständigkeit auf die allgemeine Entwicklung von ethnischen Kolonien übertragen werden.

Phase 1: Ankunft der Arbeitsmigranten im Aufnahmeland

a. Die Gründung und Entwicklung ethnischer Kolonien steht in einem engen Zusammenhang zu transnationalen, nationalen sowie lokalen Bedingungen. Bezüglich transnationaler Entwicklungen sind zunächst die Bedingungen des Herkunftslandes der Migranten hervorzuheben. Während die Push-Faktoren zunächst nur die Migrationsentscheidung begründen, spielen für die Gründung und Weiterentwicklung der ethnischen Kolonien im Aufnahmeland ebenso die Vorsorgemaßnahmen der Ausreiseländer hinsichtlich der möglichen sozialen, kulturellen, wirtschaftlichen und gesellschaftlichen Probleme ihrer Staatsbürger im Zielland eine Rolle. Werden keine Maßnahmen zur Vermeidung oder Milderung der in der Migration entstehenden Probleme wie im Falle der türkischstämmigen Migranten in Deutschland getroffen, so wird ihre Eigeninitiative zur Lösung der neuen Probleme im Aufnahmeland forciert.

. Für die Gestaltung der Integrationspolitik des Aufnahmelandes ist es von entscheidender Bedeutung, ob ein permanenter oder nur ein temporärer Aufenthalt der angeworbenen Migranten beabsichtigt wird. Ist eine permanente Migration nicht erwünscht, wird das Aufnahmeland keine Integrationsmaßnahmen verfolgen. Die Konsequenz daraus ist, dass Migranten infolge ihres rechtlichen Status über nur eingeschränkte Partizipationsmöglichkeiten verfügen, die eine längerfristige Perspektive im Aufnahmeland verhindern. Dies wirkt sich konsequenter Weise negativ auf den Integrationsprozess der Migranten aus. Denn: „Je mehr assimilative Handlungsopportunitäten dem Wanderer im Aufnahmesystem offen stehen; je geringer die Barrieren für assimilative

Handlungen im Aufnahmesystem sind; und je weniger alternative Handlungsopportunitäten nicht-assimilativer Art verfügbar sind, um so eher führt der Wanderer – ceteris paribus – assimilative Handlungen aus."[862] Im Kontext der türkischen Arbeitsmigration ist festzustellen, dass assimilative Handlungsopportunitäten als Gelegenheiten und Bedingungen, die assimilative Handlungen erlauben und unterstützen, gering waren, da ihre Integration nur auf den Arbeitsmarkt beschränkt war. In der ersten Phase der Migration stellten zudem die rechtlichen Beschränkungen auf den Status „Gastarbeiter" und das Wohnen in den Werkswohnungen hohe Barrieren für assimilative Handlungen dar. Zwar existierten kaum alternative Handlungsopportunitäten nicht-assimilativer Art, doch das Zusammenspiel der oben genannten Umgebungsvariablen, verhinderte die Ausführung von assimilativen Handlungen.

c. Entsprechend der Betreuungs- und Integrationsmaßnahmen des Herkunftslandes und des Aufnahmelandes sowie den Niederlassungsabsichten der Migranten selbst, entwickelt sich das öffentliche ökonomische, soziale und kulturelle Leben auf der lokalen Ebene. In der vorliegenden Untersuchung stellte ein Aufenthalt im Aufnahmeland, trotz einer großen Anzahl der Migranten und trotz der neuen Herausforderungen, zunächst kein Motiv für die Bildung eigenethnischer Systeme der rückkehrorientierten Migranten in der Öffentlichkeit dar. Denn assimilative Handlungen hängen nicht nur von Umgebungsvaribalen, sondern auch von personenbezogenen Variablen ab: „Je intensiver die Motive eines Wanderers in bezug auf eine bestimmte Zielsituation; je stärker die subjektiven Erwartungen eines Wanderers sind, daß diese Zielsituation über assimilative Situationen erreichbar ist; je höher die Handlungsattribuierung für assimilative Handlungen ist, um so eher führt der Wanderer – ceteris paribus – assimilative Handlungen (aller Art: einschließlich Bewertungen, Wahrnehmungen und Informationssuche) aus."[863]

Die Motive der türkischstämmigen Migranten im Aufnahmeland waren rein wirtschaftlich, so dass diese sich nur in so weit partiell (über den Arbeitsmarkt) integriert haben, wie es zur Realisierung der migrationsauslösenden Ziele notwendig war. Die Immigration der rückkehrorientierten Migranten in die Bundesrepublik fand daher ohne die Familie statt, so dass die Bindung zum Herkunftsland besonders ausgeprägt war. Da Migranten mit Niederlassungsabsichten eher zur Bildung einer ethnischen Kolonie beitragen und sich eher assimilieren, als Migranten mit einem temporären Aufenthalt bzw. mit Rückkehrabsichten, wurden in der ersten Phase der Migration nur provisorische Gebetsräume als alternative Möglichkeit zur Befriedigung ihrer religiösen Bedürfnisse in den Wohnheimen errichtet. Diese Organisation wurde infolge der neuen Beziehungen zu anderen Landsmännern in und zwischen den Wohnheimen möglich. Vor diesem Hintergrund haben es die Pioniere der Arbeitsmigration schwer, da sie selbst vorerst nicht von einem eigenethnischen System aufgefangen werden. In dieser Hinsicht unterscheiden sich die Arbeitsmigranten mit temporären Aufenthaltsabsichten und unsicherem Aufenthaltsstatus von Auswanderern, da diese bereits im Herkunftsland sich gedanklich auf eine endgültige Niederlassung vorbereiten können, auch wenn die psycho-sozialen Belastungen mit der Einwanderung im Zielland nicht automatisch abgeschlossen sind. Im Vergleich zu den Arbeitsmigranten wird mit de

---

862 Hartmut Esser, Aspekte der Wanderungssoziologie. Assimilation und Integration von Wanderern, ethnischen Gruppen und Minderheiten. Eine handlungstheoretische Analyse, Darmstadt/Neuwied 1980, S. 211
863 Vgl. ebd., S. 211

räumlichen und sozialen Organisation in einem viel früheren Stadium begonnen und damit mit den Integrations- bzw. Akkomodationsprozess.

Phase 2: Koloniegründung und Scheinhomogenität

a. Die wirtschaftlichen, politischen und sozialen Verhältnisse im Herkunftsland, die die Migration begünstigten, beeinflussen auch im Zielland den Migrationsprozess. Sie bestimmen wesentlich über die Aufenthaltsverlängerung der Migranten im Aufnahmeland mit. Bei den türkischstämmigen Migranten führte u.a. die desolate wirtschaftliche und konfliktreiche politische Situation in der Türkei dazu, dass die Rückkehrpläne für unbestimmte Zeit hinausgeschoben und die Familien nachgeholt wurden. Wegen der starken Identifikation mit dem Herkunftsland und der Rückkehrpläne verfolgen die Migranten in dieser zweiten Phase auch in der Diaspora die Entwicklungen im Herkunftsland mit einem größeren Interesse als die Entwicklungen im Aufnahmeland. Diese Orientierung am Herkunftskontext kann zwar assimilative Handlungen im Aufnahmesystem in dieser Phase behindern, aber langfristig kann sie zu diesen Handlungen beitragen, wenn die schlechten Bedingungen des Herkunftslandes zur Verlängerung des Aufenthaltes im Aufnahmeland beiträgt.
b. Die Migrationspolitik im Aufnahmeland kann ebenfalls zu assimilativen Handlungsopportunitäten beitragen. So förderten in Deutschland der Anwerbestopp und die rechtlichen Voraussetzungen für die Familienzusammenführung, die Niederlassung der Migranten und die schrittweise Gründung einer ethnischen Kolonie. Zudem wird dieser Gründungsprozess durch die unzureichende kulturelle und soziale Betreuung der Migranten seitens deutscher Organisationen begünstigt, so dass alternative Handlungsopportunitäten in Form eigenethnischer Systeme gefördert wurden. Daher gehen in der empirischen Untersuchung sowohl die Gründung der ersten Moschee als auch des ersten Cafés auf lokale Initiativen zurück, die von einzelnen Akteuren ins Leben gerufen wurden.
c. Neben den genannten Faktoren, können die nicht erreichten wirtschaftlichen Ziele der Subjekte schrittweise zu einer permanenten Migration führen. Durch den verlängerten Aufenthalt wiederum können die sozialen Probleme wie Einsamkeit oder Heimweh zunehmen, so dass die Pioniermigranten eine Kettenmigration infolge der Familienzusammenführung in Gang setzen. Mit dem Nachzug der Familie entstehen wieder neue Bedürfnisse wie reguläre Wohnungen, religiöse Erziehung der Kinder oder Freizeitmöglichkeiten, für die im Aufnahmeland neue Problemlösungen gefunden werden müssen. Im Prozess der Koloniebildung spielt das soziale Netzwerk eine entscheidende Rolle.
d. Die räumlichen Voraussetzungen sind für das Entstehen der ethnischen Kolonie entscheidend. Während damalige Siedler wie die Gründer von Germantown in den USA ein unbewohntes Land besiedelten und ein ethnisch homogenes Wohngebiet schufen, zogen die Pioniere der Arbeitsmigration in einen besiedelten Stadtteil ein. Erst der Wegzug der einkommens- und kaufkraftstarken einheimischen Bevölkerung und die sozialräumliche Verschlechterung schafften den „freien Boden" für ein ethnisch geprägtes Wohnviertel mit entsprechender Infrastruktur. Diesen Sukzessionsprozess müssen nicht die Migranten auslösen. Im untersuchten Stadtteil führten der gesellschaftliche Aufstieg der Majorität und die Sanierungsmaßnahmen zu diesem Prozess.

Die freiwerdenden Räume werden von den Migranten gefüllt, die wiederum ihre eigenen Einrichtungen schaffen. In diesem Rahmen sind solche Stadtteile bereits vorbelastet. Die weitere Entwicklung(-smöglichkeit) der ethnischen Kolonie kann daher nur in diesen vorgegebenen strukturellen Rahmenbedingungen erfolgen.

e. Treffen die schlechten politischen und sozialen Verhältnisse des Herkunftslandes, die unterlassene kulturelle und soziale Betreuung seitens des Herkunfts- und des Aufnahmelandes, die mangelnden Partizipationsmöglichkeiten im Aufnahmeland, die nicht erreichten wirtschaftlichen Ziele und in deren Folge die Verlängerung des Aufenthaltes der Migranten und die dadurch verursachten Kettenmigrationseffekte sowie die freiwerdenden Räume in einem Stadtteil zusammen, so wird die Koloniegründung wahrscheinlicher.

f. In der Gründungsphase der ethnischen Kolonie kann trotz der Heterogenität unter den rückkehrorientierten Migranten eine (Schein-)Homogenität bestehen. Die gemeinsame Pariasituation, der gleiche sozioökonomische Status und das gemeinsame Gruppenziel als Arbeitsmigranten verhindert zunächst in dieser Phase die Reproduktion der sozialen und politischen Verhältnisse aus dem Herkunftskontext. Als Identifikationsmerkmal dient primär die gemeinsame Staatsangehörigkeit. Wenn Personen mit rein ökonomischen Zielen für einen begrenzten Aufenthalt emigrieren und im Wohngebiet keine ausgeprägte ethnische Infrastruktur existiert, dann ist die Wahrscheinlichkeit einer temporären Harmonie zwischen den verschiedenen politischen und konfessionellen Gruppen in den begrenzten Räumen hoch. Denn die eigene ethnische Gruppe kann ihre Mitglieder gegen den Druck und gegen die als unangemessen betrachteten Anforderungen von außen schützen, diese abmildern bzw. erträglich machen. Trotz Konformitätsdruck und sozialer Kontrolle innerhalb dieser Gruppen, können sich Individuen diesem fügen, weil sie entweder keine andere Wahl haben oder ihnen die Gruppe so wichtig ist.[864] Die begrenzten Räumlichkeiten zur Befriedigung sozialer und kultureller Bedürfnisse haben infolge der beschränkten Wahlfreiheit der Bewohner sozusagen eine Monopolstellung im Quartier. Je größer die kulturelle und soziale (Sprachkenntnisse, Bildungsniveau, Religion) Distanz zum Aufnahmeland, desto stärker treten Diskrepanzen in den Hintergrund und die Gemeinsamkeiten werden akzentuiert. Dies haben sowohl die Besucherstruktur in der ersten Moschee als auch im ersten Café bestätigt.

So diente die erste Moschee des Stadtteils für die türkischen Muslime primär der Befriedigung ihrer religiösen Bedürfnisse. Die Gründung war national, kulturell und religiös motiviert. Die politische Orientierung der Mitglieder war nur sekundär, so dass Interessenkämpfe in den Hintergrund rückten. Mit der Errichtung der Gebetsstätte organisierten sie ein Gemeinschaftsleben, in der die Migranten Orientierung, Selbständigkeit, religiöse Weiterbildung und soziale Unterstützung erfuhren. Insbesondere für die türkisch-muslimischen Bewohner, die noch in den Sammelunterkünften lebten, waren es wichtige Rückzugsräume. Der erste Moscheeverein entstand nicht im Zusammenspiel mit überregionalen Organisationsstrukturen, sondern ist auf eine lokale Initiative zurückzuführen. Erst später sollte sie einer überregionalen Organisationsstruktur angehören, die wiederum eine stärkere Orientierung am Herkunftskontext einleitete.

---

864 Vgl. Martin Schwonke, Die Gruppe als Paradigma der Vergesellschaftung, in: Bernhard Schäfers (Hrsg. Einführung in die Gruppensoziologie. Geschichten, Theorien, Analysen, Wiesbaden 1999, S. 46ff.

Die türkische Community tritt auch im ersten Café des Stadtteils als eine relativ geschlossene Gruppe in Erscheinung. Türkische Jugendliche und Männer aus den verschiedensten Regionen, Konfessionen und politischen Orientierungen gehörten zur Kundschaft. Das erste Café hatte nicht den Anspruch eine bestimmte politische, soziale und konfessionelle Gruppe zu vertreten. Einzig entscheidend war der Freizeitcharakter des Lokals. Der Caféinhaber verfolgte rein finanzielle Ziele. Hier hatten die Migranten die Möglichkeit, sich mit ihren Landsmännern zu treffen und Geselligkeit zu erfahren. Die Tatsache, dass in der Gründungszeit des ersten Cafés keine anderen Freizeitstätten für die türkischen Migranten existierten, führte dazu, dass das Lokal nicht in traditioneller Weise geführt, sondern die Monopolstellung im Stadtteil durch den Caféinhaber ausgenutzt wurde. Es war ein Ort, an dem Tanz- und Musikveranstaltungen, diverse Gesellschaftsspiele, Filmaufführungen usw. stattfanden. Aufgrund der großen Nachfrage und der mangelnden türkischen Infrastruktur im Wohngebiet fanden die verschiedenen Veranstaltungen in einem einzigen Lokal statt. Das Café unterscheidet sich somit bereits in seiner Gründungszeit von den traditionellen Lokalen im Herkunftsland.

Phase 3: Segmentation und Ausdifferenzierung

a. Wie oben bereits beschrieben wurde, stehen die Veränderungen und Entwicklungen in der ethnischen Kolonie im Kontext zu den lokalen, nationalen sowie transnationalen Entwicklungen. Die politische und wirtschaftliche Situation des Herkunftslandes stellt in dieser dritten Phase keine Anreize für eine schnelle Rückkehr dar, aber sie übt wegen der starken Orientierung der Migranten am Herkunftskontext einen Einfluss auf das Innenleben in der ethnischen Kolonie aus. Am Beispiel der Türkei wurde aufgezeigt, dass das Land trotz der Republikgründung es nicht geschafft hat, aus dem osmanischen Vielvölkerstaat einen Staat zu organisieren, in dem die Interessen aller ethnischen, konfessionellen und politischen Bevölkerungsgruppen berücksichtigt wurden. „Je weniger Gesellschaften Pluralität und Alternativen zulassen, je mehr sie eine einheitliche Wertorientierung, Lebensanschauung und politische Auffassung verbindlich machen, um so eher geraten Gruppen unter den Verdacht der Subversität."[865] Alternative politische und soziale Anschauungen gelten in diesen Gesellschaften als Abweichungen und können nicht öffentlich, sondern nur innerhalb von kleinen, nach außen hin abgeschirmten Gruppen geäußert werden.[866] Die Einschränkung der Pluralität und Unterdrückung alternativer politischer sowie sozialer Anschauung in der Türkei hat sich immer wieder in Form politischer Konflikte in der Geschichte des Landes gezeigt.

Die öffentliche politische Meinungs- und Agitationsfreiheit erlebten die türkischstämmigen Migranten erst in der Diaspora. In der Untersuchung wurde aber deutlich, dass politische Akteure aus dem Herkunftsland Barrieren für assimilative Handlungen darstellen können, in dem sie einen entscheidenden Einfluss auf die Migranten im Aufnahmeland ausüben und somit die Fokussierung stärker auf die Herkunftsgesellschaft lenken. Dies zeigen die politischen Auseinandersetzungen unter den türkischen Migranten in ganz Europa bis in die Gegenwart.

---

865 Martin Schwonke, Die Gruppe als Paradigma der Vergesellschaftung, a.a.O., S. 51
866 Vgl. ebd.

b. Die staatliche Ausländerpolitik entscheidet in dieser dritten Phase erheblich darüber, ob die ethnische Kolonie sich frühzeitig an die Verhältnisse des Aufnahmelandes bzw. den lokalen Bedingungen anpasst oder sich weiterhin am Herkunftskontext orientiert. Denn je geschlossener bzw. offener sich die Politik des Aufnahmelandes gegenüber den Migranten gestaltet, desto höher die Fokussierung auf die politischen und sozialen Entwicklungen des Herkunfts- oder des Aufnahmelandes. Die staatliche Ausländerpolitik in Deutschland hat von Anbeginn der Arbeitsmigration keine Integrationspolitik verfolgt und die Barrieren für assimilative Handlungen hoch gehalten. Die Migranten waren lediglich als Konjunkturpuffer in das Land geholt worden, sollten nur eine Lückenfüllerfunktion im Arbeitsmarkt wahrnehmen, ohne soziale Folgekosten zu verursachen.

Mit dem Rotationsmodell sollte ihre Niederlassung verhindert werden, weil es sich nicht um Einwanderer handelte. Das Rotationsmodell wurde zwar nie konsequent umgesetzt, aber dafür nahm seinen Platz eine restriktive Ausländerpolitik ein, mit dem Ziel zur Reduzierung und zur Rückkehrförderung der Migranten, insbesondere der türkischstämmigen Migranten. Ausländer waren nur als Arbeitskräfte angeworben und damit orientierte sich die Ausländerpolitik primär an den Entwicklungen am Arbeitsmarkt. Insbesondere die unsichere rechtliche Situation hat die Rückkehrorientierung der Migranten aufrechterhalten. Eine erleichterte Einbürgerung hätte in dieser Phase die Integration der Migranten und vor allem der nächsten Generation erheblich erleichtert. Aber auch die Migranten haben sich nicht als Einwanderer verstanden, obwohl ab der Phase der Familienzusammenführung und spätestens nach der Rückkehrförderung der objektive Einwanderungsprozess zunehmend erkennbarer wurde.

c. Die schlechte politische Situation in der Herkunftsgesellschaft, die mangelnden Partizipationsmöglichkeiten im Aufnahmeland und die Rückkehrorientierung der Migranten begünstigen eine Reproduktion der Konfliktlinien und Binnendifferenzierungen aus dem Herkunftskontext in der ethnischen Kolonie. Die konfessionellen, politischen, sprachlichen und regionalen Differenzen werden zudem durch die Vergrößerung der Migrantengruppe (Kettenmigration) sowie den Fluktuationsprozess im Stadtteil gefördert, da dadurch ein größerer Raum für innere Differenzierungen entsteht. Alternative Handlungsopportunitäten nicht assimilativer Art nehmen in Form ethnischer Institutionen zu. Diese Entwicklung führt zu einem Segmentationsprozess und zu Entsolidarisierungstendenzen in der jungen Phase der ethnischen Kolonie. Die interne Kohäsion wird durch diesen Prozess geschwächt und eine kollektive Interessenartikulation verhindert.

Der Segmentationsprozess, der nach einer kurzen Phase der Orientierung an den Integrations- und Lebensproblemen im Aufnahmeland einsetzte, wurde in der Untersuchung am Beispiel des Moscheelebens dargestellt. Der Einfluss der religiös-politischen Gruppierungen aus dem Herkunftskontext der türkischstämmigen Migranten hat der Einheitsgemeinde im Stadtteil ein Ende bereitet. Anstatt sich bereits in dieser Phase der Aufnahmegesellschaft zu öffnen, orientierten sich die Migranten stärker an der Herkunftsgesellschaft. In der kurzen Phase der Einheitsgemeinde ist diese Orientierung noch nicht zu erkennen, da die erste Moschee primär eine Schutzfunktion übernahm. Mit der Zurückstellung der Rückkehrwünsche der Migranten ab der Phase der Familienzusammenführung ist zwar ein weiterer Schritt zur Niederlassung getan worden, doch die Rückkehrillusionen einerseits und die restriktive Ausländerpolitik auf der nationalen Ebene andererseits verhinderten eine stärkere Fokussierung auf das Aufnahmeland. In der ersten religiösen Einrichtung begannen die Politisierung und damit die Spaltung der Einheitsgemeinde nach politisch-religiösen Aspekten unmittelbar nach der Familienzusammenführung.

d. Den Freiraum für politische Aktivitäten fanden die Migranten später auch in den Cafés, nachdem sich die Einheit im ersten Café auflöste. Das erste Café war von diesem Segmentationsprozess zunächst verschont geblieben. Nicht primär gewisse Unterscheidungskriterien, sondern der gemeinsame Wunsch nach einer Freizeitgestaltung war für das Beisammensein der türkischstämmigen Migranten bestimmend. Die begrenzten Expansionsmöglichkeiten im Stadtteil boten zudem von vorneherein keinen Raum für interne Differenzierungen. Die Cafégänger hatten somit nicht die Möglichkeit, sich ein Treffpunkt nach bestimmten Kriterien im Wohngebiet auszuwählen. Die Wanheimer Straße, die zu der Zeit noch von deutschen Geschäften geprägt war, bot kaum Leerstände für nachziehende türkische Einrichtungen. Im Laufe des längeren Aufenthaltes wurde jedoch auch diese Einheitsgesellschaft beendet, die sich zunächst nach politischen Aspekten auflöste. Ab der Mitte der 1980er Jahre erhielten zunehmend andere Unterscheidungsmerkmale wie regionale Herkunft, Lebensstile usw. Gewicht im Café-Milieu. Insbesondere die insgesamt stärkere Zunahme der Artikulierung der Konfession ist ein auffälliges Phänomen in der gesamten ethnischen Kolonie. Dieser Wandel zeigt sich auch in der wissenschaftlichen Diskussion, die in den 1970er und 1980er Jahren den Fokus auf die rechten und linken türkischen Gruppierungen richtete. Gegenwärtig wird stärker über die verschiedenen türkisch-religiösen Gruppen diskutiert.[867]

Gab es in der Gründungsphase der Kolonien jeweils nur eine Einrichtung mit heterogener Besucherstruktur, sind es heute viele Einrichtungen mit einer homogene(re)n Besucherstruktur. Zwar haben sich die ersten Einheitsgesellschaften durch den Ausdifferenzierungsprozess nach internen Merkmalen aufgelöst, aber die Solidarisierungsprozesse lebten in den verschiedenen Einrichtungen wieder auf. Denn die ethnische Kolonie ist wie die Gesamtstadt keine einheitliche Solidargemeinschaft, sie besteht vielmehr aus vielen unterschiedlichen Solidargemeinschaften bzw. Teilsystemen, die zusammen die ethnische Kolonie bilden. Die soziale Organisation in diesen Teilsystemen kann jeweils nach anderen Prinzipien und Formen erfolgen. Die Einstellungen und Verhaltensweisen innerhalb dieser Teilsysteme weisen daher keine identische Struktur auf.

Phase 4: Akkomodations- und Normalisierungsprozess

a. Der Übergang von der dritten zur vierten Phase vollzieht sich dann, wenn die Migranten trotz Rückkehrillusionen ihren Aufenthalt verlängern. Mittlerweile lebt die zweite und dritte Generation im Aufnahmeland, die sich vom Herkunftsland weitgehend sozial entfremdet hat. Der Bezug zum Herkunftsland ist meist nur noch symbolisch. Zudem trägt die Problemkumulation im Aufnahmeland dazu bei, dass der Einfluss des Herkunftslandes auf das Innenleben der ethnischen Kolonie sich abschwächt, ohne ganz zu entfallen.

---

[867] Vgl. hierzu Şevket Küçükhüseyin, Türkische politische Organisationen in Deutschland, Konrad-Adenauer-Stiftung (Hrsg.), Köln 2002, S. 12ff.

b. Die Ausländerpolitik ist in dieser Phase nach wie vor im Integrationsprozess der Migranten entscheidend. Doch trotz restriktiver Ausländerpolitik und mangelnden Partizipationsmöglichkeiten im Aufnahmeland und trotz einer starken Bindung zum Herkunftsland, zwingt die integrative Kraft des lokalen Alltags die ethnischen Kolonien dazu, sich stärker mit den lokalen Bedingungen auseinanderzusetzen. Mit anderen Worten: Obwohl assimilative Handlungsopportunitäten den Migranten im Aufnahmesystem nur gering zustehen; obwohl die Barrieren für assimilative Handlungen (materielle und rechtliche Beschränkungen, Diskriminierung usw.) nach wie vor hoch sind; und obwohl die alternative Handlungsopportunitäten nicht assimilativer in Form ethnischer Selbstorganisation zunehmen, fördert der lokale Alltag assimilative Handlungen, in dem sich die alternativen Handlungsopportunitäten den lokalen Bedingungen anpassen. Mit dem zunehmenden Aufenthalt im Aufnahmeland und der Problemkumulation im Stadtteil tritt der Idealismus allmählich in den Hintergrund und zugleich das zivilgesellschaftliche Engagement und somit der Pragmatismus immer mehr in den Vordergrund. Die ethnische Kolonie entwickelt sich zwischen dem Spannungsverhältnis Idealismus und lokaler Zwang.

c. Auf lokaler Ebene konnte nachgewiesen werden, dass seit der ersten Moscheegründung im Wohngebiet diese Einrichtungen ihre Funktionalität erweitert und sich zu wichtigen soziokulturellen Zentren entwickelt haben. Vor allem ab der Mitte der 1990er Jahre beginnt eine Anpassung an die Verhältnisse in der Diaspora. Der Transformationsprozess ist sozusagen als eine Reaktion auf die sich kumulierenden materiellen und sozialen Problemlagen in der Diaspora zu verstehen. Wie bereits gesagt, ist dieser Prozess aber auch auf die mangelnde Betreuung der türkischstämmigen Migranten zurückzuführen. Weder der türkische noch der deutsche Staat haben Maßnahmen zur Milderung der sozialen, kulturellen sowie gesellschaftlichen Probleme der Migranten getroffen. Aber auch der Wunsch der Migranten, ihre Betreuung selbst zu übernehmen, führt zu den Selbsthilfeaktivitäten.

d. Zwar wurde oben darauf hingewiesen, dass die staatliche Ausländerpolitik eine gleichberechtigte Partizipation der Migranten nicht ermöglichte, dennoch hat die demokratische Staatsordnung des Aufnahmelandes die Voraussetzung dafür geliefert, dass die Moscheen in Deutschland ein neues Selbstverständnis entwickeln konnten. Obwohl also der Staat nicht aktiv assimilative Handlungsopportunitäten gefördert hat, so hat dennoch die staatliche Grundordnung passiv assimilative Handlungen gefördert. Die Migration ist zwar eine Quelle der ökonomischen, sozialen und kulturellen Innovation, dies kann aber auch das Aufnahmeland für die Migranten sein. Denn in der Einwanderungsgesellschaft haben sich die (nicht-staatlichen) Moscheen dem Einfluss des türkischen Staatsmonopols bezüglich der Definition von Religion entziehen und ein Selbstbestimmungsrecht erlangen können. Dadurch konnten sich auch die Gebetsstätten von rein sakralen Orten, wie sie in der Türkei vom Staat geregelt werden, zu multifunktionalen Einrichtungen in der Kolonie entfalten. Ein wichtiger Faktor ist auch das besondere Verständnis der Kirchen in Deutschland, an die bedeutende soziale Aufgaben delegiert werden. Durch das besondere Verhältnis zwischen Staat und Kirche war auch eine Privatisierung des Islam möglich, die zwar bisweilen noch keiner Körperschaftsstatus ermöglichte, aber dennoch neue Möglichkeiten im Einwanderungsland mit sich brachte. Im Herkunftsland wäre diese Entwicklung unter den ge-

9 Zusammenfassung und Schlussfolgerungen

genwärtigen politischen Bedingungen nicht möglich.[868] Dies gilt für religiöse Organisationen gleichermaßen wie für politische, deren effektive Organisation, gesellschaftspolitische Aktivität und Publikationstätigkeit sich teilweise erst auf europäischem Boden entwickelte. Die Gewährung dieser Rechte brachte und bringt der Bundesrepublik seitens der türkischen Regierung und Presse häufig die Kritik ein, religiösen Organisationen oder national-kurdischen Gruppierungen zuviel Freiraum zu gewähren, die sie im Herkunftsland nicht hätten.[869] Aber gerade dieser Freiraum in der Diaspora trägt zur Neudefinition der ethnischen Institutionen bei, weil sie sich unter den neuen politischen, sozialen sowie kulturellen Rahmenbedingungen entfalten können.

e. In den Ausführungen zur Café-Untersuchung wurde deutlich, dass diese traditionellen Lokale seit ihrer Gründung eine vielfältige Funktion im Quartier einnehmen. Ähnlich wie die Moscheen haben sie sich den lokalen Prozessen geöffnet und sich von ihrem traditionellen Selbstverständnis her gewandelt. Globale und lokale Entwicklungen haben dazu beigetragen, dass die „Mahalli Kahvehaneler" sich in der Diaspora den strukturellen Bedingungen anpassten und sich von ihrem Selbstverständnis her änderten. Infolge ihrer aktiven Auseinandersetzung mit den externen und internen strukturellen bzw. sozialen Bedingungen der ethnischen Kolonie haben die Cafégänger in diesem Kontext auch neue Coping-Strategien entwickelt, um ihre sozialräumliche Deprivation zu mildern. Diese Strategien zur Bewältigung persönlicher Probleme sind gemessen an den lokalen Bedingungen sozial rational. Aus einer normativen Außenperspektive, aber auch aus einer normativen Innenperspektive können diese Handlungen als sinnlos stigmatisiert werden, obwohl sie einer eigenen sozialen Logik folgen.

Neben der Ausdifferenzierung der türkischen Community, ist insbesondere der Prozess der Entpolitisierung in den Cafés als Ausdruck der Anpassung an die lokalen Bedingungen ein auffälliges Merkmal dieser Entwicklung, der die politische Polarisierung im Wohngebiet beendete. Zwar verweilen noch die „politischen Veteranen" in den Lokalen und gegenüber den politischen Entwicklungen in der Türkei sind sie auch nicht lethargisch, dennoch haben sie nicht die selbe Bedeutung wie in den 1980er Jahren.

„Ich habe das im Verlauf der 80er Jahre festgestellt und im Verlauf der 90er Jahre ist das alles eigentlich weggefallen. Es gibt, so weit ich das beurteilen kann, keine Gruppe mehr, die als mit politische Gruppe im Stadtteil existiert. Ich will gar nicht bestreiten, dass in bestimmten Teestuben und in bestimmten Vereinen auch qualifizierte politische Diskussionen stattfinden, aber im Stadtteil selber merkt man das eigentlich nicht mehr. Und ich habe eher den Eindruck, alles das was mit Migranten und mit dem Leben der Migranten hier im Stadtteil zusammenhängt, entpolitisiert hat und das Leben findet also in den Teestuben doch vergleichsweise auf einer ja anspruchslosen Ebene statt. Man sitzt ganz spät und redet miteinander und dann erschöpft sich das." (H. Hübner., 70 Jahre, emeritierter Professor: 11).

Zwischen den türkischen Cafés in Anatolien und den Cafés der ethnischen Kolonie haben sich zudem charakteristische Unterschiede entwickelt. Sie sind längst kein „Şarapsız Mey-

---

868 Vgl. Gerdien Jonker, Islam – Eine Bestandsaufnahme in Deutschland, in: Sybille Fritsch-Opperman (Hrsg.), Islam in Deutschland. Eine Religion sucht ihre Einbürgerung, 2. Auflage Rehburg-Loccum 2002, S. 23ff.
869 Vgl. Günter Seufert, Was ist ein „Türke": Nation und nationale Identität in der Türkei, in: Türkei-Programm der Körber-Stiftung (Hrsg.), Was ist ein Deutscher? Was ist ein Türke. Deutsch-Türkisches Symposium 1997, Ed. Körper-Stiftung, Hamburg 1998, S. 227

hane" mehr. Nicht nur das Glücksspiel markiert den Wandel, sondern auch der Einzug von Frauen ist ein relativ neues Phänomen in den „Mahalli Kahvehaneler" des untersuchten Stadtteils. Hierbei handelt es sich jedoch nicht um die eigenen Ehefrauen der Cafébesucher, denn nach wie vor ist die Geschlechtertrennung ein wesentliches Merkmal dieser lokalen Treffpunkte. Bei den Frauen im Café handelt es sich vielmehr um Kellnerinnen und Prostituierte, die überwiegend aus osteuropäischen Staaten in die ethnische Kolonie einreisen. Die ethnische Kolonie nimmt diese Frauen auf und „integriert" sie auf ihre eigene Weise. Dieses soziale Phänomen wurde erst durch das Zusammenspiel zwischen transnationalen (Fall des eisernen Vorhanges, „Feminisierung der Migration"), nationalen (Wohlstandgefälle, Touristenvisa usw.) sowie lokalen (Entpolitisierung, Ausdifferenzierung, Räumlichkeiten, neue Beschäftigungsmöglichkeiten, Wohnmöglichkeiten, Nachfrage, Milieukontakte usw.) Bedingungen möglich. Durch das Wohlstandsgefälle zwischen dem Herkunftsland der Pendelmigrantinnen und dem Zielland gilt die ethnische Kolonie als ein attraktiver Arbeitsplatz, auch wenn die Erwerbschancen sich stärker auf die sozial ungeschützten Beschäftigungsverhältnisse in der Migrantenkolonie konzentrieren.

Insgesamt betrachtet sind die Entwicklungen in den Moscheen und Cafés als ein „Normalisierungsprozess" zu verstehen. Die stärkere Ausdifferenzierung der Migranten, die dazu geführt hat, dass die anfängliche (Schein-)Homogenität beendet wurde und die Funktionalität der ethnischen Institutionen sich erweiterte, ist eine natürliche Anpassung an die Mehrdimensionalität der Städte. Sie ist Ausdruck von Urbanität und Komplexität. Sie birgt sowohl Konfliktpotentiale, als auch neue Chancen. Es ist davon auszugehen, dass sich die türkische Community in der Zukunft wie die deutsche Gesellschaft noch stärker ausdifferenzieren wird.

Phase 5: Zukunftsperspektive

Der komplexe, aber auch konfliktreiche Migrationsprozess ist bis heute nicht abgeschlossen und kann noch mehrere Generationen andauern. Die Niederlassung der türkischstämmigen Migranten ist trotz der 40jährigen Migrationsgeschichte ein relativ junger Prozess. Erst im Verlauf des Migrationsprozesses wurden aus den Gastarbeitern und ihren Familien Einwanderer. Im Vergleich zu den Einwanderern in den klassischen Einwanderungsländern, blicken sie daher nicht auf eine lange „Ghetto-Tradition" zurück. Parallelen zu den Ghettos in den Einwanderungsländern bestehen insofern, als dass die ethnisch geprägten Stadtgebiete in ihren Gründungszeiten bereits belastet waren, so dass dort nach wie vor Armutsverhältnisse und eine Problemkumulation existieren.

Die bisher dargestellten vier Phasen bestätigen die These, dass die ethnische Kolonie kein in sich geschlossenes System, sondern in lokalen, nationalen und transnationalen Prozessen eingebunden ist. Sie entwickelt sich durch diesen Spannungszustand. Insofern ist sie dynamisch und entwicklungsfähig. Die ethnische Kolonie muss sich aber trotz Integrations- und Anpassungsprozessen nicht zwangsläufig auflösen. Die Erfahrungen in allen Einwanderungsländern führen uns vor Augen, dass trotz einer längeren Migrationsgeschichte sich diese Wohnorte nicht auflösen. Für die Tatsache, dass ethnische Segregation in Deutschland auch weiterhin bestehen wird, sprechen unterschiedliche Entwicklungen auf globaler, nationaler und lokaler Ebene.

Auf globaler Ebene wird der Migrationsdruck auf Europa und auf Deutschland wegen des Wohlstandsgefälles in der Welt nicht abnehmen. Auf europäischer Ebene ist ein zu-

9 Zusammenfassung und Schlussfolgerungen

nehmender Prozess wirtschaftlicher, sozialer und kultureller Annäherung und Kooperation zu verzeichnen. Dieser Prozess bringt für die EU-Mitgliedstaaten zwangsläufig einen kulturellen Pluralismus mit sich. Dies wird zusätzlich durch den Beitritt der neuen Mitgliedstaaten im Osten intensiviert und erweitert. Die Aufnahme der Beitrittsverhandlungen und die mögliche Aussicht auf eine EU-Mitgliedschaft der Türkei, die das Herkunftsland der zahlenreichsten Migranten in Deutschland darstellt, könnten in Zukunft diesen Pluralismus in Europa zusätzlich bereichern. Für die in Deutschland lebenden Türken würde der EU-Beitritt ihres Herkunftslandes eine weitgehende Verbesserung ihres rechtlichen und gesellschaftlichen Status bedeuten. Für die Türken aus der Türkei würde der EU-Beitritt ihres Landes ihre Einreise in die Bundesrepublik vereinfachen. Dadurch würde auch die zirkuläre Migration aus der Türkei forciert werden, so dass die ethnischen Kolonien als Wohnort ihre Bedeutung beibehalten würden. Die permanente Migration aus der Türkei und anderen Herkunftsländern der Migranten wird infolge der Familienzusammenführung ohnehin anhalten, ob man es nun als Einwanderungspolitik definieren will oder nicht. Um durch die Immigration von Humankapital global konkurrenzfähig zu bleiben und um die negative Konsequenz des Bevölkerungsrückganges für die sozialen Sicherungssysteme zu mildern, ist die Bundesrepublik ebenfalls auf Migration angewiesen. Überdies sprechen die sozioökonomischen Polarisierungstendenzen, die sozio-kulturelle Heterogenisierungen sowie die sozio-demographischen Entdifferenzierungen dafür, dass die Polarisierungstendenzen auf sozialräumlicher Ebene anhalten werden. Wegen der besonders schlechten sozioökonomischen Stellung der türkischstämmigen Migranten und ihrer Benachteiligung auf dem Wohnungsmarkt, ist davon auszugehen, dass die Quartierskonstellation wegen ihrer binnenintegrativen als auch instrumentellen Funktionen (Gewerbe, Arbeitsplätze, Freizeit- Wohnmöglichkeiten usw.) ihre Bedeutung für diese Bevölkerungsgruppe nicht einbüßen wird. Zudem werden durch die demographischen Entwicklungen die Migranten in vielen Stadtteilen der Großstädte wie Duisburg die dominante Bevölkerungsgruppe darstellen.

Durch die genannten ökonomischen, kulturellen und sozialen Entwicklungen wachsen die Integrationsanforderungen an die Kommunen, die mit den Folgen dieser Herausforderungen kämpfen müssen. Einen direkten Einfluss auf die Entwicklungen auf globaler oder nationaler Ebene können Kommunen – insbesondere wirtschaftlich schwache – nicht nehmen. Dagegen können Kommunen auf die Stabilisierung der Wohngebiete, auf die Partizipationschancen und auf die Ausweitung der Handlungsspielräume der Bewohner auf sozialräumlicher Ebene Einfluss ausüben. Das Wohnumfeld und die Wohnbedingungen erhalten im Kontext gesellschaftlicher Desintegrationsprozesse eine zunehmende Bedeutung für die Integration. Da Großstädte wie Duisburg mit einer hohen Arbeitslosigkeit und geringen Steuereinnahmen sowie einer steigenden Migrantenpopulation diese Herausforderung mit einem geringen Budget für Sozialleistungen und Investitionen bewältigen müssen, sind sie auf alle verfügbaren Ressourcen der Gesamtstadt angewiesen, um nicht nur betroffene Stadtteile, sondern die Gesamtstadt zu stabilisieren und negative Folgen der Stadtentwicklung soweit wie möglich zu kompensieren. Denn die Funktionsfähigkeit ethnischer Kolonien übt einen Einfluss auf gesamtstädtische Entwicklung aus – wie auch umgekehrt. Daher ist eine Integrationspolitik sozialräumlich auszurichten.

Wie in der empirischen Forschung deutlich wurde, haben ethnische Kolonien eine ambivalente Funktion. Ob dabei eher ihre positiven oder eher ihre negativen Elemente akzentuiert werden, ist vor allem beobachterabhängig. Es mag manchen Leser überraschen, dass gerade die Integrationsleistungen der Moscheen in der empirischen Untersuchung hervorgehoben wurden. Auch umgekehrt wäre es möglich gewesen. Dann wären vielleicht die so genannten „Hassprediger", die enge Türkeibindung der Organisationen usw. in den Vordergrund getreten. Diese negative Darstellung würde dann eher dem Bild der Moscheen entsprechen, das in den Medien oder in der Politik vermittelt wird. Aber durch diese Sichtweise würde das Integrationspotential in diesen Einrichtungen verkannt und ein verzerrtes Bild rekonstruiert werden. Daher wurde in dieser Untersuchung ein Perspektivenwechsel vorgenommen und die integrativen Funktionen der religiösen Einrichtungen akzentuiert. Auch in der Café-Untersuchung hätte ein Perspektivenwechsel eventuell ein anderes Bild ergeben. Dann würden die sexuelle Ausbeutung der Frauen, das Glücksspiel usw. in den Hintergrund und andere Elemente in den Vordergrund treten. Die gesamte ethnische Kolonie als Parallelgesellschaft zu definieren ist deshalb zu undifferenziert. Sie besteht aus verschiedenen sozialen Systemen, Institutionen, die integrative wie desintegrative Funktionen, positive wie negative Tendenzen, Inklusions- sowie Exklusionsprozesse aufweisen. Daher sollten sie weder idealisiert, noch skandalisiert, sondern differenzierter betrachtet werden. Ihre Funktion reduziert sich nicht nur auf ihren Charakter als Übergangssituation, als erste Station im Integrationsprozess für Neueinwanderer. Sie übernehmen ab der vierten Phase vielfältigere Funktionen. Diese Wohngebiete sind nicht nur eine Zwischenwelt, nicht nur Interimsräume, sondern eine etablierte „funktionale Antwort" auf die ökonomischen, kulturellen und sozialen Bedürfnisse. In einer multikulturellen, pluralen Gesellschaft ist nicht davon auszugehen, dass diese Bedürfnisse sich abschwächen werden.

Im Folgenden sollen zwei mögliche Entwicklungsszenarien nachgezeichnet werden, die je nach wechselseitigen Öffnungs-, Interaktions- und Lernprozessen, in der fünften Phase eintreten können. Entweder wird die ethnische Kolonie in Zukunft in ihrer Funktionsfähigkeit gestärkt werden und einen positiven Beitrag für die gesamtstädtische Entwicklung leisten, oder ihre Funktionsfähigkeit wird stagnieren und sich in Folge in Teilen sogar regressiv entwickeln.

Option 1: Ausgrenzung, Stagnation und Regression

a. Werden die ethnisch-kulturellen Wohngebiete in den deutschen Städten durch die Kommunen weiterhin nicht anerkannt und gestärkt, so wird die Basis für einen negativen Verlauf in der fünften Phase gelegt. Im Hinblick auf den weiteren Entwicklungsweg der ethnischen Kolonien sind vor allem normative bzw. politische Diskurse wirkmächtige Faktoren. Denn restriktiv und abwertend geführte öffentliche und politische Diskurse können die eingelebte städtische „Normalität" in Frage stellen und eine rationale Konfliktbewältigung erschweren. Negative Zuschreibungsprozesse sowie undifferenzierte bzw. pauschale Wertungen der ethnischen Kolonien als „Problemquartiere" würden zur Verkennung der tatsächlichen, lebenspraktischen Funktionen der ethnischen Kolonie im lokalen Alltag beitragen. Der tägliche „Überlebenskampf" und die beachtlichen Integrationsleistungen, die Migranten und ihre Institutionen innerhalb der lokalen Bedingungen verwirklichen, blieben bei diesen Bewertungen außen vor.
b. Werden die Potentiale des Wohngebiets nicht erkannt, ja bestimmte ethnische Institutionen sogar isoliert, wirkt sich dies auf den weiteren Integrationsprozess kontraproduktiv aus. Denn die Ausgrenzung fördert die Selbstausgrenzung der Migranten und ihrer Institutionen. Die Reproduktion von ökonomischer, sozialer und kultureller Dis-

tanz zur Mehrheitsgesellschaft wird immer wahrscheinlicher. Unter diesen Umständen stagnieren erfolgreiche Öffnungs- und Integrationsprozesse und kontraproduktive Gemeinschaftsbildungen werden forciert.

Am Beispiel der türkischstämmigen Migranten wurde deutlich, dass eine kollektive Identität zwar nicht zwangsläufig gegeben ist, doch unter bestimmten Umständen kann sie für die Mobilisierung und Organisation der türkischstämmigen Migranten wirksam werden. Denn diese Identität basiert sowohl auf dem Bewusstsein der Gruppe „von sich selbst" als auch auf äußere Zuschreibungen, wobei das ethnische Bewusstsein meist infolge von Stigmatisierungen, verweigerter gesellschaftlicher Partizipation sowie Ausgrenzungen erst seine Bildung erfährt. Die Mitglieder der ethnischen Gruppe können auf diesen Zustand im schlimmsten Fall mit Resignation und Rückzug in die eigene ethnische Gruppe reagieren.[870]

c. Das Recht der Migranten sich in städtischen Räumen ökonomisch, sozial und kulturell zu entfalten, sollte nicht über ihre Benachteiligungen hinwegtäuschen. Denn dieses Recht können die Migranten nur in benachteiligten Stadtteilen realisieren. Dementsprechend hoch fällt der Belastungsgrad dieser Wohngebiete aus. Innerhalb dieser Handlungsgrenzen bzw. -möglichkeiten versuchen die Menschen ihren Alltag in der Stadt zu bewältigen, zur Not auch mit illegalen Mitteln.

Der Dynamik und Effektivität der ethnischen Selbstorganisation im Stadtteil sind Grenzen gesetzt, die sie ohne Unterstützung der Kommunen nicht bezwingen können. So setzen sich beispielsweise die Moscheevereine mit den lokalen Herausforderungen auseinander, aber es sind Bestrebungen, die nicht immer die erforderliche Effektivität mit sich bringen. In der Jugendarbeit z.B. stellen die Einrichtungen den Jugendlichen zwar gewisse Räumlichkeiten zur Verfügung – zum Teil führt man sogar eigene Fußballmannschaften –, aber nicht immer gelingt ihnen eine erfolgreiche Binnenintegration. Dies bestätigt beispielsweise das Glücksspiel- und Drogenmilieu im Stadtteil, in dem auch ehemalige Jugendliche aus den Moscheen anzutreffen sind.

„Es gibt über all die Jahre eine gewisse Tendenz d.h. man konnte Kinder unter 10 Jahren als Koranschüler in den Moscheen erleben. Nach ein paar Jahren, nach Eintritt in die Strafmündigkeit mit 14, habe ich dieselben Leute oft als Häftlinge in Jugendstrafanstalten treffen können und später als Mandanten vor Gericht gehabt. Und ich kann mich an einen Abend erinnern, wo ich mit einem Hodscha diverse Lokale aufgesucht, also Teestuben, regelrechte Kneipen und Spielhöllen, und sowohl die Jugendlichen im Alter von 17, 18, 20, auch Heranwachsende, waren überrascht mich und vor allen Dingen den Hodscha zu sehen als auch der Hodscha überrascht war, seine ihm abhanden gekommenen Koranschüler, denn kaum konnten die laufen, sind die weggelaufen, kaum hatten sie so viel Selbständigkeit erreicht, sich aus den Koranschulen zu entziehen." (Ralf B., 51 Jahre, Rechtsanwalt: 9)

um einen spielt für dieses Problem der (noch) bestehende Türkeibezug der Moscheevereine eine Rolle, wobei dieser allmählich im Begriff ist abzunehmen. Dennoch hat der jahrelange Fokus auf die Herkunftsgesellschaft eine frühzeitige Einstellung auf die Integrationsherausforderungen im Aufnahmeland verhindert. Diese Orientierung beruht allerdings nicht ausschließlich auf der Distanzierung der Migranten. Der Integrations- bzw. Segregationseffekt dieser Vereine ist auch auf die staatliche Ausländerpolitik zurückzuführen. Denn In-

---

[870] Vgl. Michael Krummacher, Zuwanderung, Migration, a.a.O., S. 326

tegrations- bzw. Desintegrationsprozesse variieren nicht nur mit der Offenheit bzw. Geschlossenheit der Migrantenvereine, sondern auch mit der Offenheit bzw. Geschlossenheit der Majorität. Wäre die Politik gegenüber den Migranten offener gestaltet worden, hätten sich die Migranten frühzeitiger auf die Politik und die Bedingungen des Einwanderungslandes einstellen können.

Der Öffnungsprozess der religiösen Einrichtungen wird nicht nur durch die Ausländerpolitik auf der Bundesebene, sondern auch durch Ausgrenzungen auf lokaler Ebene behindert und somit die Gefahr einer ethnischen Fragmentierung forciert. So werden durch die Etikettierung der offiziellen Organisationslinie der muslimischen Institutionen wie im folgenden Fall, lokale Integrationsleistungen und Öffnungsprozesse zurückgeworfen.[871] Initiativen in diesen Wohngebieten finden ohne ihre Partizipation und ohne ihre institutionelle Repräsentanz statt. Sie können sich nicht engagieren und nicht mitverhandeln, wenn es um ihren eigenen Stadtteil geht.

> „Dort habe ich angeboten, dass wir da die Computer bereitstellen können für Hochfeld. Aber, wie gesagt, da war dann wieder das Problem ,IGMG ist im Verfassungsschutz', deswegen wollte man nicht, dass wir dieses Projekt leiten, also jetzt gerade speziell Internet-Café und für die Kinder, wie man mit dem Computer umgeht. Damit habe ich schon bisschen schlechtere Erfahrungen, weil ich habe in vielen Veranstaltungen erlebt, man sagt ,O.K. Herr G., sie als Person, mit ihnen haben wir kein Problem, aber mit der Islamischen Gemeinde'. Also, wir sind eingetragen als Islamische Gemeinde e.V., daraus wird nicht ersichtlich, dass wir zur islamischen Gemeinschaft Milli Görüs gehören, offiziell. Wenn man dann sieht ,O.K, sie sind ein Verein der IGMG', dann betrachtet man das ganze mit Skepsis. Ich denke, man hätte in Hochfeld mit dem interkulturellen Dialog viel erreicht, wenn man das nicht als Hindernis gesehen hätte, weil keiner kann sagen, dass wir uns zurückgezogen haben, nicht bereit waren zu arbeiten. In der Feuerwache waren wir sehr aktiv, das können viele bestätigen." (Ihsan G., 28 Jahre, Student: 12)

Zum anderen spielen die begrenzten finanziellen und personellen Ressourcen in den Moscheevereinen der ethnischen Kolonie eine Rolle. Da keine der Kirchensteuer ähnliche Abgabe entrichtet wird, finanzieren sich die Einrichtungen überwiegend von Mitgliederbeiträgen und Spenden. Daher arbeiten alle aktiven Gemeindemitglieder – bis auf den Imam – ehrenamtlich. Darüber hinaus stellen die Akademiker jeweils nur eine kleine Minderheit dar. Der kleine Kreis der qualifizierteren Personen muss dementsprechend mehr leisten. Durch diese Mängel ist die Reichweite der Hilfestellungen der Gemeinden begrenzt. Es sind begrenzte Maßnahmen mit begrenzten Effekten, weil sie keinen entscheidenden Einfluss auf die Rahmenbedingungen des Stadtteils bzw. der Stadt und somit auf die strukturelle Benachteiligung ausüben können. Es sind, wie Jonker sie nennt, „Selbsthilfezentren"[872] die lediglich durch ihre sozialen Dienstleistungen versuchen die Probleme im Stadtteil aufzufangen und so weit es geht zu mildern. Deshalb gelingt es den meisten Moscheevereinen beispielsweise auch nicht, ihre Aktivitäten in der Gemeinde ausreichend nach außen hin transparent zu machen, es sei denn, bestimmte Maßnahmen werden in Kooperation mit anderen deutschen Einrichtungen umgesetzt.

---

871 Vgl. hierzu Thomas Hartmann, Beschwerter Dialog, in: Thomas Hartmann/Margret Krannich (Hrsg.), Mus me im säkularen Rechtsstaat. Neue Akteure in Kultur und Politik, Berlin 2001, S. 109
872 Vgl. Gerdien Jonker, Die islamischen Gemeinden in Berlin, in: Hartmut Häußermann,/Ingrid Oswald (Hrsg Zuwanderung und Stadtentwicklung, Opladen/Wiesbaden 1997

9 Zusammenfassung und Schlussfolgerungen

Auf Seiten der deutschen Majorität können diese Schwächen der Moscheegemeinden dazu führen, dies ausschließlich mit der Interesselosigkeit bzw. dem Rückzug in die eigene Bevölkerungsgruppe zu interpretieren, nach dem Motto: Man verlangt viel, ist aber nicht bereit, im Gegenzug etwas dafür zu leisten:

> „Das ist in diesem Zusammenhang eine interessante Frage, denn in wie weit ist es erwünscht, die Zusammenarbeit, die Kontakttiefe. Darüber bin ich mir nicht im Klaren. Ich habe öfters von den Moscheenvereinen Anfragen bekommen, wenn die etwas bestimmtes haben wollten, z.B. die Diyanet Moschee will, dass vor ihrem Haus nicht geparkt oder das eine Zufahrt für ihre Leichenwagen gesichert wird, weil da auch Waschungen vorgenommen werden. Dann wird das schon von mir, also dann passiert was, das wird dann auch gemacht, aber das war es dann auch. Viel näher kommen wir uns bislang nicht. Anders ist das mit Geschäftsleuten, also Leuten, die mehr Eliten sind." (Stadtteilmanager.: 3)

Bei den Aktiven in den Moscheevereinen wiederum kann der Eindruck entstehen, dass ihre soziale und politische Partizipation nicht ausreichend honoriert und ihrer begrenzten Handlungsmöglichkeit nicht genügend Rechnung getragen wird. Damit besteht die Gefahr, dass sich aus diesen gegenseitigen Vorwürfen eine eigenständige Dynamik entwickelt, welche die erwünschte und notwendige Kommunikation und Kooperation blockiert, die aber im Grunde für den Öffnungsprozess der ethnischen Kolonie von entscheidender Bedeutung ist.

> „Ich meine, jeder der hier in der Gemeinde arbeitet, arbeitet ehrenamtlich, keiner wird bezahlt wie in der Kirche und die Leute haben Beruf oder studieren oder müssen etwas anderes nebenbei machen und haben nicht viel Zeit, die sie für die Gemeinde aufbringen können. Und, wenn man dann viel machen will, also wo ich angefangen habe, hatte ich viel vor und wenn man sieht, diese Enttäuschungen in diesem Sinne, dann vergeht einem der Spaß und man denkt sich ‚Ich erreiche sowieso nichts, dann brauche ich auch nichts zu machen.' Das gibt es auch." (Ihsan G., 28 Jahre, Student: 13)

1. Mangelnde Ressourcen, Ausgrenzungs- und Selbstausgrenzungs- sowie Ethnisierungsprozesse hätten die Stagnation der Öffnungsprozesse zur Folge. Der Ausschluss der Migranten und ihrer ethnischen Institutionen sowie die unterlassene Unterstützung der Integrationsleistungen könnten regressive Entwicklungen in den betroffenen Stadtteilen fördern. Der Prozess der wechselseitigen Verstärkung von sozialer Distanzierung und kultureller Segmentation würde die Offenheit zwischen Majorität und Minorität immer mehr verringern und die interkulturelle Kommunikation und Kooperation blockieren. Die Billigung devianter Verhaltensweisen, aber auch politisch-extremistische Tendenzen könnten unter diesen Bedingungen auf größere Zustimmung treffen. Ethnisch-kulturelle Konflikte würden wahrscheinlicher und die soziale Stabilität in den betroffen Wohngebieten nähme allmählich ab. Diese negativen Veränderungen hätten dann zur Folge, dass sich die gesellschaftliche Funktion der Institutionen abschwächt und sie tatsächlich zu einem „Ghetto der Ausgeschlossenen" werden.

In der empirischen Untersuchung wurde anhand der Moscheeuntersuchung verdeutlicht, dass diese innerhalb der ihnen zur Verfügung stehenden begrenzten räumlichen, ökonomischen, sozialen und kulturellen Ressourcen den Lebensalltag im Quartier gestalten. Trotz der Mitgliedschaft der lokalen Moscheevereine bei überlokalen Dachverbänden, die aus der Türkei dirigiert werden, zwingt der lokale Alltag diese Einrichtungen, sich mit den täglichen Herausforderungen auseinanderzusetzen. Für eine noch stärkere Orientierung am Aufnahmeland und zugleich eine Abschwächung der Orientierung am Herkunftskontext müsste zwar besonders auf die Dachverbände Einfluss ausgeübt werden, doch wie die erste Moschee in Duisburg Hochfeld infolge einer lokalen Initiative gegründet wurde, können heute wiederum lokale Initiativen und somit die Gemeindemitglieder, die ja durch ihre Mitgliedsbeiträge die Existenz der Moscheen garantieren, den Perspektivenwechsel erzwingen. Werden aber die integrativen Bestrebungen auf lokaler Ebene seitens der Kommunen nicht anerkannt, nicht unterstützt und sogar abgewiesen, so können diese Anpassungsprozesse nicht nur stagnieren, sondern in Regression umschlagen. Die negativen Erfahrungen sowohl mit der Kommune als auch mit lokalen politischen Initiativen würden die Desintegration, die Schließungsprozesse nach innen und eine Ideologisierung und somit kontraproduktive Gemeinschaftsbildungen begünstigen. Ihre Eigenschaft als lernfähiges System und damit eine wesentliche Bedingungen für eine positive Binnenintegration würden die religiösen Einrichtungen unter diesen Umständen verlieren.

In der Caféuntersuchung wurde dagegen aufgezeigt, dass illegale und regressive Handlungen bereits etabliert sind. Die sozialen Netze der Menschenhändler bzw. illegaler Organisationen in der ethnischen Kolonie führen dazu, dass Migrantinnen in ein persönliches und materielles Abhängigkeitsverhältnis getrieben werden. Sie werden physisch ausgebeutet. Wie die ersten Arbeitsmigranten auch, nehmen diese Frauen im „Dienstleistungsbereich" eine solche Ausbeutung nur deshalb in Kauf, weil sie die besseren Verhältnisse im Aufnahmenland in Relation zu den schlechteren Verhältnissen in ihrem Herkunftsland setzen. Der persönliche Schutz der Café-Inhaber und das Milieu sorgen dafür, dass die Frauen im Wohngebiet ungestört ihrer Arbeit nachgehen können.

Die exkludierten Migranten im Wohngebiet haben mit dieser Prostitution, aber auch mit dem Glücksspiel, der Kleinkriminalität und dem Drogenkonsum ihre eigene Konsumkultur, ihr eigenes Milieu mit spezifischen Normen und Werten geschaffen. Zwar handelt es sich bei diesen Verhaltensweisen um Überlebensstrategien, um eine Kompensation ihrer materiellen und sozialen Benachteiligung, doch stellen sie für die wenigsten Betroffenen konstruktive Lösungen dar. Obwohl die Handlungen innerhalb der sozialräumlichen Rahmenbedingungen ihre eigene soziale Logik haben, werden durch die regressiven Lösungsmittel ihre Handlungsfähigkeiten zerstört. Exklusionserfahrungen außerhalb und innerhalb des Stadtteils forcieren eine soziale Inklusion in andere soziale Systeme. Der Anschluss an lokale Szenen bedeutet jedoch den Einstieg in Lernprozesse, die Exklusionsverkettungen bewirken können. Ihre sozialen Netzwerke werden nicht nur enger, sondern auch zunehmend homogener. Durch die Einengung ihrer sozialen Netze, werden auch ihre Lern- und Erfahrungsräume im Wohngebiet und somit ihre Informations- und Interaktionschancen eingeschränkt.

Die Stigmatisierung, die Ausgrenzung und die Erfahrung der Begrenztheit bezüglich der verfügbaren materiellen, sozialen und kulturellen Ressourcen erhöht die Kluft zur Mehrheitsgesellschaft. Ihre soziale und räumliche Distanz zu den professionellen Institutionen steigt. Diese Distanz verhindert eine professionelle Intervention wie z.B. im Fall von Spielsucht. Zur Verfestigung der Marginalisierungs- und Ausgrenzungsprozesse tragen aber auch die Stigmatisierungen der Bewohner ethnischer Kolonien bei. Es kommt zur Bildung und Stabilisierung von konkurrierender Norm- und Wertsysteme innerhalb des Wohngebietes, so dass Entsolidarisierungstendenzen stärker v ranschreiten. Die soziale Stabilität und die interne Kohäsion nehmen ab. Die Ausweitung illegaler Aktivitäten im Wohngebiet belastet wiederum die Beziehung zwischen den allochthonen und autochthonen Bewohnern, aber auch die Beziehung zur Kommune. Die Ethnisierung sozialer Konflikte und das Konfliktpotential werden durch die Zunahme der Stereotypen und der Stigmatisierungen wahrscheinlicher.

Auf Seiten der deutschen Bewohner kann die Zunahme der Illegalität als Normflexibilität gegenüber Migranten aufgefasst werden. Auf der Seite der Migranten werden die rechtsfreien Zonen als bewusste Vernachlässigung des Stadtteils interpretiert, weil es sich um „Wohngebiete der Ausländer" handelt. Die marginalisierten Bürger dagegen können die Ausweitung der Illegalität befürworten, weil sie die Legitimation für diese Handlungsweisen gerade in der Vernachlässigung des Stadtteils durch die Kommunen sehen. Für die Bewohner außerhalb des Stadtteils, auch für Migranten, die nicht zu der dominanten ethnischen Gruppe des Wohngebietes gehören, verstärkt sich unter diesen Bedingungen das Stigma dieser Stadtteile als „No-Go-Area" durch die lokalen Alltagspraktiken nur noch.

„Ich hab schon mal erlebt, dass, also hier hab ich mal einen Kollegen nachts um ein Uhr hab ich ihn getroffen, ich war mich mit einem anderen Kollegen am unterhalten, der läuft an uns vorbei, das war so ein Spanier und den hab ich mit seinem Namen angesprochen, vier mal, der hat sich nicht umgedreht und dann bin ich hinterher gegangen, hab ich gesagt ‚Was ist denn los?'. Und er meinte dann ‚Ja hier kriegt man ja Angst sich umzudrehen', obwohl das ja gar nicht so ist. Obwohl, egal wer das wäre, wenn irgend so, weiß ich nicht, irgend so ein Mensch hier rein kommen würde und der jetzt kein Türke wäre und irgendwelche Hilfe verlangen würde, würde jeder versuchen ihm zu helfen, in allen Cafés würde man das machen."
(Aygün A., 30 Jahre, Elektriker: 14)

Die räumliche und soziale Ausgrenzung durch Stigmatisierung und Diskriminierung würden in dem beschriebenen Verlauf dann tatsächlich das Selbstwertgefühl und die moralischen Qualifikationen der Bewohner und somit der ethnischen Kolonie schwächen. Die sozialräumliche Konzentration von ethnischen Gruppen ist zwar nicht in jedem Fall mit einem Ghetto gleichzusetzen, es sei denn ihre Übergänge sind für ihre Bewohner verschlossen, so dass es zum Ausschluss von den Chancen der Stadt führt. Bereits die schwarzen Diplomanden und Dissertanten von Burgess machten ihn auf diesen Punkt aufmerksam, wonach die Stadt nicht einfach eine organisch-harmonische Gesellschaft ist, sondern eben auch Diskriminierungen den Aufstieg der schwarzen Bevölkerung verhindern, so dass schließlich der Wohnort selbst die Benachteiligung verursacht und verstärkt. Durch die fehlenden Aufstiegsoptionen können die ethnisch-homogenen Viertel ihre Funktion als „Sprungbrett" in die Gesellschaft nicht mehr erfüllen.[873] Die Ausschreitungen in den Pariser Vorstädten und die Ausrufung des Ausnahmezustandes als Antwort auf die Unruhen im Jahre 2005 haben vor Augen geführt, welche Konsequenzen die Exklusion von den gesellschaftlichen Standards mit sich bringen kann. Die Wut richtete sich gegen diejenigen, die sie für den eigenen sozialen Ausschluss verantwortlich machen: gegen die Gesellschaft. Nicht nur die Migranten hätten die Konsequenzen der Konflikte zu tragen, sondern auch die

---

[73] Vgl. Jens S. Dangschat, Residentielle Segregation – die andauernde Herausforderung an die Stadtforschung, in: Heinz Fassmann/Josef Kohlbacher/Ursula Reeger (Hrsg.), Zuwanderung und Segregation, Klagenfurt 2002, S. 26

Kommunen selbst, wenn sich die gesellschaftliche Funktion der ethnischen Wohngebiete schwächt und sie tatsächlich zu einem „Ghetto der Ausgeschlossen" werden.

Option 2: Anerkennung, Stärkung und Anbindung der ethnischen Kolonien

a. Der erfolgreiche Übergang von der vierten zur fünften Phase wird vor allem durch die Anerkennung der ethnischen Konzentration bestimmt. „Die Kommune muss die Konzentration an- und erkennen statt sie zu diffamieren oder zu beklagen. Von dieser Realität ausgehend können Schritte zur Stabilisierung des Stadtteils und seiner Bewohnerschaft und Schritte zu einer langsamen Veränderung eingeleitet werden."[874] In diesem Sinne muss zunächst die Einwanderungsrealität und die Zuwanderung als konstitutives Merkmal der Stadt anerkannt werden, ohne in ideologisierte Debatten und Skandalisierungen zu verfallen. Denn wie es in Goethes 121. Maxime heißt: „Toleranz sollte eigentlich nur eine vorübergehende Gesinnung sein: Sie muss zur Anerkennung führen. Dulden heißt beleidigen."[875] Nur auf dieser Basis können weitere progressive Entwicklungen in den ethnischen Wohngebieten stattfinden.

In der empirischen Untersuchung wurde versucht, die eigene räumliche und soziale Organisation der Deprivierten aus der Binnensicht aufzuzeigen. Zwar ist die räumliche und soziale Organisation der Migranten nicht immer konstruktiv und effektiv, dennoch sollten sie nicht stigmatisiert werden. Die eingeschränkten Handlungsmöglichkeiten dieser Menschen müssen bei der Bewertung aus der Außensicht berücksichtigt werden. Die ethnische Kolonie ist ambivalent, und damit weder grundsätzlich positiv noch negativ. Eine differenzierte Sichtweise ist erforderlich. Es ist die Majorität (Politik, Medien, Wissenschaft), die das Bild der ethnischen Kolonie prägt. Sie haben die Definitionsmacht, daher sind diese Wohngebiete weder zu skandalisieren noch zu idealisieren, sondern ein differenzierteres Bild ist zu entwerfen ohne die Auflösung dieser Wohngebiete zu postulieren. Mehr Transparenz und sachgerechte Informationen über das Alltagsleben in ethnischen Kolonien könnten zur Akzeptanz und zum Verständnis beitragen.

b. Das Misstrauen gegenüber Migrantengruppen in kontinentaleuropäischen Ländern resultiert meistens infolge ihrer „Kultur". Diese werden nicht nur als minderwertig, sondern als Hindernis für die Integration in eine moderne Gesellschaft gewertet, obwohl in Frage zu stellen ist, inwieweit die Aufrechterhaltung einer traditionellen Minderheitenkultur in statischer und rigider Form Sinn macht.[876] „Bei genauer Betrachtung erkennt man jedoch, daß diese Kulturen gerade nicht statisch sind, sondern vielmehr ein Element der Moderne in sich tragen, welches sich aus ihrem Kampf um Gleichbehandlung ergibt. Dieses Modernisierungselement zu stärken sollte eine Anliegen bei allen Konsultationen im Kontext von Verhandlungsprozessen mit Minderheiten sein."[877] In diesem Sinne sollten auch die ethnischen Kolonien nicht auf eine statische, traditionelle Minderheitenkultur reduziert werden. Diese Wohngebiete tragen insofern ein Element der Moderne in sich, als dass sie sich ständig weiterentwi

---

[874] Vgl. Michael Krummacher/Viktoria Waltz, Einwanderer in der Kommune, a.a.O., S. 186
[875] Vgl. Johann Wolfgang von Goethe, Maximen und Reflexionen, Nr. 121
[876] Vgl. John Rex, Multikulturalität als Normalität moderner Stadtgesellschaften, a.a.O., S. 132, 137
[877] Ebd., S. 137

ckeln. Trotz bestehender Defizite erfüllen sie vielfältige Funktionen in der Kolonie, weil sie in ihrem Alltag unmittelbar von den Folgen der Stadtteilentwicklung betroffen sind. Das Café in einem Duisburger Stadtteil kann daher andere Funktionen erfüllen, als das Café in Anatolien.

Die ethnische Kolonie darf deshalb nicht nur unter defizitären Gesichtspunkten diskutiert werden. Auf der Basis der Anerkennung müssten im Interesse der Kommunen die verfügbaren Ressourcen wie in der Gesamtstadt, auch in diesen Wohngebieten herausgearbeitet werden. Ihre endogenen wirtschaftlichen, kulturellen und sozialen Potenziale sowie die multikulturellen Infrastrukturen und Raumnutzungen müssen mobilisiert und gestärkt werden, um diese Ressourcen für den Stabilisierungs- und Erneuerungsprozess zu nutzen.[878] Aus eigener Kraft werden die ethnischen Kolonien diese Mobilisierung und Stärkung nicht schaffen, so dass die Kommunen diese Aufgabe unterstützen müssen. Eine gestärkte ethnische Kolonie könnte in den Prozess der gesamtstädtischen Entwicklung involviert werden und positive Beiträge leisten.

Ethnische Kolonien verfügen über wichtige Selbsthilfepotenziale. Da Migranten den Wunsch haben, sich selbst zu betreuen, müssten die örtlichen Ressourcen und Kompetenzen optimiert werden. Zugleich sollte die strukturelle Benachteiligung und die Reproduktion von Benachteiligung begrenzt werden. In der empirischen Untersuchung wurden jeweils Ausschnitte der vielfältigen Dienstleistungen wiedergegeben, welche die untersuchten Moscheen im Kontext der gesamtstädtischen Entwicklung in der Kolonie erbringen. Seit der Gründung der ersten Einheitsgemeinde haben sie sich mit der kumulativen Abwärtsentwicklung des Stadtteils und mithin der höheren Leistungsanforderungen zu multifunktionalen Einrichtungen entwickelt. Sie sind nicht nur das „spirituelle", sondern auch das soziale und kulturelle Kapital im Quartier. Bei den türkisch-muslimischen Bewohnern treffen ihre Angebote im Stadtteil auf große Resonanz. Sie sind mittlerweile die Basisorganisationen der Kolonie. Das belegen sowohl die Mitglieder-, als auch die Besucherzahlen. Die starke soziale Identifikation mit den Moscheen fördert die Integration in das soziale und kulturelle Umfeld ihres Stadtteils. Diese Identifikation ist ein positiver Ansatzpunkt für die Mobilisierung der Mitglieder für ihren Sozialraum.

Die Kommunen haben die Aufgabe, diese Selbstorganisation zu fördern und beim Aufbau der Kapazitäten in den Institutionen der ethnischen Kolonie Hilfestellungen zu leisten. Das Interesse der Mehrheitsgesellschaft an den ethnischen Kolonien ist durch externe Effekte begründet. Denn von den sozialen und wirtschaftlichen Fähigkeiten der Migranten von deren Wohngebieten als Sozialkultur, quasi als öffentliches Gut[879], profitieren alle Gesellschaftsmitglieder – auch die benachteiligten Einheimischen innerhalb der betroffenen Wohngebiete. Vor diesem Hintergrund sind Umverteilungen von ökonomischen, sozialen und kulturellen Ressourcen in benachteiligte Wohngebiete und ethnischen Institutionen zu begründen, da sie für alle Nutzen stiften. Hierzu gehört auch die Stärkung der internen Kohäsion, um eine kollektive Interessenartikulati-

---

[878] Viktoria Waltz/Michael Krummacher, Einwanderer in der Kommune, a.a.O., S. 282
[879] Vgl. zu Externalitäten in der Sozialpolitik Notburga Ott, Sozialpolitik, in: Dieter Bender u.a. (Hrsg): Vahlens Kompendium der Wirtschaftstheorie und Wirtschaftspolitik, Band 2, 8. Aufl., München 2003, S. 507ff.

on der Migrantenorganisationen zu ermöglichen. Dadurch kann auch eine stärkere Mitarbeit auf kommunaler Ebene erreicht werden.[880]

Die Möglichkeiten zur symbolischen Präsentation in den ethnischen Kolonien müssen ebenfalls im Rahmen der Stärkung der Selbsthilfepotentiale erleichtert werden. Denn diese Symbolik würde sowohl den Einheimischen als auch den Migranten vor Augen führen, dass sie zu einem festen Bestandteil der hiesigen Gesellschaft geworden sind. Für den Integrationsprozess der Migranten würde diese symbolische Präsentationsmöglichkeit nicht nur die Identifikation mit dem Stadtteil, sondern auch mit dem Aufnahmeland insgesamt fördern. Begonnen hat der Migrationsprozess mit den temporären Gebetsräumen in den Wohnheimen, dann traten die Migranten zunehmend in den öffentlichen Raum ein, mieteten die so genannten Hinterhofmoscheen und bauten ihre Funktionen stärker aus. Am Ende dieses Prozesses steht nun die symbolische Präsentation, die die Niederlassung der Zuwanderer baulich widerspiegelt.

Im Café-Milieu gilt es, diese Freiräume nicht aufzulösen, sondern die Bedeutung für seine Mitglieder muss zunächst erkannt werden. Die integrativen und desintegrativen Funktionen sind zu identifizieren, um diese gezielt als Ansatzpunkte für die Stärkung des Milieus zu nutzen und um kontraproduktive Entwicklungen zu unterbinden. Insbesondere muss die Verfestigung von Marginalisierungsprozessen durchbrochen und die Durchlässigkeit dieser Milieus gesichert werden, um die räumliche und soziale Mobilität ihrer Mitglieder zu sichern. Ein erster Schritt könnte die Kooperation mit den örtlichen Migrantenvereinen darstellen, um diese deprivierten Personen zu erreichen. In diesem Kontext ist zudem die von Rolf Heinze als wirtschafts- und sozialpolitisches Reformprojekt postulierte Requalifizierung von Zeit in Form von so genannten Kooperations- bzw. Tauschringen interessant.[881] Da die einzige ungenutzte Ressource, über die die arbeitslosen bzw. geringfügig beschäftigten Cafébesucher verfügen, ihre freie Zeit darstellt, muss ihre produktive, nichtmonetäre gesellschaftliche Nutzung in der ethnischen Kolonie gewährleistet werden. „Zeit müsste wie Geld behandelt, ohne dennoch gegen Geld gehandelt zu werden. Die „lokale" Logik der Zeit müsste quasi großräumig und flächendeckend zur Geltung gebracht werden. (…) Die Wahl der Zeitbasis für die Währung (in Kooperations- bzw. Tauschringen, A.d.V.) hat eine Reihe von praktisch relevanten und auch normativ attraktiven Implikationen. Neben der Eindämmung von Preisbildungsmechanismen und erwerbswirtschaftlichen Gewinnmotiven wird mit der Stundenbasis der Zweck verfolgt, in der Marktökonomie und auf dem Arbeitsmarkt aufgebaute materielle Ungleichheiten in gewissem Maße umzukehren."[882] Diese alternative Maßnahme als überhaushaltlicher Austausch von Leistungen würde den sozialstrukturellen und soziokulturellen Verhältnissen in den betroffen Wohngebieten entsprechen.[883] Da eine spontane Bildung solcher sozialen Arrangements auf breiter Basis im Quartier nicht zu erwarten ist, „und zwar vor allem in der Bevölkerungsgruppen nicht, wo ein erheblicher wohlfahrtssteigernder und egalitäre Effekt von solchen nichtmonetären haushaltsnahen Tauschsystem erwartet werde

---

880 Vgl. hierzu Yvonne Bemelmans/Maria Jose Freitas, Situation der islamischen Gemeinden in fünf europä schen Städten. Beispiele für kommunale Initiativen im Auftrag der Europäischen Stelle zur Beobachtung vc Rassismus und Fremdenfeindlichkeit, Wien 2001
881 Vgl. Rolf G. Heinze, Die blockierte Gesellschaft. Sozioökonomischer Wandel und die Krise des „Mode Deutschland", Opladen/Wiesbaden 1998, S. 252ff.
882 Ebd., S. 256 u. 258
883 Vgl. ebd., S. 258

könnte"[884] könnte ihre Inszenierung und Koordinierung über die Moscheevereine erfolgen.

c. Trotz einer gewissen Größe und institutionellen Vollständigkeit der ethnischen Kolonien, müssen diese nicht zur Entstehung von Subgesellschaften und damit zur Abnahme interethnischer Interaktionen beitragen, sofern die Anbindung an die lokalen und kommunalen politischen Prozesse gewährleistet wird. Die Anbindung der gestärkten Migranteneinrichtungen an die Institutionen und in den gesamtstädtischen Entwicklungsprozess muss daher stärker gefördert werden. Mit dem Zugang zum öffentlich-politischen Leben kann auch eine höhere Problemlösungsfähigkeit einhergehen. In diesem Rahmen postuliert Koopmans: „Eine staatliche Politik, die sich das integrationsfördernde Potenzial ethnischer Selbstorganisation zu Nutze machen möchte, muss ethnischen Gruppen die Möglichkeit eröffnen, eine aktive Rolle in der Politik ihrer neuen Wahlheimat zu spielen."[885] Auf der individuellen Ebene ist dieser Schritt durch das neue Gesetz zur Staatsbürgerschaft geregelt worden.

Bezüglich der Kooperation mit Migrantenorganisationen, müssen alle alternativen Institutionen, die bezüglich der Lösung der sozialpolitischen Probleme auf lokaler Ebene in Frage kommen, ausführlich dargestellt werden. „Eine möglichst vollständige Auflistung dieser Alternativen wird deshalb in der Regel als erster Schritt in der Theorie der Institutionenwahl gesehen. Dabei geht es nicht einfach um Klassifikationen der Systematisierung willen. Vielmehr soll der Raum, der für politische Entscheidungen offen steht, überhaupt erst einmal ausgeleuchtet werden."[886] Vor diesem Hintergrund wird nämlich deutlich, dass institutionelle Wahlentscheidungen eine politische Frage sind.[887] Ideologische Vorbehalte gegen die Zusammenarbeit und gegen die Beteiligung ethnischer Institutionen als Interessenvertretungen könnten aber den Stellenwert dieser verkennen lassen: „Auf der Organisationsebene gilt es, ethnische Organisationen nicht zu verteufeln oder auszugrenzen, wie dies in Deutschland zum Beispiel in Bezug auf islamische Organisationen oft geschieht, sondern sie zu fördern und in politische Verfahren und Gremien einzubinden. Die Ausgrenzung von Zuwandererorganisationen auf ethnischer und religiöser Basis unter Verweis auf „Parallelgesellschaften" droht sonst eine sich selbst erfüllende Prophezeiung zu werden. Eine Integrationspolitik, die ethnischen Gruppen keinen Platz im politischen Prozess bietet, trägt nur dazu bei, die ethnische Fragmentierung zu befördern, die sie eigentlich zu vermeiden versucht."[888]

Die Kommunen werden in Zukunft diese Potentiale und Ressourcen nutzen müssen, in dem sie verstärkt das Bürgerengagement und das Feld gesellschaftlicher Eigenaktivitäten der Migranten forcieren werden. Dies wird leider nicht unbedingt als Akt der Neubegründung der lokalen Demokratie erfolgen, sondern eher die nackte Not der

---

84 Siehe ebd., S. 259
85 Ruud Koopmans, Integration oder Zersplitterung? Die politische Rolle ethnischer Selbstorganisationen, in: Stamatis Assimienios,/Yvette Shajanian (Hrsg.), Politische Beteiligung in der Migration: Die Herausforderung. Einbürgerung, Politische Rechte, Interessenvertretung. Eine Dokumentation des Projektes Förderung der sozialen und politischen Partizipation von MirantInnen in Deutschland. Bundesarbeitsgemeinschaft der Immigrantenverbände in der Bundesrepublik Deutschland (BAGIV), Bonn 2001, S. 94
86 Christoph Badelt/Birgit Trukeschitz, Grundzüge der Sozialpolitik. Allgemeiner Teil: Sozialökonomische Grundlagen, Wien 2001, S. 85
87 Vgl. ebd., S. 85f.
88 Ruud Koopmans, Integration oder Zersplitterung? Die politische Rolle ethnischer Selbstorganisationen, a.a.O., S. 94

finanzschwachen Kommunen wird sie in Zukunft dazu zwingen, Neues auf lokaler Ebene auszuprobieren. Sowohl die Mitgestaltung der Moscheevereine an der Dienstleistungsproduktion auf lokaler Ebene als auch ihre Partizipation an Planungs- und Entscheidungsprozessen, also ihre Auftraggeberrolle, wird vor diesem Hintergrund zunehmen.[889]

In der empirischen Untersuchung wurde dargestellt, dass das Mindestmaß an politischer Partizipation der Moscheevereine durch die kommunalpolitische Aktivität ihrer Mitglieder verwirklicht wird. Dadurch wird ihre soziale und politische Isolation überwunden. Durch die Einbindung der Migranten in die Moscheegemeinden erhalten auch sie Zugang zum öffentlich-politischen Leben in der Aufnahmegesellschaft. Durch ihr politisches und soziales Engagement könnten diese Einrichtungen zudem einen wichtigen Beitrag zur Stabilisierung der Zivilgesellschaft leisten. Das bürgerschaftliche Engagement in diesen Gemeinden ist positiv zu bewerten, da dies eine wichtige Voraussetzung für eine funktionierende pluralistisch-demokratische Gesellschaft darstellt, zumal dieses Engagement in benachteiligten Wohngebieten wie Duisburg-Hochfeld stattfindet. In Zukunft könnten die religiösen Einrichtungen der Kolonie als wichtige Kooperationspartner der Kommunalpolitik auftreten und professionellere Interventionen leisten. Dafür sind aber die Anerkennung der Moscheen als Körperschaft öffentlichen Rechts, der Ausbau bestehender Potentiale sowie ihre weitere Öffnung und die Ausweitung ihrer sozialen und kommunalpolitischen Partizipation erforderlich.

In diesem Kontext könnten beispielsweise Imame in Zukunft in Deutschland theologisch und pädagogisch ausgebildet werden. Deutschsprachige Imame wie Yusuf U., die sowohl die religiöse Betreuung der Gemeinde übernehmen als auch sozialarbeiterisch tätig sind, wären dann keine Seltenheit mehr. Auch Deutsche könnten in diesem Zusammenhang eine wichtige Brückenfunktion in ethnischen Kolonien übernehmen. Denn dem Ausdifferenzierungsprozess der Migranten stehen ebenfalls Ausdifferenzierungsprozesse innerhalb der deutschen Mehrheitsgesellschaft entgegen. Im Zuge der multikulturellen, polykontextuell verfassten (post)modernen Gesellschaft erhalten die Gesellschaftsmitglieder die Möglichkeit, in ethnischen Kolonien neue kulturelle Lebenswelten bzw. Lebensformen auszuprobieren und neue Solidaritätsformen einzugehen. Im untersuchten Stadtteil treten daher auch Autothochtone (Konvertiten, alternative Milieus) in den Migranteneinrichtungen als Mitglieder auf. Indem nicht die ethnische Herkunft, sondern die gemeinsamen kulturellen Lebensformen bzw. Lebenswelten für Solidaritätsformen relevant sind, könnte der Prozess der Ent-Ethnisierung der Kolonie voranschreiten. Dieser Prozess ist reziprok, d.h. es ist ein wechselseitige Lern- und Integrationsprozess, in dem sowohl Majorität als auch Minorität Element« aus den jeweils anderen Kulturen übernehmen. Dadurch würde man auch die Ethnisierung sozialer Konflikte unterbinden. Auf Seiten der Migranten ist vor allem der Eingang der deutschen Sprache in wichtigen Kristallisationspunkten wie den Moscheen notwendig. Im Stadtteil wurde anhand der Moscheen gezeigt, dass diesbezüglich zwa eine Entwicklung zu verzeichnen ist, sich aber noch in einer sehr frühen Phase befindet. Nach wie vor dominiert die türkische Sprache in diesen religiösen Einrichtungen Daher ist der Entkoppelungsprozess von ethnischen Merkmalen zu forcieren, damit di

---

[889] Vgl. hierzu Jörg Bogumil/Lars Holtkamp, Bürgerschaftliches Engagement als Herausforderung für die loka« Demokratie, Beitrag für „Perspektiven des demokratischen Sozialismus", Heft 3/1998

religiösen Einrichtungen in Zukunft nicht weiterhin als ausländische Institutionen definiert werden. Im Integrationsprozess könnten diese Einrichtungen die interkulturelle Kommunikation und den Austausch fördern. Dies setzt jedoch die pluralistische, multi- und interkulturelle Orientierung der religiösen Einrichtungen und der Kommunen voraus.

Literaturauswahl

Globale Migration und Migranten in Deutschland

Bade, Klaus J.: (Hrsg.): Integration und Illegalität in Deutschland. Rat für Migration e.V. Institut für Migrationsforschung und Interkulturelle Studien, Osnabrück/Weinheim 2001

Bednarz-Braun, Iris/Heß-Meining, Ulrike: Migration, Ethnie und Geschlecht. Theorieansätze – Forschungsstand – Perspektiven, Wiesbaden 2004

Butterwegge, Christoph/Hentges, Gudrun (Hrsg.): Zuwanderung im Zeichen der Globalisierung. Migrations-, Integrations- und Minderheitenpolitik, 2. Auflage Opladen 2003

Esser, Hartmut/Friedrichs, Jürgen (Hrsg.): Generation und Identität: theoretische und empirische Beiträge zur Migrationssoziologie, Opladen 1990

Eryılmaz, Aytaç: Das Leben im Wohnheim, in: Fremde Heimat/Yaban, Sılan olur. Eine Geschichte der Einwanderung aus der Türkei/Türkiye'den Almanya'ya Göçün Tarihi, Essen 1998

Han, Petrus: Soziologie der Migration. Erklärungsmodelle, Fakten, Politische Konsequenzen, Perspektiven, Stuttgart 2000

Han, Petrus: Frauen und Migration. Strukturelle Bedingungen, Fakten und soziale Folgen der Frauenmigration, Stuttgart 2003

Hansen, Georg: Die Deutschmachung. Ethnizität und Ethnisierung im Prozess von Ein- und Ausgrenzungen, Münster 2001

Haug, Sonja: Soziales Kapital und Kettenmigration Italienische Migranten in Deutschland, Opladen 2000

Herbert, Ulrich: Geschichte der Ausländerpolitik in Deutschland. Saisonarbeiter, Zwangsarbeiter, Gastarbeiter, Flüchtlinge, München 2001

Muti, Enver: Zur Beschreibung ethnischer Binnendifferenzierung der türkischen Bevölkerungsgruppe in Deutschland. Eine differenztheoretische Beobachtung, Frankfurt am Main 2001

Motte, Jan/Ohliger, Rainer/Oswald, Anna von (Hrsg.): 50 Bundesrepublik- 50 Jahre Einwanderung, Frankfurt am Main/New York 1999

Sassen, Saskia: Migranten, Siedler, Flüchtlinge. Von der Massenauswanderung zur Festung Europa, 3. Auflage Frankfurt am Main 2000

Schiffauer, Werner: Migration und kulturelle Differenz. Studie für das Büro der Ausländerbeauftragten des Senats, Berlin 2002

Treibel, Annette: Migration in modernen Gesellschaften. Soziale Folgen von Einwanderung, Gastarbeit und Flucht, 3. Auflage Weinheim/München 2003

Yavuzcan, Ismail H.: Ethnische Ökonomie. Zur Ausformung ethnischen Unternehmertums von Türken und Iranern in personalen Beziehungen, Hamburg 2002

Multikulturelle Gesellschaft

Auernheimer, Georg: Einführung in die Interkulturelle Pädagogik, 4. Auflage, Darmstadt 2005

Bade, Klaus J.: Die multikulturelle Herausforderung. Menschen über Grenzen – Grenzen über Menschen, München 1996

Bade, Klaus J.: Europa in Bewegung. Migration vom späten 18. Jahrhundert bis zur Gegenwart, München 2002

Mehrländer, Ursula/Schultze, Günther (Hrsg.): Einwanderungsland Deutschland. Neue Wege nachhaltiger Integration. Bonn 2001
Taylor, Charles (Hrsg.): Multikulturalismus und die Politik der Anerkennung, Frankfurt am Main 1997

Migration und Stadt

Beauftragte der Bundesregierung für Ausländerfragen (Hrsg.): Integration in Städten und Gemeinden, Berlin/Bonn 2000
Bremer, Peter: Ausgrenzungsprozesse und die Spaltung der Städte. Zur Lebenssituation von Migranten, Opladen 2000
Bukow, Wolf-Dietrich u.a.: Die multikulturelle Stadt – Von der Selbstverständlichkeit im städtischen Alltag, Opladen 2001
Elwert, Georg: Probleme der Ausländerintegration. Gesellschaftliche Integration durch Binnenintegration?, in: Arbeitsberichte und Forschungsmaterialien der Fakultät für Soziologie, Universität Bielefeld, Nr. 30, Juli 1982
Fassmann, Heinz /Kohlbacher, Josef / Reeger, Ursula (Hrsg.): Zuwanderung und Segregation. Europäische Metropolen im Vergleich, Klagenfurt 2002
Häußermann, Hartmut/Oswald, Ingrid (Hrsg.): Zuwanderung und Stadtentwicklung, Opladen/Wiesbaden 1997
Häußermann, Hartmut /Siebel, Walter: Soziale Integration und ethnische Schichtung. Zusammenhänge zwischen räumlicher und sozialer Integration. Gutachten im Auftrag der Unabhängigen Kommission „Zuwanderung", Berlin/Oldenbourg 2001
Heckmann, Friedrich: Ethnische Minderheiten, Volk und Nation. Soziologie inter-ethnischer Beziehungen, Stuttgart 1992
Hoffmeyer-Zlotnik, Jürgen H.P. (Hrsg.): Segregation und Integration. Die Situation von Arbeitsmigranten im Aufnahmeland. Forschung, Raum und Gesellschaft, Mannheim 1986
Krummacher, Michael/Waltz, Viktoria: Einwanderer in der Kommune. Analysen, Aufgaben und Modelle für eine multikulturelle Stadtpolitik, Essen 1996
Ottersbach, Markus/Yildiz, Erol (Hrsg.): Migration in der metropolitanen Gesellschaft. Zwischen Ethnisierung und globaler Neurorientierung, Münster 2004
Schiffauer, Werner: Fremde in der Stadt. Zehn Essays über Kultur und Differenz, 1. Auflage Frankfurt am Main 1997
Schmals, Klaus M. (Hrsg.): Migration und Stadt. Entwicklungen, Defizite, Potentiale, Opladen 2000

(Städtische) Armut, soziale Ausgrenzung und Deprivation

Autrata, Otger: Prävention von Jugendgewalt. Nicht Repression, sondern allgemeine Partizipation Opladen 2003
Bukow, Wolf-Dietrich u.a.: Ausgegrenzt, eingesperrt und abgeschoben. Migration und Jugendkriminalität, Opladen 2003
Butterwegge, Christoph (Hrsg.): Kinderarmut in Deutschland. Ursachen, Erscheinungsformen und Gegenmaßnahmen, 2. Auflage Frankfurt/New York 2000
Butterwegge, Christoph/Klundt, Michael (Hrsg.): Kinderarmut und Generationengerechtigkeit. Familien- und Sozialpolitik im demographischen Wandel, Opladen 2002
Butterwegge, Christoph u.a.: Armut und Kindheit. Ein regionaler, nationaler und internationaler Vergleich, Opladen 2003
Dangschat, Jens. S.: Modernisierte Stadt – Gespaltene Stadt. Ursachen von Armut und sozialer Ausgrenzung, Opladen 1999

Friedrichs, Jürgen/Blasius, Jörg: Leben in benachteiligten Wohngebieten, Opladen 2000
Gomolla, Mechthild/Radtke, Frank-Olaf: Institutionelle Diskriminierung. Die Herstellung ethnischer Differenz in der Schule, Opladen 2002
Harth, Annette/Scheller, Gitta/Tessin, Wulf (Hrsg.): Stadt und soziale Ungleichheit, Opladen 2000
Herkommer, Sebastian: Die Stadt und der Kapitalismus. Über Formen und Folgen sozialer Ungleichheit in der postfordistischen „Wissensgesellschaft", Supplement der Zeitschrift Sozialismus 01/2002
Hock, Beate/ Holz, Gerda (Hrsg.): „Erfolg oder Scheitern? Arme und benachteiligte Jugendliche auf dem Weg ins Berufsleben". Fünfter Zwischenbericht zu einer Studie im Auftrag des Bundesverbandes der Arbeiterwohlfahrt, Frankfurt am Main 2000
Hohm, Hans-Jürgen: Urbane soziale Brennpunkte, Exklusion und soziale Hilfe, Opladen 2003
Hradil, Stefan: Soziale Ungleichheit in Deutschland, Opladen 1999
Institut für soziale Arbeit e.V. (Hrsg.): Soziale Praxis. Im Dickicht der Städte – Soziale Arbeit und Stadtentwicklung, Münster 2001
Keller, Carsten: Armut in der Stadt. Zur Segregation benachteiligter Gruppen in Deutschland. Opladen/Wiesbaden 1999
Klocke, Andreas/Hurrelmann, Klaus (Hrsg.): Kinder und Jugendliche in Armut. Umfang, Auswirkungen und Konsequenzen, 2. Auflage Wiesbaden 2001
Krummacher, Michael: Exklusion. Die Gefährdung des Sozialen im hoch entwickelten KapitalismusFrankfurt/New York 2002
Löw, Martina: Differenzierungen des Städtischen, Opladen 2002
Ludwig-Mayerhofer, Wolfgang (Hrsg.): Soziale Ungleichheit, Kriminalität und Kriminalisierung, Opladen 2000

Der Islam in Deutschland

Abdullah, Muhammad Salim: Und gab ihnen sein Königswort: Berlin-Preußen-Bundesrepublik. Ein Abriß der Geschichte der islamischen Minderheit in Deutschland, Berlin 1987
Abdullah, Muhammad Salim: Was will der Islam in Deutschland? Gütersloh 1993
Abdullah, Muhammad Salim: Islam. Muslimische Identität und Wege zum Gespräch, Düsseldorf 2002
Escudier, Alexandre (Hrsg.): Der Islam in Europa. Der Umgang mit dem Islam in Frankreich und Deutschland, Göttingen 2003
Harmann, Thomas/Krannich, Margret (Hrsg.): Muslime im säkularen Rechtsstaat. Neue Akteure in Kultur und Politik, Berlin 2001
Hofmann, Murad W.: Der Islam im 3. Jahrtausend. Eine Religion im Aufbruch, München 2000
Rohe, Mathias: Der Islam – Alltagskonflikte und Lösungen. Rechtliche Perspektiven., 2. Auflage Freiburg/Basel/Wien 2001

Muslimische Jugendliche: Religiosität und Integration

Jacacıoğlu, Hasan: Außerschulischer Religionsunterricht für muslimische Kinder und Jugendliche türkischer Nationalität in NRW. Eine empirische Studie zu Koranschulen in türkisch-islamischen Gemeinden, Münster 1999
Jacacioglu, Hasan: Deutsche Heimat Islam, Münster/New York/München/Berlin 2000
Bukow, Wolf-Dietrich/Ottersbach, Markus (Hrsg.): Der Fundamentalismusverdacht. Plädoyer für eine Neuorientierung der Forschung im Umgang mit allochthonen Jugendlichen, Opladen 1999
Bukow, Wolf-Dietrich/Yildiz, Erol (Hrsg.): Islam und Bildung, Opladen 2003
Klose, Hans-Ludwig: Den Islam ausleben. Konzepte authentischer Lebensführung junger türkischer Muslime in der Diaspora, Bielefeld 2002

Gomolla, Mechthild/Radtke, Frank-Olaf: Institutionelle Diskriminierung. Die Herstellung ethnischer Differenz in der Schule, Opladen 2002

Karakaşoğlu-Aydın, Yasemin: Muslimische Religiosität und Erziehungsvorstellungen. Eine empirische Untersuchung zu Orientierungen bei türkischen Lehramts- und Pädagogik-Studentinnen in Deutschland, Frankfurt am Main 2000

Tietze, Nikola: Islamische Identitäten. Formen muslimischer Religiosität junger Männer in Deutschland und Frankreich, Hamburg 2001

Moscheen in Deutschland

Alan, Ömer: Muslime im Ruhrgebiet. Wer Moscheen baut, möchte bleiben, in: Kommunalverband Ruhrgebiet (Hrsg.): Standorte Ruhrgebiet 1999/2000, Essen 1999

Kraft, Sabine: Islamische Sakralarchitektur in Deutschland. Eine Untersuchung ausgewählter Moschee-Neubauten, Münster/Hamburg/London 2000

Leggewie, Claus: Auf dem Weg zum Euro-Islam? Moscheen und Muslime in der Bundesrepublik Deutschland, Bad Homburg v.d. Höhe 2002

Leggewie, Claus /Joast, Angela /Stefan Rech: Der Weg zur Moschee – eine Handreichung für die Praxis. Ein Projekt der Herbert-Quandt-Stiftung, Bad Homburg v.d. Höhe 2002

Mıhçıyazgan, Ursula: Moscheen türkischer Muslime in Hamburg. Dokumentation zur Herausbildung religiöser Institutionen türkischer Migranten, Hamburg 1990

Özdil, Ali-Özgür: Wenn sich die Moscheen öffnen. Moscheepädagogik in Deutschland – Eine praktische Einführung in den Islam, Münster u.a. 2002

Schmitt, Thomas: Moscheen in Deutschland. Konflikte um ihre Errichtung und Nutzung. Deutsche Akademie für Landeskunde, Flensburg 2003

Türkei: Geschichte, Politik, Kultur

Ackermann, Michael: Die türkische Minderheit in West-Thrakien. Geschichte und Gegenwart, Ulm 2000

Bozdemir, Mevlüt: Armee und Politik in der Türkei, Frankfurt 1988

Cengiz, Canan: Die Entwicklung des kurdischen Nationalismus in der Türkei von den Anfängen bis 1945, Unveröffentlichte Diss., Universität Oldenburg 1997

Görer, Ismail: Programm und Akteure der Kurdenpolitik in der Türkei. Versuch einer Einschätzung der interethnischen Koexistenzperspektiven, Osnabrück 2003

Hütteroth, Wolf-Dieter /Höhfeld, Volker: Türkei, 2. Auflage Darmstadt 2002

Kartal, Celalettin: Der Rechtsstatus der Kurden im Osmanischen Reich und in der modernen Türkei. Der Kurdenkonflikt, seine Entstehung und völkerrechtliche Lösung, Unveröffentlichte Diss. Universität Bremen 2001

Laut, Jens Peter: Das Türkische als Ursprache? Sprachwissenschaftliche Theorien in der Zeit des erwachenden türkischen Nationalismus, Wiesbaden 2000

Wehling, Hans-Georg (Hrsg.): Türkei. Politik, Gesellschaft, Wirtschaft, Opladen 2002